Ein außergewöhnliches Leben
DURCH DICK & DÜNN, TEIL 1
(PER ASPERA AD ASTRA)
ERLEBNIS-BIOGRAPHIE : Erinnerungen, Erzählungen, Gedanken
© Copyright MARTIN KARI, 2015

ÜBER DEN AUTOR

Der Autor Martin Kari wurde während dem Zweiten Weltkrieg im Jahr 1941 in Siebenbürgen/Transylvanien geboren, als zweiter Sohn des Weinbauern Michael Lutsch und seiner Frau Sara. Sein Leben begann bereits mit einer Reise als Flüchtling nach Deutschland in der Obhut der Adoptiv-Eltern.

Ausbildung auf verschiedenen Ebenen, frühe Reisen, Berufstätigkeit, viele Hobbies folgten in seinem Leben. Auf dem Weg lernte er seine Frau Arja aus Finnland kennen. Zusammen meisterten sie ein sehr abwechslungsreiches Leben. Sechs Kinder haben sie großgezogen, während sie die Welt kennenlernten. Mit dem Schritt nach Australien im Jahr 1981 baute sich die Familie eine Bleibe.

Dieses Buch erfaßt den Zeitraum bis zu ihrem Ja-Wort für ein gemeinsames Leben. Den weiteren Lebenslauf schildert Teil 2 & Teil 3 desselben Titels.

WIDMUNG

In Erinnerung an meine Eltern, Sara (geborene Mai) und Michael Lutsch habe ich dieses Buch auch geschrieben.

Meine Eltern, Sara & Michael Lutsch, 1939

INHALT
DURCH DICK & DÜNN, TEIL 1   Seite

VORWORT 9

KAPITEL 1 : Die Reise beginnt-Zweiter Weltkrieg   11
    Siebenbürgen (Transylvanien)   13
    Flucht   22
    Zuflucht in Deutschland   27

KAPITEL 2 : Das Leben geht weiter-Ansiedlungen   29
    Weilderstadt   31
    Rotenbach   44
    Weissenstein   70
    Ettlingen   76

KAPITEL 3 : Das Leben wird besser-Schuljahre   87
    Pfadfinder, Musik   89
    Sanatorium   94
    Sport   100

KAPITEL 4 : Erste eigene Reisen   107
    Deutschland-Dänemark   109
    ‚Tour de France'   119
    Berufs Erfahrungen   129
    Lehrjahre   144

KAPITEL 5 : Reisen gehen weiter   153
    Die Alpen   155
    Berlin   160
    Tanzschule   170
    Schwarzwald   181
    Wandern im Schwarzwald   188

Oberkochen 196
Südfrankreich 205

KAPITEL 6 : Neue Horizonte-Arbeitsleben, Studium..... 233
Abitur 235
Skandinavien 239
Paris 256
Heidelberg-‚Ruperto Carola' 264
Finnland Besuch 269
Jahre des Terrors in Deutschland 283
Marokko 287
London 334
Arja's erster Besuch 343
Amsterdam 351
Rund um das Mittelmeer 359
Österreich-Jugoslawien-Bulgarien 362
Türkei 364
Syrien 374
Libanon 382
Ägypten 391
Lybien 452
Tunesien 468
Algerien 477
Marokko 481
Spanien 483
Frankreich 485
Deutschland 486
Stockholm-Schweden 488
Verlobung 490

SCHLUSSWORT 499

LEITSATZ FÜR DAS BUCH
DURCH DICK & DÜNN, TEIL 1

Dem Buch möchte ich gerne ein Wort des Brasilianischen Schriftstellers ‚Paulo Coelho' hinzufügen :" Ein Boot ist in einem Hafen sicher, dies ist aber nicht seine Bestimmung." Mit diesem Gedanken lade ich den Leser ein, das Buch zu verstehen.

VORWORT

Reisen in unserem Leben kommen Träumen gleich, die wir verwirklichen. Dieses Buch kann als eine Biographie angesehen werden, in der viele ‚Überraschungen' fest gehalten werden. Auch können wir nie wissen, was vor uns liegt. Für jeden Menschen sollte der eigene Lebensweg der interessanteste sein. Das Leben ist nämlich unser bester Lehrer. Über ein Leben schreiben und als Leser darüber erfahren, öffnet Türen zu Gesprächen mit anderen Menschen.

Dabei sind Reisen in unserem Leben auch immer Zeugnisse einer Zeitepoche, denn alles ist im Fluß begriffen und verändert sich am sichtbarsten auf Reisen. Das Leben als eine Reise kann für jeden nur den gleichen Wert beanspruchen. Keine Lebens-Reise kann den Anspruch erheben, die bessere zu sein, denn das Schicksal hobelt bekanntlich alle gleich.

In diesem Buch erfährt der Leser einen Teil meines Lebens, dem ich den ersten Teil zuordne. Auch wenn ich der gestohlenen Generation zugehöre und mein Lebenslauf tragisch schwierig begann, haben diese Umstände meine Reise durchs Leben nicht aufhalten können.

Der Zweite Weltkrieg hatte auch mich in Transylvanien eingeholt ; meine Jugend erlebte ich als Flüchtling in Deutschland ; die langsame Erholung nach dem Krieg ; Schule und Ausbildung für eine hoffnungsvoll bessere Zukunft ; Lausbuben Streiche fehlten auch nicht ; Pfadfinder ; Jugend Romantik ; eigene Liebes Geschichte ; Erfolge und Reisen hinaus in die Welt.

Die Anfangsreisen meines Lebens sind in diesem Buch nach bestem Wissen und Vermögen fest gehalten. Menschen in ihren Licht- und Schattenseiten begegnen, erfährt in dieser Schule des Lebens einen vorrangigen Platz. Die unendlichen Fragen, die das Leben uns stellt, finden am besten eine Antwort auch im Leben. Meine Philosophie der Reisen ‚Durch Dick & Dünn, im Leben hat immer eine Antwort auf meine Fragen gefunden.

Meine Leser lade ich ein, dieses Buch stets mit einem bereiten Lächeln zu lesen. Nichts ist so ernst, als daß wir selbst im Nachherein ein Lächeln vergessen sollten.

Der Autor
Martin Kari , 2014

DURCH DICK / DÜNN, Teil 1

KAPITEL 1

ZWEITER WELTKRIEG

SIEBENBÜRGEN (Transylvanien)

Mein Vater, Michael Lutsch, tauchte im Jahr 1944 Ende des Sommers völlig unerwartet in Herrmannstadt (Sibiu) auf, der Hauptstadt von Siebenbürgen. Niemand konnte in dieser schrecklichen Kriegszeit vermuten, daß jemandem die Flucht aus der russischen Gefangenschaft damals hätte gelingen können. Allem Widerstand und Gefahren zum Trotz, mein Vater schaffte es.

Die ganze Bevölkerung von Siebenbürgen wurde damals in den Krieg verwickelt, vom Beginn an. Daß das Land in seiner 850 Jahre Geschichte sich zwar zu verteidigen wußte, aber nicht Eigenständigkeit gegenüber seinen Nachbarn Rumänien und Ungarn erzielte, kam ihm teuer zu stehen. Zwar hatte starke kulturelle Brücke nach Deutschland und Österreich über Jahrhunderte die Identität der Siebenbürger gestützt.

Die Verbindung zu dem vom österreichischen Hitler geführten Deutschland, wurde im Zweiten Weltkrieg auch Siebenbürgen zum Verhängnis. Den neuzeitlichen Anforderungen war solche Tradition nicht mehr gewachsen, die Stirne zu bieten. Rumänien hielt sich so weit es konnte schadlos, indem die Siebenbürger Sachsen weitgehen für die Kriegsgefangenen nach Russland herhalten mußte. Jeder, der zu Hause, auf der Straße oder bei der Arbeit angetroffen wurde, gleich welches Alter, mußte den unfassbaren schweren Weg nach Sibirien antreten (ochotzka Sibir !). Nicht Viele sind von dort zurück gekehrt und wenn doch, waren sie für den Rest ihres Lebens gezeichnet.

In solch verwirrter Zeit war es nicht zu verwundern, daß die Nachricht von der Flucht des Vaters aus russischer Gefangenschaft, hauptsächlich im Schutz der Nächte, noch vor ihm meinen Heimatort Kleinschelken (Seica Mica) erreichte. Was konnte hier mehr veständlich für den Vater sein, als herauszufinden, wo seine Familie war. Die zwei kleinen Jungen, Michael und den neugebornen Martin konnten die Russen nicht so einfach mitnehmen. Das Familienhaus in Kleinschelken hatten bereits Zigeuner besetzt. Die Mutter Sara war bei der Geburt von Martin gestorben. Ob und wie Martin überlebt hatte und wo der zwei Jahre ältere Bruder Michael geblieben war, mußte der Vater selbst herausfinden.

In einer so eng verbundenen Gemeinschaft wie die Siebenbürger Sachsen, war es für meinen Vater nicht schwer herauszufinden, wo die Spur von Martin hinführte. Nach Herrmannstadt (Sibiu) machte sich der Vater unverzüglich auf. Bei vornehmen Bürgern der Stadt klopfte der Vater an die Türe. Als die Türe sich nur zögernd öffnete, sprach der Vater zuerst sein ‚Guten Tag' aus. Darauf stellte er sich vor :

„Mein Name ist Michael Lutsch, ich bin der Vater von meinem Sohn Martin und komme aus Kleinschelken um zu erfahren, wie es Martin geht. Meinen Sohn habe ich noch nicht einmal gesehen, weil ich in Russischer Gefangenschaft war. Meine Frau Sara hat das Schicksal schwer getroffen. Unser Pfarrer in Kleinschelken hat mich hierher geschickt. Ich muß annehmen, daß Martin sich in ihrer Obhut befindet. Wie geht es ihm ?"

Anstelle einer Antwort flog die Türe in einem Schwung dem Vater vor der Nase zu. Hinter der Türe, von innen im Haus, kamen gerade noch die Worte durch :

„Scher' dich zum Teufel, du Bauerntölpel !"

Der Bauer Michael war sprachlos. Von angesehenen, gebildeten Bürgern dieser Stadt hatte er solche Worte beim besten Willen nicht erwartet. Eine Antwort darauf erschien ihm überflüssig. Es blieb ihm nichts anderes übrig, als den Heimweg wieder anzutreten.

Mehr Schwierigkeiten warteten auf ihn. Den Zigeunern in seinem Haus war er entschlossen, den Rausschmiss und die Sporen zu geben. Schwere Handgreiflichkeiten wurden dabei unvermeidbar. Am Ende hatte er aber doch die Oberhand gewonnen, so daß er sein Haus wieder für sich in Anspruch nehmen konnte. Der stolze Bauer war allerdings gedehmütigt mit dem verwahrlosten Zustand, in dem das Haus zurück gelassen war. Hinzu kam noch, daß er alleine ohne seine Familie war. Dem furchtbaren Konzentrations Lager konnte er entkommen, seinen Hof und einen Teil seines Landes gelang ihm in den ungeordneten Verhältnissen für sich wieder zu gewinnen. Wie konnte er, der Vater, jedoch seine Familie wieder finden ? Tragische Augenblicke entfalteten sich besonders jetzt vor seinen Augen. Seine Frau Sara war bei der Geburt von Martin am 22. Juni 1941 alleine geblieben, sie starb hilflos, was war mit Martin passiert ?

Kirchenburg von Kleinschelken, Siebenbürgen

Der Sommer 1944 versprach eine gute Ernte. Das gelbe Korn stand hoch und reif in den Feldern, fertig für die Ernte. In Friedenszeiten waren reichlich Hände vorhanden, die Ernte einzubringen. Der größte Teil der Siebenbürger Sachsen waren Bauern seit Generationen und Jahrhunderten. Eine starke Gemeinschaft und der Erhalt der Tradition bewahrten bis zum Zweiten Weltkrieg weitgehend ihre Freizügigkeit.

Teile der Ernte wurden wie immer in Reserve gehalten, im Innenhof der Kirchenburg einer jeden Ortschaft. Die Kirche war auch die Festung einer Gemeinde. Solche Verbindung zwischen Gottesdienst und Verteidigung durch eine hohe feste Ringmauer um die eigentliche Kirche, findet man nur in Siebenbürgen. Über Jahrhunderte hat die Bevölkerung von Siebenbürgen sich erfolgreich in diesen Kirchenburgen gegen Angriffe von Außen verteidigt. Diese Verteidigungs Bereitschaft entwickelte sich jedoch mit der Zeit in eine Isolation gegenüber seinen Nachbarn. Geschlossenheit auf einer Seite hat schon immer Herausforderung auf anderen Seiten heraufbeschwört. Die Herausforderung des Zweiten Weltkrieges hatte dann die Geschlossenheit Siebenbürgens nicht nur durchbrochen, sondern für eine lange Zeit wahrscheinlich zunichte gemacht.

Ich komme hier noch einmal zurück auf den einfachen und deshalb lange andauernden Gemeinschafts Sinn, der die Siebenbürger zusammen gehalten hatte. Es war eine Bauern-Kultur aus Arbeit, Fleiß, Protestantischem Glauben und fester Tradition. Während der Erntezeit im Sommer hatten Frauen freiwillig in eingerichteten Kinderkrippen sich um die Kinder der Bauernfamilien gekümmert, damit die Familien frei waren, die Ernte einzubringen.

Der 22. Juni war kein gewöhnlicher Tag im Sommer 1941.Genau an diesem Tag marschierte die Walze der russischen Militär-Macht im Norden von Rumänien nach Siebenbürgen herein. Weder Siebenbürgen, noch Rumänien konnten dem Einhalt bieten. Hitlers unsinnige Ostfeldzüge erhielten von diesem Tag an die Rechnung in einer unaufhaltsamen Konzentration der russischen Streitkräfte. Deutsche Truppen waren auch nach Siebenbürgen gekommen, in der Hoffnung, den russischen ‚Bären' von Finnland im Norden bis nach Siebenbürgen im Süden zu bezwingen. Die Rechnung konnte nicht aufgehen. Zumindest die deutsche Seite wurde hier völlig überfordert. Rumänien war weder in der Lage, noch zum Teil willig, Russland die

Stirne zu bieten. Siebenbürgen im Norden von Rumänien war sich selbst überlassen, mehr wehrlos als ehrlos.

Inmitten diesem Zusammenbruch war es meiner Mutter beschieden, Geburt ihrem zweiten Sohn zu geben. An diesem Tag waren alle wehrtüchtigen Männer und Frauen zu den Waffen gerufen worden, so daß keine Hilfe meiner Mutter bei der Geburt zur Seite stand. Niemand wußte zu berichten, wie und was geschehen war. Irgendwie mußte ich überlebt haben, die Mutter starb allerdings an den Folgen der Geburt. Die Geschichte hatte auch nichts aufgezeichnet, wie die ersten drei Jahre meines Lebens gelaufen waren. Das mutterlose Kind mußte aus einer in die andere übrig gebliebene Hand innerhalb der Familie und Bekannten herum gereicht werden, um jemanden zu finden, der sich einem anderen Kind, wenn auch nur kurz annehmen konnte.

Der Krieg versetzte jeden in Lebensgefahr. Das Essen wurde immer weniger, da die Ernte nicht mehr wie zuvor ordnungsgemäß eingeholt und neue Saat vorbereitet werden konnte. Trotz aller Gefahren und Umstände durch Personenverluste in der Waffen-Auseinandersetzung rafften sich die übrig gebliebenen Gemeinschaften dennoch zusammen, wenigstens etwas Ernte einzuholen und wieder vorzubereiten. Besonders an diesen Ernte-Tagen wurde es offenkundig, wie viele Kinder beaufsichtigt werden mußten, während meistens eine zurückgebliebene Mutter ins Feld ging. Frauen aus anderen Teilen des Landes meldeten sich auch bei Zentralstellen der Ernte-Kinder-Krippe.

Die Kinderkrippe in der Kreisstadt Mediasch war damals besonders stark von elternlosen Kindern aus der Umgebung besucht worden. Ich war also kein einzelner Fall. Unter den Frauen, die sich der Kinder in einem Schichtwechsel annehmen konnten, war eines Tages eine gut gekleidete feine Dame, die sogar von so weit hergekommen war, wie aus dem Gebirge der Karpaten. Eine Aufgabe mit den Kindern war auch die, rechtzeitig ins Töpfchen zu machen, weil Windeln, wie sie heute Verwendung finden, damals unbekannt und unerschwinglich waren. Während auch ich meine Sitzung auf dem Töpfchen abhielt, pflegte die feine Dame aus den Karpaten die Wartezeit mit Geschichten zu füllen. Ich soll allerdings mehr Aufmerksamkeit den Geschichten gewidmet haben, als meinem Geschäft in das Töpfchen. Demnach war ich nicht in Eile, den Geschichten der Tante nicht mehr Gehör zu schenken. Ein glitzernder Ring an der Hand der Tante faszinierte mich dabei die ganze Zeit. Mit meiner kleinen Hand mußte ich den Ring anfassen und weil er mir gefiel, ließ ich davon immer weniger ab. Wenn die Tante von mir woanders hingehen wollte, faßte ich sie fester mit beiden Händen, damit sie mir weiterhin ihre Geschichten erzählte. Mehr als eine gegenseitige stille Zuneigung mußte hier bereits im Spiel gewesen sein.

Wenige Tage später nahm mich die Tante aus der Kinderkrippe mit auf die Reise in die Karpaten Berge. Wie es dazu kam, war ich zu jung, um es zu verstehen. Für die Reise wurde ich mit schönen neuen Kleidern angekleidet. Ich soll dies zu schätzen gewußt haben, da ich laut späteren lückenhaften Berichten auch erfuhr, wie ich die Kleider an mir sorgfältig aber mit einem frohen Gesicht streichelte.

Für mich war diese erste Reise meines Lebens so aufregend, daß ich nicht lange brauchte, im Zugabteil fest einzuschlafen, nachdem so viel Neues wie Menschen, Häuser, Bäume an meinem Zugfenster schnell vorbeizogen. Selbst das Zugabteil, die anderen Personen in ihren Sitzen, sprachen meine Neugierde an.

In Herrmannstadt endete dann die Zugfahrt. Ein Auto nahm dann die Tante und mich auf für die weitere Fahrt in die Berge. Der Fahrer war der Mann der Tante. Das Auto auch noch zu studieren, war für mich zu viel geworden, die Fahrt verlief gewissermaßen im Schlaf.

Hier in den Bergen um Busteni sollte eine schöne, aber nur kurze Zeit für mich beginnen. In einem schönen großen Haus, inmitten einem gepflegten Garten, war ein Raum extra für mich. Viele Jahre später erfuhr ich, daß die Kinderkrippe in Mediasch nur wenige Tage später von Bomben getroffen wurde und alle Kinder umkamen. Was für ein unglaubliches Glück stand mir damals schon zur Seite!

Wie ich so die erste schöne Zeit meines Lebens erfuhr, holten die vorausgegangenen Ereignisse die Gegenwart wieder ein, als mein Vater Michael an die Türe in Herrmannstadt klopfte und eine Abfuhr erhielt.Dies waren Verwandte von der Tante und dem Onkel aus den Bergen. Der Ball der Ereignisse kam nun wieder ins Rollen. Freilich gelten in Kriegszeiten andere Maßstäbe, da alles dem Zwang eines Überlebens untergeordnet ist.

Die Nachricht von dem Besuch des Vaters in Herrmannstadt erreichte sehr schnell den ‚Onkel' und die ‚Tante' in den Bergen. Aus Angst, etwas könnte dieses neu gewonnene Familienleben zerstören, hatten der ‚Onkel' und die ‚Tante' die Flucht ergriffen. Späteren Berichten zur Folge soll der ‚Onkel' zu Hause angerufen haben und mit ‚fliegenden Fahnen' das Land mit dem Ziel Deutschland mit ‚Tante' und Martin verlassen haben.

Ein Frachtzug verließ gerade den Karpatenort Busteni mit Personal und Material des Deutschen Militärs. Es wurde sofort entschieden, alles zurück zu lassen und den Transport weg wahrzunehmen. Schnelle Entscheidungen sind selten gute Entscheidungen gewesen. In unserer Blindheit übersehen wir oft zu viel. Wir nehmen fälschlich an, daß wir die Verfolgten sind. Mit etwas Abstand zu einem Geschehen erfahren wir leider erst später, daß wir manchmal in der Eile auch den guten Willen anderer Menschen übersehen haben.

Sobald keine Worte mehr gefunden werden, treten Ängste ein. Etwa 34 Jahre später konnte ich meinen Vater noch einmal sehen, dank der Sucharbeit des Roten Kreuzes. Der Vater hatte nur so viel zu sagen :

„Warum hat man mich so lange hinters Licht geführt über das Schicksal meines zweiten Sohnes Martin? Meinen ersten Sohn Michael konnte ich in einer neuen Ehe mit der Schwester meiner ersten Frau zusammmen mit vier weiteren unserer Kinder groß ziehen. Ich habe genug Kinder, ich hätte nur gerne gewußt, wie es meinem Sohn Martin geht. Warum müssen die Menschen in der Welt so sein ?"

Die Möglichkeit eines besseren Verständnisses war einseitig nicht wahrgenommen worden. Ist es nicht häufig so, das Schlechte in uns veranlasst uns zu leicht zu denken, der andere ist eher noch schlechter. Die sozialen Stufen in

Martin, Busteni, Siebenbürgen, 1944

unserer Gesellschaft verleiten uns zu leicht über andere leichtfertig hinweg und falsch zu sehen. Ich beziehe mich hier auf die ungebührliche Verweisung meines Vaters vor die Türe in Herrmannstadt. Wir sollten nie versäumen, auch nur vermeintliche soziale Schranken zu überwinden, zu allererst im Gespräch mit anderen Menschen bleiben. Mißverständnisse sind die häufigste Quelle für Auseinandersetzungen in der Welt. Dies war schon immer so und es verbleibt zu sehen, ob sich dies je ändern kann.

Der Lauf der Dinge hatte schließlich einen Lauf genommen. Wieviel dabei für das Trio ‚Tante-Onkel-Martin' wünschenswert oder auch unwünschenswert war, kam in Kriegszeiten sowieso auf keinen gültigen Nenner hinaus. Man mußte die Dinge im täglichen Leben so nehmen, wie sie kamen und konnte nur versuchen, das Beste daraus zu machen, sofern dies überhaupt möglich war.

FLUCHT

Der Güterzug nahm mich, meine ‚Stiefmutter' und den ‚Stiefvater' an Bord am Bahnhof in Busteni. Es war keine Zeit geblieben, um sich mehr umzuschauen, wie die spitzen Berge der Karpaten hoch geschlossen den Himmel versperrten, als müßte der Zug dieses Hindernis überwinden.

Auch war keine Zeit geblieben, Habseligkeiten mitzunehmen. Lediglich eine Matratze wurde bei einem schnellen zweiten Besuch in dem nahe gelegenen Haus noch besorgt und schon dampfte der Zug mit seiner Ladung in Richtung Westen los, mit dem vorläufigen Ziel Ungarn. In dem dunkeln Raum ohne Fenster der Güterwägen waren keine Sitze, wie bei meiner ersten Zugfahrt von Mediasch nach Herrmannstadt. Auf dem Holzboden nahm jeder Platz, so gut er konnte. Außerdem sollte diese Fahrt auch noch viel länger dauern. In der Mitte des Wagons waren auf beiden Seiten zwei große Schiebetüren, zu denen man hoch kriechen mußte, um einzusteigen. Während der Fahrt blieben die Türen von Außen fest verriegelt. Nur ein kleines Fenster an den Enden des Wagons brachte spärliches Licht herein. Auf dem Ende einer Plattform zwischen den Wagons hielt sich ein bewaffneter Wachposten geschützt auf, um die Sicherheit der Zugfahrt gegen Angriffe von Außen helfen zu unterstützen. Die Alliierten Streitkräfte unter dem Kommando der Amerikaner erlaubten mit diesem Rückzug nur eine Fahrtrichtung nach dem Westen. Die Front hier nach dem Osten gegen Russland wurde aufgegeben. Russland war dabei die Oberhand zu gewinnen und duldete die Anwesenheit des deutschen Militärs nicht mehr länger. Die Amerikaner waren auf der anderen Seite nicht bereit den Boden hier zu halten gegen den Feind Russland. Daß die Amerikaner einem Teil Deutscher Truppen hier freien Rückzug gewährt hatten, mußte ein außerordentlicher politischer Schachzug gewesen sein. Unser Trio war jedenfalls in dem Schachzug dabei.

Güterzug verläßt Busteni, Oktober 1944

In dem Zug war kein Essen für die ‚Gäste'. Nur im Schutz der Nacht wurde gefahren, damit der Zug nicht so leicht von Bomben aus der Luft getroffen werden konnte. Wenn der Zug ab und zu anhielt, kamen die wachhabenden Soldaten von den Platformen zwischen den Wagons auf den Erdboden neben dem Zug herunter. Niemand durfte die unmittelbare Nähe des Zuges verlassen.

Auf der Weiterfahrt zog dann in regelmäßigen Abständen der Duft von Essendosen von der einen oder anderen Platform in das Innere eines Wagons. Spätestens dann meldete sich der Hunger bei den ‚Fahrgästen' deutlich.

Ich selbst kann mich nicht mehr an diese Reise erinnern. Aus Berichten von verschiedener Seite ist dieses Bild zusammen gekommen. Mit jedem Reisetag wurden die ‚Zuggäste' ververzweifelt hungriger. Bei einer Gelegenheit soll ein ‚Gast'versucht haben die Türe zur Platform vorsichtig zu öffnen, um an eine Essendose des wachhabenden Soldaten zu kommen. Es gelang ihm auch die Dose auf der Platform zur Türe zu bewegen. Jedoch schaffte die Dose den Weg an der Türe vorbei nicht mehr.Der Soldat wurde aufmerksam, zog sein Gewehr und zögerte nicht den ‚Eindringling' auf der Stelle zu erschießen. Das Opfer wurde vom Zug entfernt, die Türe geschlossen, kein Versuch an eine Essendose zu gelangen fand mehr statt. Selbst ohne Gewehr blieb täglich der eine oder andere ‚Fahrgast' aus Hunger und Verzweiflung auf der Strecke.

Hinzu kam auch noch besonders die Gefahr der Angriffe aus der Luft. Kurz vor mehr friedfertigem Boden in Österreich traf in der Nacht noch auf Ungarischem Boden eine Bombe die Dampflokomotive. Der Fahrer kam dabei ums Leben. Nur dieses Mal ließen die wachhabenden Soldaten des Zuges zu, daß alle ‚Zuggäste' sich in die umliegenden Kornfelder flüchteten, um dem Luftangriff möglichst zu entgehen. Die ‚Tante' zu der ich inzwischen ‚Mama' sagte, hielt mich im Kornfeld schützend unter sich. Granatsplitter flogen überall herum. Mama, Papa und ich blieben aber unversehrt. Wie das Glück doch seine entscheidende Rolle wieder spielte ! Dennoch waren wir wenigstens vorübergehend ohne Lokomotive und einen Zugführer. Irgendwie wurde Hilfe auch im Niemands-Land möglich. Eine andere Dampflokomotive zog den ganzen beschädigten Zug über die ungarische Grenze nach Österreich hinein.

Damals hatten die meisten Fahrgäste im Stillen zu sich wahrscheinlich gesagt,' wir sind heim im Reich'. Nach dieser Schreckens-Zugreise über zwei Wochen waren die verbliebenen ‚Zuggäste' allerdings in einem äußerst geschwächten Zustand und noch weniger gutem Aussehen angekommen. Erste Hoffnung einer Verbesserung erhielten einen Dämpfer, wenn die örtlichen Behörden in Österreich es für angebracht fanden, die traurig aussehende Reisegruppe zuerst einer gründlichen Reinigung zu unterziehen. Dies geschah mit einem Wasserschlauch, welcher den Kessel einer Lokomotive mit Wasser versorgte. So Mancher, der bereits auf ‚seinem letzten Zahnfleisch kroch', erhielt mit dieser gründlichen Reinigung noch den Rest. Dabei war es zum Winter hin nicht mehr gerade warm gewesen. Das kalte Wasser trennte unbarmherzig die ‚Spreu vom Weizen'. Wer noch stehen geblieben war, wußte zumindest, es ging wieder weiter.

Von hier dauerte es nicht mehr lange, daß die Erinnerung aus meinem Leben einsetzte. Schlechte Eindrücke haben höchstens den Vorteil, sowohl mit als auch ohne Erinnerung, sie lehren uns vorsichtiger zu werden.

So mancher der Zugpassagiere soll sich auch gewundert haben, daß eine Mutter und Vater mit einem kleinen Kind auf diese Reise gekommen waren. Die Angst, die Flucht zu ergreifen war mit Hinblick auf mich unbegründet, da niemand hinter unserem Trio in Wirklichkeit her war. Wie so oft im Leben gewinnt auch etwas Anderes als das Gewohnte manchmal die Oberhand, wenn wir etwas anstreben. In Deutschland waren es die besseren Möglichkeiten nach dem Krieg in mehr freien Verhältnissen als im Nachkriegs-Siebenbürgen, ein neues Leben zu beginnen. Zu den anschließenden Formalitäten mit Österreichischen Behörden gehörte auch eine Gesundheits

Untersuchung. Nach All dem zu schließen, waren wir noch so weit in Ordnung, daß man uns weiterziehen ließ.

ZUFLUCHT IN DEUTSCHLAND

Da mein Stiefvater die Adresse seiner Schwester in Deutschland angeben konnte, waren wir schnell aus dem Flüchtlings Auffanglager freigestellt worden. Die nächste Zugreise brachte uns nach Deutschland. Ich soll Allem Aufmerksamkeit geschenkt haben, Vieles war für mich neu. Auch auf dieser Reise blieben die Eindrücke nicht aus, daß Krieg herrschte. Personen in Uniform durchkämmten den Zug mehrmals während der Fahrt. Jeder im Zug mußte sich ausweisen und Rede und Antwort stehen. Man konnte nur vermuten, was der Grund dafür war. In den Zugabteilungen herrschte Totenstille, als ob alle Passagiere Furcht hatten. In der Tat wurde der Eine oder Andere von den uniformierten Personen aufgefordert das Zugabteil zu verlassen, mitzukommen und bei der nächsten Haltestelle den Zug in Begleitung zu verlassen. Flüchtlinge wie wir, mußten mit allem, was wir sagten oder veranlassten, sehr vorsichtig sein, um nicht den Verdacht von fremden unerwünschten Personen zu nähren. Überall machte sich Unsicherheit in der Bevölkerung breit mit der offiziellen Suchaktion nach ‚Feinden des Dritten Reiches'. Der Feind wurde überall vermutet, selbst in den eigenen Reihen. Die Stille war Ausdruck des weit verbreiteten Mißtrauens und wahrscheinlich schon die Ruhe vor dem unvermeidlichen Sturm.

Da wir aus Siebenbürgen kamen, wurden wir nicht näheren Untersuchungen ausgesetzt. Ein Deutscher Name, besonderer Deutscher Dialekt, stellten die offiziellen untersuchenden Personen des Sicherheitsdienstes ausreichend zufrieden. Die Auslands-Deutschen sind ja bekannt, daß sie eher mehr Deutsch sind, als ihre Mitbürger in Deutschland. In Siebenbürgen wurde neben dem Hoch-Deutsch allgemein der Sächsische Dialekt gesprochen. Seine Sprachwurzeln gehen 800 Jahre zurück in die Gegend von dem gegenwärtigen Luxemburg, woher die früheste Auswanderung nach Transylvanien (Siebenbürgen) ihren Lauf nahm. Dennoch mußten wir am eigenen Leib erfahren, wie wenig große Teile der Bevölkerung in Deutschland Menschen anderer Herkunft besonders in den schwierigen Kriegsjahren willkommen geheißen hatten.

DURCH DICK & DÜNN, Teil 1

KAPITEL 2

DAS LEBEN GEHT WEITER

WEILDERSTADT
Erste Ansiedlung

Diese dritte Zugreise in meinem Leben endete für uns in Weilderstadt, nicht weit von Stuttgart. Die Schwester vom Stiefvater wohnte mit ihren 3 Kindern auf einer Anhöhe am Rande von Weilderstadt. Ihr Mann war in Kriegsgefangenschaft. Sie wohnten im Dachgeschoß in Untermiete mit einem älteren Herrn. Nur sehr kurz hielten wir uns in der Adresse auf, da niemand damals die zusätzliche Last mit anderen Personen auf sich nehmen konnte.

Weilderstadt, v.l.n.r. Martin, Cousin/Kusinen Dorle, Frieder, Elisabeth , 1945

Etwas zum Essen war sehr schwer zu bekommen. Lebensmittel-Marken versuchten das Wenige so zu verteilen, daß mehr Personen wenigstens etwas zwischen die Zähne ab und zu bekommen konnten. Für mich war besonders die Gesellschaft mit den drei anderen Kindern eine große Freude. Die beiden Mädchen, Dorle und Elisabeth waren älter als ich. Der andere Junge, Frieder, war hingegen jünger als ich. Von dieser Zeit an wurde meine eigene Erinnerung wachgerufen, so daß alles, was in dem Buch von jetzt an aufgezeichnet ist, sehr viel mehr meiner eigenen Erinnerung entspringt.

Unser Aufenthalt in Weilderstadt, dem Geburtsort des Astronomen Johannes Kepler, war jedoch nur sehr kurz. Mama und Papa mußten eigene Wege finden, wie sie unser Leben einrichten konnten. Papa schaute sich als Erstes nach Arbeit um. Für uns Kinder füllten Mama und die Schwester von Papa die Zeit mit eigenen Spielen, Geschichten und Schule so gut aus, daß wir nie Langeweile empfanden. So weit es möglich war, ist uns Kindern die schwierige Zeit mit einfacher sinnvoller Beschäftigung nicht so sehr bewußt geworden. Fertige Spielsachen waren nicht erhältlich. Mit viel Phantasie war man angehalten selbst etwas zu schaffen. Ein Drachen zum Beispiel verdankte seine Entstehung einfachsten Material Resten. Die Freude war dann aber um so größer, wenn der Drachen dann wirklich in die Luft aufstieg, während von uns Kindern abwechselnd jeder lief, so schnell wie möglich mit dem Drachen hinter sich.

Jedes Mal, wenn die Spielzeit vorbei war, mußten wir auch aufräumen und uns vorbereiten für unsere ersten Leseübungen von einer kleinen Tafel, die ihre Runde zwischen uns Kindern machte. Darauf ging es dann hinaus in die frische Luft, auf den Weg zum Waldrand, entlang Feldern. Mama und Tante Kathrin hielten immer ein Auge auf uns, wer immer gerade Zeit hatte, sich um uns Kinder zu kümmern. Besonders die Zeit draußen verging im Nu, wenn der Drachen ausprobiert wurde. Selbst der Regen konnte uns nicht hindern hinaus zu gehen. Ein wohl gehütetes Stück Plastik ging in eine Haube geformt über jeden Kopf, so daß die Schulter auch noch geschützt war. Der Drachen wurde dann allerdings im Haus zurück gelassen. Anstelle von ihm lernten wir, was so alles am Wegrand zum Wald wuchs ; verschiedene Wiesen Blumen wie Löwenzahn, Vergißmeinnicht und viele Kleeblätter. Wer konnte das Vier-Kleeblatt finden, das uns Glück versprechen wird ？

Nur einmal regnete es so stark, daß wir nicht hinaus gehen konnten. Wiederum an einem anderen Tag gingen wir auch in den Wald hinein, Heidelbeeren vom Waldboden aufzulesen. Jedes Bisschen auf dem Essentisch war damals willkommen für unsere nimmersatten Bäuche. Mit jedem Ausflug brachten wir etwas mit, Löwenzahn für Salat, Pilze und Wald-Beeren, wenn die Zeit dafür war. Hunger war und ist noch immer der beste Koch.

Eine Stunde Ruhepause am Nachmittag im Bett war eine feste Regel. Die übrig bleibenden Stunden des Tages galten mit kleinen Aufgaben innen und um das Haus herum möglichst alles in Ordnung zu halten. Der ältere Hausherr, Herr Letsche, duldete keinen Lärm. Streit unter uns Kindern kam nicht auf, schon weil wir nicht genug hatten, um neidisch aufeinander zu sein.

Aus dem ersten Stockwerk des Hauses führte ein offener Zugang in ein anschließendes Glashaus. Dies war der Stolz des Hausherrn. Seine meiste Zeit verbrachte er dort, eine reiche Vielfalt von Gemüse-Sorten hochzuziehen. Nur aus dem Zimmer durften wir Blicke in seinen grünen Garten werfen und beobachten, wie er geduldig den Pflanzen seine Zeit widmete mit Wässern, den Boden in den Beeten mit einer Harke lockerte, Unkraut auslas, Bohnen und Tomaten neu fest hoch band und reifes Gemüse in einem großen geflochtenen Korb sammelte. Wenn wir artig zugeschaut hatten, wußten wir, aus dem Korb durfte jeder von uns ein Stück sich nehmen ; und wie schmeckte dieses natürlich gepflegte, gewachsene Gemüse ! Im Austausch mit anderen Dingen des täglichen Gebrauches mußten sich die Erwachsenen in erster Linie einiges einfallen lassen, daß auch etwas auf unseren Esstisch kommen konnte.

Mit Geld etwas kaufen war nicht gefragt, weil Geld nichts mehr wert war. Besonders für Flüchtlinge war Arbeit sehr schwer zu finden. – Als hätte man nicht bereits genug Schwierigkeiten gehabt, Papa wurde auch noch in den Kriegsdienst gerufen. Mama sah damit schweren Tagen entgegen. Aber, wo ein Wille ist, da war auch immer ein Weg. Die Mutter wußte nur all zu gut, daß Bauern weniger Schwierigkeiten mit Essen erfuhren. Deshalb suchte sie schnellst möglich eine Beschäftigung bei einem Bauer.

Als Flüchtlinge konnten wir nichts für einen Tausch mit etwas Essen anbieten, weder Uhren, noch Schmuck, noch Gold, alles wurde eingetauscht für einen hungrigen Magen. Mama hatte aber Geschicklichkeit. Mit der Wolle von einem Bauer in der Stadt strickte sie dem Enkelkind Kleider. Da der Bauer sich auch nichts kaufen konnte, waren die Kleider sehr willkommen. Das kleine Bauern Enkelkind freute sich sehr über die warmen Kleider, jetzt, wo der Winter vor der Türe stand. Mama hatte die Gunst der Bauernfamilie gewonnen und so kam es schließlich dazu, daß ein Zimmer im Dachstuhl als Unterkunft für Mama und mich frei wurde.

Von nun an schaute das Leben für Mama und mich mehr versprechend aus. Die Bauernfamilie hielt auf ihrem Hof auch einige Milchkühe, Hühner, Gänse und im Erdgeschoß, in einem gesonderten Stall, Schweine. Die Scheune zwischen den beiden Wirtschafts Gebäuden wartete noch leer, um mit der Getreide Ernte von diesem Sommer aufgefüllt zu werden. In Kriegs Zeiten, wenn das Leben auf das Allernotwendigste reduziert wird, war es gut, in der Nähe solcher ‚Notwendigkeiten' ein Dach über dem Kopf zu finden. Mama und ich lebten von nun an mit der Bauernfamilie. Mama half sowohl auf dem Bauernhof, als auch auf dem Feld, am Rande von Weilderstadt. Sie hielt mich stets in ihrer Nähe und zeigte mir, wie ich mich mit ganz einfachen Dingen selbst beschäftigen konnte.

Neben der täglichen Arbeit auf dem Bauernhof erhielt die Mutter die Erlaubnis, auf einem unansehbaren Flecken Land, wo die bestellten Felder ausliefen, die Abfälle wegzuräumen und zu versuchen, selber etwas anzubauen. Die Bäuerin unterstrich ihre Zubilligung mit den Worten :

„Die Frau kann da nicht viel verkehrt machen."

Vor der Mama konnte man da schon den Hut abnehmen. Sie unterrichtete früher in Mathematik und war jetzt nicht verlegen, in einem schwierigen Leben das Beste daraus zu machen.

Ende 1944 kam der Krieg jedem näher an die Haustüre. Das tägliche Leben wurde zunehmend von Sirenen unterbrochen, welche die Luftangriffe verkündeten. Jeder ließ dann alles liegen und stehen und suchte Schutz entweder in vorgesehenen Schutzbunkern, oder in gut geschützten Kellern von Häusern. Eine große Anzahl dicht zusammen fliegender Bomber erfüllte jedes Mal die Luft mit einem Brummen, gegen welches nur Ohren Zuhalten half. Pforzheim, Stuttgart, Freudenstadt waren die Ziele. Ausschließlich in der Nacht fanden die Bombenflüge statt. Bei einer Gelegenheit war Mama mit mir mitten in der Nacht wieder vor dem Schutzbunker unter dem Rathaus angekommen. Die Schutzräume waren so überfüllt, daß wir auf der Treppe nach unten uns nur noch den anderen Wartenden anschließen konnten. Der Lärm, die gespenstischen Schatten und Lichter der Flugzeuge zogen drohend über Weilderstadt. Eine Leucht- Bombe von einem Flugzeug erhellte ganze Teile der Stadt, während dieser sogenannte ‚Weihnachtsbaum' zur Erde fiel. Das Glück mußte uns gern haben, daß wir wiederum verschont geblieben waren. Dafür blieb uns aber nicht erspart, den fürchterlichen Bomben-Teppich über der Stadt Pforzheim mitzuerleben, wenn auch aus der Entfernung. Der ganze Himmel brannte lichterloh von der Zerstörung. Pforzheim wurde mit wiederholten Bomben-Teppichen von der Landkarte ausradiert. Weilderstadt indes blieb verschont. Kein Wort fiel am folgenden Tag und danach. Jeder wußte, was passiert war.

So lange die Sirenen still hielten, konnte dem täglichen Leben nachgegangen werden. Meine erste Aufgabe begann bereits am frühen Morgen. Mama gab mir die Milchkanne zusammen mit der Lebensmittel-Karte. In der Nachbarschaft von dem Bauernhaus, in einem gegenüber liegenden Eckhaus, war die Milch in einem Laden erhältlich. Mama stellte mich am Ende in der wartenden Menschen-Schlange an und schärfte mir noch einmal ein, mit den anderen vor mir nach vorne zu gehen :"Halte deinen Platz, bis ich wieder komme." Mama erledigte inzwischen andere Sachen. Sie wollte nicht unnötig Zeit mit Warten verlieren.

Vor der wartenden Schlange saß ein dicker, kahlköpfiger Mann in einem von der Straße leicht erhöhten offenen Raum hinter einem Tisch. Der obere Teil seiner weißen Schürze mit den beiden Trägern war über dem Tisch sichtbar. Seine vermeintliche große Milchkanne blieb vor den Augen der Kunden-Schlange geschützt neben ihm.

Nur selten trat ich dem dicken Mann vor dem Tisch gegenüber. Mich, den kleinen Bürger übersah er all zu leicht.Mama kam meistens doch rechtzeitig zurück, um in der Schlange mit anzustehen.Andere eilige Menschen hatten mich gewöhnlich in der Schlange überholt und zurückfallen lassen. Deshalb reichte es nicht immer, daß auch Mama noch Milch bekam.

Die ‚magische' Milchkanne neben dem dicken Mann hielt eigene Geheimnisse vor allen Augen versteckt. Mit dem Schöpflöffel kam einmal blau-wässerige Milch in eine Kundenkanne, ein anderes Mal aber auch richtig weiße Milch. Dies soll davon abgehängt haben, wie tief der Schöpflöffel in die ungestörte Milchkanne jedes Mal tauchte. Tiefer tauchen hieß, blau-wässerige Milch ; nur oben abschöpfen, erbrachte die weiße Milch. Schaffte ich es einmal nach vorne zu kommen, mußten die anderen Wartenden mir helfen, mich hoch auf den Boden vor dem Tisch zu heben, damit der Milchmann mich überhaupt sehen konnte.

„Hier du Knirps, sollst auch was haben , gib mir deine Marke und Milchkanne."

Ich wagte nichts zu sagen, daß ich blau-wässerige Milch bekam. Vielleicht war diese Milch besser für Flüchtlinge ? Jedenfalls war es gut, wenn Mama rechtzeitig kam, denn ich hatte Angst vor dem dicken Mann. Auch Mama erhielt dann keine andere Milch, als die blau-wässerige.

An manchen Tagen stoppte die Milchausgabe, obwohl noch eine ganze Schlange geduldiger Kunden auf der Straße warteten . „Keine Milch mehr !" Rief der dicke, kahlköpfige Mann hinter dem Tisch. Mit der Zeit wussten immer mehr der wartenden Menschen, was die ‚Glocken hier geläutet hatten' ; die fortgesetzte Milch-Ausgabe geschah nun hinter verschlossener Türe, für den, der außer der Milch-Marke dem dicken Mann noch einen Gefallen mit einer geeigneten Beigabe machen konnte. Niemand wagte in den verunsicherten Kriegstagen solches Unrecht beim Namen zu nennen. Das Unrecht dominierte noch.

Auch Unrecht konnte genau so wie der Krieg sich nicht unbegrenzt behaupten. Sehr bald nach dem Kriegsende, als der Schrecken zu weichen begann, meldeten sich Stimmen aus der Bevölkerung der Stadt und brachten das Unrecht mit der Milch-Verteilung an den Pranger. Das Ergebnis war, der dicke, kahlköpfige Mann in seiner weißen Schürze landete im Gefängnis. Am Ende hatte sich wieder bestätigt :"Der Krug ging auch hier nur so lange zum Brunnen, bis er brach !"

Trotz dem Kriegsende waren wehrhafte Soldaten und Panzer noch nicht alle abgezogen worden. Diese Alliierten Streitkräfte durchsuchten noch Häuser auf versteckte Nazi-Sympatisanten, oft inmitten der Nacht verliehen sie ihren Forderungen Nachdruck. Bei solcher Gelegenheit sah ich zum ersten Mal einen dunkel-häutigen Menschen. Er war ein Amerikanischer Soldat, ging seiner Pflicht nach, blieb trotz Krieg jedoch ein guter Mensch. Mama erinnerte den großen Soldaten an seine Familie im fernen Amerika. Auch er hatte einen kleinen Sohn und verstand die Sorge von Mama. Wir blieben unversehrt, nicht wie viele andere. Wiederum, was für ein Glück !

In den Wochen vor dem Winter verbrachte Mama jede verfügbare Zeit, das Stück Abfall-Land zwischen den Feldern des Bauern in einen Garten Edens zu verwandeln. Somit konnten auch wir etwas auf den gemeinsamen Tisch mit der Bauernfamilie beisteuern. An manchen Tagen lud uns die Bauernfamilie ein, mit ihnen zu essen. Ein großer, runder Tontopf stand gewöhnlich in der Mitte auf dem Tisch. Mit einem Schöpflöffel holte die Bauersfrau für jeden am Tisch etwas aus dem Topf in den tiefen Teller vor sich. Mama und ich bekamen zuerst. Allerdings entging es selbst meiner jungen Aufmerksamkeit nicht, daß in unseren beiden Tellern viel Suppe und wenig von dem Andern landete. Einige ‚Fettaugen' schwammen immerhin an der Oberfläche der Suppe. Die darauffolgenden Schöpflöffel brachten aus der Tiefe des Topfes festes Essen in Form von Kartoffeln und Fleischstücken auf die Teller der Anderen am Tisch. Ich konnte meiner Verwunderung nicht Einhalt machen : „Mama, warum kann ich dies nicht auch haben ?" Mein Hunger war es, der sich unverblümt zu Wort hier meldete. Die Bauersfrau zeigte sich nur kurz verlegen, griff nochmals nach dem Schöpflöffel und holte aus dem Topf festes Essen auch für Mama und mich, mit den Worten :" Hier isch au was für dich, damit was wirsch !" Ich freute mich darüber, mein Magen konnte eine Weile aufhören vor Hunger zu knurren.

Sonst mußte Mama selbst sich um uns kümmern. Eines Tages brachte sie von der Bäuerin auch zwei Hühner-Eier mit auf unser Zimmer im vierten Stockwerk unter dem Giebel. Während sie auf dem Holzherd Vorbereitungen für ein Essen traf, sagte sie zu mir :"Wenn die Mutter-Henne lange genug auf diesen Eiern sitzen bleibt, kommen aus ihnen kleine junge Hühnchen heraus." Ihre Worte gaben mir zu denken, ich versuchte wahrscheinlich die kleinen Hühnchen mir bildlich vorzustellen. Als dann daraufhin ein Spiegelei auf meinen Teller kam, war ich fest entschlossen, dem Hühnchen nicht weh zu tun und es nicht auf meinem Teller anzufassen. Mama war untröstlich ; auf der einen Seite konnten keine kleinen Hühnchen mehr aus den Eiern schlüpfen und genau so wenig erschien es, meinen hungrigen Magen mit den Spiegeleiern zu füttern. Zur gleichen Zeit war mit anderem Essen keine Wahl geblieben in den noch jungen Nachkriegs Monaten. Mama ließ mich erst viel später wissen, wie sie diesen Engpass umgehen konnte : Das Spiegelei wurde am nächsten Tag mit Kartoffelbrei zusammen gemischt und ohne ein weiteres Wort mir auf den Teller gebracht. Martin aß dann brav, was auf seinem Teller war.

Der Sommer im Jahr 1945 hielt lange mit viel Sonne und wenig Regen an. Das Heu konnte noch spät bis in den Oktober vom Feld eingeholt werden.

An einem Tag im Oktober wurde Mama mit der Aufgabe beauftragt, die zwei Pferde des Bauernhofes vor den Heuwagen zu spannen und das Heu draußen auf dem Feld einzuholen. Ein Gewitter war indes nicht mehr weit weg, weshalb die Zeit drängte, das gut getrocknete Heu in die Scheune zu bringen. Heu-Ballen nach Heu-Ballen gingen auf den Heuwagen, während die zwei Pferde ruhig Hafer aus dem Sack vor ihrem Maul fraßen. Sobald der Heuwagen geladen war, machte Mama alles fertig für den Weg nach Hause. Bevor sie den Hafersack den Pferden weg nahm, stieg sie mit mir auf die Deichsel, um mich am Boden des Heuwagens möglichst weit hinein in das Heu sicher hinzusetzen. Mama war nur mit einem Fuß auf der Deichsel, als die beiden Pferde plötzlich aufscheuten und im vollen Galopp mit dem Heuwagen hinter sich in Richtung Stadt losbrachen.

Der erste Donner des näher kommenden Gewitters mußte die Pferde aufgeschreckt haben. Mit einem Fuß halb auf der Deichsel, den andern Fuß nachzuziehen versuchen, hielt Mama in einer Hand mich, während sie mit der anderen hand die Zügel fasste . „Brrrr...." rief sie so laut sie konnte den Pferden zu. Die Zügel verkürzte sie mehr und mehr. Trotzdem ließen die Pferde nicht ab von ihrem Galopp, so daß der Heuwagen in den Furchen des Feldweges gefährlich nach beiden Seiten schwankte. Kein Rufen, keine Zügel wollte die Pferde stoppen. Werden die Pferde noch vor der Stadt ihren Lauf ausreichend verlangsamen ?

Im vollen Galopp in der Stadt angekommen, wäre ein furchtbares Unglück gewesen. So manches mußte der Mama durch den Kopf geeilt sein. Mich und die Zügel ließ sie aber nicht locker. Kurz vor dem Eingangstor auf der Hauptstraße in die Stadt geschah ein Wunder, die Pferde verließen ihren Galopp und wechselten über in einen langsamen Trab. Mama fiel mehr als nur ein Stein vom Herzen. Der Heuwagen war in der Spur geblieben ohne sich zu überschlagen in dem stark ausgefahrenen Feldweg. Ich soll mich gefreut und gelacht haben während der ‚Höllenfahrt'. Die Gefahr war mir, dem kleinen Jungen, nicht bewußt geworden, noch das mutige ‚Husarenstück' von Mama.

Die Zeit ging indes unverändert weiter.Papa war im Krieg verwickelt worden, kaum eine Nachricht erreichte Mama in Weilderstadt. Ein gutes Jahr mußte nach dem Kriegsende bis im Mai 1946 vergehen, daß Papa aus der Gefangenschaft entlassen wurde. Er sah elend und völlig bis auf die Knochen abgemagert aus. Sein Wille weiter zu machen für ein neues, hoffnungsvoll besseres Leben war allerdings nicht gebrochen. Genau so wenig war der Wille von Mama gebrochen. Jetzt, wo unser Trio wieder zusammen war, veränderte sich unser Leben auf dem Bauernhof sehr schnell.

Papa nahm Kontakte auf, welche er vor dem Krieg in Deutschland hatte. Einer von ihnen führte zu einem einflußreichen Industriellen nach Weissenstein, nahe der Stadt Pforzheim, mit dem Namen Dr.Ingenieur Heller. Noch vor dem Krieg ließ Herr Heller Papa in einer Begegnung wissen :"Sollten Sie jemals eine Anstellung als Chemie-Ingenieur brauchen, vergessen Sie nicht und melden sich bei mir."Papa nahm die Gelegenheit wahr, er machte sich auf, dem Herrn Heller einen Besuch in Weissenstein abzustatten. In der Tat, Dr. Heller löste sein Versprechen ein, was damals kaum jemand hätte erwarten können, in einer so schwierigen Zeit.

Die Papierfabrik in Weissenstein war auch von Bomben völlig zerstört. Man traf sich zuerst in der Fabrik, verlegte das Treffen dann aber in einen mehr ansprechenden

Platz, einem Restaurant. Man mußte damals schon vertraut sein mit den wenigen Möglichkeiten, noch ein Restaurant zu finden, das Gäste bedienen konnte. Herr Heller war ein ‚Unikum'. Was fehlte, wußte er zu besorgen. In seinem Auto fuhren sie zusammen weiter hinaus ins Land zu einem Restaurant. Ein Auto besitzen und das auch noch fuhr, war etwas außergewöhnliches. Zwar war es nur ein kleiner Lastwagen mit einem originellen Ofen direkt hinter der Sitzkabine auf dem Ladedeck. Der Ofen war dafür da, Holz zu verbrennen um mit den Abgasen einen Motor am Laufen zu halten. „Tok, tok, tok" machte der Motor, bis er langsam das Auto anfahren ließ. Auf solcher Fahrt war nicht nur Brennholz sauber zugeschnitten auf dem Laderaum des Lastwagens mitgekommen. Um die Wichtigkeit des Treffens mit Stil zu unterstreichen, fuhr Herr Heller nicht selbst, sondern sein persönlicher Chauffeur in Uniform.

Auf solch einem Ausflug, gleich was das Ziel auch gewesen war, Tauschware durfte nicht vergessen werden, denn Geld war nichts wert und nicht gefragt. Bei der Ankunft vor dem Restaurant bemühte sich Herr Heller nicht zuerst durch den offiziellen Eingang. Im Hinterhof des Hauses wurden zuerst eingesehen, was die Mitbringsel waren. Danach war entschieden, was durch den offiziellen Eingang im Restaurant auf einem Tisch wartete. Ein reichhaltiges Essen war das Ergebnis, etwas Außergewöhnliches noch so kurz nach dem Krieg.

Der Zweck des Treffens einer Übereinkunft kam auch zustande. Papa erklärte sich bereit und in der Lage, die zerstörte Zellulose Fabrik soweit instandzusetzen, daß Zellulose von den Baumstämmen aus dem umliegenden Schwarzwald hergestellt werden konnte. Die Fabrik lag im Enztal nahe der kleinen Ortschaft Rotenbach, nicht weit von Weissenstein. Ohne Hilfsmittel eine zerstörte Industrie Anlage wieder zum Laufen bringen, war eine Herausforderung für Papa. Wiederum galt die Spielregel : Wo eine Wille ist, wird auch ein Weg sein.

Um der Aufgabe gerecht zu werden, war es notwendig, daß wir von Weilderstadt möglichst umgehend ins Enz-Tal nach Rotenbach umzogen. Unsere wenigen Habseligkeiten waren ohne Verzögerung im Auftrag von Dr. Heller nach Rotenbach geliefert worden. So, wie dies in normalen Zeiten über die Bühne laufen soll. Die nächste Reise in eine neue Zukunft lag vor uns. Der persönliche Fahrer von Herrn Dr. Heller holte uns am Bauernhof in Weilderstadt ab. Die Bauernfamilie konnte nicht umhin, mit dem offenen Mund zuzusehen,was vor ihren Augen geschah: "Die Flüchtlinge haben Nerven, wie soll man die Welt da noch verstehen ?"

Bevor wir jedoch aus Weilderstadt, der Stadt des Johannes Keppler, wegfuhren, wollte Mama noch einen Abstecher zu ihrem Gemüse-Fleck zwischen den Feldern außerhalb der Stadt machen, um zu sehen, was dort noch mit uns kommen konnte. Unser Transportauto hielt an der Stelle. Papa war vorne im Auto mit dem Fahrer gesessen und stieg deshalb leichter aus, um das Gemüse einzuholen. Nicht weit davon waren Leute bei der Feldarbeit. Sie sahen das Auto, Papa das Gemüse eilig einholen. „Hallo was machen Sie da ? Lassen sie das Gemüse in Ruhe ! Die Frau hat schwer gearbeitet, damit das Gemüse so schön wachsen konnte. Sie können nicht einfach daher kommen und dieses Gemüse stehlen !" Ertönte aus der nächsten Nähe.

Darauf trat auch Mama aus dem Auto hervor. Sie gab sich zu erkennen und dankte den Leuten für ihre Aufmerksamkeit :"Dies ist mein Mann, wir wollen uns gleichzeitig auch von euch allen verabschieden. Wir ziehen weg von Weilderstadt. Es war eine schwierige, aber schöne Zeit für uns hier. Behüte auch euch unser Gott !" Anschließend konnte unsere neue Reise nach Rotenbach beginnen, wenn es auch eine nur kurze war, aber eine Reise in eine möglich bessere Zukunft.

ROTENBACH

Nach den engen Wohnverhältnissen in Weilerstadt waren die großen leeren Gebäude auf der „Gänsbrunnenwiese" bei Rotenbach wie ein Palast für uns. Die leeren Räume in mehreren Stockwerken des Hauptgebäudes erschienen noch größer, als sie es waren. Eine breite Holztreppe führte in die Räume über der zerstörten Fabrik. Aus einem weiten Vorraum wiesen Türen nach drei Seiten in die Räume. Nur auf einer Seite führte eine Türe in einen bewohnten Raum. Eine hoch betagte Dame, Fräulein Huber, wohnte hier einsam, wie verlassen.Unsere Ankunft efreute die Dame sehr, weil auch junges Leben mit ins Haus gekommen war.

Noch während Mama und Papa einen ersten Blick in alle Räume warfen, rief mich die Dame zu sich ins Zimmer. Sie war ganz in Schwarz gekleidet. Ihre Augen und Gesicht strahlten aber vor Freude. Sie war alleine. Das Zimmer war mit vielen Möbeln eingerichtet. Von einer Kommode reichte sie mir aus einer Schatulle ein Bonbon in Papier gewickelt. Das Bonbon war zu gut, als daß ich es hätte ablehnen können. Ich mußte nichts anderes machen, nur zuhören, wie die Dame viele Worte sehr freundlich zu mir sagte. Als Mama hinzu kam und wir weiter sehen mußten, wie wir uns mit unserem Wenigen einrichten konnten, wiederholte die Dame beim Abschied mehrmals :"Martin, du kommst aber wieder mich besuchen!" Ich versprach es ihr. Für mich war dies ja auch eine neue Abwechslung, mit einer Person zusammen sein zu können, die viel Zeit hatte. Ein Bonbon war stets die Belohnung.

Mama und Papa hatten alle Hände voll zu tun, um einen neuen Beginn in unserem Leben zu ermöglichen. Dinge für das tägliche Leben kaufen, war in der Nachkriegszeit noch nicht gegeben. Es gab weder Geld, noch Geschäfte. Da der Sommer noch herrschte, war es leichter so manches Fehlende vorläufig zu überbrücken. Papa sah sich außerdem einer äußerst schwierigen Aufgabe gegenüber mit dem Wiederaufbau der Fabrik im Untergeschoß. Viele provisorische Lösungen mußte Papa sich einfallen lassen, um möglichst schnell Zellulose wieder herstellen zu können für die Papierfabrik von Dr. Heller in Weissenstein. Alles hing mehr oder weniger von Rotenbach ab.

Rotenbach im Enztal, Deutschland, 1946

Den Antrieb für die Maschinen versorgte ein Wasserrad an der Außenseite des Gebäudes aus einem Seitenkanal des Flußes Enz. Das gestaute Wasser fiel beim Haus auf die Wasserstufen des Antriebrades tief in ein fortführendes Flußbett. Eine Antriebswelle führte aus der Mitte des Wasserrades in das Gebäude, wo Riemenantriebe die Kraft dorthin verteilten, wo sie gebraucht wurde.

Das große Haus mit der Fabrik und unseren zahlreichen Wohnräumen in drei Stockwerken darüber, hatte in der Nachbarschaft noch ein kleineres Wohnhaus gegenüber. All dies lag auf einer Insel, welche der Fluß Enz mit seinem Seitenkanal bildete. Flußaufwärts stoppte ein Wehr den Flußlauf, um Wasser dem Seitenkanal zuzuführen. Am, Ende dieser ‚Gänsbrunnenwiesen-Insel' vereinten sich Fluß und Kanal wieder zu einem gemeinsamen Flußlauf. Etwas weiter flußabwärts kam dann die kleine Ortschaft Rotenbach. Auf beiden Seiten des Tales stiegen die schwarzen Tannen an den Berghängen hoch. In dem Tal drängte sich noch auf einer Seite die Zufahrtstraße in das obere Tal und auf der Seite des Hauses eine Eisenbahnlinie. Nur wenig Bahnverkehr sah damals das ruhige Enztal.

Der Krieg war indes offiziell vorbei. Dennoch störten die Enztal-Ruhe Militäreinheiten eines Tages mit einem massiven Aufgebot an Panzern. Die Motoren der Panzer dröhnten mit Widerhall an den Berghängen. Hinzu gesellte sich der hohe Ton von motorisierten Kettensägen, welche ununterbrochen Tag und Nacht die schönen, alten Tannen niedersägten. Mit der Kraft der Panzer wurden die Baumstämme auf die Strasse unten in der Talsohle mit schweren Ketten gezogen, dann gebündelt auf der Straße fortgeschafft. In nur wenigen Tagen waren die Berghänge besonders über der Straße völlig kahl geschlagen. Die Straße war als eine Straße nicht mehr erkennbar und auch nicht mehr befahrbar.

Das Militär Personal sprach Französisch. Verschiedentlich kamen sie zu uns ins Haus, Fragen zu stellen, um etwas zu bewerkstelligen, oder heraus zu finden. Mama und Papa waren sehr gut in der Französischen Sprache zu Hause. Dies gefiel der Französischen Besatzungs Macht, weshalb wir in Frieden gelassen wurden. Die brutale Entforstung des Waldes war wie ein schneller Diebstahl auf dem Rückzug der Alliierten Truppen. Deutschland hatte sich mit kriegerischen Aktionen wieder einmal übernommen und mußte in vielen Formen noch nach dem Krieg Federn lassen. Sobald die Panzer mit dem vielen Holz abgezogen waren, kehrte die Enztal-Stille wieder zurück.

Eine wichtige Aufgabe war der Garten für das Gemüse. Viel Arbeit ging in die Vorbereitung. Überall war Gras, welches es zuerst gründlich zu entfernen galt, bevor mit der Kultivierung der Erde auch mit Kompost für die Gemüsebeete begonnen werden konnte. Alles Verfügbare wie Blätter, Hühnermist, Stroh, Kuhmist, Schaf-Kügelchen kam noch zusätzlich in die Beete. Wir konnten nur das aus unserem Gemüsebeeten erwarten, was wir an Arbeit hinein steckten. Die Wahl war die, nichts haben, oder aus dem eigenen Garten etwas auf den Tisch zum Essen bringen. Die allgemeinen Lebensmittel-Marken halfen nur den Zahn notdürftig zu füllen, aber nicht den knurrenden Magen beruhigen. Hinzu kam, daß keine Einkaufs Möglichkleiten in unserer Nähe ohnehin waren.

Die ‚Gänsbrunnenwiese' zwischen dem geteilten Flußlauf der Enz wurde für ein paar Jahre ein Paradies besonders für mich. Ich erlebte eine Freiheit, wie man sie nur als Kind wahrnehmen konnte. Hinzu kam noch, unser Leben verbesserte sich zusehends. Fernsehen war wenigstens 10 Jahre noch entfernt, jeder war angehalten, selbst etwas zu tun. Das Radio brachte damals nur ein paar Stunden am Tag ein Programm für die Wenigen, welche die Zeit aufbrachten zuzuhören und es sich leisten konnten. Neuigkeiten wurden mehr mündlich weiter gegeben. Zeitung war fast ausschließlich in Städten erhältlich, noch lange Zeit nicht in ländlichen Gegenden. Der Krieg hatte das Schicksal aller Menschen mehr gleich gehobelt, so daß jeder vor einem neuen Anfang stand.

Diese neuen Herausforderungen sorgten alleine schon dafür, daß reichlich Arbeit vorhanden war, aber wenig Brot, zumindest in den Anfangsjahren nach dem Krieg. Papa hatte in späteren Jahren sich einmal zu der Zeit geäußert :"Nach dem Krieg hatte man weder kranke, noch dicke Leute gesehen."

Zurück auf der Gänsbrunnenwiese war damals eine Hausordnung eingeführt worden: Wer auch immer zu uns kam und seine Füße unter unseren Tisch steckte, bekam nicht lange nach der Begrüßung den Spaten in die Hand, damit ein Beitrag in unserem Gemüsegarten geleistet wurde. Denn niemand konnte sich leisten jemand anderem Essen zu geben, wo alles so schwer oder überhaupt nicht erhältlich war.

Mama ging gewöhnlich einmal in der Woche zu Fuß die 6 Kilometer nach Neuenbürg, die nächst größere Ortschaft weiter oben im Enztal. Auf der Straße war soviel wie kein Verkehr. Mama zog dann hinter sich einen kleinen Leiterwagen, in den sie mich hinein gesetzt hatte. An diesem Einkaufs Ausflugtag beeilte ich mich von der Schule in Rotenbach so schnell wie möglich nach Hause zu kommen, denn ich hatte die Fahrt in dem Leiterwagen sehr gerne. Der Leiterwagen selbst hatte seine eigene Geschichte:

Papa erhielt eines Tages von dem Bürgermeisteramt in Neuenbürg ein Schreiben, wonach wir einen Leiterwagen erhalten sollten, um etwas besser beweglich zu sein. Aus lauter Neugierde wollte ich wissen, wie so ein Leiterwagen aussehen wird. Am meisten interessierte mich, ob der zukünftige Leiterwagen Räder hatte und vor allem, wie viele es sein werden. Mit vier Rädern am Leiterwagen war ich zufrieden gestellt. Die Zeit verging, aber keine Rede war mehr von dem Leiterwagen. Dies ließ mir keine Ruhe, also fragte ich Papa : „Wann kommt der Leiterwagen mit den vier Rädern ?" Papa versprach daraufhin, bei dem Bürgermeister nachzufragen. Wenig später erhielt Papa die Antwort :"Auf Grund der allgemeinen schwierigen Versorgung unserer Bevölkerung mit Material, ist das Bürgermeisteramt gezwungen, das Leiterwagen Angebot in ein ''Rutscherle'' abzuändern."

Als ich hörte, es wird nur zwei Räder haben, versuchte ich mir diese Veränderung bildlich vorzustellen. Wieder verging eine geraume Zeit, kein Wort vom ‚'Rutscherle'. Bei einer Gelegenheit faßte ich mir Mut und fragte Papa erneut : „Wo bleibt unser 'Rutscherle' ?" Papa machte sich noch einmal auf den Weg in das Bürgermeisteramt. Alles, was er erfahren konnte, war :" Das ‚Rutscherle' war ein Irrtum unserer Verwaltung." Diese Erklärung konnte ich beim besten Willen nicht verstehen, weshalb ich nicht zurück hielt und die Frage stellte :"Wieviel Räder hat dann ein Irrtum ?"- Mama und Papa konnten sich fast nicht mehr halten vor Lachen. Sie erklärten mir, was ein Irrtum wirklich ist. Die Enttäuschung auf meiner Seite war deshalb nicht geringer. Noch viele Jahre später tauchten diese Worte unter uns in der Familie auf : "Wieviel Räder hat ein Irtum?" Dies vor allem, wenn eine ungewisse Frage auftauchte.

Schon damals mußte man damit leben, daß der ‚Beamten-Schimmel' auch mit dem ‚Irrtum' unterwegs war. Den Leiterwagen, den Mama nach Neuenbürg mit mir in ihm zog, verdankte seine Existenz nur der Eigeninitiative von Papa, er fertigte den Leiterwagen selbst an, nach so viel Hin und Her.

Auf einem dieser Einkaufs Ausflüge nach Neuenbürg hatte Mama mit gesammelten Lebensmittel-Karten mehr als einen Laib Brot vom Geschäft erhalten. Wieder zurück auf dem Heimweg, konnte ich dem Duft des frischen Brotgeruches im Leiterwagen vor meiner Nase nicht widerstehen. Als wir zu Hause ankamen, konnte Mama es nicht fassen, daß ich das ganze Brot aufgegessen haben sollte. Ich blieb stumm und verlegen im Leiterwagen sitzen. Ich fühlte mich in der Magen Gegend so schlecht, daß ich nicht wagte auszusteigen. Als Mama mir half mich aus dem Leiterwagen aufzurichten, geschah es : Mein Magen rebellierte und gab das ganze Brot wieder frei. Das einzige, was Mama nicht gefallen wollte, war, das Brot blieb nicht in meinem Bauch und war so verloren gegangen. Am Ende war es für mich doch zu viel des Guten geworden.

In der Nachbarschaft von uns wohnte eine andere Familie mit einem Jungen in meinem Alter. Mit der Familie lebte auch die Großmutter. Sie war es besonders, die ein Auge auf den Enkel Roland hielt, daß er immer ordentlich geschniegelt und gebügelt das Haus verließ. Da wir aber zusammen spielten, war es nicht zu vermeiden, daß am Ende Roland nicht mehr so ‚schön' aussah, wenn er nach Hause zurück kehrte. Die Großmutter schlug jedes Mal schon aus dem Fenster im ersten Stock die Hände über ihrem Kopf zusammen :" Roland, warum mußt du mir das wieder antun ! Du siehst aus wie ein Schornsteinfeger ! Komm sofort ins Haus !" Dabei mußte die Großmutter sehr darauf achten, daß sie in der Aufregung nicht aus dem Fenster fiel.

Dies war kein Problem bei mir zu Hause, schon alleine deshalb, weil ich angehalten war, die Haare am Kopf ganz kurz geschnitten zu haben. Roland hingegen hatte langes, dunkles Haar mit Pomade ordentlich am Platz gehalten. Nach meinem Haarschnitt zu Hause, nur selten auch beim Haarschneider in Neuenbürg, ärgerte ich mich immer,wenn in der Schule die anderen Kinder mit Freude ihre Hand über meinen kurz-geschorenen Kopf streichten. Aus dem Grund fasste ich einen Plan, wie ich den Freund Roland dazu bringen konnte, mit mir nach Neuenbürg zu kommen und auch einen kurzen Haarschnitt verpasst zu bekommen. Die zusätzlichen 50 Pfennige für den Haarschnitt von Roland verdiente ich mir mit besonderen Aufgaben zu Hause.

Als ich so weit war, überredete ich Roland mich nach Neuenbürg zu Fuß zu begleiten. Beim Haarschneider angekommen, gab ich Roland den Vortritt als Erster im Stuhl Platz zu nehmen. Da der Haarschneider wußte, wie ich die Haare geschnitten hatte, fing er sofort bei Roland an, eine Passage Haare auf seinem Kopf im Handumdrehen kurz bis auf den Kopf zu schneiden, bevor Roland überhaupt ein Wort sagen konnte ; Dann aber :"Nicht so, meine schönen Haare darf ich nicht verlieren!" Brachte Roland noch schnell heraus. – „Das ist jetzt zu spät, der Anfang ist schon gemacht. Wer zahlt für den Haarschnitt vom Roland ? – Ja dann spielt es ja gar keine Rolle mehr. Dem geschenkten Gaul schaut man nicht ins Maul." Gab der Haarschneider mit einem Lächeln im Gesicht zu verstehen.

Mit dem neuen Haarschnitt sah Roland in der Tat ganz anders aus. Sein Kopf sah so viel kleiner aus ohne die vielen langen Haare. Er war nicht mehr sicher, ob etwas Richtiges geschehen war und wie er sich zu Hause wieder zeigen konnte.

Zu Hause angekommen, wurde es sehr deutlich klar, daß nicht das Richtige geschehn war. Die Großmutter von Roland war bereits am Fenster bei unserer Ankunft. Sie sah mich an, die andere Person und warf einen genaueren Blick nochmals auf mich. Ein Donnerwetter lag in der Luft. Ich merkte, daß ich mich besser aus dem Staub machte. Als die Großmutter schließlich erkannte, daß es sich bei der anderen Person um ihren Roland handelte, schlug sie ihre Hände über dem Kopf zusammen und rief laut heraus :"Was ist mit meinem armen Roland passiert ? Wer hat dir das angetan ?" – In der Aufregung konnte sich die Großmutter gerade noch im Fensterrahmen durch ihre Breite retten, daß sie nicht aus dem Fenster gefallen war. Von nun an durfte Roland das Haus nicht mehr verlassen, bis seine ‚Haarpracht' einigermaßen wieder zurück gewachsen war. Auch von der Schule blieb er die Zeit weg.

Offen gesagt, ich war nicht gerade glücklich mit diesem Ausgang eines geteilten Haarschnittes mit Roland, einem der wenigen Freunde, die ich in der Abgeschiedenheit von der Gänsbrunnenwiese haben konnte. Ich wäre so gerne mit Roland in der Klasse erschienen, beide mit dem gleichen kurzen Haarschnitt. Hätten die anderen in der Klasse dann uns beiden mit der Hand über dem Kopf gefahren, wie sie es bei mir gemacht hatten ? Bei Roland war es die Haarpracht, während bei mir der so kurz wie mögliche Haarschnitt die Hausvorschrift.

Die Schule lag zwei Kilometer am Flußlauf weiter unten am Eingang von Rotenbach. Der Weg dorthin führte über eine kleine Brücke, dort wo der Fluß und der Kanal wieder zusammen flossen. Parallel dazu, auf einer leichten Anhöhe lief die Eisenbahnlinie. Nahe der Schule lief die Schiene in mehrere Geleise, welche ich zu Fuß überqueren mußte, um in das am Fuß des Berghanges gelegene Schulgebäude zu gelangen. Die Züge fuhren jedoch hier so selten, daß kein Grund war, zu warten und deshalb zu spät in die Schule zu kommen. Dafür waren aber andere Ablenkungen für mich auf dem Weg zur Schule, wie zum Beispiel die Forellen in der Enz.

Die Schule selbst war eine richtige kleine Dorfschule. Ein großes Klassenzimmer, nur wenige Schüler und eine Lehrerin, die Frau Nothwang. Trotz der wenigen Schüler waren in dieser Schule auch verschiedene Klassen.

Sie saßen etwas getrennt in kleinen Gruppen. Die Lehrerin verstand, einer Klasse nach der anderen Aufmerksamkeit zu schenken. Keiner der Schüler fühlte sich vernachlässigt. Im Gegenteil, der Unterricht in der höheren Klasse bereitete ohne zu wollen die anderen schon vor für das, was auf sie einmal zukam. Ein wenig Konkurrenzkampf entwickelte sich bei den Schülern, wer über das eigene Lernmaterial hinaus auch noch etwas von dem fortgeschritteneren Wissen aufnehmen konnte. Bei Fragestellungen der Lehrerin kam es oft vor, daß ein Schüler der unteren Klasse die Antwort besser bereit hatte. Somit war es möglich, alle Schüler gleichzeitig etwas über das geforderte Klassen Niveau zu heben und sie besser für das Leben vorzubereiten. Wer dem Unterricht auch mit den Anderen folgen konnte, lernte bereits in einem Austausch leichter, so daß die Lehrerin ohne weiteres auch die Zeit aufbringen konnte, dem schwächeren Schüler notwendige Mehrzeit zu widmen. Die Nachkriegszeit diktierte hier die Bedingungen. Die Not machte aber auch hier erfinderisch. Das Bessere wurde dadurch nicht gehindert, im Gegenteil, gefördert !

Trotz dieser durchaus guten Schulverhältnisse war ich nicht gerade ein Glanzschüler. Die Ausnahme war jedoch in Musik. Außerhalb der Schule waren für mich zu viele Ablenkungen auf der Gänsbrunnenwiese. Die Schule war für mich nicht das wichtigste. Frau Nothwang, unsere Lehrerin, mußte meine Neigung zu anderen Dingen erkannt haben. Sie konnte so manches in einem größeren Rahmen übersehen, wo sie die Stärken eines Schülers ansprach, um auch ihrem Lehrauftrag zu genügen. Somit ermutigte sie mich im Unterricht nicht mit dem sonst damals so üblichen Stock auf die Finger, sondern in meinem Fall mit Musizieren auf ihrer Flöte für eine halbe Stunde nach der Schule, vorausgesetzt, ich war an dem Schultag ein guter Schüler.

Dadurch wurde auch meine Zeit für alle möglichen Ablenkungen nach der Schule auf dem Heimweg eingeschränkt. Aus dem ‚Lausbub' Martin sollte langsam ein vernünftiger Martin werden.

Respekt vor dem Lehrer in der Schule, war in Rotenbach keine Frage. Wir alle hatten unsere Lehrerin Frau Nothwang gerne. Die Persönlichkeit dieser Lehrerin hatte auch ich in meinem Herzen fest gehalten und durch mein ganzes Leben in bester Erinnerung mitgenommen. Sie war für ihre Schüler da und deshalb hatten die Schüler ihr den notwendigen Respekt für einen guten Unterricht gezollt.- Aufgaben einfach lösen, war schon immer der schwierigste Weg und dies ist auch der Fall beim Unterrichten.

Am Morgen auf den Schulweg mich zu machen, war mit weniger Unterbrechungen begleitet. Auf dem Weg wieder nach Hause, war jedoch die Schulpflicht nicht mehr so sehr als ein ‚Damokles-Schwert' über mir gehangen. Das zu Hause machte ich mir vor, es konnte warten. Die Forellen in der Enz weckten jetzt meine Aufmerksamkeit. Angel und Netz besaß ich zwar nicht. Dafür übte ich mich aber in der Geschicklichkeit, mit der Hand die Forelle aus ihrem Versteck im Wasser heraus zu holen. Auf meinen Knien verharrte ich am Flußufer mit einer Hand im Wasser bewegungslos am Eingang zu einer Ufer-Unterhöhlung.

Aus Beobachtungen wußte ich, daß die Forellen gegen Abend außerhalb der Flußströmung im ruhigen Wasser über die Nacht sich aufhielten. Mit einer Fliege im Wasser gelang es mir manchmal eine Forelle noch einmal aus ihrem Versteck heraus zu locken. Meine Hand mußte bereits im Wasser sein, weil eine Forelle sehr schnell im Wasser ausweichen kann. Die Forelle direkt mit der Hand fassen, war in meiner Erfahrung fast ausgeschlossen. Der Fischkörper ist so rutschig und kräftig, daß er leicht wieder aus der Hand in das Wasser sich befreit. Manchmal gelang es mir sogar, eine ruhende Forelle von unten langsam und vorsichtig zu fassen und aus dem Wasser an das Ufer zu werfen. Dort konnte ich dann Herr über die Forelle werden. Die Zeit stoppte allerdings nicht beim Warten auf einen gelungenen Fischfang. Brachte ich eine Forelle nach Hause, erhielt ich nur eine halb so große Schimpfe für das nicht nach Hause Kommen direkt von der Schule. Ohne Forelle blieb ich gelegentlich weg, bis die Nacht herein gebrochen war und ich im Schutz der Dunkelheit das Bett in meinem Zimmer möglichst ungesehen aufsuchen konnte. Mama drückte beide Augen zu und half Papa meine späte Ankunft auch zu übersehen. Schaffte ich es mit einem Fisch rechtzeitig nach Hause zu kommen und Papa war in guter Laune, bekam ich sogar ein Taschengeld für meinen Beitrag auf dem Essentisch.

Mein später nach Hause Kommen war meinen Schulaufgaben nicht dienlich gewesen. Obwohl ich oft noch aufbleiben mußte, die Aufgaben am Küchentisch unter Aufsicht zu machen, waren meine Schulergebnisse alles andere als glänzend. Viel Schimpfe und Nachhilfe mit dem Stock oder Lederriemen hinter der Küchentüre brachten den hart gesottenen Martin auch nicht viel weiter in der Schule. Aber nicht alles war nur Erziehungs-Versuche, gemeinsame Freuden hatten immer wieder einen vorrangigen Platz auch in unserer Familie gefunden.

Es war die Freiheit und Vielfalt der Möglichkeiten auf der Gänsbrunnenwiese, für einen jungen Lausbub wie mich, die andere Forderungen leicht überspielen halfen. Selbst wenn auf den ersten Blick nicht viel mehr als ein Fluß, grüne Wiesen, der Schwarzwald und zwei verlorene Häuser sehr verschiedener Größe vorhanden waren, so boten sich einer jungen Phantasie auch sinnvolle Beschäftigungen an und zwar nicht nur der eines Lausbuben.

Weilderstadt kam zurück in meiner Erinnerung, wo ich meinen ersten Drachen in die Luft steigen ließ. An einem Samstag Morgen hatte Mama einen Drachen auch auf der Gänsbrunnenwiese zusammen gebastelt. Das Wetter war schön, die Sonne schien, los ging es auf dem steinigen Weg, der über unsere Insel führte. Ganz nach Vorschrift lief ich so schnell ich konnte, den Drachen hinter mir an der Schnur freigebend, so daß er langsam Höhe gewinnen konnte. Mit dem Blick nach hinten übersah ich die Steine auf dem Weg vor mir. Ich stolperte, fiel hart nieder, besonders auf ein Knie. Die Verletzung der Kniescheibe war sichtlich groß.

Eine Operation war selbst in der weiteren Umgebung nicht möglich. Alles, was ein Arzt machen konnte, die Kniewunde säubern, verbinden und eine Tetanus Spritze verabreichen. Diese Knie Verletzung bereitete mir ein Leben lang Schwierigkeiten. Das Knie meldete sich besonders gerne mit einem Wechsel im Wetter. Die Freude am Drachensteigen hatte sich bei mir damit erledigt. Ich mußte mich bemühen, mein Knie so zu unterstützen, daß eine Besserung möglich wurde. In vielen Jahren danach war es mir gelungen mit Massage, Gymnastik, Schwimmen selbst das Knie einsatzfähig aufrecht zu erhalten. Ich lernte damit früh auch für andere Fälle in meinem Leben mir selbst zu helfen. Es liegt viel an uns, aus einer Schwäche eine Stärke zu entwickeln. In vielen Fällen sind wir in Wirklichkeit auch nur so krank, wie wir selbst bereit sind, uns einzugestehen.

Den Wiederaufbau der Firma hatte Papa pünktlich wie vereinbart innerhalb von einem Jahr so weit gebracht, daß mit dem Holzschliff für Zellulose begonnen werden konnte. Papa mußte viel improvisieren, da die Kriegsbesatzung vieles von den Anlagen alles andere als fachgerecht demontiert und aus dem Land geschafft hatte. Die vielen Stunden nicht nur unter der Woche, sondern auch einschließlich der Wochenenden, waren genug Hinweis auf

diese umfangreiche, schwierige Aufgabe. Praktisch nichts war erhältlich, alles mußte mit vorhandenen und einfachsten Materialien improvisiert werden. Selbst der vom Wasserrad getriebene Generator, einschließlich der elektrischen Verteilung mußte mit vorhandenen beschädigten Materialien neu arbeitsfähig und auch noch sicher repariert werden. Papa hatte eine Glanzleistung vollbracht.
Sobald die Maschinen im Untergeschoß des Hauses angelaufen waren, war die Stille im Haus gebrochen. Niemand nahm jedoch Anstoß daran. Die Fabrik bot mehrere Arbeitsplätze an für die Bewohner in der Umgebung. Besonders im Anfang war Papa viele Stunden noch täglich beschäftigt, die Fabrik am Laufen zu halten. Jemand finden, der Papa zur Seite hilfreich stehen konnte, war alleine schon deshalb so schwierig, weil der Wiederaufbau ausschließlich das Werk von Papa war. Es galt daher, die richtige Wahl mit einer Person zu treffen und sie langsam an die Aufgabe heran zu führen.

Eine der ersten Belohnung für diese Mamutaufgabe wurde für Papa ein NSU-Motorrad, mit dem er zwischen Rotenbach und Weissenstein hin und her fahren konnte. Damals war ein Motorrad ein Luxus, insbesondere ein neues Motorrad. Während andere Menschen von einem Motorrad damals nur träumen konnten, machte Herr Dr.Heller dies möglich. Papa erzählte noch in vielen späteren Jahren von den überragenden Fähigkeiten des Dr.Heller, die richtigen Menschen zusammen zu bringen, um Ziele zu erreichen.

Eines Tages beschäftigte sich Papa mit Kistenbrettern, welche er am Fabrikboden zurichtete, damit sie als Brennholz Verwendung finden konnten. Ich kam auf der oberhalb liegenden Platform hinzu, von wo eine steile Treppe hinunter in die Fabrik führte. Papa rief mir zu :"Bring mir den Hebel für Nägel ziehen." Anstatt die Treppe hinunter zu gehen, machte ich eine Abkürzung und sprang übermütig direkt von der Platform zu Papa hinunter. „Au" kam laut aus meinem Mund. Ein langer, rostiger Nagel wartete in einem Brett auf meinen linken Fuß. Die Höhe, welche ich herunter gesprungen war, reichte, daß der Nagel durch meinen Fuß ging. Papa war geistesgegenwärtig und zog sofort das Brett mit dem Nagel aus meinem Fuß heraus. Wieder mußte ein Arzt in Pforzheim herhalten. Zum Glück hatte Papa das Motorrad, weil sonst wären wir nicht nach Pforzheim gekommen. Hier begann wenigstens eine Lehre für mich, daß Eile nur Weile mit sich bringt. Der Schmerz in meinem Fuß erinnerte mich noch eine ganze Weile an den Nagel.

Nicht umsonst sagt man auch, „ein Unglück kommt selten alleine." Das Nächste wartete nur, daß es bei den ‚Hörnern gefasst wird'. Nicht weit vom Haus lagen im Gras einige Holzbalken. ‚Die wären doch ideal für ein Spielhäuschen', dachte ich mir. Gedacht und schon hatte ich auch Roland wieder für meine Idee begeistert mitzumachen. In den Ferien war dann genug Zeit dafür. An einem Tag wurde Roland ins Haus zurück gerufen, während wir mit Häuschen-Bauen uns beschäftigten. In seiner Abwesenheit dachte ich mir, ich mache weiter und überrasche Roland mit meinem Fortschritt, wenn er wieder zurück kommt.

Mit Eifer schwang ich die umgekehrte Axt auf die Pfostenenden, damit sie in den Boden gingen. Nur einmal reichte es, daß ich mit der Axt zu weit nach hinten ausholte, um meinen Kopf mit der scharfen Seite der Axt zu treffen. Das Unglück war da. Ich lief so schnell ich konnte zum Haus und rief die Mama. Meine Haare, mein Gesicht, mein Hals, mein Hemd waren von der Kopfwunde gezeichnet. Mama konnte nicht fassen, was sie sehen mußte :"Martin, was hast du wieder angestellt ? Du siehst ja furchtbar aus ! Papa muß sofort mit dir nach Pforzheim, ich rufe ihn, setze dich besser hin, bis ich etwas Verbandzeug hole. – Papa war sofort zur

Stelle. Während Mama notdürftig so viel Verbandmaterial an meinem Kopf wie möglich anbrachte, um den Blutverlust zu stoppen, band Papa mich mit Schnüren auf dem Rücksitz des Motorrades fest. Auf ging die Fahrt nach Pforzheim. Im Krankenhaus wurde bestätigt, daß Mama und Papa richtig gehandelt hatten, die Axt in meinem Kopf zu lassen.Hätten sie die Axt entfernt, wäre die Fahrt auf dem Motorrad nach Pforzheim nicht mehr notwendig gewesen. Ich hatte einmal mehr wieder Glück. Mehr Zeit war mir gegeben, um im Leben weiter zu lernen. Eine sofortige Lehre war, diese Art Streiche hörten besser auf, das Spielhäuschen blieb deshalb unvollendet.

Die Situation nach dem Krieg hatte sich zu dem Zeitpunkt im Land noch kaum verändert. Gemessen daran, erfuhr unser Leben wesentliche Verbesserungen. Mehr Zeit und ein wenig Geld ermöglichten ein angenehmeres Leben uns einzurichten. Vieles machten Mama und Papa selbst, weil immer noch zu wenig gekauft werden konnte. Der übliche Handel lief über Warenaustausch : Was haben sie, was wollen sie ? Ein vorzügliches Tauschhandel Objekt war auf der Gänsbrunnenwiese, der Imker Honig.

Ein Bienenzüchter hielt in einem Bienenhaus, vom Haus etwas entfernt, viele Bienenstöcke. Jeder war in einer anderen Farbe gestrichen und nach Osten gerichtet. Vielleicht hatten die Morgenstunden mit der aufgehenden Sonne auch „Gold im Mund?" In der Bienen-Sprache würde dies heißen, mit den ersten Sonnenstrahlen machte es den Bienen am meisten Spaß den dunklen Honig von den umliegenden Schwarzwald Tannen einzuholen.

Im Frühjahr war die Honigzeit der Tannen. Die Bienen flogen eifrig zum Wald und kehrten mit Honig zurück, fütterten ihre Königin, damit sie für die Bienen-Nachkommen Sorge tragen konnte. Den übrigen Honig sammelten die Bienen in den Honigrahmen der Bienenstöcke. Ich interessierte mich sehr für die Bienen, wußte allerdings, daß die Bienen auch empfindlich mit ihren Stacheln beißen konnten. Wenn die Zeit für den Honig in den Bienenstöcken zu sammeln gekommen war, halfen wir dem Bienenzüchter Herrn Breitling alle bei der Arbeit. Nur er ging in das Bienenhaus in einem weißen Schutzanzug bis über den Kopf und die Hände geschützt mit Baumwoll Handschuhen. Hinter den Bienenstöcken hatte Herr Breitling Zugang zu den Honigrahmen. Wir hielten uns indes in einem geschlossenen Raum neben den Bienenstöcken auf.Herr Breitling kam durch eine Türe mit einer Anzahl Honigrahmen zu uns. Er zeigte uns, wie selbst die Bienen, welche von den Stöcken mitgekommen waren, sich ruhig verhielten, solange seine Bewegungen sehr langsam waren. Uns forderte er auf, im Umgang mit den Honigrahmen seinem Beispiel zu folgen. Jede plötzliche Bewegung und schon verloren die Bienen ihre Ruhe und wehrten sich mit ihrem Stachel, wenn sie nur konnten.

 Der weiße Anzug von Herrn Breitling unterschied ihn von den farbigen Bienenstöcken. Deshalb erkannten die Bienen ihn und hielten den Frieden mit ihm aufrecht. Dem ‚Schwindel mit dem Honig-Diebstahl' und Zuckerwasser als Ersatz waren die Bienen noch nicht auf die Schliche gekommen. Dies war nicht der einzige Fall, in dem wir uns einen Vorteil verschaffen auf dem Buckel der Natur.

 Wie bereits erwähnt, die weiße Schutzkleidung des Bienenzüchters kennzeichnete ihn gegenüber den Bienenvölkern. Interessant war auch, daß die Bienen die Farbe ihrer Stöcke in Wirklichkeit nicht benötigten. Die Farben dienen dem Züchter für die Unterscheidung der Bienenvölker unter einander. Die Bienen haben ihre eigenen ‚Wachposten' am Bienenstock Eingang, welche prüfen und sicher stellen, daß keine fremden Bienen einkehren.

Ich komme zurück zum eigentlichen Honig-Gewinnen.Sobald Herr Breitling mit den Honigrahmen im gesonderten Raum eintraf, wurden diese in einen runden aufrecht stehenden Zentrifugen-Kessel gestellt. Wenn der Kessel voll war, wurde der Deckel auf ihm fest verschlossen. Mit einer Kurbel an der Seite drehte man über einen Zahntrieb den Kessel so schnell es ging. Die Zentrifugalkraft schleuderte den Honig aus den Rahmen gegen die Innenwand des Kessels, wo der Honig am Boden in einer Trichterform zur Mitte durch eine Öffnung in einen darunter bereit gestellten Behälter floß. Den ganzen Tag ging es so. Vor dem Abend mußten die Bienen jedoch alleine ungestört gelassen werden, damit sie in ihrem Bienenstock zur Nachtruhe zurück finden konnten.

Herr Breitling ging mit seinen Bienen sehr vorsichtig und geschickt um, konnte aber nicht immer verhindern, daß mit ihm und den Honigrahmen vereinzelt Bienen in den Honig-Schleuder-Raum mitkamen. Dabei blieb nicht aus, daß eine Biene uns stach , vielleicht, weil sie uns nicht kannte und zusehen mußte, wie wir ihren Honig weg nahmen. Herr Breitling hatte dafür einen Notizblock bereit gestellt, in dem die Person und erlittene Bienenstiche fest gehalten wurden. Am Ende des Tages konnte Herr Breitling sich selbst überzeugen von der Anzahl Bienenstiche, die wir erlitten hatten. Als Entschädigung gab es dann noch ein extra Glas Honig.

Am Ende der Honig-Ernte erhielt Mama eine schöne große Dose voll mit Schwarzwald-Tannenhonig. Dieser Honig war etwas besonderes, weshalb er ein wertvolles Tauschgut für andere Sachen war. Wir behielten unseren Honig jedoch. Fast das ganze Jahr konnte jeder Morgen mit einem guten Löffel Honig für jeden von uns beginnen.

Bald nach der Honig-Ernte begannen die Kirschen im Baum gegenüber dem Bienenstockhaus reife, dunkelrote

Farbe anzunehmen. Die Kirschen waren wie ein Magnet für mich. So voll war der Baum mit Kirschen, daß es eine Sünde gewesen wäre, sich ihrer nicht anzunehmen. Auch gelang es mir, Roland den Nachbar-Sohn, für den Kirschen-Plan zu gewinnen. Es machte mir nichts aus, in der Mitte des Baumes nach oben zu klettern, während Roland von unten zuschaute. Was ich jedoch übersehen hatte, war eine große „Traube" von Bienen in der Mitte des Baumes. Es waren Bienen, die mit einer neuen Königin-Biene ausgeschwärmt waren.

Sobald ich nahe genug bei den Bienen angekommen war, löste sich die Bienen-Traube mit einem Male auf und nahm mich ins Visier. Sehr schnell war ich am Boden wieder angekommen. Ich ergriff die Flucht in Richtung Haus ohne auch nur eine Kirsche ausprobiert zu haben. Der Schwarm Bienen ließ allerdings nicht so schnell ab von mir, sie folgten mir bis zum Haus, hauptsächlich um den Kopf herum.

Als Mama dem Hilfesuchenden begegnete, mußte sie erst gar nicht fragen, was geschehen war. Am Bett neben mir verbrachte sie mehrere Stunden, Bienenstiche aus meinem Kopf, Armen und Beinen mit der Pinzette heraus zu holen. Die Bienen hatten mich reichlich bedient. Noch tagelang war es mir elend schlecht und meine Augen schauten die Welt verschwommen an. Nur kalte Umschläge war die mögliche Medizin.

Während ich hier über 65 Jahre später den Deutschen Text schreibe, stellt sich im Nachherein schon die Frage, wie ich so etwas überlebt hatte. Das Glück war mir schon wieder zu Hilfe gekommen. Dennoch kam etwas Gutes aus dem Vorfall noch heraus ; ich sollte von nun an für den Rest meines Lebens immun gegen Rheuma sein ; was für eine Radikalkur dies wohl war !

Mama und Papa meldeten den Vorfall dem Bienenzüchter Herrn Breitling. Er war sehr dankbar, daß wir ihn

dies wissen ließen. Seine Aufmerksamkeit galt dem Bienenvolk, welches mit der neuen Königin dabei war, ein neues Heim wo anders zu suchen. Schnell war Herr Breitling in Schutzkleidung und einem Korbnetz zur Stelle, um seine flüchtigen Bienen einzufangen und in einem neuen Bienenstock bei sich anzusiedeln. Für die Meldung der schwärmenden Bienen und als Entschädigung für Erlittenes, erhielt ich von Herrn Breitling einen schönen Topf voll Honig.
Über den Sommer gerieten die Bienen in Vergessenheit. Unser Leben mußte weiter gehen. Die erfolgreiche Inbetriebnahme der Holzschleiferei auf der Gänsbrunnenwiese durch Papa, brachte ein mehr geregeltes Leben uns ein. Langsam mußten wir nicht mehr alles selber machen, da mit dem verdienten Geld Möglichkeiten wahr genommen werden konnten, etwas auch zu kaufen. Dies sollte aber besonders Mama nicht daran hindern, weiter mit eigener schöpferischer Tätigkeit unser Leben zu bereichern. Mama hatte mit der Zeit Puppenfiguren selbst gemacht. Mit einem Kasperl-Theater plante sie andere Kinder zu uns ins Haus zu locken, so daß ich Gesellschaft mit anderen Kindern haben konnte. Zu besondern Gelegenheiten wie mein Geburtstag, verwandelte Mama das Wohnzimmer in ein Theater. Wenigstens 20 Kinder folgten der Einladung. Die Türe zum anderen Raum war verkleidet in eine Bühne, während alle Kinder im Wohnzimmer auf Stühlen, Bänken, einem beigestellten Bett Platz gegenüber der Bühne nahmen. Ein zweiteiliger Vorhang öffnete die Szene wie hinter einem Fenster eines schönen Puppenhauses. Mama war nicht zu sehen. Sie bediente mit ihren Händen die selbst gemachten Puppen wie einen Kasperl, Polizisten, Esel und gab jedem auch seine höchst eigene Stimme. Die Geschichten waren Erfindungen von Mama. Die Zuschauer-Kinder sollen nicht einmal mitbekommen haben, daß Mama hinter der Kulisse

diese Zauberwelt zeigte. Die Begeisterung bei uns Kindern war echt, wenn der Vorhang sich öffnete, der Zuschauer-Raum an den Fenstern verdunkelt war und nur eine Lampe von der Decke die Szene im Puppemhaus erhellte. Die Puppen richteten auch Fragen an die Kinder im Zuschauerraum, um sie im Theater teilnehmen zu lassen.

Wie Mama mehr als zwei Puppen darstellen konnte, war besonders mir ein Rätsel. Erst nach der Theatervorführung und als alle Kinder wieder gegangen waren, fand ich hinter der Kulisse heraus, daß Mama einige Puppen an Schnüren von oben befestigt hatte und von unten mit ihren Füßen sie bediente. Zwei Hände, zwei Füße im Einsatz haben und noch dazu sprechen, war das nicht eine Leistung !

Diese Theatervorführungen von Mama konnten nicht oft genug stattfinden. Dennoch begrenzte Mama sie so, daß der Reiz der Neuigkeit nicht zu schnell verloren ging. Die Phantasie aus dem Kasperl Theater lebte mit den Kindern weiter. Ich hatte viele Freunde so gewonnen.

Der Winter 1947/1948 brachte viel Schnee in das Enztal. Als die Weihnachtszeit näher rückte, nahm mich Papa zum ersten Mal mit in den tief verschneiten Schwarzwald der umliegenden Gegend. Papa hatte vom Forstamt die Genehmigung erhalten, einen kleinen jungen Tannenbaum aus dem Wald zu holen. Wir waren zu Fuß unterwegs. Der tiefe, weiße, saubere Schnee machte jeden Schritt etwas beschwerlich. Deshalb war die Nacht schon herein gebrochen, als wir uns mit dem Tannenbaum auf den Heimweg gemacht hatten. Die schweren Schneekappen an den dunkeln Tannen erhellten den Wald mit dem fahlen Mondschein aus dem dunkeln Himmel. Die Luft wurde sehr schnell noch kälter. Unser Gehen ließ Dampf aus Mund und Nase herauskommen. Am Waldhang erschienen unten im Tal die Lichter der Häuser. Weihnachten war nicht mehr weit, der Winter verzauberte das Tal, die Berge, den Wald.

Im Haus leuchteten die Kerzen am Weihnachtbaum, wie der Mond und die Sterne dies im Wald gemacht haben. Der strenge Winter bereitete alle möglichen Schwierigkeiten in der Fabrik, im Kellergeschoß des Hauses. Eisbildung im Kanal blockierte das Wasserrad. Die Temperatur im Maschinenraum blieb auch am Tag unter dem Gefrierpunkt. Alleine der Aufenthalt in der Fabrik forderte viel ‚Zähneknirschen' gegen die Kälte von den Mitarbeitern. Früh im Monat März wich die Kältewelle. Allerdings so plötzlich und brachte zu dem vielen Schnee noch viel starken Regen, der den Schnee im Null-Komma-Nichts wegschwemmte. Eine Sintflut machte sich breit im Enztal. Nicht genug, daß der Winter viel Arbeit verhindert hatte, fügte das Wasser einen noch größeren Schaden hinzu. Das ganze Tal war von der höher gelegenen Straße auf der einen Seite bis zum ebenfalls höher liegenden Bahndamm auf der Gegenseite ein einziger reißender Fluß. Das Haus war wie eine Insel, niemand konnte aus dem Haus, die Fabrik war bis an die Decke im Wasser. Tage lang fiel auch kein Wort über die Schule, stattdessen durfte ich vom zweiten Stock des Hauses all das beobachten, was der Wasserstrom besonders in der Mitte des Tales eilig mit sich führte : Baumstämme, Tische, Bänke, ganze Hütten, viel Unrat und Schmutz im Wasser, manchmal ein hilfloses Schaf oder einen Hund. Hier kam jede Hilfe vergeblich und zu spät. Ob Menschenleben zu beklagen waren, konnte damals nicht mit Sicherheit festgestellt werden. Jeder war mehr oder weniger beschäftigt,selbst zu schauen wie man am besten mit dieser Katastrophe fertig wurde. Es war keine Zeit und noch keine Mittel, Nachrichten zu verbreiten.

An einem Morgen war die Sonne wieder zurück gekehrt.Genau so schnell, wie das Wasser gekommen war und genau so schnell ging der Fluß dann wieder zurück in sein Bett. Aus dem Fenster wurde die Verwüstung zuerst sichtbar. Jetzt erst konnte man die riesige Ausschwemmung sehen zwischen den beiden Häusern. Zum Glück war das Haus stehen geblieben. Seine Grundmauern waren ganz frei gelegt. Viel hatte nicht mehr gefehlt, daß sie unterspült wurden. Was dann mit uns passiert wäre, war besser, nicht sich darüber aufzuhalten. Nun galt es von Neuem wieder aufzubauen.

Im Keller neben der Fabrik zur Kanal Seite, war die Eingangstüre zuerst durch das Wasser fest gequollen. Sie versuchen zu öffnen, war zu gefährlich. Der gestaute Wasserdruck von Innen wäre zu groß gewesen. Statt dessen traf die Türe ihre eigene Entscheidung. Sobald die Quellung genug geschwunden war, ging sie vom Wasser-Innen-Druck von selber auf. Es war ein Jammer zu sehen, wie alle Kartoffeln, Äpfel, Gelberüben, Roterüben, Zwiebeln im Seitenkanal sich eilig verabschiedeten. Nur wenig konnte von unserem Vorrat gerettet werden, nachdem die Türe wieder geschlossen war.

Der Wasserschaden in der Fabrik war sehr groß. Nur mit Verstärkung aus der Papierfabrik in Weissenstein war es möglich, die Anlage auf der Gänsbrunnenwiese wieder zum Laufen zu bringen. Im Sommer 1948 galt es für uns erneut Stehauf-Männchen zu üben. Sobald der größte Schaden im Haus und um das Haus beseitigt war, öffnete sich wieder ein Spielraum für neue Initiativen.

Papa nahm mich mit dem Motorrad eines Tages mit nach Weissenstein in die Papierfabrik. Schon sehr früh hatte Papa Pläne, aus mir einen Chemie-Ingenieur zu machen. Auch hier zeigte es sich, Pläne werden nur selten Realität, besonders, wenn sie einseitig geschmiedet werden. Die Fahrt auf dem Motorrad gefiel mir jedenfalls, weil alles schnell im Fahrtwind vor meinen Augen vorbei zog.Auf dem Weg nach Weissenstein lag auch die größere Stadt Pforzheim. Ich konnte es nicht fassen, was ich da zu sehen bekam : Die

dröhnenden Bombenflüge kurz vor dem Ende des Krieges hatten Pforzheim dem Boden gleich gemacht. Kein Haus war mehr zu sehen. Der einzige sichtbare Aufbaufortschritt waren die frei geschaufelten Gänge zwischen den sich türmenden Häuserruinen und Schutthalden. In diesem Labyrinth von Gängen mußten wir als nicht-Ortskundige mehrmals unseren weiteren Weg erfragen.
Die Gegend um den Bahnhof erweckte einen besonders erschreckenden Eindruck. Nicht nur, daß kein Gebäude mehr sichtbar war, aus den Trümmerhaufen ragten wild verbogene Eisenbahnschienen in den Himmel. Nach Berichten noch aus der Zeit hatten hier besonders schwere Kämpfe im Krieg sich zugetragen. Nur wenige Deutsche Soldaten sollen hier einen erbitterten Widerstand der Alliierten-Streitkräfte-Übermacht geleistet haben. Ihr Widerstand war viele Stunden lang erfolgreich, da die Deutschen Soldaten unter den stationierten Eisenbahnwaggons auf den Radachsen sich versteckt hatten und aus diesem Versteck einen erbitterten Schußwechsel lieferten. Die andere Alliierte Seite schoß ununterbrochen in die Eisenbahnwaggons ohne die Oberhand zu gewinnen. Erst nachdem alle Eisenbahnwaggons völlig abgeräumt waren, wurde das Versteck des Widerstandes entdeckt. Die Antwort war kriegerisch grausam, nicht nur der Widerstand bezahlte mit seinem Leben, sondern die ganze Gegend wurde gründlich mit Bomben heimgesucht. Die Vernichtung einer Stadt und seiner Menschen war kurz vor dem Kriegsende bis nach Weilderstadt an einem feuerroten Nachthimmel sichtbar geworden. Heute erinnert nur noch ein von Wald bereits überwachsener, hoch ragender steiler Berg an diese schreckliche Zeit ; alle Schutthalden von der Zerstörung der Stadt Pforzheim schafften diesen Berg als ein Mahnmal für die Zukunft : Der Preis von Krieg ist immer zu hoch !

Sobald wir das Trümmerfeld Pforzheim verlassen hatten, sah die Umwelt wieder mehr friedfertig aus. Weissenstein lag außerhalb der Schußlinie. Hatte der Einfluß von Dr. Heller so weit gereicht? Jedenfalls die Gebäude der Papierfabrik standen unversehrt da und größer als seine Holzschleiferei in Rotenbach, wenn auch der Stillstand innen seine Spuren hinterlassen hatte. Der Zugang zu der Papierfabrik war mit einem großen Tor abgesperrt. Eine Wachperson in Uniform trat aus einem Raum eines kleinen Backstein Gebäudes an die Seite des Tores und erkundigte sich nach unserem Anliegen. Papa gab dem Pförtner unsere persönlichen Angaben. Dieser kehrte zurück in das Häuschen. Sehr schnell kam er wieder zum Tor. Dieses Mal betont freundlich, öffnete er das Tor und forderte uns auf mit ihm zu kommen.

In einem der Gebäude empfing uns Herr Dr. Heller. In seinem großen Arbeitszimmer stand ein schöner Schreibtisch in dunkel-glänzendem Holz. Dahinter nahm Herr Heller in seinem Schreibtischsitz Platz. Papa und mich forderte er auf, in den umstehenden Sesseln Platz zu nehmen. Ich ging in dem großen, weichen Sitz fast verloren, nachdem ich mich hineingesetzt hatte. Als Herr Heller seine Hand auch mir zur Begrüßung reichte, kam ich gar nicht mehr aus der bequemen zurückliegenden Sitzlage heraus."Auch da können wir behilflich sein. Fass meine Hand und ich helfe dir aus dem viel zu großen Sessel in den kleineren Stuhl da drüben." Sprach mich Herr Heller an.

Neben dem Stuhl stand auf einem kleinen Tisch eine blaue farbige Kugel auf einem Holzfuß. Die Kugel nahm mich so gefangen, daß ich vergaß auf dem kleinen Stuhl Platz zu nehmen. Das Gespräch zwischen Herrn Heller und Papa kam zu einer Pause. Herr Heller kam ein paar Schritte auf mich zu, wo die farbige Kugel stand. „Weißt du schon, was das ist? Das ist ein kleines Bild von unserer großen

Erde, auf der wir alle leben." Wahrscheinlich war ich vor Verwunderung mit offenem Mund geblieben. Herr Heller fuhr fort:"Hier zeige ich dir mit meinem Finger, wo wir gerade jetzt sind. Auf dieser Kugel ist alles nur viel kleiner. Unsere Erde dreht sich am Tag im Sonnenschein und in der Nacht kehrt sie der Sonne den Rücken zu. Dies alles ist Land und rundherum sind die weiten Meere."
Nach einer Pause, in der ich vielleicht Luft holen mußte, um all dies zu begreifen, fuhr der freundliche Herr fort:" Sehr bald werde ich mit dem Schiff nach Amerika fahren." Mit dem Finger zeigte er mir wieder auf dem Kugel-Globus die Strecke. Ich soll auch gut zugehört haben, weshalb ein anderer Herr zu uns kam mit belegten Broten auf einem Tablett. Tee, Saft waren jedes in einem eigenen Gefäß zusammmen mit zwei blau-verzierten Tassen und einem Glas. „Wer gute Arbeit verrichtet, mich besucht und zuhören kann, dem soll der Brotkorb nicht zu hoch gehängt werden."
Waren die Worte von Herrn Heller. Anschließend machten wir einen Rundgang durch die Fabrik. Große Zylinder rauchten mit Dampf in einer langen Reihe. In der größten Halle herrschte viel Lärm. Das eigene Wort konnte man fast nicht mehr verstehen. Alles war groß und eindruckvoll für mich. Am Ende der Maschine drehte sich eine große Rolle mit weißem Papier.
Sobald unser Besuch auch durch die anderen weniger geräuschvollen Teil der Fabrik vollendet war, lud Herr Heller uns in seinen Personenwagen ein, zu einer Fahrt in ein Restaurant. Die Fahrt im Auto war sehr bequem, jeder von uns, einschließlich dem persönlichen Chauffeur von unserem Gastgeber, saß in einem eigenen bequemen Sitz, sehr unterschiedlich zu der Fahrt auf dem Motorrad. Kaum jemand wußte Bescheid, wo ein Restaurant damals war. Schon alleine deshalb, weil niemand daran dachte, noch es

sich leisten konnte. Herr Heller wußte wieder überall Bescheid, wo und wie man etwas in der noch schwierigen Zeit dennoch bekam. Das Ende dieses Tages kam überraschend schnell, Papa mußte mit dem Motorrad und mir noch heute nach Hause fahren. Zurück bei der Firma stieg Papa mit mir nach der Verabschiedung aus dem Auto auf das Motorrad um. Noch bevor wir losfuhren,sagte Papa mit wenigen Worten: "Dieser Besuch war für uns sehr wichtig. Unser nächstes zu Hause wird bald Weissenstein sein, sobald ich jemanden gefunden und eingearbeitet habe, die Fabrik in Rotenbach zu übernehmen." Eine neue Aufgabe erwartete Papa in Weissenstein. Für die nächsten Monate mußte er seine Arbeitszeit zwischen der Gänsbrunnenwiese in Rotenbach und Weissenstein aufteilen. Viele Stunden bis in die Nacht erforderten diese Vorbereitungen.

WEISSENSTEIN

Ein großer Wechsel in unserem Leben stand uns bevor, als ein Lastwagen vor der Türe auf der Gänsbrunnenwiese alle unsere Sachen einlud und nach Weissenstein brachte. Mama und ich hatten auch noch Platz in dem Fahrerhaus des Lastwagens mitzukommen. Papa fuhr mit dem Motorrad. Im Haus war jetzt niemand mehr außer uns, von dem ich mich hätte verabschieden können. Die alte liebenswürdige Dame, welche mich mit Süßigkeiten verwöhnte, war nicht mehr da. Genau so war die Einrichtung ihres schönen Zimmers gegangen. Eines Tages waren Männer in schwarzen Anzügen gekommen und hatten die

alte Dame, Fräulein Huber, weggetragen. Von dem Tag an bekam ich sie nicht mehr zu Gesicht.
Die Wohnung in Weissenstein sah für mich aus wie eine Schloss-Villa. Erhöht über der Straße an der Seite zum Fabrikeingang lag das Haus auch direkt am Waldesrand. Die Räume waren allerdings wesentlich kleiner, als in Rotenbach. Im Stockwerk über uns wohnten auch noch Leute. Alles erschien hier anders, vieles war aber auch besser. Ein richtiges Badezimmer mit Badewanne, Waschbecken, Heißwasser Behälter, Wandspiegel, Handtuch Aufhängestangen und das Klo mit eingeschlossen, warteten auf uns. So viel vornehme Einrichtung ließ nicht mehr eine „Katzenwäsche" bei Martin zu.

Unser neues Leben begann hier einen ruhigen Lauf. Die Schule besuchten viel mehr Kinder als in Rotenbach. Jede Klasse hatte ihren eigenen Raum und alleine meine Klasse hatte mehr Schüler als die ganze Schule in Rotenbach. Für jedes Fach hatten wir einen anderen Lehrer, welches eine neue Erfahrung für mich wurde.Ich besuchte die Schule zwar regelmäßig. Konnte mich aber für das schleppende Lernen nicht begeistern. Schon nach kurzer Zeit vermisste ich die Schule und Freunde aus Rotenbach. Die Zeit half jedoch mich an die neuen Verhältnisse zu gewöhnen, wenn auch nur langsam.

Im Eck vor dem Haus machte sich ein Hühnerstall breit mit wenigen weißen Hühnern, aber einem stolzen, farbigen Hahn. Es war vereinbart, daß Mama die tägliche Fütterung übernahm, während ich mich um die Sauberhaltung kümmerte. Dabei versuchte ich mit langen Beobachtungen heraus zu finden, in wie weit die Hühner mein Putzen wertzuschätzen wussten. Alleine das Gackern der Hühner war höchstens immer das selbe, sie wollten mich nicht wissen lassen, was sie von mir hielten. Öfters dachte ich darüber nach, ob Hühner weniger verstehen als wir, vielleicht sogar für dumm erklärt werden können. Jedenfalls waren sie hinter ihrem Kornfutter entschieden hinterher, auch schnell zu Fuß und flogen bestürzt in die Luft, wenn bange Angst sie ergriffen hatte. Die Anwesenheit des Hahnes sicherte entweder Frieden oder Streit unter den Hennen. Nur eines war sicher, die Hennen legten die Eier und dies war ihre Aufgabe.

Weissenstein bei Pforzheim – 1949

Das Gesicht eines Huhnes zeigte immer denselben Ausdruck, man konnte nicht sagen, ob es froh oder traurig war. Nur mit Bewegungen gab ein Huhn seine Stimmung zu erkennen: Ruhende Stellung auf einem Bein bis langsame Schritte vom Gackern begleitet, machten ein zufriedenes

Huhn aus ; eiliges Laufen und Flügel-Flattern wiesen auf Verunsicherung hin.

Nach dem Hühnerstall lockte mich der nahe gelegene Wald. Stundenlang konnte ich durch den Buchenwald ziehen, ausschauhalten auf ein Reh, vielleicht sogar einen Hirsch, eiligen Hasen in ihrer Zick-Zack-Flucht begegnen, oder auch Vögel in den Bäumen beobachten.

An heißen Sommertagen war das nahe öffentliche Schwimmbad eine gute Abwechslung, Schulkameraden zu treffen. Schwimmen lieferte die Abkühlung und ballspielen das Neueste aus der Schule, aus der Ortschaft, ließen die Zeit im Flug vergehen. Das Wasser im Schwimmbad war nicht viel wärmer als das des Enz-Flußes, die Chemie in ihm störte vor allem die Augen. Ich entschied deshalb besser nicht mehr mit dem Kopf unter das Wasser zu gehen.

Sobald der Winter auch hier ankam, wechselte ich gerne die Badehose mit dem Schlitten.Da nur wenige Kinder einen Schlitten hatten, wurde ein Schlitten gerne unter den Kindern ausgetauscht. Besonders nach der Schule verging die Zeit schnell, wenn man auf seine Schlitten Teilnahme wartete. Schließlich wurde es dann oft sehr spät, bis ich nach Hause kam. Ein ‚Donnerwetter' war damit sicher gestellt :"Wann willst du deine Hausaufgaben machen ? Du gehst nicht ins Bett,bevor du sie ordentlich gemacht hast ; und den Rest der Woche kommst du direkt von der Schule nach Hause ohne deine Freunde zu sehen. Hast du mich richtig verstanden ? Wenn ja, dann sag' es auch, du fällst besser nicht auch noch auf den Mund, ich werde dir das Reden sonst gleich beibringen." – „Ja, ich habe verstanden", beeilte ich mich. Bei mir dachte ich allerdings, war der Spaß nach der Schule es wirklich wert ?

Jeder Winter ging auch wieder. Ostern wartete als eine der ersten Abwechslungen mit dem Frühjahr für gewöhnlich auf. Die Tradition hielt uns Kinder an, Ostereier dann im Freien zu suchen. Sobald Ostern wieder angekommen war, konnte ich kaum warten, daß ich so früh wie möglich gleich nach Sonnenaufgang die Gegend rund um das Haus nach Ostereiern durchsuchte. Auf dem kleinen Gelände war meine Suche sehr schnell zu einem Ende gekommen. Das Ergebnis der Suche erschien mir nicht besonders überzeugend, weshalb ich meine Suche in der Umgebung erweiterte.

Bereits über der Straße wurde ich fündig, mein Glück konnte ich kaum fassen. Viel mehr Ostereier und Osterhasen waren dort im Gras versteckt, als bei unserem Haus.Was ich auf einmal mit mir nehmen konnte, schaffte ich zuerst nach Hause. Mama und Papa waren sichtlich überrascht, denn selbst sie wußten nicht, daß der Osterhase so großzügig bei uns eingekehrt war. „Martin, woher hast du diese vielen schönen Ostergeschenke ? Kannst du uns zeigen, wo du sie gefunden hast ?" – Zusammen gingen wir über die Straße. „Martin,das ist nicht unser Grundstück, der Osterhase hat hier bestimmt an andere Kinder gedacht. Du bringst die Geschenke von hier besser wieder zurück, die anderen Kinder werden sonst sehr enttäuscht sein, wenn sie keine Ostereier finden." – Nach diesen Worten von Papa dachte ich mir :" War ich nicht der Erste, der den Osterhasen gesucht hat ? Warum muß ich zurück geben, was ich gefunden habe ? Bin ich nicht der Gewinner ?"

Was ich mir so ausdachte, zählte am Ende jedoch nicht. Die Nachbarkinder waren auch sehr bald danach auf und freuten sich, ohne zu suchen von mir direkt aus meiner Hand ihre Ostergeschenke zu erhalten. Auf der anderen Seite war ich damit überhaupt nicht einverstanden und glücklich darüber.Ohne zu zögern, meldete ich meinen Teil für einen Finderlohn bei dem anderen Jungen und Mädchen an. Die beiden wollten aber nicht verstehen, was ich damit meinte. Jedenfalls war mein Ostertag damit gelaufen.

Diese Erfahrung rückte jedoch sehr bald in den Hintergrund angesichts neuer Ereignisse, welche ungefragt auf uns zukamen. Herr (Doktor Ingenieur) Heller war auf seiner Schiffsreise nach Amerika tödlich verunglückt. Er soll vom Schiff vielleicht aus Übermut ins Meer getaucht sein und war so auf nimmer-Wiedersehen verschwunden. Das Fehlen seiner Person hatte weitreichende Folgen, einmal für die Fabrik in Weissenstein, dann aber auch für unser Leben. „Die Ratten kamen aus ihren Löchern" und veränderten alles in dem Unternehmen, als ob sie darauf nur gewartet hatten. Die ‚Besserwisser' kamen ans Ruder ; Vernunft und Rücksicht wurden mit Politik ausgetauscht. „Den ‚Flüchtlings-Ingenieur brauchen wir nicht, der soll wieder dorthin gehen, woher er gekommen war." – Diesen unausgesprochenen Worten stand Papa auf einmal gegenüber. Daß er die Schwierigkeiten des Unternehmens ausgeräumt hatte, davon wollte keiner mehr etwas wissen. Jetzt galt es die Vorteile wahrzunehmen.Und hier glaubten andere sich den Vortritt verschaffen zu können.

Papa hatte allerdings keine Schwierigkeiten eine andere Stelle zu finden. Wir räumten das Feld ohne uns in die Interessen der anderen einzumischen. Unsere Blicke lenkten uns nach Ettlingen, einer Kleinstadt nahe bei Karlsruhe gelegen. Eine Papierfabrik brauchte dort einen vielseitigen Technischen Leiter wie Papa.

Ziemlich genau ein Jahr dauerte unser Aufenthalt in Weissenstein. Eine Übergangszeit wohnten Mama und ich noch in Weissenstein, während Papa zwischen Weissenstein und Ettlingen pendelte. Der Druck, die Wohnung in Weissenstein zu räumen, blieb auch nicht aus, andere Parteien sorgten dafür, uns täglich daran zu erinnern.

ETTLINGEN

Die Wohnung in Ettlingen befand sich innerhalb dem Fabrik Gelände. In dem Wohnhaus wurde uns das ganze Stockwerk zugewiesen. Es waren mehr und größere Räume als in Weissenstein. Einen Raum konnte ich sogar ganz alleine für mich haben. Ettlingen wurde somit die Bleibe für Mama, Papa und eine Anzahl Jahre auch für mich.

Unser Umzug nach Ettlingen fand im Jahr 1951 statt. Die Anmeldung in der Schule war für mich der erste wichtige Schritt. Die Schule war wie die vielen anderen in festem Stein gebaut, so, als noch Wert auf Qualität am Ende des 18. Jahrhunderts gelegt wurde. Die alte Stadtmauer in der Nachbarschaft der Schule blickte schon sehr weit bis in die Keltische Geschichte der Stadt zurück. Meine Klasse, die vierte Klasse, befand sich im Erdgeschoß des Schulgebäudes, in einer Ecke. Diese Lage des Klassenzimmers kam mir verschiedentlich gelegen, wenn ich den Anfang des Schultages zeitlich verpasste. Dann stieg ich gelegentlich durch das Fenster so vorsichtig wie möglich in das Klassenzimmer, während der Lehrer mit dem Gesicht zur Tafel sich wendete, um die Aufmerksamkeit des Lehrers nicht auf mich zu lenken.

Im Schulwesen wurde in dieser Zeit mit Vorliebe ständig alles geändert – der Beginn des Schuljahres, Fächer und Lehrer. Es sah so aus, als wollte jemand im Kultus Ministerium der Zeit seinen persönlichen Stempel verpassen und in die Geschichte eingehen. Bis dahin lernte allerdings jeder Schüler ab der vierten Klasse auch noch die englische Sprache. Ein Jahr später wurde dem widersprochen und englisch aus der Grundschule verbannt. Was hier wohl die

Entscheidung war ? Die Grundschule wurde abgewertet auf Kosten einer Aufwertung des Gymnasiums, welches eine ‚Höhere Ausbildungsstufe' erklärt wurde.

Ettlingen – Süddeutschland 1952

Mama und Papa entschieden, daß Martin die ‚Höhere Ausbildung' anstreben sollte. Also machte ich die Aufnahmeprüfung an das Gymnasium in Ettlingen. Obwohl ich den Sinn dieses Schrittes nicht verstand, schaffte ich die Prüfung gut. Mama und Papa stellten die Weichen in meiner Schulausbildung, welches auch zu einer besseren Lebenslaufbahn führen sollte. Alleine der auszubildende Martin sah nicht ausreichend Licht schon damals auf solchem Weg. Die Lehrer ließen mich zwei Mal eine Klasse wiederholen. Besonders die anderen, einschließlich Mama und Papa waren darüber mehr verärgert, als ich bereit war mir zuzugestehen. Die Schule füllte mich nicht aus. Die Bücher sagten den Lehrern, was sie uns sagen sollten. Wenn heute Seite 15 dran war, kam morgen Seite 16 dran. Dieser Kreislauf war nicht gerade anregend. Mama und Papa sorgten jedoch dafür, daß die Disziplin für die Schule aufrecht erhalten blieb, notfalls mit der Nachhilfe einer ordentlichen Prügel zu Hause. Schule und Prügel wollten für mich nicht zusammen passen. Hinzu kam, weder Mama noch Papa erklärten mir, warum ich auf das Gymnasium gehen mußte. Die Verbindung zwischen der Welt, wie sie ist und wie die Schule sie gerne sehen möchte, war bei mir damals nicht zustande gekommen. Diese zwei Welten waren zu weit auseinander. Zu Hause war dann vielleicht auch noch ein wenig eine andere Welt, besonders auch deshalb, weil die beruflichen Anforderungen bei Papa Spuren hinterließen, die nicht immer fein säuberlich aus den eigenen Vier-Wänden gehalten werden konnten. Mama geriet mit ihren Schlichtungsbemühungen ins Kreuzfeuer vom Hausherrn-Führungs-Anspruch und einer besseren Einsicht. Ich lernte sehr früh, mich aus all dem heraus zu halten.

Auf der anderen Seite war Fortschritt in unserem Leben nicht mehr aufzuhalten. Papa berief sich in seiner Autorität besonders auf diese Tatsache. – Die Schwester von Mama zog mit der kleinen Tochter Constanze zu uns ins Haus unter dem Schutzmantel gegenseitiger Hilfe in der Familie. Constanze war vier Jahre jünger als ich. Dadurch, daß sie und ihre Mama in einem anderen Teil des Hauses wohnten, entstand wenig Reibungsfläche im Zusammenleben und der Aufgabe eines Ersatz-Geschwisters stand nichts im Weg.

Schulferien wurden willkommen geheißen von Lehrern gleichermaßen wie von Schülern und Eltern. Während der Schulferien im Sommer, fasste Papa eine in jeder Hinsicht gute Wetterperiode beim Schopf und lud uns ein zu einer Fahrt mit unserem neu erworbenen VW-Käfer.

Unser erstes Auto nach dem Krieg, Mitte der Fünfziger Jahre

Einhellig war entschieden, wir machen eine Fahrt zurück in die Vergangenheit und besuchen unsere zurückliegenden Stationen in Weilderstadt, Rotenbach und Weissenstein. Autofahren gab uns ein Gefühl der Befreiung und Unabhängigkeit, ein früher Luxus in einer immer noch schwierig währenden Zeit.

In Weilderstadt erkannten wir den Bauernhof ohne Umschweife. Nichts hatte sich hier geändert, seit wir Weilderstadt verlassen hatten. Damals pflegte die Bäuerin Mama zu fragen "hen se was?", wenn Mama etwas brauchte. Ohne geeigneten Tausch ging damals nichts. Jetzt Jahre später, machte es Mama Spaß, die Bäuerin auch zu fragen ,"hen se was ?"- Die Bäuerin allerdings vestand die Verbindung zur alten Zeit nicht, oder wollte es nicht. Jedenfalls waren wir nicht mehr auf ein unverhältnismäßiges Tauschgeschäft angewiesen, um das allernotwendigste zu bekommen.

Nach so vielen schwierigen Jahren hinter uns, war ein gewisser Stolz bei Mama und Papa verständlich, wie sie unser Leben langsam aber stetig verbessert hatten. Erst in vielen späteren Jahren zeigten sich die Spuren socher ständigen Herausforderungen. Solcher bitterer Erfolg führte all zu leicht in eine Isolation und wenig Verständnis für andere Verhältnisse , weil der Erfolg nicht Annäherung gegebracht hatte, sondern Abstand zu den Menschen.

Jeder meistert sein Schicksal eben verschieden, je nach Veständnis und Fähigkeiten. Jedenfalls besonders hier in Weilderstadt hatte Mama ihren Mann gestanden. Mit wenig schuf sie die Voraussetzungen für ein Weiterkommen. Daran war nicht nur Papa beteiligt und er hätte im Laufe des weiteren Familien Lebens sich keinen Zacken aus der Krone verloren, wenn anderen, besonders Mama auch etwas mehr Stolz zugebilligt worden wäre. Wie oft sind es doch die Frauen, die im Leben das wirkliche Kreuz tragen ?

Unter dem Jahr kamen die Schulferien regelmäßig, wie der ‚Beamten-Schimmel' sein Futter erhält. In anderen Schulferien setzten wir Ausflüge mit dem VW-Käfer fort. Das Ziel war auch einmal ein kleiner Ort mit dem Namen ‚Almandle' im Schwabenländle. Grund dafür war, daß die Schwester von Papa, Kathrin, mit ihrem Mann und ihren drei Kindern dort Ferien auf dem Land verbrachten. Wir knüpften hier an die Anfangszeit in Weilderstadt an, wo wir zuerst gemeinsam bei Herrn Letsche in Untermiete wohnten.

Dieses Mal trafen wir uns in den Schulferien auf einem Bauernhof. Alle legten wir Hand an,dem Bauern zu helfen, das Heu von den Wiesen einzubringen. Die Landluft versprach guten Hunger. Alleine ein Stück Brot schmeckte so gut, daß keiner von uns Verlangen verspürte nach etwas anderem. Zu dem Brot spendierte der Bauer noch seinen Most. Noch vor Sonnenuntergang war der Heuwagen wiederholt voll geladen, fertig für die Heimreise in die Scheune. Das Wetter blieb den ganzen Tag sehr warm und sonnig, ohne Wolken am Himmel, die einen Regen ankündigten. Somit konnte das Heu ganz trocken für den Winter eingebracht werden. Auf dem letzten Heuwagen des Tages fanden wir alle hoch oben im Heu Platz, während der Traktor den Wagen zum Bauernhof fuhr.

Besondere Vorsicht war geboten,sich in der Mitte des Heuwagens nieder zu setzen, weg vom Heuwagenrand, damit man nicht herunter fiel. Das frische trockene Heu war hoch auf dem Wagen wie ein weiches Bett, in dem man leicht mit dem Körper einsinkte. Heuduft füllte die Nasen unwiderstehlich mit dem Fahrtwind des Traktors. Bei der Ankunft vor der Scheune des Bauernhofes soll von unten aufgefordert worden sein, vom Heuwagen herunter zu kommen, bevor er das letzte Stück durch den Torbogen fuhr. Jeder kam rechtzeitig mit gegenseitiger Hilfe vom Heuwagen herunter, außer mir. Hinzu kam noch, daß niemand sah, daß ich noch auf dem Heuwagen war. Der Traktor fuhr dann das letzte Stück in die Scheune hinein.

Das ‚Tock-Tock-Tock' des Traktor Motors ließ meine Stimme oben im Heuwagen verschallen. Der Torbogen kam so nahe an das Heu heran, ich wurde im Handumdrehen vom Heuwagen nach hinten herunter geschleudert. Mit dem Rücken fiel ich auf einen der Radschutzsteine, welche links und rechts den stein-gesetzten Eingangsbogen schützen sollten. Schmerzen hatte ich zuerst keine von dem Fall mit dem Rücken auf den Stein. Was mich aber an den Rand des Erträglichen brachte, war, daß ich keine Luft mehr weder einatmen noch ausatmen konnte. Ich saß auf dem Radschutzstein und rang verzweifelt mit beiden Händen nach Luft. Die Zeit mußte für mich angehalten haben, es kam mir einer Ewigkeit gleich, bis plötzlich aus heiterem Himmel ich wieder Luft bekam, nicht aber, bevor ich blau und grün überall im Gesicht geworden war. Einer der Umstehenden sah mich an und rief :"Um Gottes Willen, was ist mit Martin los ?"

Das Glück gab mir wieder eine neue Gelegenheit, mein Leben weiter führen zu können. Vielleicht war es ein Engel,der mir zur Hilfe kam und entschieden hatte :"Du hast genug gelitten, hier hast du deine Luft zurück." – Atem war für mich auf einmal wieder möglich, dafür meldeten sich fast unerträglich Schmerzen in meinem Rücken. Erst konnte ich keine Bewegung machen. Während ich versuchte langsam aufzustehen, fand ich auch heraus, welches die beste Lage war, mich überhaupt fortbewegen zu können.

Die andern mußten wohl gedacht haben, das schlimmste schien vorbei zu sein, der Rest wird sich schon geben. Ich zog mich so weit zurück wie ich nur konnte, um mir Mut zuzusprechen, weiter zu machen und möglichst nichts mir anmerken zu lassen. Dieser Ausflug wurde nur ein kurzer, wir fuhren zurück nach Ettlingen. Dadurch, daß weder ich, noch jemand anderer ausreichend Aufmerksamkeit meiner Rückenverletzung schenkte, gaben mir spätere Jahre die Rechnung dafür zurück. Aus falschem Stolz setzte ich alles daran, keine Schwäche mir anmerken zu lassen und lieber Wege zu suchen, wie ich meinen schmerzhaften physischen Nachteil überspielen konnte. Und in der Tat, bis zum Tag heute im Jahr 2014 ist es mir gelungen mit hauptsächlich selbst entwickelter regelmäßiger Gymnastik die schlechteren und besseren Zeiten auch ohne

Arzt-Beistand zu meistern. Wenn es nach den Ärzten gegangen wäre, wäre ich schon als Kind im Rollstuhl gelandet. Das Leben ist viel zu wertvoll, als daß man den Schwieriglkeiten klein beigibt. Ärzte sind auch nur Menschen, die sich irren können in dem, was ihnen anvertraut wird durch Wissen. Die eigene Erfahrung hat auch einen hohen Stellenwert in der Gesunderhaltung. Das tägliche Leben ging so gut wie es nur konnte auch für mich weiter. In die Schule gehen, war ich nicht besonders eifrig. Wenn ich heute auf meine Schulzeit zurück blicke, drängen sich vielleicht nicht nur Fragen mir auf. Ich stelle weder die Schule, noch die Lehrer in Frage, denn es gibt genug Schüler-Beispiele, die mit den vorhandenen Bedingungen zurecht kommen. Ist dies der Fall, weil es bequemer ist, anderen zu folgen, als eigene Erfahrungen zu machen ? Heute nach Jahrzehnten mit unabhängigen Erfahrungen muß ich als Schriftsteller aussprechen, was ich erfahren habe. Aus der Distanz ist es leichter dem Humor sich anzulehnen, dabei Kritik aber nicht unter den Tisch fallen zu lassen. So sehe ich zum Beispiel die Anzahl Lehrer in meiner Schulbildung als außerordentlich hoch an. Jeder Lehrer ritt mit bestem Gewissen sein Steckenpferd in einem gesamten Ausbildungsplan. Wie weit erkennen die Schule und die Lehrer jedoch, daß sie nur vorbereitend für das Leben sein können ? Die wirkliche Schule des Lebens kommt nach dem Schulbank-Drücken. Noch heute kann ich mich an eine Lehrer Persönlichkeit erinnern, wie auch von dieser Seite die Frage gestellt wurde bezüglich der Erfahrung von Lehrkräften aus der ‚Schule des Lebens'. Wenn Lehrer nicht draußen im Leben gestanden sind und nur die Schulbank gedrückt haben, wie wollen sie mit Überzeugung die heranwachsende Generation vorbereiten ; jemand von „draußen" sieht nach „innen" mit anderen Augen, als umgekehrt.

Ausbildung war mit ihren Anforderungen schon immer im Hintertreffen mit denen in der „wirklichen Welt". Nicht jeder Lehrer weiß, oder will wissen, wie der „Hase draußen läuft".Jedenfalls sind die Rahmen-Bedingungen für Lehrer von der Gesellschaft so gut eingerichtet worden im Vergleich zu den meisten anderen Berufsgruppen, daß wenig Raum für Kritik von Seiten der Lehrer geblieben ist. Im Volksmund kann man sogar hören : Kannst du etwas nicht machen, dann werde Lehrer.

Sicher ist dies ein wenig kurz gefasst.In Wirklichkeit stimmt die Mehrheit einer Gesellschaft eher darüber ein, daß Lehrer an der Spitze der Gesellschaft stehen sollten, da sie die Verantwortung in derVorbereitung junger Generationen verantwortlich mittragen. Wie dies im besten Einvernehmen mit dem weitaus größeren Teil der Gesellschaft geschehen kann, darüber gehen die Meinungen immer noch auseinander. Dies kann nur geschehen in einem Austausch von Erfahrungen auf möglichst breiter Ebene.

Die Persönlichkeit eines Lehrers bestimmt vor allem wie ein Lehstoff bei Schülern ankommt. Der Lehrstoff alleine kann nicht Sinn und Zweck der Schule sein. Im Leben erfahren wir ohnehin, was wir gelernt haben, vergessen wir zum größen Teil wieder. Was zählt, sind die Anreize, das Notwendige im Leben selbst zu erkennen und anzuwenden lernen.- Aus meiner Schulzeit könnte ich reichlich „Lehrer-Anekdoten" anführen wie zum Beispiel : Ein Lehrer fand im Unterricht zu einem gewissen Punkt nur noch diese Worte:

"Wer verdammt von euch nicht an Gott glauben will, der verläßt besser sofort meine Klasse", oder „ ist das eine unreife Saubande, wart, wenn ich dein Vater oder Mutter seh. Heidenei, da haut's doch dem Fass den Boden raus, so was hab' i mei Lebtag noch nicht erlebt. – Aufstehen, sitzen bleiben, was hab' ich gsagt ? Keinen Pfifferling seid ihr wert! - u.s.w. –

Was sagt dies alles nur ? Auch Lehrer sind nur Menschen mit ihren Stärken und Schwächen. In ihrer Aufgabe an Schulen sind Lehrer allerdings sehr stark im Rampenlicht von jedermann ; nicht nur von Schülern, sondern auch der Eltern und damit der Öffentlichkeit. Die Schule von heute unterscheidet sich von der Schule aus meiner Zeit im Wesentlichen darin, daß Lehrer heute betont vorsichtiger werden mußten im Spielraum, wie sie ihren Unterricht gestalten. Das öffentliche Auge hat viel Einschränkungen gebracht. Ob zum Guten, Schlechteren oder auch Besseren, dies bleibt für jede Generation übrig, ihr Urteil zu finden. Woran wir alle nicht vorbei kommen, sind die unveränderlichen Tatsachen, welche wir alle im Leben nach der Schule erfahren : Die Schule des Lebens hört nicht auf. Und wer im Leben vor allem besser lernt, der kommt im Leben auch besser zurecht. Schule ist eine Notwendigkeit, kein Maßstab aber für Erfog ! Gute Schüler sind nicht unbedingt erfolgreich im Leben. Die Anforderungen im Leben sind anders als in der Schule und es hängt vom Einzelnen ab, wie er/sie fähig sind, damit umzugehen. Bei späteren Begegnungen mit Klassenkameraden und Lehrern, wenn sie noch unter uns sein konnten, bestätigte sich dies nur.

DURCH DICK & DÜNN, TEIL 1

KAPITEL 3

DAS LEBEN WIRD BESSER

PFADFINDER, MUSIK

Nach der Schule wandte ich mein Interesse zunehmend den Pfadfindern in Ettlingen zu. Ende der 1950-ger Jahre war besonders das Kino ein beliebter Treffpunkt für Unterhaltung. Allerdings nur in der Mitte und am Ende der Woche, weil damals jeder noch arbeitete, das Geld aber sehr knapp war.

Die Pfadfinder-Organisation in der Stadt war eine weniger kostspielige Unterhaltung und Beschäftigung besonders für Jugendliche, weil die Eigeninitiative gefördert wurde. Gewöhnlich an einem Samstag Nachmittag trafen Freunde in der Mehrzehl aus der Schule sich an einem üblichen Platz. Meine Gruppe leitete ein ausgezeichneter Führer, der älter war als wir. Bei den Treffen bereiteten wir uns oft vor für Erreignisse auf dem Pfadfinder-Kalender. Geschicklichkeit war angesprochen in vielen Bereichen wie Basteln mit Papier, Holz, Metall, Stoffen. Auswahl an Materialien war nicht viel, dafür aber der Phantasie um so mehr freier Lauf gewährt. Zu Kaufen war sowieso reichlich wenig und Geld noch weniger besonders in den Taschen von Schülern. Selbst war der Mann, hieß die Parole ; wollten wir etwas, kümmerten wir uns selbst darum. Neben Handfertigkeiten wurde bei unserer ‚Sippe' auch immer mehr beliebt, Musik auszuüben. Am Anfang brachte zuerst ein ‚Wölfling' oder der Führer eine Gitarre zum begleiten, wenn wir Lieder einübten. Sehr bald schauten wir uns gegenseitig auf die Finger, wie Gitarre gespielt wird. Unser Lieder- und Gitarrenspiel wurde zunehmend in einem natürlichen Wettbewerb anspruchsvoller.

Bei Treffen mit anderen Pfadfinder-Gruppen wetteiferten wir erfolgreich mit unseren Liedern, unter denen wir auch ‚Madrigale' mehrstimmig vortrugen.

Sonst boten der umliegende Schwarzwald, seine Berge, das Albtal Abwechslung für Freizeit auch für Pfadfinder. Wettbewerbe fanden statt in der Natur. So zum Beispiel, daß ein Teil der Pfadfinder-Gruppe mit Ästen und Steinen Wege durch den Wald kennzeichnete, welche die andere Gruppe aufsuchten und folgten und wenn erfolgreich, trafen sich die zwei Gruppen an einer Stelle wieder. Eine Zeit wurde meistens auch vereinbart. Wer den angezeichneten Pfad der anderen Gruppe auf einer gleichen Entfernung schneller fand, war Sieger. Im Spiel wurde hier ein gesunder Ehrgeiz gefördert, den jeder später im Leben gebrauchen konnte. Der schneller physisch Bereite und bessere Beobachter hatte auch hier die Nase vorne. Dabei galt es richtig einzuschätzen, Sonnenstand und Zeitbestimmung, bei Nacht Mond und Sterne als Orientierung zu benutzen. Die feuchte Moos-bewachsene Seite von Baumstämmen mit der vorherrschenden Wetterseite als eine Richtung erkennen, Spuren von Waldtieren sehen und bestimmen ; an festen Orientierungs-Punkten wie ein besonderer Baum, Felsen, oder ein Punkt am Horizont ; alle diese Beobachtungen schärften den Orientierungssinn eines Pfadfinders. Solche Erkundungsausflüge in der Natur machten uns vetraut mit der Natur, ohne sie in ihrer Einheit zu stören. Heidelbeeren, Himbeeren, eßbare Pilze richtig erkennen, wann die Jahreszeit war zum Sammeln. Außerdem waren Löwenzahn und junge Brennesseln geeignet, ein Zeltlager-Essen gesund zu bereichern.

    Für einen Pfadfindr war es verpflichtend neben der sauberen Uniform ein Taschenmesser, Streichhölzer und Schnur mit sich zu führen. Wir lernten auch warum diese wenigen einfachen Gegenstände so wichtig in der Natur waren und was man mit ihnen alles machen konnte. Unterwegs war immer jemand, der außerdem eine Erste Hilfe Grundausrüstung mit sich führte. Wir alle erhielten

Unterrichtung in Erster Hilfe, die in regelmäßigen zeitlichen Abständen aufgefrischt wurde.

Wenn wir an Stellen mit Erlaubnis unser Zeltlager aufschlugen, mußten wir strenge Vorschriften einhalten, besonders was die Feuerstelle betraf. Das Holz für ein Feuer brachten wir entweder teilweise mit uns, oder wir sammelten Äste ausschließlich vom Waldboden, welche wir dann maßgerecht für die Feuerstelle zuschnitten und mit der Axt vorsichtig spalteten. Auf dem Transport zu Fuß war ein Zelt in mehreren Stücken unter uns verteilt. Zusammen gebaut entstand eine ‚Jurte‘, deren Ursprung in die Mongolei zurück geht. In der Mitte des runden Zeltes blieb eine Öffnung, durch die der Rauch einer Feuerstelle am Boden im Zelt abziehen konnte. Im Zelt selbst sorgte ein sorgfältig gelegter Steinring dafür, daß das Feuer begrenzt kontrollierbar war.

Ein Pfadfinder mußte in der Lage sein, überall und zu jeder Zeit ein Feuer zuwegezubringen. Dabei durfte es keine Rolle spielen, ob es naß war oder kaum Brennmaterial auf den ersten Blick zur Verfügung stand. Der zweite Blick galt dann, wenn alles versagen wollte, auch Dung vom Pferd, einer Kuh oder Schafen zu suchen. Auf jeden Fall war immer jemand bei der Feuerstelle geblieben, ein gutes Auge darauf zu halten und wenn erforderlich, sie aufrecht mit Nachfüttern von Brennmaterial zu halten. Wenn ein Feuer nicht mehr gebraucht wurde, mußte es völlig niedergebrannt sein. Dann wurde die Asche zuerst mit Steinen zugedeckt und dann noch mit Erde zugeschaufelt. Nur so war sicher gestellt, kein Feuer konnte mehr ausbrechen.Wurde eine Feuerstelle aufrecht erhalten, war immer jemand dabei, gleichgültig ob im Zelt oder im Freien.

Pfadfinder versammelten sich in der kleinen Gruppe, der ‚Sippe‘.Mehrere ‚Sippen‘ bildeten wiederum den Stamm. In Ettlingen leitete die verschiedenen Stämme ein Schutzpatron. Er unterstüzte im Rahmen des Möglichen diese

Jugendbewegung. Theo Zurstrassen stellte sein Grundstück außerhalb der Stadt am Waldrand den großen ‚Horst-Versammlungen' zur Verfügung. Alle waren wir von diesen großen Treffen beeindruckt, wo jeder Stamm, jede Sippe zu einem Programm etwas beizutragen wußte. Nach einer Ansprache von Theo fanden um ein großes Feuer Darbietungen statt von Geschichten, Vorträgen, Schauspiel, Geschicklichkeit, bis hin zu Kraft- und Ausdauer-Beiträgen, aber auch viele Lieder und Instrument Darbietungen.

Unsere Sippe hatte sich stets mehr der Musik verschrieben, besonders dem Gesang, begleitet von Gitarre. Die Freude und den Erfolg daraus verdankten wir vor allem einem aus unserer Sippe, dem Bernhard.Er war für uns alle das Vorbild auf der Gitarre. Auch verstand er die feine Kunst, Stimmen zusammen zu bringen zu einem gemeinsamen erfolgreichen Auftritt. Viel mußte geübt werden auf dem Weg, bis wir unsere Stimmen anderen vorstellen konnten. Auch zu Hause verwendete jeder seine Zeit für Gesang- und/oder Gitarren-Übungen, um ständig sich zu verbessern. So mancher Bewohner in der Umgebung, wo unsere Sippen-Mitglieder wohnten, wunderte sich bestimmt über die Ton-Stütz-Übungen von unbekannten Sängern. Jedenfalls Musik hatte jeden von uns tiefgreifend erfasst. Deshalb erlebten wir viel Freude mit Musik.

Mama erkannte meine Freude für Musik. Sie erreichte die Zubilligung von Papa, daß ich mich in das Musik-Konservatorium in Karlsruhe einschrieb. Der Lehrer, Herr Wehrle, nahm mich in ein Flötenquartett auf. Er kam einmal in der Woche auch nach Ettlingen zu den Übungsstunden. Der ältere Herr erschien in seinem langen Lodenmantel und seinem Hut bis über die Ohren als eine bescheiden, zurückgezogene Person. In den Unterricht brachte er nur sein Lieblings-Instrument, die Zitter im Koffer unter seinem Arm zu uns mit. Sobald der Lodenmantel und der Hut den Nagel hinter der Türe gefunden hatten, stand ein elegant gekleideter Herr Professor Wehrle vor seinen Schülern. Seine Ruhe wich einem entschlossenen, sprühenden Lehrgeist. Er war ein Meister auch in anderen Instrumenten. War er mit unserem Spiel zufrieden, belohnte er uns mit einem Vorspiel auf seiner Zitter. Aus den vielen Seiten holte der Professor so sanfte melodische bis dramatische Melodien heraus, wie kein anderes Instrument dies vermag. Er war der ungekrönte König der Zitter. Ich habe nie mehr jemanden auch nur annähernd so gut spielen gesehen und gehört. Alleine eine Zitter zu spielen ist so schwer und war obendrein noch so unerschwinglich, daß keiner von uns die Zitter lernen konnte. Auf seiner Zitter ließ der Professor niemanden auch nur den vielfältigen Klang ausprobieren. Vor solchem Musik-Genius empfanden wir nicht nur Respekt,sondern auch Demut gegenüber solcher musikalischen Leistung auf eisamem Niveau.

Anstelle von einer Zitter lernte ich das klassische Gitarrenspiel und statt Klavier, das Akkordeonspielen. Papa war mit der Musik im Haus nicht einverstanden. Für die Schule blieb nach seiner Einschätzung nicht mehr genug Zeit übrig, weshalb meine Schulergebnisse zu wünschen übrig ließen. Die Musik wurde sofort eingestellt, die Schule sollte mich von nun an nur noch interessieren. „Wenn du wie ich ein Papier-Ingenieur werden willst, mußt du deine Schule zuerst gut machen." – Ich war nicht gefragt, ob ich das überhaupt wollte. Das Gitarrenspiel ließ ich mir allerdings nicht verbieten. Zu Freunden ging ich nicht die Schul-Hausaufgaben zu machen, sondern Gitarre zu spielen. Eine Zeit lang blieb dies unangefochten. Unglück wartete dieses Mal auf mich, welches mein Leben hätte verändern können. Im Haus wohnte auch ein Schauspieler. Nicht seine

Schauspielkunst, sondern eine offene Tuberkulose stellte den Schauspieler schachmatt, jedoch nicht bevor er sie im Haus noch an mich weiter gegeben hatte.

SANATORIUM

Bei einer Untersuchung wurde auch bei mir Tuberkulose am linken Lungenflügel festgestellt. Sofort wurde ich isoliert und mit einem Krankenwagen in den Süd-Schwarzwald in eine Spezial-Klinik von Friedenweiler gebracht. Ich selbst fühlte mich überhaupt nicht krank, weshalb ich die Eile damals nicht verstehen konnte. In der großen ‚Heilanstalt' wurde ich in einen isolierten Raum alleine in ein Bett eingewiesen, dessen Seiten nach dem Inneren des Gebäudes vom Boden bis zur Decke aus Glas gebaut waren. Viel Personal in weißer Kleidung kam, sah mich und verweilte nicht lange mit mir in dem ‚Glaszimmer'.

Mein Aufenthalt in Friedenweiler gab mir viel Zeit zum Nachdenken. Eigentlich nicht so sehr über mich selbst, sondern über das, was ich nur so am Rande zu sehen bekam; von Krankheit gezeichnete Menschen aller Altersstufen, deren Leben hier früher oder später enden wird. Irgend eine innere Stimme sagte mir, hier bleibe ich auf keinen Fall. Die Ärztin Frau Doktor Dischinger half mir viel, meine Hoffnung aufrecht zu erhalten. Selbst als meine Behinderung durch den Rücken sich hier unübersehbar hinzumeldete, ermutigte sie mich täglich mit ihrer Freundlichkeit.

Dadurch, daß ich im Bett nur liegen mußte, meldete sich eines Morgens mein Rücken soweit, daß ich nicht aus dem Bett kommen konnte , als ich aufgefordert wurde, dies zu tun, wurde Frau Doktor Dischinger gerufen.

„Martin, was machst du mir heute für Sachen ? Wir schauen einmal, was du uns sonst noch versteckt hälst." Es dauerte dann gar nicht so lange und ich war ganz in ein Gipsbett gelegt, in dem jede Bewegung unterbunden war. Jetzt fühlte auch ich mich wie ein Kranker. Zum Glück kam aber Frau Doktor Dischinger mich täglich besuchen. Um die viele Zeit auszufüllen, fand ich einen Weg, wie der Tablett-Tisch über meinem Bett so gestellt werden konnte, daß ich mit wenigstens einer Hand auf Papier dort schreiben konnte. Ich malte mir so Manches in meinem Kopf aus und brachte es auf Papier. Der Tag verging für mich somit schneller. Der Zeit erlaubte ich nicht, mich auf Gedanken zu bringen, welche wenig Sinn hatten.

Der regelmäßige Besuch von Frau Doktor Dischinger war eine willkommene Abwechslung. Ich wartete immer darauf. Sie trat durch die Glastüre an die Seite von meinem Bett mit den Worten :

"Na Martin, was hast du heute mir geschrieben ? Lies mir deine Gedanken vor. Du wirst bestimmt einmal ein Schriftsteller."

Sie nahm sich auch die Zeit, eingehend alles mit mir zu besprechen.

„Die Zeit wird auch für dich wieder kommen, wenn du hier wieder weggehst und ein gesundes, glückliches Leben führen kannst. Mach nur so weiter, deine Gedanken helfen dir schneller gesund zu werden." -

Wahrscheinlich war es gut so, andere Patienten konnten nicht zu mir kommen und ihre Krankheits-Geschichten auch bei mir abladen. Mich interessierte nur eines, wie und wann ich aus diesem ‚Gefängnis' herauskommen konnte .

Mama und Papa kamen mich auch einmal mit anderen Familien Mitgliedern besuchen. Sie wollten meine Lage schlimmer sehen, als ich bereit war, mir selbst einzugestehen. Sie jammerten aus sogenanntem Mitleid, wohinhingegen ich nur zuhörte und mich fragte,"wer ist hier wohl krank?"Fast ein Jahr ging das Leben für mich im Gips fest gehalten so weiter. Jeden Morgen erhielt ich eine Penicillin-Spritze. Sie war damals alles andere als schmerzlos. Jedenfalls das erklärte Heilmittel für alle möglichen Krankheiten. In meinem Fall sollte die Medizin der Lungen-Erkrankung helfen. Aber wie es so einmal ist, was gut sein soll, läßt auf einer anderen Seite gerne etwas weniger gutes zurück. Mein Darm war damit überhaupt nicht einverstanden, er ging auf Streik.

Da ich mit meiner Ärztin in einem offenen Gedanken Austausch war, machte ich einmal den Vorschlag, den Gips von meinem Körper wieder zu entfernen, um zu sehen, wie es mit mir inzwischen aussah. Der Juckreiz an der Haut unter dem Gips war langsam fast unerträglich geworden. Dem Tag konnte ich nicht mit mehr Spannung entgegen sehen, als daß der Gips von mir entfernt wurde.

Schließlich brachte jemand die große Gipsschere und schon konnte meine Befreiung beginnen. Ich wußte gar nicht, daß man nach einem Jahr im Gips so übel riechen konnte. Dem wurde mit einer gründlichen Reinigung Abhilfe geschaffen. Zuerst fühlte ich mich pudelwohl. Als ich aber aufstehen wollte, versagten die Beine mir dies. Nur mit Stützen unter den Armen, Korsett am Oberkörper lernte ich langsam wie ein Kleinkind erste Schritte wieder zu machen. Dies dauerte mehrere Tage, bis ich überhaupt auch nur ein wenig Fortschritt sehen konnte. Nach einer schwierigen Anfangszeit trat Besserung sehr viel schneller ein. Ich fühlte, wie Kraft in meinen Körper wieder zurück fand, wenn auch nur langsam.

Frau Doktor Dischinger gab mir Anleitung für Gymnastik zuerst im Bett und für später weg vom Bett. Diese Empfehlungen habe ich mit den Jahren selbst weiter ausgebaut, eingehalten bis einschließlich meinem fortgeschrittenen Alter. Der langjährige Erfolg meiner Unterstützungs Maßnahmen erhebt allerdings die Frage, ob das Gipsbett überhaupt notwendig war.

Schließlich war es so weit, daß wenigstens ich überzeugt war, über kurz oder lang werde ich diesen Ort verlassen. —

„Nur Mal schön langsam mit den jungen Pferden, was wir erreicht haben, wollen wir jetzt nicht gefährden", ermahnte mich Frau Doktor Dischinger. Bevor ich wieder gehen sollte, bestand eine Forderung, ich mußte Gewicht wieder nachweislich zunehmen. Da alles soweit schon gut verlaufen war, wollte ich sicher stellen, dieser Schritt mit der Gewichts Zunahme lief auch wunschgemäß über die Bühne. Ich half mit allen möglichen Tricks nach ; mit möglichst schweren Gegenständen in meinen Schlafanzugtaschen versteckt trat ich täglich auf die Waage mit zunehmend mehr Gegenständen, langsam aufbauend, um nicht Anlaß zu geben, daß meine ‚Mithilfe' aufgedeckt wurde. Das Ziel der Freiheit rückte damit näher.

Weihnachten 1954 war ich noch in Friedenweiler. Zu dem Zeitpunkt war ich bereits so weit, einigermaßen selbstständig wieder Schritte unternehmen zu können. Dies allerdings nur für kurze Zeit, weil meine Kräfte noch nicht gänzlich zurückgekommen waren. Dennoch erlebte ich ein besonderes Weihnachtsfest noch in Friedenweiler. Auf Grund meiner Zuneigung zur Musik, war mir die Hauptstimme im Weihnachts Schauspiel zugesprochen worden. Vor allen versammelten Patienten und Personal sang ich mich in meiner Rolle erhaben frei. Ich vergaß dabei, daß auch ich eigentlich ein Patient war, allerdings mit einem weiteren Blick voraus. Wo waren ‚Mama' und ‚Papa' geblieben? Im Januar kam dann der Tag meiner Entlassung aus dem Sanatorium in Friedenweiler. Viel Schnee war gefallen, Stille lag in der Luft. Im zurückliegenden Jahr hatte ich ausreichend Zeit mir Gedanken zu machen, was es wohl hieß, hier in Friedenweiler bleiben zu müssen. Dies war das Los der meisten Patienten. Viele von ihnen waren hierher gekommen, weil Rauchen sie rettungslos krank gemacht hatte. Eine Genesung war nicht mehr in Aussicht, sie warteten nur ab, wie lange Leben in ihren Adern noch fließen konnte. Angesichts dieser Erfahrung versprach ich mir fest, niemals in meinem Leben Rauchen zu beginnen. Gesundheit ist unser größtes Geschenk, unser größter Gewinn im Leben. Wir müssen alles unterlassen, was unsere Gesundheit schmälert. Ein Teil Gesundheit ist uns in die Wiege mitgegeben, den anderen Teil sind wir angehalten verantwortlich zu verwalten. Leider ist es jedoch so, erst wenn wir die Gesundheit verloren haben, wachen wir auf und stellen fest, wir haben zu lange unsere Gesundheit mißachtet.

Mama und Papa waren mit dem Auto nach Friedenweiler gekommen, am Tag meiner Entlassung. Der Schnee auf der Straße in den höheren Lagen des Schwarzwaldes mahnte zu vorsichtigem Fahren. Die Welt sah nach einem Jahr im Bett festgehalten in meinen Augen so gänzlich neu, ja schön aus. Der Schnee wich zusehends in den unteren Lagen, so daß die Heimfahrt dann schneller voran kam.

Wieder zu Hause in Ettlingen sah ich auch mein Zimmer, die ganze Wohnung mit neuen Augen an. Wer hatte sich wohl mehr verändert? Ich mußte es wohl gewesen sein. Mein Bett, mein Tisch, meine Bücher sprachen mich allerdings anders an ; was vor Friedenweiler mehr selbstverständlich war, erschien jetzt in einem neuen Licht.

In die Schule konnte ich unverzüglich wieder zurück kehren, in die Klasse, die ich vor einem Jahr verlassen mußte. Langsam aber mit ausreichender Vorsicht gegenüber meinem Rücken, nahm mein Leben zunehmend wieder einen normalen Lauf. Ich konnte wieder musizieren, schloß mich den Pfadfindern an und begann sogar mit sportlicher Betätigung. Das Problem mit meinem Rücken war in Wirklichkleit nicht bessser geworden, trotz Friedenweiler. Ich war allerdings entschlossen, nicht mehr nach Friedenweiler zurück zu kehren, weshalb ich alles daran setzte, über das Problem mir selbst helfen zu lernen. Einen Arztbesuch vermied ich mit aller Entschiedenheit. Friedenweiler lag wie ein ‚Damokles-Schwert' über meinem Rücken.

Es dauerte für mich nicht lange festzustellen, wie vielseitige sportliche Betätigung selbst meinem Rücken zuträglich war. Der Sportleiter des TSV-Ettlingen gab mir einmal zu verstehen, daß auch er gelernt hatte, mit akutem Rückenleiden zu leben, welches er im Krieg bei einer Verschüttung durch Bombeneinschlag sich zuzog. Jahrelange medizinische Behandlung brachte keine Besserung, weshalb er dazu überging, die Sache selbst in die Hand zu nehmen mit entsprechender, gewissermaßen selbst entwickelter Gymnastik und sportlicher Betätigungen. Schwimmen räumte er eine besonders wichtige Stellung ein.

Dieser Sportlehrer Herr Kary, bitte nicht mit meinem Namen Kari zu verwechseln, war das beste Beispiel, wie Sport und eine positive Einstellung oft mehr erreichen können, als Medizin alleine. Bis in das hohe Alter blieb Herr Kary aktiv, junge Menschen mit Sport zu begeistern.

SPORT

Eine Richtung für den Rest meines Lebens war aus der Taufe gehoben, mit Sport. Mein Rückenleiden bekam ich mit den Jahren durch systematische tägliche Gymnastik. Leichtathletik, Turnen, Schwimmen gut unter Kontrolle. Durch einen gelgentlichen Rückfall ließ ich mich nicht erschüttern und mich von meinem Weg abbringen. Ich nahm alle Möglichkeiten wahr, die mir Erleichterung verschaffen konnten. Wenn meine im Lendenbereich gebrochen und sichtbar gekrümmte Wibelsäule sich seitlich verschieben wollte, kann ich ehrlich gestehen, „die Engel gehört haben zu singen". Aber wie gesagt, solange wir leben und nicht aufgeben, ist noch lange nicht alles verloren.

Zu meinen Erfahrungen zählte auch eine Faltbootfahrt aus der Schweiz auf der Rhone bis zum Mittelmeer im Sommer 1964. Das warme Wetter ließ mein Rückenleiden für die Dauer von den vier Wochen in den Hintergrund verschwinden. In nachfolgenden Jahren erinnerte mich mich mehr als nur einmal daran. War das Klima ein mitbestimmender Faktor für Rückenleiden?

Viele Menschen haben aus verschiedenen Gründen Rückenleiden. Nur daß all zu oft der Zustand durch Fehlverhalten eher gepflegt wird, als entspechend individuell entgegen gesteuert wird. So kam es ein letztes Mal als frisch verheirateter Ehemann dazu, daß ich auf den Rat meiner lieben Frau Arja den Orthopäden während einer Rückenleiden-Krise doch aufsuchte. - „Ihr Fall erfordert sofortige Ruhestellung im Rollstuhl, ein chirurgischer Eingriff ist zu gefährlich", war die Experten-Antwort. – Meine Antwort blieb die, Rollstuhl, nein danke! Und im

Laufe von mehr als vierzig Jahren bis in das Jahr 2014 in Australien mit meiner acht-köpfigen Famile hatte ich meine Schwäche mit dem Rücken soweit stabilisieren können, daß ich mir nur wünschen kann, dies wird noch den Rest meines Lebens anhalten.

Vielleicht klingt es etwas überbewertet, eine persönliche Schwierigkeit wie vorausgegangen dargestellt, dem Leser näher zu bringen. Die ‚Überbewertung' gewinnt aber sehr schnell an Bedeutung für den, der eventuell mit Behinderungen durch einen Unfall selbst lernen muß damit zu leben. Selbst wenn dies nicht der Fall ist, schadet es niemandem zu erfahren, wie man im Leben Schwierigkeiten begegnen kann. Am Ende ist Austausch im weitesten Sinne die Rechtfertigung für jedes Schreiben.

Das Leben in Ettlingen lief von nun an für mich zu Hause, in der Schule und Sport Veranstaltungen an verschiedenen Orten, wo ich mich messen konnte mit gleichgesinnten Sportskollegen. Sport brachte auch neue Freundschaften auf meinen Weg. Auch meine Teilnahme bei den Pfadfindern hielt ich aufrecht,so daß meine Zeit ziemlich gut ausgefüllt war. Selbst Mama und Papa sahen dies gerne. Allerdings hielten sie nicht zurück, mich öfters zu ermahnen,“ die Schule darf aber nicht zu kurz kommen!“

Die Schule war noch immer nicht mein ‚Steckenpferd'. Ich machte nur das allernotwendigste dafür, damit der Deckel auf dem Topf des Ärgers bei allen Parteien bleiben konnte. Auch hier beruhte alles auf Gegenseitigkeit, die Lehrer waren genau so wenig von mir begeistert.

Eines Tages entschied der weitere Familienkreis, die Gesellschaft von Vetter Frieder sollte beiden Jungen helfen das Lausbubenalter hinter sich zu lassen. Dies war der Wunsch, die Wirklichkeit fiel jedoch anders aus. Frieder war etwas jünger als ich und auch ein mehr ruhiger Vertreter. Dies hielt ihn aber nicht auf, mit derselben Begeisterung mitzumachen, was ich einfädelte. Da in der Schule nicht mehr von ihm zu erwarten war als von mir, wurden wir eher noch dickere Freunde. Jedoch nicht alles, was uns in den Kopf kam, war das Werk von Lausbuben. So übte der große Garten gegenüber dem Haus eine Anziehungskraft auch auf uns zwei Jungen aus. Neben der Arbeit im Garten boten Äpfel, Kirschen, rote und schwarze Johannisbeeren eine willkommene Belohnung für uns an. An den längeren Abenden mit noch Tageslicht im Sommer, verbrachten wir alle gerne die Stunden in der Gartenlaube. Der lange Tisch, die zwei Bänke an seiner langen Seite luden auch ein, das Abendessen dorthin zu verlegen. Eine nicht all zu häufige Übereinstimmung fand unter uns statt, schöne Augenblicke eines Zusammenseins.

Andere Betätigungen als reine Gartenarbeit auf dem großen Stück Garten, dauerte es nicht lange auch herauszufinden. Ein Klassenkamerad, Oswin, lebte mit seinen Eltern in ihrer kleinen Firma in der nächsten nach Süden gelegenen Ortschaft von Ettlingen. In der Firma waren Präzisions Metall Bearbeitungs Maschinen. Wir hatten die Idee von einer selbst gebauten Rakete, da Amerika sein Weltraumprogramm mit Raketen begonnen hatte. Wir wollten versuchen, da mitzuhalten. Und es dauerte auch nicht lange, daß eine glänzende gut aussehende Rakete aus der Firma des Klassenkameraden mit vereinten Kräften entstanden war.

Die Platform für den Start kam zusammen aus einem Mecano-Bausatz. Schließlich war dann im Garten alles startbereit. Die Rakete stand voll gestopft mit selbst gemischtem ‚Schwarzpulver' auf der Startrampe. Der erste Zündversuch wollte nicht sofort gelingen ; noch Einer, Mehrere folgten, bis es dann so weit war. Allerdings nicht so, wie wir uns das gerne vorgestellt hatten. Mit einem blitzenden Knall verschwand die Rakete so schnell, daß wir sie nicht einmal beobachten konnten. Alle waren wir in den Augen geblendet und taub in den Ohren. Der Rückstoß war so kräftig und heiß, die starke Metall-Start-Platform erhielt ein sauberes Loch, dort wo die Rakete stand. Wir wußten nicht, ob wir uns freuen oder bedauern sollten. Mama war sofort im Haus am Fenster und wunderte sich nur, was der Knall an den Fensterscheiben war. Sie ahnte Böses und war auch schnurstracks zur Stelle. Wir waren auf jeden Fall noch nicht so richtig wieder zu uns gekommen. Die mahnenden Worte von Mama konnten wir noch eine ganze Weile nicht hören, weil unsere Ohren blockiert waren. Selbst Fußgänger auf der gegenüber liegenden Straße wurden sichtbar von unserem Raketenstart aufgeschreckt. Es war uns nicht als Helden zumute. Wir waren eher ganz kleinlaut geworden. Am nächsten Tag hörten wir sogar von verschiedener Seite in der Schule von der Explosion, welche durch die ganze Stadt sich verbreitet haben soll.

Wir Drei, Oswin, Frieder und ich, zogen besser eine Lehre aus diesem Experiment ; wir hätten leicht unser Leben verlieren können. Ein besonderes Glück war dieses Mal uns allen Drei wieder hold. Die Start-Plattform hielt ich als Andenken noch viele Jahre. Der Rückstoß hatte durch eine 6mm dicke Stahlplatte ein unglaublich sauberes rundes Loch so geblasen, daß keine Spur von dem Metall irgendwo sichtbar wurde. Ein guter praktischer Physiker hätte uns wahrscheinlich ausrechnen können, mit welchen Kräften wir hier gespielt hatten. Wo unsere Rakete hin ging, blieb ein Rätsel. Kein Rätsel blieb jedoch unsere gewonnene Einsicht, keine Raketen-Expermente mehr.

Wenn die Rede auf die Schule kam, war auch der Neffe Frieder nicht auf Augenhöhe mit den Vorstellungen von den beiden Elternseiten. Die Schulergebnisse wollten einfach nicht besser werden. Mit der Zeit kamen nicht wir die Jungen , sondern die Eltern sich ins Gehege ; jede Partei wollte den besseren Sohn besitzen und schob die Schuld auf den anderen. In meinen Augen blieb die Schule ein unvermeidliches Übel, auch wenn die Lehrer sich so wichtig vorkamen. Der Unterricht in Latein oder irgend einem Fach war für mich nichts anderes als wiederkäuen, was in Büchern ohnehin schon niedergeschrieben war. Dennoch waren die meisten Schüler gute ‚Schafe', wahrscheinlich auch für den Rest ihres Lebens. Was die Disziplin betraf,herrschte damals allerdings Übereinstimmung. Die Autorität von Eltern und Lehrern wurde von niemandem in Frage gestellt. Wenn notwendig, Stock und Nachsitzen halfen dem Lehrer die notwendige Disziplin aufrecht zu erhalten. Der Stock auf die Finger des Schülers war vielleicht schon damals eine Flucht vor besseren Methoden sich einer Lehrerhaut zu erwehren. Jedenfall ein Fehlverhalten auf der Stelle korrigieren, selbst wenn es mit dem Stock auf die Finger war, hatte niemandem wirklich geschadet. Vorraussetzung war, daß es auf der Stelle geschah.Dies ist nicht viel anders, als mit einem Hund; ertappt auf frischer Tat und Zurechtweisung auf der Stelle, verstehen Hund und wahrscheinlich auch Schüler ohne große Erklärungen. Heute mit der aufgebauten Rücksicht verhält sich dies natürlich ganz anders ; Eltern, Lehrer, Schüler haben alle ein Sagen, Disziplin hat so einen schweren Stand erhalten. Nur draußen im Leben verliert diese Diskussion an Boden,Disziplin ist dann nicht mehr ein Diskussionsthema.

    Die Disziplin während meiner Schulzeit war angemessen im Vergleich zu so manchen ‚Experimenten',die in folgenden Jahrzehnten zunehmend losgelöst von einer Realität Eingang gefunden hatten. Es sollte nicht verwundern, daß Entwicklungen, gleich welcher Art, mit Vorliebe mehr als eine Richtung erfahren. Bekanntlich muß alles erst einen schwierigeren Weg einschlagen, bevor der einfachere, der bessere Weg sichtbar wird. So erinnere ich mich zum Beispiel aus der Zeit betonter Aufrechterhaltung von Disziplin, daß besondere Fälle durchaus besondere Maßnahmen zuließen : Ein Schüler hatte sich vergessen und erwiderte dem Lehrer,"du kannst mich Mal ....!" – Der Lehrer blieb ruhig , er antwortete überlegen ,"nein, das mach ich nicht !" - Damit war in der Tat der Fall erledigt. War dies nicht ein guter Weg, Problemen aus dem Weg zu gehen ? Die Schule bot zu meiner Zeit auf jeden Fall täglich eine Abwechslung zu dem Leben zu Hause. Im Leben später geht uns oft erst ein Licht auf, wie problemlos die Schulzeit doch war. Die Probleme von damals waren gering gemessen an den Erfahrungen, die uns das Leben nach der Schule fordert zu lernen.

Bei mir zu Hause herrschte auf jeden Fall strenge Disziplin. Ihr oberster Hüter war Papa. Mama half meistens mit beschwichtigenden Worten die „Fabrik-Disziplin" abzuschwächen, wenn die Wellen hoch schlagen wollten, besonders zwischen dem heranwachsenden Sohn und dem Herrn des Hauses. Er forderte dasselbe, was seine Eltern von ihm erwarteten. So zum Beispiel, beim Essen am Tisch hält man beide Oberarme eng am Körper und streckt nicht die Ellbogen seitlich aus. Damit das auch eingehalten wurde, kam unter sowohl meine linke als auch rechte Axel ein Buch, welches beim Essen nur dort bleiben konnte, wenn die Oberarme am Körper anliegen.- „Beim Essen spricht man nicht, nur wenn man dazu aufgefordert wird." Mit allem stimmte ich nicht immer überein. Manchmal konnte ich mir nicht helfen in dem Eindruck, daß sowohl zu Hause als auch in der Schule lieber der Stock für Antworten eintrat.

DURCH DICK & DÜNN, TEIL 1

KAPITEL 4

ERSTE EIGENE REISEN

DEUTSCHLAND – DÄNEMARK

Die Sommerferien im Jahr 1955 waren wieder eine Zeit, außerhalb dem Alltäglichen etwas zu unternehmen. Die Eltern von Frieder erklärten sich einverstanden, daß wir zwei Jungen mit dem Fahrrad uns die Beine abstrampelten auf einer Tour nach Nord-Deutschland. Selbst Mama und Papa hatten keine Einwände, alleine schon deshalb, weil sie wußten, daß meine Teilnahme bei den Pfadfindern mich mit guten praktischen Voraussetzungen ausgerüstet hatte.

Die halbe Strecke bis Hannover fuhren wir mit dem Zug, um die Gesamtstrecke etwas zu verringern. In Hannover lebte mit seiner Mutter der ehemalige Freund Edgar aus der Nachbarschaft in Ettlingen. Dieser Edgar war zwar etwas älter als ich, aber vielleicht gerade deshalb schätzte ich seine Freundschaft besonders. In Hannover erlebte ich allerdings eine Enttäuschung, seine Mutter trafen wir zwar in der Adresse an, aber Edgar war auch in Ferien weg von zu Hause.Leider kam es danach nicht mehr zu einer Begegnung. So ist eben das Leben, wir können nicht alles haben.

Von Hannover ging es dann auf unseren „Drahteseln" weiter durch die Lüneburger Heide bis in die Hafenstadt Bremen bei sonnigem Sommerwetter. Nach Möglichkeit übernachteten wir in Jugendherbergen. Auf unserer Strecke durch das Land trafen wir soviel wie keinen Verkehr an. Wenn keine Jugenherberge am Abend auf unserem Weg lag, und ein Bauernhof uns in die Quere kam, klopften wir dort für eine Unterkunft an. Die Bauersleute waren freundlich, aber auch zurückhaltend. Gleich bei der Begrüßung wollten sie genau wissen, daß wir Nichtraucher waren und kein Feuer zum Kochen vor hatten auf den Weg zu bringen. Bei einer Gelegenheit durften wir in der

Heutenne übernachten. Im Begrüßungs Gespräch mit dem Bauer und seiner Frau wurde ich, ich spreche für meine Person, zum ersten Mal ihrem Dialekt gewahr, der hier in der Gegend gesprochen wurde. Platt-Deutsch wird er genannt. Viele Worte und besonders die Zahlen haben eine unverwechselbare Ähnlichkeit mit englischen Worten. Die Nähe von England zu dieser Gegend hat in der Vergangenheit in beiden Richtungen einen Austausch erfahren.

Die gestreut gelegenen Farmhäuser in dieser flachen Landschaft der Lüneburger Heide waren hauptsächlich in roten Ziegeln gebaut. So manches Dach war damals noch mit Stroh bedeckt, welches den Bauernhöfen ihr besonderes Aussehen verlieh. Die Menschen waren eher zurückhaltend, sehr sparsam mit Worten. Dennoch aber offen freundlich und in unserem Fall einer Radtour auch hilfsbereit, wenn wir Erkundung einholten über die Gegend oder um Trinkwasser baten. Die Heide mit ihrem Gras und blühenden Sommer Blumen gefiel uns in dieser Abgelegenheit sehr gut.

Sobald wir in die Nähe der Hansestadt Bremen kamen, änderte sich der friedfertige Eindruck der Heide in das geschäftige Leben einer Stadt mit ihren vielen Menschen. In Bremen lebte auch ein Bruder von Mama mit seiner Familie, so daß wir ein Ziel hier hatten. Ein Bett, Essen aus einer Küche war nach den vorausgegangenen Lagerleben-Tagen eine willkommene Abwechslung. Während unserem kurzen Aufenthalt lernten wir nicht nur diesen Zweig der Familie kennen, sondern durch sie auch die altehrwürdige Hansestadt mit ihrem Hafen. Grosse Schiffe kommen und gehen noch heute von hier in die Welt hinaus. Seeluft verdrängte hier die Luft der blühenden Heide.

Wenn es bekanntlich am schönsten ist, ist es Zeit aufzuhören. Für uns war es an der Zeit weiter auf unsere Radtour zu gehen. Die Stadt Flensburg im Norden an der

Ostsee war unser Ziel. Dort erwartete uns die Familie von Frieder. Ein gutes Stück Weg mit den Rädern lag noch vor uns. Gute Beinarbeit auf unseren ‚Drahteseln' mußte noch bis dorthin geleistet werden. Zunächst hieß es für uns, die Großstadt Hamburg mit ihrem Verkehr zu vermeiden. Im Unterlauf des Flusses Elbe, dort wo sie schon breit in das Meer fließt, weit weg von dem Großstadt Treiben, setzte uns eine Fähre mit unseren Fahrrädern auf das gegenüber liegende Ufer der Elbe. In Schleswigholstein waren wir dann angekommen. Auf grünen Wiesen weideten schwarz-weiß gefleckte Rinder. Windmühlen und Wasserkanäle brachten ein Bild von Holland hierher. Das Wetter war ohne Unterbrechung sonnig und warm geblieben. Besser konnten wir es uns nicht wünschen. Deshalb strampelten wir mehr Stunden jeden Tag auf unseren ‚Drahteseln' durch diese nur leicht hügelige Landschaft, um möglichst bald ans Ziel zu gelangen. .

Flensburg íst eine Hafenstadt an der Ostsee. Nachdem wir in Bremen einen Blick auf die Nordsee werfen konnten, erfuhren wir nun hier, wie die Ostsee aussah. Außerhalb von Flensburg fanden wir die Familie von Fred in einer Hütte am Strand. Hier war auch für uns vorgesehen, die nächsten zwei Wochen gemeinsam zu verbringen. Ein Fischer holte täglich früh morgens in der Nähe mit seinem kleinen Boot und Netzen frischen Fisch aus der Ostsee. Der Fisch war hauptsächlich Makrelen. Zusammen mit frischen Kartoffeln und Buttermilch hatten wir praktisch jeden Tag eine vorzügliche Mahlzeit.

Einen großen Teil des Tages konnten wir nahe dem Strand schwimmen und richtig Ferien genießen, zumal das Wasser außergewöhnlich von dem anhaltenden sonnigen Wetter warm war. Ab und zu leihte uns der Fischer sein Ruderboot aus. Mit Angelschnur und einem Haken am Ende versuchten wir Fisch auch zu fangen. Alleine die Fische wollten bei uns nicht anbeißen. Der Fischer tröstete uns mit seinen Worten :"Da muß man erst einmal ein Leben lang das Wasser und seine Fische kennen, bevor sie anbeißen." – Nicht viel anders verhielt sich dies mit dem Boot. An einem Tag wollten wir etwas mutiger sein und weiter weg vom Strand mit dem Boot hinaus in die Ostsee fahren. Ein unvorhergesehener Wetterwechsel peitschte starke Wellen im Meer hoch. Fred und ich mußten uns mit allen unseren Kräften in die Ruder legen, um wieder an Land zurück zu kommen. Neben der Erschöpfung blieb uns der Schrecken noch ein Weilchen im Nacken sitzen. Der Fischermann war böse auf uns, er gab uns unmißverständlich zu verstehen, „noch einmal, dann kann es all zu leicht schief gehen, daß ihr und mein Boot nicht mehr zurück findet. Die kleine Ostsee darf man nicht unterschätzen, sie kann sehr schnell aus einem ruhigen Wasser eine sehr aufgewühlte See werden, in der ein kleines Boot sehr schwer noch zu rudern ist. Ein ander Mal bleibt besser näher am Strand ."

Unser Leben am Strand erfuhr eine Abwechslung mit dem Besuch einer Boots Ausstellung in der nahe gelegenen Hansestadt Flensburg. Das schöne Sommerwetter hatte viel Besucher in die Stadt gebracht. Für jeden Geldbeutel waren neue Boote für den Verkauf ausgestellt, nur nicht für unseren Geldbeutel. Niemand von uns fühlte sich jedoch deshalb zurückgesetzt. Man kann sich an Dingen auch freuen, ohne sie unbedingt besitzen zu müssen .

Dafür aber lenkten wir unsere Aufmerksamkeit wieder an einem anderen Tag auf eine Zugfahrt über die Grenze nach Dänemark. Landwirtschaftliche Produkte wie Milch, Käse, Eier, Fleisch waren schon damals sehr viel billiger über der Grenze in Dänemark. Ohne eine sichtbare Kontrolle fuhr unser Zug über die Grenze. Damit besuchte ich das erste Mal ein anderes Land. Dabei war das andere Land gar nicht so unterschiedlich zu Schleswigholstein auf der deutschen

Seite. Die Menschen sprachen allerdings Dänisch. Hörte man aber genauer hin, konnte man viele Worte verstehen. Die Sprachen hatten sich so weit angenähert, daß die Grenze mehr offen geblieben war. Dies war auch ein Hinweis auf die unkomplizierten Verhältnisse zwischen den Menschen auf beiden Seiten der Grenze. Hier hatte die mehr kühlere Nordische Vernunft bereits schon früh Weichen für ein Vereintes Europa gestellt. Auch hier war die Bevölkerung den Politikern eine gute Nasenlänge voraus.

Außer den günstigen Einkaufs Möglichkeiten nahmen wir die Gelegenheit wahr, die Insel Sylt in der Nordsee zu besuchen. Die Insel liegt direkt vor der Küste. Über einen Eisenbahndamm kam man sowohl mit dem Zug, als auch mit anderen Fortbewegungsmitteln auf die Insel gelangen. Im Gegensatz zu unserem Strand an der Ostsee blies hier eine starke Seebrise ohne Unterbrechung vom Meer auf den Inselstrand. Die Luft war trotz Sonnenschein spürbar kühler und wenn wir das unruhige, aufgebrachte Seewasser mit der Fußspitze erst prüften, wich die Begeisterung zum Schwimmen in dem kalten Wasser sehr schnell.

Hoch türmende Wellenkämme rollten ungestüm an dem flachen Strandstück entlang bis an den Fuß der Sanddünen Wälle. Wo Strandgras sichtbar war, schaffte die steife Seebrise es nicht hin. Dort war es dann im Windschatten geschützt auch etwas wärmer.

Die Zeit auf der Insel verflog im Nu. Der Aufenthalt in der frischen Seeluft machte sowohl hungrig, als auch nicht wenig müde. Welcher von beiden größer war, blieb für jeden von uns übrig selbst zu beantworten. Jedenfalls woran wir nicht vorbei kamen, war die Heimfahrt mit oder ohne Hunger und Müdigkeit.

Alles mußte ein Ende finden. Und so war es auch nach unserer Rückkehr mit dem Zug. Wir mußten uns langsam an den Gedanken gewöhnen, Abschied zu nehmen und nach Hause unsere Schritte wieder lenken. Die Abwechslung mit einem einfachen Leben am Strand hatte gut geholfen, Körper und Gedanken neu zu beleben. Was zurücklag, war wenigstens für eine kurze Zeit in Vergessenheit geraten. Neue Eindrücke hatten das Leben bereichert. Dies konnte und sollte aber das tägliche Leben nicht daran hindern, wieder seinen gewohnten Lauf zu nehmen. Machten wir richtig Ferien, weg vom Alltag, dann half uns der Gewinn auch im Alltag besser auf die Beine.

Zurück in der Schule pflegte meine Latein Lehrerin zu sagen, „von nichts kommt nichts", wenn sie an die Aufmerksamkeit der Schüler sich wandte.dennoch ließ sich die Tatsache nicht umgehen, daß Erfolg in der Schule nicht alleine mit Noten gemessen werden konnte. Wenn ich heute mit meiner Lebenserfahrung und reichlichem Abstand über das, was geschehen war schreibe, möchte ich nicht versäumen mit dem Leser Erfahrungen auszutauschen. Eine Erfahrung aus dem Leben ist auch die, daß alles im Leben am Ende einem Zweck dient, den wir freilich nicht immer zu dem Zeitpunkt erkennen können. Nichts ist umsonst. Es hängt hauptsächlich ab von uns, ob wir weiter sehen können über gegenwärtige Verhältnisse hinaus mit einer positiven Einstellung. Selbst das scheinbar Schlechte hält für uns etwas Gutes im Verborgenen. Als Leser sollte man lernen zu vergleichen mit dem, was man selbst weiß und erfahren hat. Dann ist der Dialog offen und stets lehrreich, was wiederum das Lesen ausmacht.

Das Leben als ein „Teenager" ging auf jeden Fall auch bei mir weiter. Nicht jede Schulferien fand Ferien-Faulenzia statt. Jeder junge Mensch hat Wünsche, die er in seinem Leben gerne erfüllt sehen möchte. Hier scheiden sich dann bereits die Geister. Nichts führt jedoch daran vorbei :

„Ein Wunsch erfüllt, schafft sofort neue Wünsche", pflegte Mama zu sagen. Ferner lernte ich „willst du etwas und machst es selber, dann hast du mehr Freude." Zum ersten Mal arbeitete ich einen Teil der Ferien in der Fabrik von Papa. Papa ließ mich in verschiedene Abteilungen „hineinriechen". Er erhoffte sich, ich werde eines Tages in seinen Fußspuren beruflich folgen und ihm helfen eine Papiermacher Tradition aufzubauen, in der er der Urheber war. Welche Eltern hegen solche Wünsche nicht? In meinem Alter wollte ich noch nicht so weit sehen, um mich einer solchen Vorstellung ungeprüft anzuschließen. Im Grunde war ich einverstanden, einen ersten Geschmack vom Arbeitsleben zu bekommen. Mit Geld verdienen als ein Schüler waren damals nicht viel Möglichkeiten. Jeder kleine Gewinn half jedoch erste kleine Wünsche sich selbst erfüllen zu können. Im Gegensatz zum Sitzen in der Schule hat das Stehen den ganzen Tag bei der Arbeit sehr müde Beine gemacht. Die Rückkehr in die Schule war dann auf einmal gar nicht mehr so abwegig nach der ersten Arbeits Erfahrung.

    In der Schule war Biologie eines meiner Lieblingsfächer. Der Lehrer unterrichtete außer Biologie auch noch Mathematik. An einem regenfreien Tag wollte der Lehrer mit unserer Klasse in die Umgebung der Stadt Ettlingen und dem anschließenden Wald der Ausläufer des Schwarzwaldes eine Biologie Stunde im Freien halten. Alle Schüler liebten diese Art Unterricht, weil direkt aus der Natur Wissen erfahren, leichter zu verstehen war, als nur aus dem Buch. Während solch einem Biologie Ausflug kam die Klasse, noch nicht weit weg von der Schule, bei zwei Straßenfegern der Stadtverwaltung vorbei. –

    „Bleibt alle zusammen, damit wir die Männer bei ihrer Arbeit nicht stören", ließ der Lehrer über die Köpfe der Schüler von der Gruppen-Spitze verlauten.

Indes soll jemand aus der Gruppe die Straßenfeger mit dem Spitznamen „Stadtlaucher" angesprochen haben. Darüber aufgebracht vermuteten die Straßenfeger in Eile einen Schüler aus unserer Gruppe, woher nach ihrer Meinung das Wort kam. Sie deuteten auf mich, obwohl ich mit dem beleidigenden Schimpfwort nichts zu tun hatte. Der Lehrer hieß alle anzuhalten, ging schnurstracks auf die Straßenfeger zu und ließ sich unterrichten, was geschehen war. Auf der Stelle drehte er sich um, kam auf mich zu und verpasste mir an Ort und Stelle eine gehörige Tracht Prügel im Beisein der ganzen Klasse, mit den Worten :

"Hier hast du, was du verdienst, damit du das nicht noch einmal machst!" – Am Ende mußte die ganze Klasse auf der Stelle in das Klassenzimmer zurück kehren. Eine ‚saftige' Klassenarbeit, nicht in Biologie, sondern in Mathematik wurde über uns alle verhängt. Um die Strafe noch besser zu betonen, erklärte der Lehrer :

„Das Ergebnis der Arbeit wird doppelt zählen, damit jeder einen ‚Denkzettel' erhält."

Am nächsten Tag sah dann alles ganz anders aus. Jeder in der Klasse wußte, wer der wirkliche Sündenbock war und daß Martin zu Unrecht für alles herhalten mußte. Dies mußte sich in der Zwischenzeit schon so weit herum gesprochen haben, daß selbst den Lehrer die Nachricht erreicht hatte. Als er am darauffolgenden Tag wieder in die Klasse kam, ging er als Erstes direkt auf Martin zu, reichte ihm die Hand und gratulierte ihm für die beste Mathe-Arbeit. Die Prügel muß bei mir Wunder gewirkt haben, denn ich war nicht gerade eine offenkundige Leuchte in Mathematik. Anschließend an das Mathe-Lob fügte der Lehrer hinzu:

"Martin, du hasch jetzt eine Prügel von mir zu Gute, mach' so weiter in Mathe und du wirsch' keine Prügel mehr brauche." Von diesem Augenblick an war die Kluft zwischen Lehrer und Schüler wie weggewischt. Die verfehlte Prügel hatte die Luft gereinigt. Martin und Mathe-Biologie Lehrer verstanden sich von nun an bestens. Zu Hause fand mein Interesse für Biologie seinen Niederschlag mit Brieftauben. Im Geräteschuppen nahe dem Haus baute ich im Dachstuhl einen möglichst großen Käfig, der einen kleinen Ausgang mit einer Schließ-Öffnungs-Klappe nach außen im Dreieck oben in der Giebelwand hatte. Eine kleine Anzahl bläulicher Brieftauben von einem Freund zogen in das Neue Heim ein. Stunden verbrachte ich manchmal im Taubenhaus bei ihnen. Jede Brieftaube wollte ich wie eine Person einzel kennen lernen. Ich war sicher, auch die Tauben lernten mich so kennen. Unter ihnen herrschte eine Rangordnung. Wer sich besser aufspielen konnte, sicherte mit Tauben-Gurren und Hof-Machen als erster einen Platz am Futter und dann der Brieftäuberich einen bevorzugten Platz im Stall möglichst nahe einer schönen Brieftäubin. Auch gleich am Morgen leitete eine Führungstaube den Ausflug ins Freie ein. Meine gepfiffene Melodie mußten die Tauben bis sehr weit aufgefangen haben, weil sie wußten, Körnerfutter und Wasser gab es im Taubenhaus. Die meiste Zeit des Tages blieben sie zu Hause, was mir soviel sagte, sie waren gerne zu Hause. Höchstens am späten Nachmittag übten sie mit ihren Flugkünsten noch einmal im Freien, bevor sie zur Nachtruhe in das Taubenhaus zurückkehrten. Die Klappe an der Giebelwand konnte ich über einen Seilzug von Außen jeden Abend schließen und am Morgen wieder öffnen.

  Wenigstens einmal im Monat bemühte ich mich den Brieftauben einen Gefallen zu machen, indem ich ihre besondere Fähigkeit ansprach, von einem fremden Ort zielsicher wieder nach Hause zu finden. Am Anfang half Papa aus mit dem Auto, die Tauben in einem Käfig an einen anderen Ort zu bringen. Richtung und Entfernung für ein

Ausflugsziel wurde jedes Mal geändert. In einem Büchlein sammelte ich die einzelnen Angaben.

An einem Ort angekommen, später auch mit dem Zug, ließ ich die Tauben möglichst alleine ungestört aus dem mit Luftlöchern versehenen Karton ins Freie. Sie waren im Karton gehalten, damit sie unterwegs ruhig blieben, weil sie nicht sehen konnten, was geschah. Gleich aus dem geöffneten Karton stiegen sie am Zielort eilig zuerst ungeordnet hoch in die Luft. Oben kreisten sie für einige Minuten, bis ihr besonderer Orientierungs Sinn die Richtung nach Hause gab. Ohne Ausnahme waren die Tauben jedes Mal vor mir zu Hause. Wie die Tauben sich orientieren, war und ist mir nicht eindeutig bekannt. Nach meinen Beobachtungen spielen mehrere Faktoren eine Rolle dabei : Wetter, Windrichtung, Sonnenstand, Sicht, vielleicht sogar die Wahrnehmung von Magnet Feldlinien der Erde. Nicht alle Tauben nahm ich mit mir. Die Ausflugstauben wußten, zu Hause wartete eine gute Futter-Belohnung auf sie.

Besonderen Spaß bereitete mir auch, die kleinen neu geschlüpften Tauben helfen hoch zu ziehen. Die Mutter-Taube erlaubte nur mir, in der Nähe mich aufzuhalten, ohne ihren Nachwuchs unter ihren Federn zu verstecken. Dabei war auch für mich wichtig, keine der jungen Tauben zu früh in die Hand zu nehmen, weil die Mutter-Taube dies offensichtlich wahrnahm und den anderen Geruch abstieß.

Die Zeit, welche ich mit den Tauben verbrachte, wollte Papa so gar nicht gefallen :

"Schon wieder kommt die Schule zu kurz. Das muß ein für alle Mal aufhören. Ab sofort dulde ich die Tauben nicht mehr, sie lenken dich zu viel von deiner eigentlichen Aufgabe ab.Wenn du sie nicht wieder wegschaffst, sorge ich dafür. Hast du mich richtig verstanden ?"-

An dieser Entscheidung war nicht mehr zu rütteln. Mein Tauben-Erlebnis kam zu einem jähen Ende. Was mir noch übrig blieb, war meine Katze ‚Moggerle'. Sie konnte jedoch keinen Ersatz sein für meine Tauben. Schon alleine deshalb, weil die Katze am liebsten meine Tauben verspeist hätte.

‚TOUR DE FRANCE'

Noch eine Ferien verbrachte ich mit Mama und Papa. Ein Geschäfts-Kontakt von Papa mit Frankreich in einem Außenbezirk von Paris, brachte für uns alle eine ‚Tour de France' ein. Die Reise startete dieses Mal in unserem eigenen VW-Käfer über den Rhein nach Westen in Frankreich. Obwohl ich in der Schule Französisch als Fach hatte, tat ich mir am Anfang recht schwer mit der Sprache, sowohl sie zu verstehen, als auch sie zu sprechen. Die Musik der Sprache, wie die Leute sie so selbstverständlich gebrauchten, erleichterte die Aufnahme eines Wortschatzes. Das Fremde in einer Sprache hilft seine ‚Musik' zu überbrücken, das Ungewohnte wird so leicht zum Gewohnten.

Unser VW-Käfer 1956

Mama und Papa sprachen sehr gut Französisch. Zu ihrer Schulzeit war in Rumänien Französisch die erste Fremdsprache. Auf unserer ‚Tour de France' besuchten wir vor allem die Städte Reims und Rouen. Die schöne alte Kathedrale beider Städte stand damals und auch heute noch als Zeugnis vergangener Geschichte und Kultur in der Mitte einer sich schnell verändernden Umwelt. Die Schiffe im Hafen von Rouen verrieten außerdem, daß die Nordsee nicht sehr weit mehr sein konnte. Bereits unterwegs mit dem Auto konnten wir gelegentlich von der Straße in Augenhöhe Schlepper-Schiffe in der Landschaft sehen, wie sie in Kanälen langsam und ruhig ihren Weg machten.

In den grünen Wiesen der Normandie trennten Hecken häufig die Landschaft von Feldern und Trauerweiden säumten streckenweise beide Seiten der Straße. Auf unserer Fahrt verbrachten wir die Nächte bis Rouen im Zelt, welches mit unserem Reisegepäck im Auto mitkam. Damals waren die Stellen für eine Übernachtung im eigenen Zelt oder Caravan nicht besonders eingerichtet, es war mehr auf dem Land von Bauern, wo erlaubt war, eine Nacht zu verbringen. Besonders aus dem Wasser der Landkanäle suchten Moskitos nach Sonnenuntergang ihr Opfer entschlossen in Schwärmen auf. Das Blut von Fremden wie uns, mußte eine Anziehungskraft auf die kleinen ‚Krieger' ausgeübt haben. Im Zelt, sowie außerhalb von ihm, versuchte jeder von uns dem Moskito-Ansturm nach bestem Vermögen Einhalt zu bieten. Mama zeigte uns, wie man sich in Geduld übte. Sie spielte die Rolle der Moskitos lediglich als eine natürliche Belästigung herunter.

Das Ergebnis war am nächsten Morgen nicht zu übersehen. Die Moskitos, welche Mama mit Geduld ertragen hatte, versäumten nicht, ihre Marken besonders im Gesicht von Mama so deutlich zu hinterlassen, daß ihr geschwollenes

Gesicht ihr Aussehen bis zur Unkenntnis verunstaltete. Lachen war hier fehl am Platz, die Situation war dafür zu ernst für uns alle. Wie konnten wir nun den Formalitäten unseres bevorstehenden Besuches gerecht werden ?

Papa und ich hatten die Nacht schlaflos verbracht und den Moskitos unnachgiebig den Krieg erklärt. Dafür wurden wir wenigstens weniger geschändet, hatten jedoch Schwierigkeiten, den Schlaf am Tag fern zu halten, uns einzuholen.

Picknick in der Normandie – Frankreich 1956

Unsere Ankunft in Rouen mussten wir um ein paar Tage verschieben, bis Mama's Gesicht für eine Representation wieder hergestellt war. In Rouen wurde dann unsere Ferienreise mehr von einer offiziellen Seite geprägt.

Die Firma nahe Paris hatte eine Studentin beauftragt, uns während dem weiteren Aufenthalt behilflich zu sein, auch in sprachlicher Hinsicht, sollte dies notwendig werden. Als Erstes wurden wir nicht geschäftlichen Angelegenheiten gegenüber gestellt, sondern die angenehme Seite wurde uns aufgewartet. Die Französischen Gastgeber hatten sich wirklich etwas einfallen lassen. In dem exclusiven Badeort ‚Pont Au De Mer' am Atlantik, brachte man uns in einem kleinen Hotel mit persönlicher Stilnote direkt gegenüber dem Strand unter.

Papa stellte indes der Firma seine Erfahrung und Rat in technischen Angelegenheiten zur Verfügung. Jeden Abend kehrte er zu uns zurück in das Hotel. Das Hotel war mit jedem nur denkbaren Komfort ausgestattet. Ich mußte spätestens hier noch schnell lernen mich ‚anständig' zu benehmen. Der ‚Lausbub' in mir hatte hier keine Aufenthalts Genehmigung erhalten. Selbst der weiße Kies auf den Wegen im Vorgarten des Hotels wurde fast unauffällig von einer Person in Uniform topfeben gerechelt gehalten, jedes Mal, wenn jemand zu Fuß auf dem Weg kam oder wegging.

Gute zwei Wochen verbrachten wir als erstes am Morgen hier jeden Tag mit Schwimmen in dem seichten Wasser entlang dem Sandstrand. Besonders bei Ebbe ging der feine gelb-bräunliche Sand ein gutes Stück hinaus in das Meer. Selbst bei Flut blieb noch ausreichend sandiger Strand übrig. Das warme sonnige Wetter während unserem ganzen Aufenthalt lockte viele badefreudige Gäste, aber auch gut betuchte Gäste besonders aus Paris hierher.

Andere Kinder beobachtete ich zuerst, wie sie am Strand ein Ballspiel ausübten. Der kleine Ball war mit einer Gummischnur an einem Holzblock auf dem Sandboden befestigt. Mit einem Art Tennis-Holzschläger kleineren Formates traf man den Ball in jede beliebige Richtung, so daß er mit dem gespannten Gummi zurückkam. Das Gute dabei war, mehrere Spieler konnten auf einer begrenzten Fläche abwechselnd den Ball treffen, ohne daß der Ball das

Weite suchte. Das Gummi hielt den Ball in einem kontrollierten Bereich, wo allerdings schnelle Reaktionsfähigkeit zählte, um den Ball aus jeder Richtung auch mit mehreren Teilnehmern in der Luft zu halten. Das Spiel hatte den Namen „Jockary Escoal". Ich schloß mich dem Spiel der Kinder an. Ohne dies besonders wahrzunehmen, die Verständigung klappte ohne jede Schwierigkeit. Wie gut oder weniger gut ich französisch konnte, spielte keine Rolle. Unter uns Kindern fanden wir den leichtesten Weg, uns zu verständigen. Hier erfuhr ich meinen ersten wirklichen französischen Sprachunterricht.

Papa brachte an einem Abend ein „Jockary Escoal" auch für uns mit aus Paris. So konnten wir uns mit diesem Spiel gut unterhalten, genau so aber auch Kontakt zu den anderen Leuten knüpfen ; ich mit meinen Altergenossen, darüber hinaus mit fast jeder Altersgruppe.

Wieder war ein Punkt im Leben angekommen, an dem wir eingestehen mußten, wenn es am schönsten ist, sollte man auch aufhören können. Was hatten wir Schönes auf unserer ‚Tour de France' erfahren ? Ein anderes Land, seine Menschen, ihre Sprache, ihre Küche, Freundlichkeit, keine bösen Worte, es sei denn heraufbeschworen und vor allem das Geschenk von warmen sonnigen Sommertagen. Was könnte man sich noch mehr wünschen, besonders für eine Ferienreise ?

Papa erfüllte die ihm vom Gastgeber übertragene Aufgabe in Paris in erwünschten Erwartungen, so daß wir den Heimweg wieder antreten konnten. Im Jahr 1957 waren die Spuren der Nachkriegszeit schon so weit in der Vergangenheit geblieben, unser Leben erfuhr langsam die so lange erhofften Erleichterungen und auch allgemein begannen die Menschen wieder Hoffnung für eine bessere Zukunft auch in Deutschland zu schöpfen. Dennoch gab es damals eine Anzahl Menschen, denen der Fortschritt entweder außer Reichweite blieb, oder zu langsam voran ging. Sie packten ihre Koffer und suchten ihr Glück wo anders. In der Familie war es einer der Brüder von Mama. Er wanderte damals mit seiner Familie nach Brasilien aus. Obwohl Mama damit verständlich auch liebäugelte,entschied Papa, wir bleiben hier, wo wir sind. Eine Lebenserfahrung sagt uns auch, daß alles, was wir mit Überzeugung tun, führt auch zu einem Ergebnis.

Zurück zur Schule, ein Besuch am Gymnasium war in diesen Jahren eine finanzielle Bürde für die Eltern , mit Schulgebühren, Lernmaterial schlugen sie sich in einem Haushalt merkbar nieder. So mancher mußte aus den Startblöcken der sogenannten 'Höheren Ausbildung' schon damals heraustreten. Meine Eltern entschieden für mich,den Weg beizubehalten. Für nur den einen Sohn, konnten sie für die Anforderungen aufkommen.Wenn auch mit beiden elterlichen Augen auf meiner Schule, Zeit für die Pfadfinder, Musik, Sport ließ ich mir nicht nehmen. Außerdem war ja sonst keine Zeit für etwas anderes übrig geblieben.

„Fast so sicher, wie das Amen in der Kirche" kamen auch wieder andere Schulferien. Dieses Mal entschied Papa, damit ich ein ordentlich arbeitender Mensch werden kann, sollte ich richtige Arbeit lernen anzufassen. Ich selbst war nur gespannt, wie mein Rücken darauf antworten wird. So wie es war, konnte ich damit leben. An manchen Tagen war meine Wibelsäule besser, wiederum an anderen weniger gut.

Die Suche nach solcher Arbeit für mich erfasste die Umgebung von Freudenstadt im Norden vom Schwarzwald. Der kleine Ort Besenfeld erhielt nach Papa's Auswahl den Zuschlag. Der größte Bauernhof in der Ortschaft bewirtschaftete auch das Hotel ‚Oberwiesenhof'. Gut gestellte Personen besonders aus der Stadt Pforzheim kehrten hier ein, gut zu speisen und etwas Schwarzwald Höhenluft mit zu bekommen. Auf die Hoteltische kam vom Bauernhof,

Hirsch-, Wildschwein-, Gänse-Braten, frische Kuhmilch und Butter, Waldbeeren, Pilze aus dem Wald. Unverfälschte Qualität direkt aus der Natur hatte natürlich schon damals einen besonderen Preis. Nur wer das bezahlen konnte, war ein willkommener Gast.

An einem sonnigen Wintertag mit viel Schnee in Besenfeld war entschieden, wir machen einen Ausflug dorthin. Zum ersten Mal stand ich auf Ski-Brettern. Papa war noch von den Karpaten in Siebenbürgen her ein guter Sportsmann auf Skien. Mit seinem Rat erlebte ich sehr schnell die Geschicklichkeit für Ski Fahren und auch die Freude daran. Nach dem Skilaufen war der Hunger gerade richtig für eine Bauern-Vesper im Hotel Oberwiesenhof.

Der Sohn des Bauers schaute nach dem Hotelgewerbe. Ihn fragte Papa bei einer passenden Gelegenheit : „Braucht ihr auf dem Hof eine Arbeitskraft über die Schulferien ?" Der Sohn zeigte sich zuerst verdutzt, denn so eine Frage hatte ihn noch keiner seiner Gäste gestellt. Der Bauernsohn fasste sich jedoch sehr schnell und bot uns unverzüglich an, den Bauernhof über der Straße uns anzusehen ;"mein Vater wird gerne mit ihnen darüber sprechen, keiner will hier die Arbeit auf einem Bauernhof mehr machen." – Wahrscheinlich hatte er, ohne es auszusprechen, sich mit eingeschlossen.

Jedenfalls sobald wir vor dem Bauernhof ankamen, wartete der Bauer schon auf uns. Der Sohn mußte ihn schon verständigt haben. Viele Worte brachte der Bauer nicht heraus.In erster Linie wollte er wissen, ob ich sofort anfangen konnte. Papa mußte ihm jedoch erklären, daß dies erst in ein paar Monaten während der Sommerferien sein wird. „Na ja, dann muß ich mich halt noch ein bißchen in Geduld üben ; nur wenn er sagt, er kommt, dann muß das auch so sein. Wir auf dem Land brauchen nicht viele Worte, aber wir halten unser Wort. Hier hast du meine Hand und du kommst bald zu mir." Waren die Worte des Bauern.

Anschließend zeigte der Bauer uns seinen gut geführten Bauernhof. „Meine Frau ist im Haus, sie muß euch auch sehen und ihre Zustimmung geben. Sie wissen ja, wie Frauen sind." – Im Haus musterte mich Frau Müller in der Guten Stube mit ihren Blicken von oben bis unten, „bei uns kann der Junge nur kräftiger werden, wenn er arbeiten will, hab' ich nichts dagegen, daß er anfängt. Wir müssen uns aber darauf verlassen können. Die Leute von der Stadt vergessen zu schnell, was sie sagen in ihrem hektischen Leben. Enttäusche mich nicht und steh' zu deinem Wort."

Unser Treffen fand wie gesagt in der Guten Stube des Wohnhauses auf dem Bauernhof statt. Alle Sitze und Möbel waren mit weißen Leintüchern sorgfältig abgedeckt. Ein Zeugnis der „Frau Saubermann", daß alles vor Staub geschützt war und die Gute Stube nie schmutzig werden konnte,wenn sie nicht benutzt wurde. Im Anschluß an das Wohnzimmer setzten sich die Wirtschafts Gebäude in Einem fort. Oben im Dachstuhl war das Heu gelagert, unten zuerst ein Raum für die Milchverwertung, anschließend der Stall für die Kühe, am Ende außerhalb war die Mistlagerung vom Stall. Parallel gegenüber, in etwa zwanzig Metern Abstand erstreckte sich ein etwas niederer lang gezogener Bau. Dort waren die Schweine untergebracht, weitere Lagerräume für die landwirtschaftlichen Maschinen und Geräte, am oberen Ende noch ein völlig eingerichtetes Wohnhaus für einen Farm-Assistenten, der bis jetzt noch nicht aufgetaucht war.

Die geschützte Gute Stube war nur kurz zum ansehen da, das Gespräch wurde dann in die Küche verlegt. Die Bäuerin wollte mit einer großzügigen Geste nicht zurückhalten :" Bevor ihr wieder uf die Stadt geht, muß der Bueb einen Schluck von unserer guten Milch mitnehmen. Hier trink dieses Glas Milch, damit du was wirsch." – Am liebsten hätte ich die Milch nicht getrunken. Ich wußte gar nicht, daß Milch direkt von der Kuh so schmeckte. Ich ließ mir aber nichts anmerken, biß die Zähne zusammen und schluckte die Milch so schnell hinunter, wie ich nur konnte. Darauf stand nichts mehr im Weg, die Heimfahrt wieder anzutreten.

Zu Hause war die Faschingszeit im Gang. Viele Jungen und Mädchen verkleideten sich in fantasievollen Kostümen und verbrachten die ‚Narrentage' in Faschings Umzügen, oder auch mit Freunden und Bekannten in kleinerem Rahmen. Indianer, Cowboys, Hexen, Narren, Darstellungen von öffentlichen bekannten Personen, Schönheits Königinnen und noch viel mehr konnte man in der Stadt begegnen.

In einem der Jahre kam es während dem Faschingstreiben sogar zu Auseinandersetzungen zwischen rivalisierenden Gruppen aus anderen Ortschaften am Rande der Stadt Ettlingen. Alles begann zuerst friedlich mit einem gemeinsamen großen Feuer, Aufführungen, Geschichten Erzählen, bis die Kunde sich verbreitete, daß hoch zu Roß berittene Störenfriede Streit mit dem Faschings-Fußvolk vom Zaun gebrochen hatten. Als ich die Pferde in die Menge eindringen sah, zog ich mich schnellstens zurück. Nichts Gutes konnte da heraus kommen, zumal offiziell berichtet wurde, Schußwaffen waren aufgetaucht, welches unweigerlich die Polizei mit auf den Plan brachte. Aus einer harmlosen Faschings Versammlung wurde ein richtiges Schlachtfeld inszeniert. Der entstandene Schaden wurde für viele eine Lehre, nicht mehr so etwas vom Zaun zu brechen, auch wenn es Faschingszeit war.

Selbst die unvermeidliche anschließende Diskussion, woher solche Auswüchse der Gewalt ihren Ursprung verdankten, fand keine eindeutigen Antworten. Tatsache war, die militanten Störenfriede kamen aus dem Lager der

Erwachsenen. Sie waren auf dem Weg zum Erwachsen werden wahrscheinlich über ihren eigenen Schatten hinaus gekommen und spielten zur Abwechslung auch einmal mit dem ‚Feuer'. Die Jahre nach dem Krieg hatten Unzufriedenheit und Ungeduld bei so manchem aufkommen lassen, der sich nicht anders Luft machen konnte, als mit einer unverhältnismäßigen für sich befreienden Antwort. Wenn Unzufriedenheit lange genug keine Antwort findet, wird sie der Auslöser für Terror. Des Einen falsche Antwort wird leicht zur Last auf dem Buckel Anderer.

In der Zwischenzeit rückten auch die Arbeits-Ferien näher. Noch bevor ich mich aufmachen konnte, stellten sich die Eltern vom Neffen Frieder in Ettlingen ein. Wie kaum anders zu erwarten war, jede Eltern-Partei wußte besser Bescheid in Sachen Erziehung und Schule. Während so jeder auslotete, wie weit die andere Seite in einem erhitzten Gespräch noch mithalten konnte, wußte die andere Seite plötzlich zum Besten zu geben :" Was willst denn du, du hast ja selbst keine Kinder und wirst nicht einmal mit dem Martin fertig !"- Jetzt ging es erste recht los, keiner nahm mehr ein Blatt vor den Mund, als war dies endlich die Gelegenheit, alle Schimpf und Schande auf andere abladen zu können. Ich jedenfalls hörte bei dieser Gelegenheit, daß Mama und Papa meine Stiefeltern waren ; was blieb mir anderes übrig, als den Kopf zu schütteln über diese Neuigkeit. Der Gedanke, wozu solche Familientreffen gut sein sollten, ging mir unwillkürlich durch den Kopf. Wo gehörte ich eigentlich hin?

Aus Angst stellte ich lieber keine Fragen. Ich verschloß mich eher gegenüber dem zu Hause . Dies entging Mama und Papa freilich nicht. Sie versuchten mir irgendwelche „Höheren Umstände" zu erklären und organisierten schnell bei einer hochbetagten Rechtsperson, die später nicht mehr für ihre Handlung zur Rechenschaft gezogen werden konnte, wenigstens die Papiere für eine „legale Adoption" auf den Weg zu bringen. Ob es so besser war , oder nicht, interessierte mich so lange nicht, bis ich ein Bild von meinen Eltern von Mama und Papa bekam. Ich erinnere mich nur, daß ich heimlich viel Tränen über dem Bild verloren hatte.

BERUFS ERFAHRUNGEN

Sommerferien ließen nicht mehr lange auf sich warten. Die Zeit half mir auf andere Gedanken zu kommen. Schließlich am ersten Samstag der Ferien fuhr Papa mich nach Besenfeld zu dem Bauern. Hatte er vor , mich meiner Herkunft aus einer Bauernfamilie gegenüber seiner Welt des Papiermachers zu stellen, daß ich hoffentlich meiner Herkunft endgültig die Absage erteilen könnte, weil Arbeit beim Bauern schwere Arbeit war. Mein Handicap mit der Wirbelsäule verlor sich bei Mama und Papa so im Sand, daß kein Gedanke darüber wenigstens bei ihnen aufkam. Ich mußte mein „Versteckspiel" ziemlich gut gelernt haben anzuwenden.

Jedenfalls Frau Müller,die Frau des Bauern in Besenfeld zeigte mir meinen Schlafraum ganz oben im Haus unter dem Giebel. Kissen und Bettdecke waren dick mit Gänse-Federn vom Bauernhof gefüllt. Der einzige Gegenstand im Raum war das Bett. Ein klarer Hinweis war hier, keine Zeit für etwas anderes nach der Arbeit. Geredet wurde auch reichlich wenig. Sehr bald wurde mir aber klar gemacht, „ein Bauer kennt keine Ferien wie dies die Städter machen. Bei uns herrscht noch Ordnung, was würden die Tiere auf meinem Hof sonst von mir und meiner Frau halten ?" –

Für mich war die Ordnung die : Jeden Tag die Kühe, die Gänse, die Schweine füttern und sauber machen zu genau derselben Zeit am Morgen und am Abend. Die Zwischenzeit ist da, Heu von der Tenne zu holen, die Milch und Butter an das Hotel und in das Dorf liefern, die Hühnereier einsammeln, die Geräte sauber und in Ordnung zu halten, gelegentlich sich die Zeit frei halten für Holzfäller Arbeiten im eigenen Wald des Bauern. Nur am Sonntag waren Ausnahmen zu dieser Regelmäßigkeit zugelassen. Während der Bauer alleine auf dem Traktor mit dem Schießgewehr seinem Sonntagsvergnügen im Wald nachging, waren die einzigen Stunden, an denen es frei gestellt war, mehr zu machen, was man selbst noch machen konnte.

    Gleich nach meiner Ankunft beim „Besen-Müller" fing auch schon die Arbeit an ; ein Paar Gummistiefel wurden mir verpasst, auf in den Kuhstall ging es zusammen mit dem Bauer. In der Mitte des Stalles lief eine erhöhte Rampe von einem Ende zum anderen. Links und rechts davon waren die Futterstellen mit den Kühen dahinter. Die Kühe mußten eine eingebaute Uhr haben, denn sie meldeten sich geanu zur selben Zeit mit ihrem ‚Muh', welches den ganzen Stall erfüllte. Sobald sie Zuckersirup im Heu und einer Mischung von Körnern in ihren Futtertrögen von der Rampe erhalten hatten, wechselte ihr Muhen in ein geruhsames, eintöniges Kauen und Wiederkauen. Dann erst gingen wir zu den Kühen über einen kurzen, schmalen Treppengang hinunter. Der Bauer Müller sagte mir nur einmal, aber deutlich,"sei vorsichtig, die Kühe kennen dich noch nicht. Geh' immer an die Seite der Kuh, niemals von Hinten."-Trotzdem begrüßte mich eine Kuh mit einem ihrer bekannten schnellen Hufausschlägen, als ich zum ersten Mal die Schläuche von der Milchmaschine an die Euter anschließen wollte. Die Kuh ließ mich so wissen, sie war nicht einverstanden, wie ich ihre Milch holen wollte."- Sei froh,daß die Kuh dich nicht mit dem Huf getroffen hat. Bevor die Schläuche angesetzt werden, muß die geschulte Hand wie früher die Euter erst vorbereiten, daß die Milch frei fließen kann. Du machst besser deine anderen Arbeiten, ich kann keinen Unfall hier brauchen. Auch will ich nicht die Milchkanne vom Fußtritt einer meiner Kühe in der Gegend herum fliegen sehen. Die Größe der Euter sagten mir die Reihenfolge, wie die Kühe gemolken werden ; die dicksten Euter kamen zuerst dran. Während die Kühe im Futtertrog ihr Futter holten, war meine Aufgabe, vorsichtig das alte Sägemehl mit neuem zu ersetzen. Nur für die Nacht wurde Stroh am Boden verteilt, damit die Kühe möglichst sauber sich auf den Boden zur Nachtruhe legen konnten. Sobald der Stall sauber gemacht war und das alte Sägemehl, das Stroh mit dem Mist auf den Misthaufen am Ende draußen vor dem Gebäude mit dem Schubkarren gebracht war, erst dann begann der Bauer mit der Melkmaschine die Milch zu sammeln.

Alle geschlossenen Milchkannen kamen in den anschließenden Raum, wo sie in einen glänzenden Sammelbehälter geleert wurden. Von jetzt an übernahm die Bauersfrau die weitere Arbeit mit der Milch und der Butter. Die dicke Rahm-Oberschicht im Sammelbehälter schöpfte Frau Müller für die Butter Gewinung ab. Eine Kanne Milch mit der Rahmschicht kam auf den Tisch in der Küche für mein Frühstück. Solche frische Kuhmilch sagte man, soll gesund sein. Diese Art Gesundheit wollte mir aber überhaupt nicht schmecken. Hier erfuhr ich erst, daß Milch so verschieden schmecken konnte. Die Milch aus dem Laden zu Hause schmeckte so ganz anders, daß es kaum zu glauben war, daß es sich in beiden Fällen um Milch handeln sollte. Jedenfalls machte ich kurzen Prozess mit meiner Kanne Milch, indem ich sie dem Waschbecken in der Küche übergab. Beim besten Willen konnte ich mich nicht zwingen, diese Milch zu trinken, obwohl ich mehrere Versuche angestellt hatte. Das Wichtigste war, die Frau Müller durfte unter keinen Umständen Kenntnis davon bekommen. Ich war sicher, sie hätte mich vielleicht sogar auf der Stelle fortgeschickt, den „undankbaren Städter".

Nachdem die Kühe versorgt waren, wurden erst die Schweine Ställe geputzt und wiederholt gefüttert am späten Nachmittag um 18 Uhr. Die Schweine waren am Morgen die Ersten, die den neuen Tag verkündeten. Mit dem Glockenschlag fünf Uhr, gleich wie das Wetter war. Woher die Schweine die Zeit auf die Minute wußten, war mir ein Rätsel. Waren wir nicht gleich nach fünf Uhr zur Stelle, erhoben sie ihre Stimmen unüberhörbar.

Ein Mutterschwein, eine Sau, brachte eines Morgens die unglaubliche Anzahl von 15 gesunden Ferkeln in die Welt. Nur der Bauer oder die Bäuerin durften der Sau sich nähern und den frisch geborenen Ferkeln helfen am Mutterleib eine Saugstelle zu finden. Wenn hingegen ich nur in die Nähe kam, warnte das Muttertier mit tiefem Grunzen und war gleich auf den Beinen, wobei die Ferkel allerdings vom Saugen an ihrem Bauch ins Stroh fielen. Dies hieß dann für den Bauer und die Bäuerin nochmals die Ferkel der Mutter von Hand näher bringen.

Der Bauer versäumte dann nicht, mich aus dem Schweinestall hinaus zu kommandieren. - Um die Weihnachtzeit sollen diese Ferkel am Spieß gebraten eine Delikatesse für zahlkräftige Hotelgäste werden. Bestimmt nicht der Lauf der Natur auch dies, daß die schönen Ferkel zwar gut schmecken, sie hinterlassen eventuell ihren Denkzettel denen, die aus Bequemlichkeit nicht Maß halten können und deshalb dick und ungesund Abstriche in ihrer Lebens-Qualität hinnehmen müssen ?

Schweine lernte ich kennen als äußerst aufmerksame Lebewesen. Nichts entgeht ihnen und sie sind sehr anhänglich gegenüber dem, den sie werthalten ihnen nahe zu stehen. Vielleicht sind Schweine noch fähiger als Hunde, ihre Umgebung und Menschen zu beurteilen. Ich möchte beinahe sagen, sie zählen bestimmt zu den klügsten Lebewesen. Wo der Mensch da steht, hängt viel vom Einzelnen ab.

Im Schweinestall des Bauernhofes hielt der Bauer auch einen riesigen Keiler. Draußen im Freien konnte er nur unter besonderer Aufsicht sein. Die Anweisung vom Bauer an mich war die :"Zeig' ihm mit deine Stiefel, wer du bisch ; gib ihm einen Tritt so fest du kannst, gleichgültig wohin, denn der ist hart gesotten. Nur so hat er Respekt vor dir und hört auf dich." – In der Tat, der Rat des Bauern stimmte. Auch ich konnte so mit dem gefährlich aussehenden Keiler umgehen.

Nur ein paar Wochen später entschied der Bauer, dieses Prachtexemplar eines Wildschweines zu schlachten. Ich mußte mithelfen, weshalb ich nicht sicher war, wie ich diese Erfahrung einstufen sollte ; eine Gute, Nützliche oder Fragwürdige ? Die Nadel einer Spritze setzte der Bauer dem Keiler zwischen den Vorderfüßen an. Das Tier mußte irgendwie wissen, was ihm bevorstand. Obwohl der Keiler vom Stall weg war, antworteten die im Stall zurück gebliebenen Schweine äußerst erregt. In dem Augenblick, wo der Keiler von seinen Füßen nieder ging, stoppte wie auf Kommando die Anteilnahme im Schweinestall. Wie konnten die anderen Schweine so weit weg vom Stall dies wissen ?

Mehrere Eimer Blut wurden mit den Innereien gesammelt für Blutwürste. Der Keiler lag am Boden auf einer großen Plane draußen im Freien, am Ende des Wohnhauses. Kochendes Wasser wurde aus Eimern über ihn geleert, damit die Borsten von der Haut weg gerieben werden konnten. Sobald der Keiler gesäubert war, begann die eigentliche Schlachtarbeit. Der Keiler wog über 500 Kilogramm. Das Fleisch wurde nach Teilen sortiert, in den gesäuberten Därmen kam das Blut mit den Innereien abgebunden in Wurtslängen, dann wurden die Würste in einem Kessel der Stallküche gekocht, bestimmte Teile des

Fleisches in eine extra dafür vorgesehene Rauchkammer gehängt, andere Fleischteile kamen in die Tiefkühltruhe. Fast nichts blieb übrig von dem Keiler.

Wer macht sich schon Gedanken, wieviel Arbeit in Fleisch geht, bevor es auf den Esstisch kommt? Das Schlachten von Tieren scheint sich bei uns als eine notwendige Selbstverständlichkeit eingebürgert zu haben, solange die Arbeit andere machen. Dennoch ist dies in vieler Hinsicht fragwürdig geblieben. Ich betrachtete das Schlachten lediglich als eine Erfahrung. Für mich ergab sich daraus höchstens eine neu gefundene Wertschätzung für alles Leben.

Zum Mittagessen ging ich täglich in die Hotelküche auf der anderen Seite der Durchgangsstraße. Außerhalb der Arbeit war dies der einzige Vorzug, den ich während meiner Arbeitsferien am Bauernhof erfuhr. Ich durfte aus den Kochtöpfen wählen, wonach mir der Sinn stand. Hirschbraten wurde meine Lieblingswahl. Immerhin war hier in der Hotelküche das Allerbeste auch für mich vorbereitet, was das Hotel anbieten konnte.

Am Abend nach der Arbeit wartete in der Bauerhaus Küche jedoch tagaus, tagein, Schwarzbrot, Butter, geräucherter Schinken und die Kanne frischer Kuhmilch auf mich. Außer der Kuhmilch war ja das andere in Ordnung. Abwechslung war beim Bauer nicht gefragt. Hauptsache, der Magen wurde gefüllt für einen neuen Tag nach einer guten Nacht.

Jeder Tag auf dem Bauernhof war mit langen Arbeitsstunden ausgefüllt. Noch bevor die Schweine im Stall sich meldeten, ging es aus dem Bett noch vor fünf Uhr am Morgen. Der Arbeitstag hörte auf um acht Uhr am Abend. Diese langen Arbeitstage machten mich so müde, daß ich sofort einschlief, sobald ich im Bett lag.

Die härteste Arbeit war jedoch nicht auf dem Bauernhof. Sobald die Zeit auf dem Hof es erlaubte, ging es mit dem Traktor und Holzfäller Werkzeugen im nachfolgenden Anhänger in den Wald. Obwohl der Bauer bereits Anfang seiner Siebziger Jahre war, packte er noch so zu, daß ich nur schwer folgen konnte. Es galt bereits, gefällte Baumstämme mit der Kette hinter dem Traktor aus dem Wald auf einen Sammelplatz zu ziehen. Diese Arbeit war sehr gefährlich. Man mußte besonders darauf achten, daß ein Baumstamm an der Kette hinter dem Traktor sich ständig fortbewegte, nicht auch nur einen Augenblick stoppte und so Spannung zwischen Traktor und Baumstamm sich aufbauen konnte. In so einem Fall würde der Baumstamm einem Geschoß gleich auf den Traktor zukommen. Holzfäller hatten bei solchen Arbeiten schon ihr Leben verloren.

Meine Arbeit bestand, Äste von den Baumstämmen abzusägen, bevor die Stämme auf einen Waldweg mit dem Traktor gezogen wurden. Dort sägten wir beide, jeder an einer Seite einer Handbaumsäge die Baumstämme in Stücke auf zwei Meter Länge. Wenn der Fuhrwagen voll geladen war, ging die Fahrt zum Hof zurück.Ich fand diese Arbeit im Wald besonders schwer. Die auf Länge geschnittenen Baumstämme wurden auf eine im Hof bereits vorhandene Holzbeige abgeladen. Mit einem Stecheisen an einem Stil zeigte mir der Bauer während der freien Stunden am Sonntag, wie man die Rinde auf zwei Sägeböcken von den Stämmen schälte. Selbst unter der Woche hielt er mich an, das Holz zu schälen, wenn es die Zeit nur irgendwie erlaubte.

Sehr schnell lernte ich die Geschicklichkeit nur die Rinde abzutragen und das Stammholz selbst nicht zu verletzen. Die geschälten Stämme sahen ‚nackig' so richtig schön glatt aus. Der Bauer war zufrieden, daß er jemanden hatte, der eine zusätzliche Arbeit für ihn machte, die gutes

Geld einbrachte. Das Holz wurde für die Papierherstellung an eine Holzschleiferei verkauft. Wie sich so manches in Lebenskreisen wieder findet, zufällig, oder geplant, hier die Verbindung zum Wunschkind von Papa, einem Papiermacher ? Jedenfalls erhoffte ich mir sehnlichst mit dieser zusätzlichen Arbeit zumindest einen Bonus in meinem Lohn am Ende zu finden.

An einem der Sonntage war ich wieder eifrig am Holzschälen, während der „Besen-Müller" (Müller aus Besenfeld) nur alleine auf der Jagd seinem Hobby nachging. Niemandem erlaubte er mit ihm zu kommen.

Auf dem Weg, der zum Hof führte, kam eine elegant gekleidete Dame mit zwei hübschen Töchtern offensichtlich vom Hotel, auf der gegenüber liegenden Straßenseite, den Bauernhof sich anzusehen. Bestimmt nicht, um auch hier zu arbeiten. Als sie bei mir dem ‚Holzschäler' angekommen waren, fand ich es angebracht, einen schönen guten Tag zu wünschen. Die Damen wandten sich jedoch betont ab von mir. Wer war hier wohl verkehrt ? Ich, der Holzschäler, oder die andere Seite ? – Nachdem mein Deutscher Gruß nicht angekommen war, erlaubte ich mir zuerst in Englisch „welcome ladies" und dann auch noch in Französisch,"bonjour Madame et Demoiselles, comment allez vous?" - Hätte dies nicht eine abwechslungsreiche Begegnung für beide Seiten werden können ? Ich stand wie ‚rasiert' da, die Herrschaften wollten mich mißverstanden sehen. Man sagt ja nicht umsonst, „Menschen und Geschmäcker sind unterschiedlich wie ihre Ohrfeigen".

Während einer Nacht erreignete sich auf dem Hof eine Störung. Aus dem Kuhstall kam sogar bis zu mir hoch in das Zimmer ungewohnter Lärm. Sehr bald darauf erschien der Bauer völlig aufgebracht in der Türe zu meinem Zimmer :" Martin , meine Kuh ist am Kalben, sie schafft es nicht, wir müssen helfen. Komm schnell mit mir!" – Zusammen eilten wir hinunter in den Stall. Ich wurde angehalten Seile um einen festen Pfosten in der Nähe der Kuh zu sichern, während der Bauer, Herr Müller, die Kuh fest band mit den losen Seilenden. Auch die Füße der Kuh wurden zusammen gebunden, um Tritte von den Hufen zu verhindern. Ich konnte sehen, der Bauer wußte, was er machte. Sobald die Vorderfüße von dem Kalb da waren, band ein anderes Seil sie zusammen, so daß über einen anderen nahe stehenden Pfosten das Seil mit dem Kalb eingeholt werden konnte. Die Operation war zwar gelungen, der Patient, das Kalb, überlebte jedoch nicht. Herr Müller war so verärgert darüber, er schickte mich ohne Worte zurück in mein Zimmer.

Am nächsten Morgen traute ich meinen Augen nicht, als ich das Kalb im Misthaufen sah. Das Leben hieß es auch in diesem Fall, daß es weiter ging. Was nicht in unsere Macht steht, darüber halten wir uns am besten nicht unnötig auf, brachte die wortlose Handlung des Bauern zum Ausdruck.

Während meinem „Ferien-Aufenthalt" auf dem Bauernhof legte die Bäuerin auch Wert darauf, daß ich mit Gänsen umgehen konnte, welchen sie die Federn rupfte. Neben dem Gänsestall nahm Frau Müller auf einem Hocker Platz. Die Gänse mußten bereits wissen, was jetzt auf sie zukam.Sie schrien aus vollem Hals, daß einem der Kopf nur so brummte. Besonders laut, wenn ich ihren Stall betrat, um eine Gans am Hals und den Beinen zu fassen und die Gans der Frau Müller zum Rupfen zu bringen.

An Worten in der Anweisung, wie man Gänse fängt, hatte Frau Müller dieses Mal nicht gespart. Nur zeigte sie es mir nicht. Also probierte ich mein Glück auf's Geratewohl. Die Müller-Gänse waren übrigens sehr gut gefüttert und deshalb auch gut beieinander. Die erste Gans kam dran. Wie angewiesen, fasste ich unterhalb dem Kopf die Gans am Hals. Damit war ein Biß vom Schnabel schon weniger möglich. Meine andere Hand ging schnell mit dem Körper gebückt unter die Gans, gleichzeitig fasste ich beide Beine und hoch ging die Gans mit mir. Den Hals hielt ich mit gestreckter Hand fern von mir, weil sonst die Gans meinen Kopf hätte heimsuchen können. – Aus dem Stall ging ich dann auf Frau Müller zu, die auf einem Hocker bereit saß, die Gans zwischen ihre Beine zu nehmen. Noch einmal ermahnte sie mich eilig :"Halt' den Kopf der Gans weg von mir !"

Die erste Gans war jedoch nicht einverstanden mit mir. Sie riß ihren langen Hals blitzartig aus meiner geschlossenen Hand und schon war das Handgelenk der Bäuerin in ihrem Schnabel. „Du Schlafmütze, was hab' ich dir gesagt, bist du schwerhörig ? Schau' meinen Arm an, wie der jetzt grün und blau vom Schnabel der Gans ist. Pass' besser auf, sonst kann ich dich nicht brauchen!" – Nach dem Vorfall blieb es dabei, Frau Müller konnte allen ihren Gänsen die Federn rupfen. Sie hielt zwischen ihren Beinen die Gans fest, während ich den Hals und den Kopf mit beiden Händen weghielt. Die Federn unter den Flügeln am Körper der Gans zog Frau Müller mit der einen freien Hand heraus und sammelte sie in großen bereit gestellten Säcken. Bei jeder Gans wechselte sie die Hand zum Rupfen der Daunen-Federn. Ich war sicher, beide waren wir am Ende reichlich mitgenommen. Die vielen weißen, fein buschigen Federn sahen zwar nach viel aus, machten aber in ihrem Gewicht kaum etwas aus. Das Hotel ‚Oberwiesenhof' des Sohnes erhielt die Federn, um die Betten den Preisen standesgemäß so naturrecht wie nur möglich für die Gäste auszustatten, die einen guten Schlaf in ländlicher Ruhe und Schwarzwaldluft suchten.

Alles findet ein Ende, und so war es auch mit meinem ‚Ferien-Arbeits-Aufenthalt' auf einem Schwarzwald Bauernhof. Papa kam genau nach sechs Wochen mit dem

Auto, um mich wieder abzuholen. Wie am Anfang versammelten wir uns in der Guten Stube des Bauernhauses. In dem Zimmer schützten die weißen Leintücher immer noch alles vor dem ‚Feind' Staub. Herr Müller wußte nur meinen Arbeitseifer zu loben. Wenigstens am Ende gab er sich mit wenigen Worten zufrieden :"Der Bub hat gut gearbeitet." – Nachdem Frau Müller mit ihrer Kopfbewegung dies bestätigt hatte, fuhr der Bauer fort:"Dann soll der Bub auch was haben für seine Arbeit !" – Er wandte sich an Papa und reichte ihm etwas aus seiner Hand. Alles, was ich flüchtig sehen konnte, war ein einziger bläulich schimmernder Geldschein. Papa gab ihn an mich weiter. Ich zögerte erst ihn anzunehmen, weil ich einen Hundert Mark Schein jetzt sehen konnte. Ich schaute Papa, dann Herrn Müller an, ohne ein Wort heraus zu bekommen. Ich konnte es nicht fassen, für so viel Arbeit so wenig Geld zu bekommen. Dem Bauer entging indes meine Enttäuschung nicht. Mit einer Erklärung hielt er nicht zurück :"Bub du hast in der Hotelküche und bei uns im Hof das beste Essen bekommen, hast dein eigenes Zimmer gehabt und sonst auch noch Essen bekommen, wenn du wolltest. Das Geld wächst bei uns nicht auf den Bäumen, auf dem Land müssen wir dafür arbeiten." – Papa ging mit Herrn Müller in einen anderen Raum und ließen mich ein Weilchen alleine. Papa kehrte zurück ohne ein Wort zu sagen.

Ich konnte mir nicht verkneifen wenigstens mich selbst zu fragen : Was soll der Sinn dieses Aufenthaltes gewesen sein ? Kein Wunder, daß Herr Müller Schwierigkeiten hatte, eine Arbeitskraft für seinen Hof zu finden. Hier lernte ich, wie man eine bittere Erfahrung verdauen mußte. Diese Erfahrung sollte allerdings damit noch nicht an ihr Ende gekommen sein. Der Bauer hielt wenigstens noch eine Überraschung auch für Papa bereit. Um sich in ein gutes Licht zu stellen, zeigte er stolz Papa, wo sein Weinkeller lag.

Hinter einer Türe, welche mir nie aufgefallen war, führten Steinstufen tief unter das Haus. Der Bauer ging alleine dort hinunter, bat uns bei der Türe zu warten. Wenig später kehrte er zurück mit einer schmutzig aussehenden Flasche in der Hand. Näher im Tageslicht entpuppte sich der Schmutz der Flasche zu Schimmel."Dies ist ein Rotwein aus dem letzten Jahrhundert. Meine Gäste im Hotel zahlen für so eine Flasche Eintausend Mark. Wenn sie eine haben wollen, können sie auch eine Flasche von mir kaufen."

Papa bedankte sich für dieses großzügige Angebot, wir hielten uns dann nicht mehr länger auf, sondern machten uns besser auf den Heimweg. Noch im Auto tröstete mich Papa mit den Worten :"Der Bauer ist gut im Nehmen, aber nicht im Geben. Damit du dir wenigstens eine vernünftige Uhr kaufen kannst, will ich nicht zurückstehen und mit Fünfzig Mark mich auch beteiligen."

Was mich betraf, jedenfalls hatte ich neue Erfahrungen gewonnen. In die Schule zurück gehen, war wie in einer gänzlich anderen Welt leben. Dieser Zwiespalt, zu Hause, in der Schule, dem Leben draußen, begann mich zunehmend zu beschäftigen. Alleine Papa brachte, was er Ärger nannte, mehr oder weniger täglich von der Arbeit mit nach Hause. Sein Geduldsfaden war dann sehr dünn geworden. Mama und ich mußten auf der anderen Seite immer die Ruhe bewahren. Der Herr des Hauses mußte von seinem Höhenflug im Berufsleben erst wieder herunter kommen können.

Wie viele Menschen gibt es, die im Leben etwas machen, mit dem sie in Wirklichkeit sich kaum einverstanden erklären können? Wie jemand im Leben steht, mit mehr oder weniger Erfolg, sagt noch lange nicht aus über die Person selbst. Meistens muten wir uns mehr zu, als wir in der Lage sind vernünftig und gesund zu verkraften. Dies sind auch die Gründe, mit anderen Menschen in Konflikt zu geraten. Bei uns in der Familie kam noch hinzu, daß die jüngere Generation nicht unbedingt auf der gleichen Wellenlänge in einem Verständnis sich befand. Wenn wir nicht auf gleicher Augenhöhe mit einander sprechen können, weitet sich nur die Kluft in einem gemeinsamen Verständnis. Zwei Fälle aus unserem täglichen Leben sollen dieses Verständnis helfen zu untermauern. Ein Fall trug sich bei einem Freund zu, der andere bei mir : Der Freund spielte mit einem Spatzengewehr im Garten herum. Der Nachbar zeigte sich damit nicht einverstanden, er machte aus einer Mücke einen Elefanten und rief die Polizei.

Der Freund ahnte Böses und versteckte sich im Haus. Die Polizei kam dann auch prompt, verlangte den Vater des Freundes zu sprechen. Nachdem der Vater die Angaben des Nachbarn sich angehört hatte, spielte er die ganze Situation so herunter :"In meinem Haus ist kein Gewehr, niemand hat hier geschossen !" – Die Argumente des Nachbarn waren damit entkräftet, der Vorfall endete in Frieden. Selbst die Hüter des Gesetzes machten keine Anstalten, den Fall weiter zu verfolgen, schon alleine wegen seiner Trivialität.

Nun zu meinem Fall, der sich ungefähr zur selben Zeit erreignete : Mama hatte mich zum Einkaufen in der Stadt zu Fuß mitgenommen. Während sie im Milchgeschäft warten mußte, hielt ich mich lieber in der Parkanlage vor dem Bahnhof auf. Aus reinem Jux phantasierte ich ein paar Worte vor mich hin. Die Straßenfeger mußten irgend etwas falsch in „ihren Hals bekommen haben",daß einer von ihnen forsch auf mich zuging. Angst mußte mich ergriffen haben. Ich lief blindlings über die Straße zum Milchladen weg, wo ich wußte, daß Mama war. Zum ersten hatte ich mit dem Verkehr mehr Glück als Verstand, daß ich heil über die Straße gekommen war. Dennoch holte mich der Straßenfeger spätestens im Milchladen ein. Ich versteckte mich bei Mama unter der Ablage vor dem Verkaufsbufett. EinemWasserfall gleich stürzten die Worte des Mannes auf Mama ein. Mama versprach in die Angelegenheit selbst hinein zu schauen und mir eine Lektion zu erteilen. Zu Hause informierte Mama Papa, was vorgefallen war. Papa war nach einem Arbeitstag sowieso nicht in guter Stimmung. Er fand hier die Gelegenheit, seiner Mißbilligung Luft zu machen. Der Lederriemen hinter der Küchentüre kam in Einsatz auf meinem Rücken und Hintern. – Wem soll das geholfen haben ? Höchstens der Schadenfreude des Straßenfegers. Damit war es aber schon fertig.

Zwei Fälle, zwei verschiedene Ergebnisse, alle unter dem Deckmantel von bestem Erziehungswillen.Mein Ergebnis förderte kaum ein notwendiges freies Verständnis in einer Generations Kluft. Ich zog mich stillschweigend zurück. Die Diskussion um die Generations Kluft kann nicht die Fragen vermeiden : Ich bin nicht gefragt worden, ob ich überhaupt hier sein wollte – Eltern schaffen es nur selten, geborene gute Eltern zu sein. Was hinter den Kulissen anderer Familien so alles abläuft, ohne an die Oberflche zu kommen ! Das Bild nach außen muß stimmen. Die Zeit macht jedoch vor nichts Halt - Geduld und Langmut sollten vor allem in der Generations-Kluft Brücken bauen helfen.

Wie sieht zum Beispiel so etwas nach außen aus ? Wir alle sind nur Menschen mit sowohl unseren Stärken, als auch unseren Schwächen ausgerüstet. Die Schwächen unter dem Teppich halten, hat nur zur Folge, daß Spannungen entstehen. Den Schwächen ins Gesicht schauen, ist der beste Weg, ihnen Stärke zu verleihen. Es geht nicht um Kritik, sondern um von einander zu lernen ; denn nur so können Achtung und Liebe Boden unter den Füßen halten.

Zu Hause ließ sich auch nicht immer alles unter dem 'bekannten Teppich' halten : Papa legte größten Wert darauf, daß das Mittagessen Punkt Zwölf Uhr zu Hause fertig auf dem Tisch war, wenn er zur Mittagspause nach Hause kam.

„Höhere Gewalt" hinderte ihn jedoch ab und zu, stets selber pünktlich zu sein. Eine Entschuldigung, später zu sein, war für Papa keine große Sache. Mama übte sich gewöhnlich in Geduld. Einmal jedoch, es war der Tag, wo Pfannkuchen auch auf den Mittagstisch kamen. Eine Stunde war bereits nach Zwölf Uhr vorbei gegangen, die Pfannkuchen waren schon lange nicht mehr bereit den Stolz mit Mama zu teilen. Sie hatten mehr als genug Zeit abzukühlen und nahmen bereits ein Aussehen an, welches nicht mehr guten Pfannkuchen zustand. Papa kam dann eilig endlich auch nach Hause. Mama hatte das Warten nicht gut getan. Dieses Mal verlor auch sie ihre Geduld einmal. Die Pfannkuchen landeten zur Begrüßung fein säuberlich in der Mitte des Gesichtes von Papa. Ein paar Worte folgten :"Hier hast du dein pünktliches Mittagessen !" Darauf legte sich der Sturm im Nebenzimmer mit dem Versuch der Türe, das weitere Geschehen möglichst versteckt zu halten.

Ich war gut beraten, mein inneres Lächeln zusammen mit mir in meinem Zimmer zu verstecken, denn wehe, wenn sie losgelassen ....., meine Freude erkannt worden wäre. Jedoch gleichgültig wohin der Pendel schlug, eines war dennoch erreicht worden, die Luft klärte sich nachhaltig. Das Thema zum Mittagessen pünktlich sein, war wie vom Tisch weggefegt, weshalb ein Sturm auch in einer Familie „besseres Wetter" im Nachherein bringen konnte.

So langsam hatte sich bei mir ein eigener Wille eingenistet. Ein Entschluß wurde, der Schule nach der Untersecunda die Absage zu erteilen. Zu diesem Schulabschnitt veranstaltete die Klasse mit den Lehrern die „Bollenfeier". Ob man in der Schule weiter machte, oder in diesem Stadium der „Mittleren Reife" aufhörte, alle trugen dazu bei, im Veranstaltungsraum eines Gasthauses an einem Samstag Abend der Schule mit Wort und Witz, Tanzen und Essen den notwendigen Respekt entgegen zu bringen.

LEHRJAHRE

In zurückliegenden Gesprächen mit einem Onkel, kam die Entscheidung für mich heraus, nicht in den Fußspuren von Papa als Papiermacher zu folgen, sondern den Werkzeugmacher Beruf zu ergreifen. Die Disziplin für Genauigkeit im Beruf hatte mir zugesagt. Irgend etwas wollte ich in meinem Leben genauer wissen und auch selbst bestimmen. Die Firma neben der Schule antwortete auf meine Anfrage positiv, nachdem damals in schriftlichen und praktischen Testen an zwei Tagen die wenigen Geeigneten aus einer Anzahl Bewerber herausgefunden waren. Zum ersten Mal in meinem Leben erfuhr ich so etwas wie Anerkennung und Stolz mit meiner Zulassung zu einer Werkzeugmacher-Lehre.

Die Schule, das Gymnasium, waren vorbei, andere Spielregeln traten in Kraft. Jeden Tag unter der Woche, einschließlich Samstag, pünktlich um sieben Uhr morgens bei der Arbeit sein. Die Arbeitskleidung mußte stets sauber und gebügelt sein, welches das Ansehen einer modernen, fortschrittlichen Firma zu jeder Zeit verlangte. Ein Lehrlings Meister übersah den Lehrauftrag innerhalb der Firma. Disziplin und Respekt waren ohne Frage gefordert. Die neuen Lehrlinge wurden zu Beginn jeder an einen Werkbankplatz in der Werkzeugbau Abteilung eingewiesen.

Erst in nachfolgenden, wirtschaftlich besseren Jahren, richtete die Firma eigene Räume mit eigener Ausrüstung für die Ausbildung von Lehrlingen ein. Zu meiner Zeit wurde auch den Lehrlingen eigenes Werkzeug von der Firma anvertraut in besonders eingerichteten Schubladen in einer Werkbank. Das erste Handwerkzeug bestand unter anderem aus Hammer, Feilen, Schraubenzieher, verschiedenen Meißeln, Durchschlägen und Meßzeugen. Alles Handwerkzeug stellte einen Wert dar, so daß vom Anfang an darauf hingewiesen wurde, diese Firmenwerte mit Verantwortung in Ordnung zu halten. Immerhin mußten damals die Auszubildenden dafür selbst nicht aufkommen.

Nachdem jeder Lehrling seinen Platz an einer Werkbank zum ersten Mal eingenommen hatte, begann schon die Unterrichtung des Lehrmeisters, wie man mit dem einfachsten Meßinstrument, der Schieblehre, umging. Jeder der Lehrlinge war angehalten, die Schritte für eine Messung mit der Schieblehre nachzuvollziehen. Mehr aus Übervorsicht, als aus Nachsicht fiel mir die Schieblehre aus der Hand auf den Holz-Lattenrost vor der Werkbank. Der helle Ton der fallenden Schieblehren-Führung alarmierte den Lehrmeister. Im Nu stand er vor mir, gab mir eine gute Ohrfeige mit den Worten :"Du läßt mir besser keine Schieblehre mehr fallen !" – Und in der Tat, ich kann mich nicht erinnern, daß dies noch einmal dazu kam. Die Ohrfeige geschah auf der Stelle und erzielte so ihren Zweck ein für alle Male. Heute denke ich mir manchmal, daß eine Ohrfeige zur richtigen Zeit auch heute noch helfen könnte, notwendige Disziplin aufrecht zu erhalten. Wie dies gehandhabt wird, gibt nach wie vor den Ausschlag, ob Disziplin ankommt, oder abgelehnt wird. Ablehnung findet besonders dann statt, wenn kein Abstand zu der Maßnahme eingehalten wird und persönliche Motive mit ins Spiel kommen.

Eine Lehre war damals am Ende der Fünfziger Jahre eine besondere Stufe in einer beruflichen Laufbahn eines jeden jungen Menschen. Eine Probezeit am Anfang einer Lehre war eingerichtet, damit der Auszubildende zeigen konnte, wie ernst er mit der Lehre verbunden war. Eine der ersten Prüfungen war, einen unförmigen Eisenklotz in eine bestimmte Form mit einer sehr großen und schweren Feile zu bringen. Über eine Woche war die Ausdauer hier auf

Haut und Nieren geprüft worden. Abgesehen von einem richtigen und schön aussehenden Ergebnis waren die ersten Spuren an den Händen mit offenen und weniger offenen Blasen unübersehbar geworden. Auch die Hände mußten für manuelle Arbeit geeicht werden. Eventuelle zarte Schreibhände aus der Schule erfuhren eine Umschulung : Was gemacht werden muß, wird gemacht und zwar, so gut wie möglich und nicht nach einer Notenskala von Eins bis Sechs. Von jetzt ab hieß es nur noch die Note Eins im Auge zu behalten.

Nach dieser Prüfung war die Ausdauer gemessen worden. Vier Wochen später waren die Blasen an den Händen schon wieder in Vergessenheit geraten. Jetzt kam, sich daran zu gewöhnen, den ganzen Tag auf den Beinen zu stehen. Die körperliche Bereitschaft des Lehrlings war jetzt auf das Erste getestet worden. Weiter konnte es nun gehen mit der Bekanntmachung der verschiedenen Werkzeugmaschinen wie Fräsmaschine, Drehbank und Schleifmaschine. Ebenso gehörte zur Ausbildung die technische Sprache der Zeichnung. Die Grundlagen wurden zuerst vermittelt, bevor eigene Hände an Zeichnungen und später auch am Zeichenbrett zugelassen waren. Viele technische Zeichnungen und Einfühlungs-Vermögen in sie, machen ein technisches Projekt aus, das nur den Anforderungen entsprechen kann, wenn jeder noch so kleine Schritt in einer größeren Zusammenarbeit wie Zahnräder in einem Getriebe passen und zusammen arbeiten.

Einmal in der Woche war am Morgen Unterricht in der Firma in einem speziell dafür eingerichteten Trainingsraum. Der Lehrmeister (Herr Schindler) saß an einem Ende des Tisches und rund um ihn die Lehrlinge. An diesem Unterrichtstag mußte jeder sein Berichtsheft vorlegen, in dem ein Wochenbericht den täglichen Fortschritt fest hielt, zusätzlich mit technischen fortschreitenden Zeichnungen.

Außerdem leistete die Gewerbeschule auch an einem Tag in der Woche ihren Beitrag mit ergänzenden Kenntnissen. Die Lehrer kamen hier aus der Berufswelt. Sie wußten, was die Anforderungen in einem Berufsleben sind und konnten deshalb realistisch brauchbares Wissen vermitteln. Nach meinem Dafürhalten, so ganz anders als viele Schulen arbeiteten. Latein zum Beispiel war ja ganz schön und gut ; nur daß der Lehrer selbst keinen realistischen Bezug nicht einmal für sich gefunden hatte. Grammatik, Wörter abfragen, Text eine Seite weiter, waren die Erwartungen, die an einen Schüler gestellt waren. Wer besser nachmachen und kopieren konnte, der hatte die Nase vorne. Eigenständiges Denken war nur in Ansätzen in der Schule zugelassen. Ich erinnnere mich an einen Lehrer, der mich fragte :"wo hast du das gelesen ?" Als ob die Welt nur mit Lesen erfasst werden könnte.

    In Gesprächen mit Onkel Leo, der mir den Werkzeugmacher Beruf schmackhaft gemacht hatte, riet er mir, technische Weiterausbildung neben meiner Lehre noch vorzusehen. Den Christiani-Maschinenbau-Lehrgang absolvierte ich auch noch in meiner Lehrzeit, hauptsächlich an Wochenenden. Meine Kenntnisse und praktischen Fähigkeiten daraus, besonders in der Konstruktion, gingen in der Firma nicht unübersehen vorbei. Eines Tages kam der Technische Direktor (Herr Kaiser) der Firma auf mich zu und stellte mir die Frage :"Martin wie wäre es, wenn du in unserem Konstruktionsbureau mitarbeitest, du hast mit der Arbeit einer automatischen Etikettier-Maschine bewiesen, daß du mit technischen Problemen verstehst umzugehen." Ich zögerte keinen Augenblick und sagte zu.

    Die Firma „Argus", welche übrigens die älteste Flugzeugfirma war, hatte ein sehr fortschrittliches Konzept für seine Mitarbeiter. Betriebsstellen konnten damals noch von fleißigen, aufwärts strebenden Mitarbeitern erfolgreich ausgefüllt werden. Ständige Weiterbildung war ein selbstveständlicher Grundsatz dabei. Nur so konnte die Firma ihre Spitzen-Position behaupten. Leider hatte die Zeit auch hier Abstriche erlaubt mit zunehmend weniger Einsatzbereiten Arbeitskräften, die den Weg der formellen Ausbildung bevorzugten ;" was du schwarz auf weiß besitzt, kannst du getrost mit nach Hause nehmen"; nur stellte sich die Frage, in wie weit das gelernte Rüstzeug angewandt werden konnte entsprechend den Anforderungen außerhalb von Schulen.

Der Boss im Konstruktionsbureau kam selbst von einem Werkzeugmacher Hintergrund. Sobald ich meine Arbeit am Zeichenbrett im Konstruktionsbureau aufnahm, mußte ich mich daran gewöhnen, zwei Herren zu dienen. Der Lehrmeister war noch zuständig für mich, wohingegen der Konstruktion Leiter vom ersten Tag offenen Argwohn gegenüber mir hegte. Die Arbeit am Zeichenbrett wurde mehr oder weniger von jedem in der Abteilung eingesehen, welches eine gute Praxis war. Denn die eigenen Fehler erkennt man bekanntlich am schwersten. So kam es auch dazu, daß Lehrling Martin auch einen Blick auf das Zeichenbrett des Bosses warf. In dem Aufriss eines Werkzeug-Wechslers einer automatischen Fertigungs-Maschine fiel mir sofort etwas auf, was nicht richtig sein konnte. Vorsichtig stellte ich nur die Frage : „Wie soll der Werkzeughalter in dem Wechsler eingeführt und heraus genommen werden ?" – Der Boss schaute auf seine Zeichnung, dann auf mich . Ich hatte eine andere Antwort erwartet als diese ; zu dem Kollegen neben ihm begann er seinen Unmut zuerst auszulassen :"Warum hast du das nicht gesehen und mir etwas gesagt ?" – Dann wandte er sich an mich :"Geh' an deinen Arbeitsplatz zurück, bleib dort und stecke deine Nase nicht in Dinge, die dich nichts angehen !"

Ich folgte der Anweisung ohne ein weiteres Wort. Allerdings von dem Augenblick an, war die Stimmung jedoch mit Politik gefärbt. Als Lehrling war ich gut beraten den Interessen Anderer besser aus dem Weg zu gehen.dieser scheinbar geringe Vorfall kam irgendwie auch dem Technischen Direktor zu Ohren. Er rief mich zu sich und eröffnete mir seinen Vorschlag : „Martin, von heute an gebe ich dir eine Aufgabe. Du entwirfst sie auf dem Zeichenbrett und wenn du so weit bist, bringst du die Zeichnung zu mir. Zusammen diskutieren wir sie. Sobald der Werkstatt-Meister auch einverstanden ist, gehst du in den Werkzeugbau und fertigst das ganze Projekt zunächst einmal selbst an."

Ich erklärte mich nur all zu gerne einverstanden, denn auch ich sah, so waren am wenigsten Reibungsflächen entstanden. Die Lehre für mich war die, aus der Arbeit besonders Vorgesetzter meine Nase draußen zu halten und nur etwas sagen, wenn ich gefragt war.Wie weit dies allerdings einer Team-Arbeit dienlich sein konnte, stand wieder auf einem anderen Blatt. Um den Brei herumreden, war also genehmigt ; direkt etwas ansprechen war unerwünscht. So ist eben das Leben in einer Zusammenarbeit mit anderen Menschen. Jeder sitzt gerne auf seinem eigenen „Bier" und will sich nicht gerne über die Schulter sehen lassen.

Das Leben in einer Fabrik war nicht viel anders als wo anders. Ein Tag lief einmal besser als ein anderer. Ein Vorfall mit einem Lehrlings-Kollegen zeigte deutlich auch die menschlichen Qualitäten des Technischen Direktors der Firma. – In der Firma lief eines Tages ein Gerücht, ein Transistor-Radio war aus dem Umkleideschrank abhanden gekommen. Am Abend, als jeder dabei war nach Hause zu gehen, fiel mir ganz beiläufig das eigenartige Verhalten von einem Lehrlings-Kollegen auf. Ich ging auf ihn zu und fragte ihn direkt :" Du wirst doch nicht etwas mit dem Radio zu tun haben ?" – Er zeigte sich darauf sehr verlegen. Nachdem jeder aus der Abteilung weg war, fand ein langes Gespräch nur zwischen uns beiden statt. Ich wußte über seine Verhältnisse Bescheid ; die Mutter hatte alle Hände voll zu tun, die vier jüngeren Geschwister von dem Kollegen durch das tägliche Leben durchzubringen. Er als der Älteste war in einer glücklichen Lage, eine Lehre machen zu können. Sein Vater war im Krieg gefallen. Das Radio war für einen Lehrling damals außer Reichweite mit der Ausbildungs Beihilfe von vierzig Mark im Monat.

In dem Gespräch kam heraus, daß er das Radio hatte. Mein Rat um ihm aus der Patsche zu helfen war der ; es gab nur noch einen Weg :"Geh' und sieh unseren Technischen Direktor, erzähle ihm, was du gemacht hast und daß du es bereuhst. Am besten gehst du jetzt sofort zu ihm nach Hause, bevor die Polizei morgen Untersuchungen anstellen wird." Mein Kollege verstand den Ernst der Lage, er folgte unserer Vereinbarung.

Das Ergebnis war das Beste für alle Parteien ; die Polizei blieb aus der Firma draußen, weil der Direktor dies veranlasst hatte. Der Besitzer erhielt unter Schweigepflicht sein Radio zurück, Ruhe war eingetreten und der Lehrlings Kollege konnte seiner Lehre in der Firma weiter nachgehen. Ganz ohne einen Denkzettel durfte der Fall sich auch nicht erledigen. Der Lehrling mußte für die nächsten sechs Monate jeden Monat von seinem Lohn die Hälfte in ein vereinbartes Konto zahlen. Ein Schreiben wurde mit Unterschriften verbindlich zur Kenntnis genommen ; damit war der Fall erledigt.

Zwanzig Jahre später, als ich aus Brasilien nach Deutschland geschäftlich gekommen war, besuchte ich auch Mama und Papa in Ettlingen. Wie ich so zu Fuß durch die Stadt ging, stoppte ein schöner Mercedes am Gehweg bei mir. Der Fahrer sprach mich mit meinem Namen an.Ich jedenfalls wußte nicht, mit wem ich es zu tun hatte :"Erkennst du nicht deinen Lehrlingskollegen vor zwanzig Jahren ?" Kam es durch die herunter gelassene Scheibe aus dem Auto heraus. Ich schaltete dann aber schnell, stieg gerne in das Auto ein und erhielt neben einer erfreulichen Begegnung mit einem Freund, einen bequemen Transport zu meinem Elternhaus. In dem Gespräch kam heraus, der damals fehl gelaufene Lehrling hatte aus einer ihm neu gegebenen Chance es dann so weit gebracht, daß er einer technischen Entwicklungsfirma als Technischer Direktor vorstand. Er hatte Frau und Kinder und half auch seiner Mutter. Vor meinem Elternhaus hielt er an, eilte mir die Türe an seinem Luxus-Mercedes zu öffnen. Er bedankte sich noch einmal für die Unterstützung, die er vor zwanzig Jahren erhalten hatte, um auf seinem Weg weiter kommen zu können. War dies nicht eine herrliche Schicksalsfügung !

 Während meiner Lehre war nicht alles nur Arbeit. Ich ging meinen Lieblings Beschäftigungen auch noch nach. Vor allem Sport und Musik. Für Pfadfinder hatte ich nicht mehr so viel Zeit zur Verfügung.

DURCH DICK & DÜNN, TEIL 1

KAPITEL 5

DIE REISEN GEHEN WEITER

DIE ALPEN

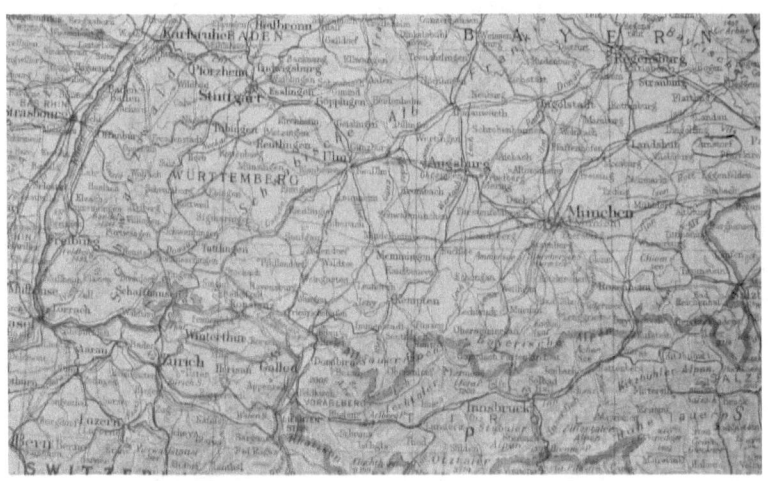

Radtour, Juli – August 1959

Während der Lehrzeit hatte man auch Ferien. Allerdings weniger als in der Schule. An einem Ferien Anfang überredete mich ein Freund, mit ihm eine Radtour in den Alpen zu machen. Obwohl der Freund ein hart-gesottener Radsport-Fahrer war, wollte ich nicht zurückstehen und stimmte dem Plan zu. Wie zu erwarten war, vom Start in unserer Heimatstadt Ettlingen legte sich der Freund in die Sielen und veranstaltete ein regelrechtes Radrennen. Dabei waren unsere Räder wie Esel gepackt mit Zelt, Kleidern, Kochtöpfen, Geschirr und Verpflegung. Mit anderen Worten, unsere Beine mußten kräftig in die Pedale treten. Das Wetter war uns noch obendrein nicht gut gesinnt. Die ganzen zehn Tage regnete es ohne Unterlass auf der ganzen Strecke über Bregenz, Liechtenstein, Innsbruck, München.

Im Schnitt fuhren wir täglich 150 Kilometer bergauf, bergab mit Gepäck auf dem rückwärtigen Gepäckträger.

Alleine schon wegen dem schlechten Wetter hielten wir nur so wenig an, wie dies unbedingt nötig war. Mein Freund stellte seine Kondition unter Beweis, während ich mehr gezwungenermaßen als aus freien Stücken mithielt. Strampeln auf dem Fahrrad bis die Zunge einem heraushing, war nicht meine Vorstellung von vernünftigen Ferien. Spätestens in Insbruck wollten wir eine Pause einschieben. Alleine die Wolken hingen mit Regen so fest in den Alpentälern, daß ein Warten auf Sonnenschein wir den verbitterten anderen Touristen in ihren Zelten überließen. Auch war unser Sinn für Sehenswürdigkeiten stark geschmählert, nachdem bereits auf der zurückliegenden Strecke nichts mehr an uns trocken geblieben war. Die Entscheidung weiter wieder direkt nach Hause zu fahren, rundete das Ferien-Rennen im wahrsten Sinne des Wortes ab.

Zu Hause ließ der Teufel tatsächlich die Katze mit dem Sonnenschein aus dem Sack. Was für ein Urlaub war das ! Konnte ich nur noch sagen. Immerhin waren wir zu Hause zusammen angekommen. Danach hatten wir allerdings den Kontakt verloren.

Bei einer anderen Gelegenheit zeigten sich die Alpen auch von ihrer sonnigen Seite. Im darauffolgenden Jahr nahmen Mama und Papa im Frühjahr mich auf ihren Urlaub nach Tirol in das Schnalstal mit. Dort, wo die Straße amFuße von steil aufragenden Berghängen aufhörte, lag ein einzelner Bauernhof mit Zimmern für Feriengäste. Die nächste Ortschaft war weiter unten im Tal gelegen. Oben am Ende des Tales hielten sich nur noch Inseln von Tannenwäldern. Dieses Mal war keine Rede von Arbeit auf einem Bauernhof. Vielleicht war der Groschen gefallen und die Einsicht hatte sich Platz gemacht, daß Ferien da sind, um mit etwas anderem als Arbeit neue Energie für das tägliche Leben zu gewinnen.

Das Wohnhaus des Bauernhofes war im Tiroler Stil gebaut aus massiven Holzbalken,welche an den Hausecken verzinkt überstanden. Eine Verandah mit Blumenkästen am oberen hölzernen Geländerbalken nach außen in Reihe hängend, schmückten die Hausfront auf der ganzen Länge in halber Höhe vor der Verandah. Massive Holzbalken des Dachstuhles waren schützend weiter über die Verandah gezogen. Der Schnee kam von den Berghängen noch bis an das Haus heran. Direkt um das Haus war der Schnee allerdings weggeschafft worden.

Die Gegend hier sind die Ötztaler Alpen. Das Tal ist hier am Ende rundherum von Berghängen eingeschlossen., nur im Talverlauf öffnet sich mit Sicherheit auch heute noch die Landschaft. Nach Norden steigen steil die Berghänge zu der immer in weißem Schnee bedeckten eindrucksvollen Bergspitze der ‚Weisskugel', zu einer der höchsten Höhen in den Alpen mit 3800 Metern. Der Bauernhof saß auf einer allein stehenden Anhöhe neben dem Anfang des Flußlaufes Schnals.

Besonders um die Mittagszeit, wenn die Berge der Sonne Zutritt in das Tal gaben, erwärmte sich für nur wenige Stunden die umliegende Schneeluft spürbar angenehm warm. Sobald sich jedoch die Sonne wieder hinter den Bergen versteckte, stürzte von den Bergen die kalte Schneeluft sehr schnell ins Tal. Im Gastzimmer des Bauernhofes waren die Betten mit dick gefüllten Feder-Bettdecken ausgerüstet, um in den kalten Nächten hier warme Betten zu gewährleisten. Ich konnte nicht umhin, mich ein wenig an Besenfeld zu erinnern.

Hier in dem engen Hochtal kam die Sonne am Morgen später durch, am Abnd hingegen ging sie viel früher weg, als dies zu Hause der Fall war. Der Tag war hier deshalb viel kürzer.

Eine ganze Familie lebte hier auf dem Bauernhof, jung und alt. Sie gingen den Arbeiten nach, während wir die Umgebung zu Fuß erforschten. Wie bestellt, lachte die Sonne täglich aus einem wolkenfreien Himmel zu uns ins Tal. Auf der Schneedecke glitzerten überall unzählige kleine Eiskristalle. Sie waren so hell,daß die Augen von ihnen geblendet wurden. Eine gute Sonnenbrille war die Antwort, um dem Augen-Zwinkern Einhalt zu bieten. Wo ein Weg vom Schnee frei geworden war, konnten wir zu Fuß gehen. Die Schneefelder waren zu tief dafür. Skies besaßen wir selber keine und der Bauernhof hatte noch nicht daran gedacht, seinen Gästen Skies anzubieten. Auf unseren Ausflügen genossen wir die frische Höhenluft, wie sie spürbar bis tief in die Lungen Eingang fand. Wir waren zu der Zeit die einzigen Gäste in dem Bauernhof. Stille und Frieden herrschten hier.

An einem Tag schlossen wir uns dem öffentlichen Bus an nach Meran. Die Bushaltestelle war weiter unten im Tal, dort, wo auch mehr Häuser waren. Auf der steinigen Straße legten wir den Weg dorthin zu Fuß zurück. Sehr bald, je weiter wir Tal-abwärts kamen, änderte sich die Umgebung. Die Waldflecken wuchsen zusehends mehr zu geschlossnen Tannen Wäldern. Die Straße war für den Bus gerade so weit, daß nur er Platz hatte. Im Fall von Gegenverkehr mußte ein Fahrzeug zurück zu einer Ausweichstelle. Der Bus fuhr an der Hangseite der Straße so dicht, daß es einen graute, nur hinzuschauen. Mama wurde von der holprigen Fahrt fast „seekrank". Die Einheimischen in dem Bus hingegen waren offensichtlich mit der Busfahrt so vertraut, sie nahmen das alles in Ruhe und Selbstverständlichkeit hin.

Bei unserer Ankunft in Meran erlebten wir eine überraschende Veränderung, nicht nur in der Landschaft, sondern auch im Klima ; und das auf so kurze Entfernung aus den Bergen. An einem bunten, viel besuchten Marktplatz begrüßten einige wenige Palmen mit ihren großen Fächerblättern jeden, der von wo anders her kam. Die Luft war hier nach der kalten Höhenluft in den Bergen so angenehm warm, daß die warmen Kleider nicht schnell genug vom Leib kommen konnten. Die Sonne hatte den Sommer geschützt bereits hierher gebracht. Auf dem Markt kauften wir aus dem reichhaltigen Angebot besonderes Obst für uns ein.

Nicht zu spät am Nachmittag brachte uns derselbe Bus zurück in das Obere Schnalstal. In Meran selbst erinnere ich mich noch an einen Museums-Besuch, wo geschichtlich alte Zeugnisse berichteten von der Wichtigkeit der Ortslage als Durchgang aus dem Süden über die Alpen nach dem Norden und umgekehrt.

Der Bus war auch auf der Rückfahrt auf der schmalen Straße geblieben. Auf dem letzten Stück zu Fuß zum Bauernhof, hatte uns die Dunkelheit bereits eingeholt. Die Gegend war in verschiedener Hinsicht interessant, nicht nur mit dem Kontarst der Bergwelt und seinen geschützten Klima-Oasen. Der Bauernhof lag in Österreich, Meran (Merano) hingegen in Italien. Die Bevölkerung sprach in jeder der Gegenden die Landessprache, entsprechend Österreichisch, oder Italienisch. Allerdings untereinander verständigten sie sich im Tiroler Dialekt. Selbst kannte ich diesen Dialekt nicht.

Im Kuhstall des Bauernhofes gesellte ich mich auch einmal zu der Tochter der Bauernfamilie, wie sie die Kühe melkte. Sie rief mich mit den Worten :"Hast du schon einmal eine Kuh gemolken ?" Den Sinn der Worte konnte ich aus ihrem Tiroler Dialekt gerade noch ausfindig machen. Ich erwähnte meinen Aufenthalt im vergangenen Jahr auf dem

Bauernhof im Schwarzwald. Das hübsche Mädchen hörte das gerne. Sie forderte mich auf, auch eine Kuh für sie zu melken. Freundlich zeigte sie mir, wie sie das Melken so einfach machen konnte und forderte mich auf, es auch so zu machen. Die Kuh wollte allerdings keinen Tropfen Milch aus meinen Händen in den bereit gestellten Eimer unter den Eutern abgeben. Mit einem Lächeln im Gesicht zeigte mir das Mädchen, wie sie das einfach machen konnte. Aus jedem Euter floß unter ihren Händen weiße Milch sogar hörbar in den Eimer. Ein schelmisches Lachen konnte sie sich nicht verkneifen. Ich wurde wahrscheinlich ein wenig velegen und auch rot im Gesicht. Dies änderte aber nichts an unserem guten Aufenthalt auf einem Berg-Bauernhof, im Gegenteil, ich mußte versprechen eine Karte aus unserem Wohnort dem Mädchen zu schicken.- Zurück in Ettlingen vergaß ich das nicht. Wir hatten alle eine erfreulichen Abstand vom Alltag mit diesen Ferien gewonnen .

BERLIN

Im August 1960 hatte ich wieder einmal nicht Ferien, wie man in der Schule sagt, sondern Urlaub. Für eine Woche besuchte ich zusammen mit einem Freund Berlin. Um dort hin zu kommen, bedienten wir uns der Anhalter-Praxis. Mit der Ausnahme von einem Male lief alles wie am Schnürchen. Wir wollten Berlin selbst erleben, wie der Westen der Stadt gegenüber dem Kommunistischen Osten sich mit der bekannten Berliner ‚Schnauze' positiv über Wasser halten konnte.

Die Mauer durch Berlin, welche seine Ostbewohner aufhalten sollte, aus dem ‚Paradies' zu entkommen, wurde erst kurz nach unserem Besuch gebaut.

Noch einmal kurz zurück zu der ‚Ausnahme' auf unserem Weg nach Berlin. Wie üblich, hielt ein Personenwagen an einer Einfahrt zur Autobahn vor uns an, damit wir einsteigen und mitkommen konnten. Dieses Mal wurde uns jedoch sehr schnell deutlich, daß wir in ein Fahrzeug mit falschem Fahrer eingestiegen waren. Alleine das Aussehen des Wagen-Inneren glich einem 'Saustall'. Obendrein war das Wetter noch reichlich naß, weshalb wir dachten, Hauptsache, wir kommen weiter. Der Fahrer hatte dann nichts Besseres zu tun, als mit dem Fuß voll auf dem Gashebel auf der Regen-nassen Straße alle anderen Autos hinter sich zu lassen. Auch versäumten wir nicht, den Fahrer an die Sicherheit für uns alle zu erinnern.

Das gebrochene Deutsch in der Antwort des Fahrers machte uns spätestens mißtrauisch. Vom Rücksitz entging mir nicht, daß seine unordentliche Anzugsjacke nach einer Seite besonders schief hing. Daraus schloß ich, etwas Schweres mußte in der Tasche dort sein. Nichts sollte ausgeschlossen werden, weshalb ich zu verstehen gab :"Bevor uns etwas zustossen sollte, stellen wir sicher, daß wir alle auf die andere Seite fahren," womit ich meinte, wir lassen uns nicht bedrohen und schauen nur zu. Im Anschluß an meine Worte zeigte ich dem Fahrer von hinten auf dem Vordersitz neben ihm meinen Rucksack mit dem Inhalt von Essgeschirr, Brot und Kleidungsstücken. Dies sollte ihm einen Einblick geben, bei uns gab es nicht viel zu holen.

Noch vor der nächsten Ausfahrt überredeten wir den Fahrer an der Seite anzuhalten und uns aussteigen zu lassen. Mit einem Fuß auf dem Boden außerhalb dem Auto, rollten wir uns nacheinander, so schnelles nur ging, die Böschung hinunter, um aus der Sicht des Fahrers zu kommen.

Mauer in Berlin, erbaut im Jahr 1961

Wir konnten nicht ausschließen, daß der ‚ungehobelte' Fahrer von einer Schußwaffe Gebrauch machte. Erst jetzt erkannten wir, das in Eile weiter fahrende Auto hatte gar kein Nummernschild. Wahrscheinlich hatten wir wieder einmal mehr Glück als Verstand gehabt. Auf der restlichen Strecke nach Berlin verlief unser Anhalter-Fahren ohne weiteren Zwischenfall.

Vor Berlin führte die Autobahn ein gutes Stück durch die ‚Ostzone', dem Komunistischen Teil Deutschlands. Nach einer Kontrollstelle waren in regelmäßigen Abständen Warnschilder deutlich sichtbar :" Kein Anhalten, die Grenzkontrolle wird sofort zur Stelle sein." Damit wurde vor allen Dingen darauf hingewiesen, Niemanden aus dem ‚Ost-Paradies' mitnehmen zu wollen.

Schließlich in Berlin angekommen, erwartete uns ungewöhnlich schönes Wetter, ein guter Auftakt für unseren Besuch. Den Regen hatten wir unterwegs zurück gelassen. Der westliche Teil von Berlin erschien nicht viel anders als jede andere Stadt der Bundesrepublik Deutschland. Vereinzelte Ausnahmen wie der „Hohle Zahn" erinnerten noch an die Zerstörung der Stadt während dem Zweiten Weltkrieg.

Eine Anzahl Museen stellten kulturelle Zeugnisse aus der ganzen Welt aus. So zum Beispiel, Museum Dahlem zeigte stolz und sichergestellt das Gemälde von Rembrandt „Der Mann mit dem goldenen Helm", Kunstschätze der Königin Nofretete aus dem Alten Ägypten. Die Ausstellung „Alt-Ägypten" war beonders wertvoll zu sehen. Was hier nicht war, konnte in London im ‚Britischen Museu' oder im ‚Louvre' von Paris gesehen werden. Wenn dies nicht einem Diebstahl aus Ägypten gleich kam, dann konnte es wenigstens beanspruchen, eine Schutz-Aufbewahrung zu sein.

Berlin, wieder aufgebautes Zentrum

Man sagte nicht umsonst, „Berlin ist eine Reise wert". Es sind die Berliner selbst, die mit ihrem unverwüstlichen Humor und wie sie von sich selbst sagen, mit ihrer „Berliner Schnauze" der Stadt ihren Stempel gegeben haben. Wie hätten sie sonst die eingeschlossene Situation umringt von Kommunistischen Brüdern und Schwestern der „Deutschen Demokratischen Republik" überdauern können?

An dem sonnigen Wochenende unseres Aufenthaltes in West-Berlin mischten wir uns unter die Bevölkerung beim Bade-Vergnügen am Wannen See. Rund um den See hatten sich die Leute so dicht niedergelassen mit Picknick, Schwimmen, Spielen, Musik und Unterhaltung, daß kaum ein Platz noch frei war. Um so mehr beeindruckte die frohe Atmosphere trotz der geteilten Stadt West Berlin's unter der Besatzung der Alliierten Streitkräfte und Ost-Berlin nicht nur im festen Griff der Ostzone, sondern auch noch gegenüber dem wachsamen ‚Russischen Bären'.

Während unserem Aufenthalt in Berlin wurde ein Formel-Eins-Rennen auf dem Avus-Ring veranstaltet. Wir dachten uns, lassen wir uns dies auch nicht entgehen. Im Zentrum des Ovales schlossen wir uns der Zuschauer-Masse an. Dicht gedrängt konnte man von dort hören und sehen, wie die Rennwagen mit voller Geschwindigkeit das 180 Grad-Oval mit einer bis zu 90 Grad aufsteigenden Rennstrecke durchrasten. Ein Franzose kam bei diesem Rennen zu hoch hinaus in die Kurve und landete unsanft auf einer geschäftigen Straße der Umgebung. Das Ergebnis war vorauszusehen, sowohl Rennwagen, als auch Fahrer waren „Schrott".

In West-Berlin konnte man von einem regen Stadtleben reden. In Ost-Berlin hingegen traf man eine ganz andere Welt an. Bei einem Grenzübergang wurde uns nach einer langwierigen Überprüfung unserer Personalien die Erlaubnis erteilt, nur für einen Tag bei Tageslicht Ost-Berlin zu besuchen. Der Zug nach Ost-Berlin war völlig leer. Eine ganze Abordnung Sicherheitsbeamte bewaffnet in Uniform durchkämmten den Zug noch bevor die Fahrt durch die Mauer stattfinden sollte. Bereits nach wenigen Minuten Zugfahrt mit geringer Geschwindigkeit hielt der Zug wieder an der Bahnhof Station ‚Alexander Platz'. Dies war auch schon die Endstation. Niemand Anderer außer uns Zweien konnte auf dem Bahnhofsgelände gesehen werden. Außerhalb dem Bahnhof führten breite Straßen vom Alexander –Platz in die Stadt. Vielleicht ein kleiner selbstgebaut aussehender Lastwagen tockelte langsam vor einigen riesigen Bauten entlang. Alles schien wie ausgestorben. Weiter nach dem Osten in die Stadt hinein verengten sich die Straßen zusehends. Die großen ‚Prachtbauten' wichen armseligen, teilweise unverputzten Backstein Häusern. Kaum ein Geschäft war zu sehen, nur wenige Menschen gingen stumm ihren Weg, als würden sie einen Trauerfall mit sich tragen. Jeder wandte sich von uns ab, keiner sprach ein Wort zu uns. Es schien, als saß Jedem die Angst im Nacken. Einen Laden fanden wir, der ausschließlich für Westliche Besucher eingerichtet war. Die Regale waren aber genau so leer, wie die in den wenigen anderen Geschäften Einblick alleine von Außen zuließen. In einem mindestens zur Hälfte leeren Buchladen erhofften wir mit der Information aus dem Westen wenigstens Bücher günstig kaufen zu können. Da wir genau so viel West-Mark zahlen sollten, wie Ost-Mark ausgeschrieben waren, waren die Preise für uns völlig uninteressant.

Unserem Programm fügten wir auch einen Museums Besuch hinzu. Das Museum war jedoch geschlossen mit dem Hinweis :"Das Museum ist geschlossen, weil der Westen unsere Ausstellungs-Stücke gestohlen hat." Keinerlei Begeisterung fand hier auch nur einen Ansatz, wir drehten dieser traurigen Umwelt unseren Rücken und kehrten frühzeitig zurück nach West-Berlin mit demselben Zug in umgekehrter Richtung. Wenn auf der kurzen Fahrt auch über den Fluß Spree nach Ost-Berlin keine anderen Zuggäste zu sehen waren, dann waren es eher noch weniger auf der Rückfahrt nach West-Berlin. Sogar unter den Bänken suchten die Sicherheits Beamten , daß niemand der ‚Östlichen Diva' verloren gehen konnte. Zurück in West-Berlin hatten wir nicht mehr viel Geld und damit auch Zeit, uns um weitere Sehenswürdigkeiten zu bemühen.

Was Politik verursachen kann, wenn eine Stadt geteilt wird und dieselben Menschen so anders sich verhalten wie in Ost- und West-Berlin. Zurück zu Hause hatte mein Gewerbeschul Lehrer mich aufgefordert, an einem Schriftsteller Wettbewerb mich mit meinem Berlin-Erlebnis zu beteiligen. Das Thema war :"Demokratie-Kommunismus, Dafür und Dagegen." Meine aus erster Hand Erfahrung aus Ost-Berlin beflügelte mich abgewogen und doch realistisch zu schreiben, daß der erste Preis mir zugesprochen wurde. Auch der ehemalige Bundespräsident Theodor Heuss verlieh mir einen Buchpreis mit seiner persönlichen Widmung.

Der Sinn über etwas zu schreiben, liegt für mich nicht darin einer Touristen Information zu dienen, sondern Verhältnisse zu einer bestimmten Zeit fest zu halten, seine Menschen, ihre Umwelt und wie man sie erlebt. Dabei muß man nicht unbedingt hinter den groß-erscheinenden Erreignissen herlaufen. Im Kleinen liegt der Ursprung aller Dinge. Sie machen das Leben aus, sie sind unsere ständigen Begleiter. Die Erfahrung im Umgang mit den kleinen Dingen sollte uns lehren, daß ein kleiner Schritt nach dem anderen uns auf der Wunsch-Leiter nach oben zum Erfolg bringen kann. Nur ein zu großer Schritt kann schon ausreichen, daß wir auf der Erfolgsleiter zurück fallen.

Ein Beispiel eines kleinen Schrittes konnte im Rathaus von Berlin-Schöneberg entdeckt werden. Die ‚Friedens-Glocke' läutete dort täglich genau zu Mittag mit tiefem eindringlichen Ton, der über die ganze Stadt bis in den Osten zu hören war. Viele Amerikaner hatten hier mit ihren Unterschriften sich für die Freieit von Berlin ausgesprochen. Ein Zugeständnis an die Worte des Englischen Winston Churchill, als er gleich nach dem Zweiten Weltkrieg eingestand:"Wir haben das falsche Schwein geschlachtet." (und nicht Russland). Selbst Präsident Kennedy, als auch Präsident Clinton hatten Berlin die Freiheit verbrieft mit ihren Worten „Ich bin ein Berliner". Das politische Schicksal von West-Berlin hing sehr an der Wiederbelebung guter Beziehungen zwischen West-Deutschland und Amerika. Dennoch gelang Gorbachow aus dem anderen Lager im Jahr 1989 der entscheidende politische Schachzug der Wiedervereinigung von Ost-und West-Deutschland. Gorbachow sah über die gegenwärtigen Verhältnisse hinaus ; in seiner Weitsicht erklärte er :"Russland braucht für seine Entwicklung Europa. Stabilität ist in Europa nur möglich mit einem Vereinten Deutschland, denn sonst könnte uns allen ein neuer Krieg ins eigene Haus kommen mit unabsehbaren Folgen."

    Unter diesen Weichenstellungen erreichte auch das Eine-Berlin die Stellung, welche die Stadt heute im gesamten Deutschland und darüber hinaus weltweit als Deutsche Hauptstadt wieder genießt. Die Berliner selbst hatten in ihrer unerschütterlichen Beharrlichkeit einen nicht unwesentlichen Beitrag zu diesem Erfolg geleistet. Ich selbst hatte Berlin noch zu einem Zeitpunkt erlebt, als noch niemand voraussagen konnte, wohin das Schicksal der geteilten Stadt sich einmal wenden wird. Berlin war auf jeden Fall schon damals eine Reise wert.

    Wenn ich zurückkomme auf meinen ersten Schriftsteller Erfolg, nicht lange nach meiner Berlin-Reise, so möchte ich noch hinzufügen, daß auch Berlin am Ende mit Ausdauer den natürlichen Prozess erfahren hatte, in dem Nachbarn mit der Zeit eine Angleichung zu erfahren, wo das Bessere das weniger Gute überflügelt, solange einem langsamen ‚Abnutzungs'Prozess, oder Anpassungs-Prozess nicht die ‚Flügel' gestutzt werden in eiligen Konfrontationen.

In meiner ‚Demokratie-Kommunismus'- Gegenüberstellung war ich natürlich der erklärte ‚Aussenseiter'. Aber vielleicht hätte man auch in meinen zurückliegenden Ausbildungs Stätten eine Erklärung wie diese gefunden: "Auch ein blindes Huhn findet einmal ein Korn." (Ehemalige Latein Lehrerin Aussage). Jedenfalls war ich als Aussenseiter nicht wenig stolz, den ersten Preis gewonnen zu haben. Mama und Papa auf der anderen Seite wußten vielleicht nicht richtig, was sie dazu sagen sollten. Nach ihren Begriffen war dies nicht die Welt für einen „Bauerntölpel". Sie sahen mich lieber auf dem Weg zum Papiermacher in den Fußspuren von Papa. Dabei hatte man in der eigenen Schublade der Vergangenheit vergessen, daß Papa selbst als junger Mann etwas ganz Anderes beruflich machen wollte. Von seinem Vater aber angewiesen wurde, den Traum vom Sportlehrer lieber am Nagel zu lassen und etwas ‚Vernünftiges' ins Auge zu fassen. Die Papierfabrik in Busteni-Rumänien war Kapital vom König Michael von Hohenzollern. Man brauchte dort langfristig einen fähigen Technischen Direktor und so war Papa in diese einflussreiche Welt hinein gekommen. Wie weit er damit in Übereinstimmung mit sich selbst kam, ist vielleicht die Antwort auf sein schwankendes Stimmungs-Barometers. Daraus gelernt zu haben, können wir nur sagen, wenn wir es in unserem Leben besser machen.

Meine Lehrfirma erfuhr durch die lokale Zeitung von meinem Erfolg. Der Firmeninhaber (Herr Bierbaum) selbst beauftragte mich etwas über die Firma zu schreiben, mit der

Absicht, es auch zu veröffentlichen. Was geschah, war dies, ich schrieb ein abgewogenes Loblied mit kritischen Einblendungen. Dies wollte dem korpulenten Herren in seinem bequemen Bürosessel nicht so richtig gefallen. Er hatte nur eine Lobhuddelei erwartet und dabei übersehen, daß ehrliche Aussagen immer längere Beine haben und somit besser bei vernünftigen, um nicht ‚intelligenten' Menschen sagen zu müssen, ankommen. Trotz dieser kleinen Enttäuschung lernte ich, man kann nicht allen Menschen Recht tun.

Erfolg half auch mir im Selbstvertrauen. Im Grunde hatte ich vielleicht länger gebraucht, meine „Eierschalen hinter den Ohren abzulegen". Mädchen gegenüber verhielt ich mich bestimmt etwas verlegen, ich war damals nicht im Blickfeld einer Freundin. Der „Bauerntölpel" hatte noch Schwierigkeiten aus seinem eigenen Schatten heraus zu treten. Dennoch entging es auch mir nicht, daß Tanzen eine gute Gelegenheit ist, den Mädchen näher zu kommen. Ich tanzte gerne und war deshalb dort kein Aussenseiter.

TANZ SCHULE

Tanzen kann den Künsten mit ruhigem Gewissen auch zugeordnet werden. Mama und Papa mußten sich selbst übertroffen haben, als sie mich in eine vornehme Tanzschule in Karlsruhe anmeldeten. Vielleicht kommt Martin so mehr auf unseren ‚grünen Zweig'? War hier der Vater ihres Wunsches. Die Tanz-Lehrerin war eine vielfache Siegerin in Tanz-Wettbewerben hauptsächlich in Deutschland. Am Donnerstag Abend fand mein Tanz-Unterricht statt. Zuerst wurden die Grundlagen beigebracht ; die Anweisungen waren folgende : Die Männer auf einer Seite, die Frauen auf der gegenüber liegenden Seite. Ein Mann tritt nach dem anderen hervor und geht auf eine Dame zu, verbeugt sich, reicht den rechten geöffneten Arm der Dame, zusammen gehen sie an die Seite und warten auf weitere Anweisungen. Die Männer mußten im schwarzem Anzug antreten, mit einer Fliege am Hemdkragen, die Damen im langen Kleid nach ihrer persönlichen Wahl.

Darauf gingen die Anweisungen Schritt für Schritt weiter :" Lege deine rechte Hand vorsichtig auf die Gegenschulter des Partners, strecke die linke Hand horizontal seitlich und fasse wiederum vorsichtig die ebenfalls ausgestreckt horizontale Hand des Partners. Dann macht der Mann einen rechten Schritt nach vorne, dem die Dame mit ihrem Schritt nach rückwärts folgt, zwei kleine Schritte zusammen nach links, eine halbe Drehung folgt, immer gemeinsam, pass' auf die anderen Paare auf, nicht auf die Füße blicken, sondern nach vorne auf den Partner die Blicke richten. Sobald der Tanz zu Ende geht, bleib' mit deinem Partner zusammen, unterhaltet euch auch mit anderen Paaren ."

Am Ende des Tanz-Unterrichts war jeder Mann angehalten, seiner Dame das Geleit auf den Weg nach Hause zu geben. Die Lehrerin führte dann zum Abschied ein Beispiel wirklicher Tanzkunst jedes Mal vor, damit wir einen Geschmack bekamen, was die Kunst des Tanzens so beinhalten kann.

In der Gruppe war ich der jüngste Tanzschüler.Die älteren mehr erfahrenen Kandidaten, wenn es so gesehen werden wollte, waren gewandter im gesellschaftlichen Umgang als ich. Die meisten von ihnen waren Studenten von der Universität, oder fertige Akademiker. Einmal richtete man die Frage an mich, was ich so machte. Meine Antwort war ganz einfach :"Ich bin ein Werkzeugmacher Lehrling." –

Nach einer Gedankenpause auf der anderen Seite :"So , so, wie interessant !" In der räuspernden Stimme gingen weitere Worte verloren, fast beklemmende Stille trat ein. Ich kümmerte mich wenig weiter darum, was wohl so in dem einen oder anderen Kopf unausgesprochen vor sich ging : „Der hat wohl Nerven, sich unter uns zu mischen ?"

An nur wenigen Abenden kamen wir alle auf ausdrücklichen Wunsch der Tanz-Lehrerin anstatt im schwarzen Anzug auch einmal in Blue-Jeans und Hemd, hauptsächlich für die modernen Tanzarten wie Roch'n'Roll. Der Tanz Unterricht gefiel mir schon deshalb sehr gut, weil ich mit meinem Tanzen jetzt nicht mehr zurück stand. Nach sechs Monaten Tanzkursus erwartete alle Teilnehmer der Abschluß Ball.

Bereits während den Unterrichts Abenden hatten die meisten einen Partner gefunden für dieses Erreignis. Nur Wenige, zu denen auch ich zählte, hatten diese Vorsorge verfehlt. Am Ende war auch von den Damen, welche übrig geblieben waren, auch Eine für mich gewählt worden. – Vorschrift für den Abend war schwarzer Frack mit silberner Fliege. Mit einem Blumenstrauß ausgerüstet, sollte man seine Dame für den Abschluss Ball zu Hause abholen; ein tapferes Gesicht aufsetzen, möglichst freundlich vom zu Hause der Dame sie zu dem Abend mitbringen und nachher auch wieder heimbringen.

Was für eine Herausforderung mit Formalitäten !? Wollte mir nicht aus dem Kopf gehen. Mir erschien das ein paar Stufen zu hoch geraten. Die andere Seite „um ihre Hand zu bitten", war mir fern gelegen. Also entschied ich mich lieber für den Schulball bei mir zu Hause in Ettlingen, der am selben Abend stattfand. Die Atmosphäre war dort schon deshalb besser aufgelockert, weil jeder nach seinem Geschmack gekleidet kam. Auch die Musik war so richtig für junge Leute, jeder unterhielt sich beim Tanzen mit jedem. Zwar waren weder Essen noch alkoholische Getränke erhältlich, dafür aber viel Spaß mit Gruppen-Tanz-Spielen und gelegentlich witzigen Ansprachen. Jeder mußte diese ungezwungene Art Unterhaltung gerne haben. Wenn es zum Tanzen kam, war eine Schülerin, die sogar auf mich zukam und mich wiederholt bat mit ihr zu tanzen, weil sie meinte,"du kannst aber gut tanzen." Dies hörte ich natürlich gerne und da sie auch noch sehr hübsch obendrein aussah, erinnerte ich mich sehr leicht an die Tanzschule, der Partnerin ein gesichertes Geleit auf den Weg nach Hause zu geben. Das Mädchen teilte mir mit, sie mußte rechtzeitig nach Hause, da ihr letzter Zug ins Albtal nach Neureut nicht auf sie warten würde, wenn sie zu spät am Bahnhof ankäme. Mein Angebot, sie zu begleiten, erhielt ihre freundliche Zustimmung. Noch bevor der Zug abfuhr, machte ich mir Mut sie zu fragen nach ihrem Namen und ob wir uns wieder einmal treffen könnten. Unsere Augen sprachen deutlicher als unsere Worte, mit einem Händedruck verabschiedeten wir uns noch von einander.

Zwei Wochen später fand im Gemeindehaus der Evangelischen Kirche ein Lichtbilder Vortrag über Neuseeland statt. Mama und Papa ließ ich dies wissen, sie stimmten zu, wir sehen uns den Vortrag zusammen an. Der Raum war bis auf den letzten Platz voll mit Besuchern. Wer nicht rechtzeitig kam, mußte mit einem Stehplatz sich begnügen. Kurz nachdem wir unsere Sitze eingenommen hatten, erschien im Mittelgang das Mädchen von Neureut, dem Anschein nach in der Begleitung ihrer Mutter. Kurz entschlossen erhob ich mich von meinem Sitz und ging auf das Mädchen mit der Mutter zu, sie zu begrüßen und mit Mama und Papa bekannt zu machen. Sichtliche Überraschung zeichnete sich in den Gesichtern der Erwachsenen auf beiden Seiten : „Angenehm, auch meinerseits", wechselte zwischen den Parteien.

Der Bildvortrag war eindrucksvoll, alleine schon deshalb, weil die Berge, Wälder, grünen und Schneelandschaften, schroffen Küsten, Geisire, Vulkan-Eindrücke einen fernen Teil der Welt zeigten. So weit entfernt, daß es damals fast undenkbar war, jemals selbst dorthin kommen zu können. Das Schöne, das wir nicht kennen, nennen wir gerne ‚Paradies'.

Nach dem Bildervortrag übte ich mich als Kavalier. Ich sprach das Mädchen und die Mutter an :"Haben sie etwas dagegen, daß ich sie zum Bahnhof begleite ?" – „Wenn es ihnen nichts ausmacht, gerne." War die Antwort auf meine Frage. Ich befand mich in den Wolken und glaubte schon, eine Freundin gewonnen zu haben. Selbst Mama und Papa äußerten sich : „Martin, du hast guten Geschmack." – Wer hoch hinaus fliegt, der kann auch wieder weit herunter fallen. Die Zeit konnte nicht schnell genug vergehen, daß ich das Mädchen von Neurot wieder sehen konnte.

Das Telefon benutzte ich so wenig wie nur möglich, weil die Mutter das Telefon antwortete und ich wollte nicht aufdringlich erscheinen. Für das Warten wurde ich dann belohnt. Am Telefon erhielt ich die Einladung, am kommenden Sonntag eine Tasse Tee mit den Herrschaften in Neurot zu trinken. Die kurze Strecke nach Neureut brachte mich die Albtalbahn. An der Adresse stand ich vor einer großen Villa. Was für eine luxuriöse Adresse, dachte ich mir. Das Herz wollte mir beinahe in die Hosen fallen, dennoch sprach ich mir Mut zu und drückte gespannt die Türklingel an der großen, festen Holz-Eingangstüre.

Eine ältere Dame hieß mich willkommen :"Bitte treten sie näher und kommen sie ins Haus." Ich stellte mich vor und folgte durch den Hausgang in eines der schönen mit alten Möbeln eingerichteten Zimmer. Dort kam das Mädchen auf mich zugelaufen. Ich war nicht sicher genug, sie zu umarmen, obwohl ich es gerne gemacht hätte. Blumen aus unserem Garten hatte ich aber für mich sprechen lassen. Durch andere Räume des Hauses führte mich das Mädchen zu einem Balkon-Erker mit Blick auf den umliegenden Garten hinaus. Die Mutter hatte an dem schönen runden Tisch bereits Platz genommen ; „nehmen sie doch bitte Platz, damit wir uns bei einer Tasse Tee etwas unterhalten können." Die Tochter brachte auf einem Tablett die Meissner Teekanne mit Tassen und Untertellern. – „Sie trinken doch eine Tasse Tee mit uns ?" - „Gerne", war meine Antwort." – In unserem Gespräch blieb die Frage natürlich nicht aus :" Studieren sie noch, oder sind sie schon berufstätig ?" - Ausbildung zum Werkzeugmacher zeichnete sich im Gesicht der Mutter als eine Überraschung auf. – „Noch nie von so einem Beruf etwas gehört, sie arbeiten wahrscheinlich mit den Händen." – Was konnte ich damals darauf sagen ? Wahrscheinlich war es doch das Beste, daß ich mich meiner Stimme enthielt.

    Nach zwanzig Minuten war die Teepause wie mit der Sanduhr gemessen vorbei. „Ihr Besuch hat mich sehr gefreut, kommen sie wieder gut nach Hause." – Ein Händedruck an der Ausgangstüre noch für das Mädchen und schon war ich wieder auf freiem Fuß. – Lag tatsächlich auch hier die Würze in der Kürze ? Fragte ich mich auf dem Weg zum Bahnhof in Neureut. Ich werde ja sehen, was dies auf sich hatte.

    In der Zeit ließ ich nicht ab besonders mit der Gitarre zu spielen. Unser Sippenführer meiner Pfadfinder Gruppe war ein vorbildlicher Lehrer für klassische Gitarren Musik. Zwei meiner Freunde gewann ich für ein Gitarren Ständchen am Geburtstag des Mädchens in Neureut. Zuerst ließen wir unsere Gitarren im Garten beim Haus erklingen. Die Töne gingen nicht unüberhört. Die Verandah Türe wurde geöffnet, eine ganze Versammlung Geburtags Gratulanten hatte sich um einen großen runden Tisch zum

Essen zusammen gefunden.- „Na dann zeigen sie uns einmal, was sie können."
Kam aus verschiedenem Mund hervor. Nach den Blumen- und Geburtstagswünschen erhob ich meine Stimme, während meine beiden Freunde mich mit der Gitarre begleiteten.Von der Tischrunde kam dann die Frage: "Wer ist denn hier der Hofierer von unserem Geburstagskind ?" – Die Mutter war schnell mit der Antwort bereit: „Herr Martin, sie sollten sich ihre Stimme ausbilden lassen." – Was das genau heißen sollte, war jetzt keine Zeit zum nachdenken.Unser Ständchen war dem Anschein nach doch gut angekommen. Die folgende Tischrunde konnte man steif, konservativ bezeichnen. Denn für den Geburtstag eines jungen Menschen sich formell kleiden und Kerzenlichter den Tisch erleuchten lassen, schien wenigstens mir etwas verfehlt. Hinzu kam, daß Wein in Kristallgläsern, wenig aber gewähltes Essen auf verschiedenen Tellern so sorgfältig serviert war, als wäre alles nur zum Anschauen da gewesen. Wahrscheinlich konnte man dem Wein es zuschreiben, daß die Tischrunde etwas aufgelockert wurde. Die Mutter des Geburtstags Kindes wußte auch etwas dem wechselnden Wortschwall hinzuzufügen, an mich addressiert :" Herr Martin, sie werden einmal in einem sehr fernen Land leben."
Was für eine Vorhersage ! Genauer konnte sie im Vorraus den Nagel nicht mehr besser auf den Kopf treffen. Was hatte sie zu dieser Aussage veranlasst ? Sah sie mich mit meinen Blicken außerhalb den gewohnten Erwartungen, oder wollte sie mich prüfen, wie weit bodenständig, Heimat gebunden ich war, im Fall, aus unserer Bekanntschaft sich mehr entwickeln sollte. Man kann ja nie wissen !
In der Tat, 22 Jahre später lebte ich mit meiner Familie so weit weg von Ettlingen und Neureut, wie es nicht mehr weiter sein konnte, in Australien, nahe Neuseeland. Wie weit ist wohl das Leben bestimmt, von Menschen und Faktoren

aus unserem Umkreis? Die Frage ergab sich hier auch von dieser Seite : Mama hatte mir noch im Jahr 1944 zu Weihnachten ein Spielzeug-Känguruh gebastelt. Dieses Känguruh ist überall auf meinen Wegen mit gekommen, nie verlorengegangen und hat heute einen Ehrenplatz in unserem Haus in Australien erhalten.

Wieviel ist in unserem Leben dem Zufall anheim gestellt ?

Noch bevor Einbruch der Dunkelheit sorgte sich die Hausherrin während der Geburtstagsfeier, daß die Ständchen-Musikanten wieder rechtzeitig nach Hause kamen. So jung, wie wir waren, wahrscheinlich auch ein wenig ‚blauäugig', freuten wir uns selbst an unserer musikalischen Darbietung. Meinen Kritikern sollte nicht entgehen, daß solange sich jemand um etwas bemüht, dies immer noch besser ist, als nichts tun. Manchmal könnte man sich auch die Frage stellen: Was können die Anderen ? Die Werkzeugmacher-Lehrling-Beurteilung von einer ungerechtfertigten ‚Höheren Warte' konnte ich nur als bedauerlich betrachten. Vergessen wir nicht, wir alle fangen irgendwo im Leben an. Am Ende dann knallt bekanntlich die Peitsche. Leben heißt, alles ist im Fluß, alles ist sowohl möglich, als auch unmöglich. Die Zeit lehrt uns, wo wir im Leben hingekommen sind.

In einem anderen Treffen mit dem Mädchen aus Neureut, ergriff ich die Initiative. Der Ettlinger Turn- und Sportverein, bei dem auch ich ein aktives Mitglied war, veranstaltete ein Fest in der neuen Sportanlage am Wasen, dem Ortsausgang nach Süden, in Richtung Rastatt. Die ganze Anlage, einschließlich den Einrichtungen verdankten ihre Entstehung der persönlichen Initiative besonders von einer Person, dem ansässigen Trainer und Sportlehrer Herrn Kary. – Die ganze Aufbauarbeit war von Mitgliedern des Sportvereines in ungezählten Stunden und vielen Wochenden geleistet worden. Eine beachtliche Leistung !

Hätten wir auf Untzerstützung von Stadt und Land gewartet, hätten wir die Sportanlage wahrscheinlich selber nicht mehr erlebt. Nun war es so weit, daß wir diesen Meilenstein in der Geschichte des TSV-Ettlingen feiern konnten.- Ich klopfte in Neureut an, um Verständnis und die Genehmigung bei der Mutter zu erzielen, daß die Tochter auch bei dieser Gelegenheit sein konnte. Ein Freund half mit seinem Auto aus, das Mädchen in Neureut abzuholen. Den

Führerschein hatte ich zwar schon gemacht, die monatliche Beihilfe von vierzig Mark war aber zu wenig, um auch noch an ein eigenes Auto nur denken zu können. Das Fest im neuen Sportheim ging bestens über die Bühne, mit Musik, Tanzen, Witzen, Spielen und dem mitgebrachten Essen und Trinken. Meine ‚Freundin' mußte allerdings wieder rechtzeitig zu Hause abgeliefert werden. Niemand sah ein Problem darin, einschließlich mir. Auch meiner ‚Freundin' hatte der Abend gefallen. Trotzdem war es nicht zu übersehen, wie sehr die Mutter die Weichenstellungen im täglichen Leben für die Tochter bestimmte. Am Ende ist jeder selbst Meister seines eigenen Schicksales und auch von dieser Sicht dauerte es nicht lange, daß unsere Wege sich trennten. In Neureut hatte man etwas „Besseres" im Sinne.

Im Gegenzug zu meiner Einladung zur TSV Sportplatz Einweihung, erhielt ich von Neureut eine Einladung nach Herrenalb in das beste Hotel am Platz : Mal sehen, wie sich der Lehrling Martin in „ unseren Kreisen" weiß zu bewegen? Lautete wahrscheinlich der Prüfstein. Anzug war hier die Etikette, nicht so ungezwungen,wie zu meiner Einladung. Meinem Transport Problem kamen andere Party Teilnehmer entgegen mit ihrem Auto. Wie vereinbart, sollten wir uns an einem bestimmten Punkt treffen. Da keiner den anderen kannte, war die Begegnung vom Beginn erschwert. Ein Auto hielt etwas weiter weg von mir an. Erst als einer der Insassen durch das Schiebedach sich nach meinem Namen erkundigte, war der Kontakt hergestellt. Nachdem wir alle wie in einer Heringdose im Auto Platz gefunden hatten, konnte die Fahrt ohne ein einziges weiteres Wort los gehen.

Am Hotel-Eingang empfing uns eine pompös gekleidete Dame in einer Reihe jeden einzeln von uns. Alle hatten einen dicken Blumenstrauß mitgebracht, nur der

Lehrling Martin stand ohne Blumen da. Der Empfang reichte bereits, um mir die Rede zu verschlagen. In dem goldenen Hotelraum fehlte keine Bequemlichkeit. Große Sessel waren so geräumig angeordnet, daß niemand auch beim Sitzen sich zu nahe kommen konnte. Ein Tisch dazwischen hielt die Distanz gleichmäßig aufrecht. Gemälde fehlten auch nicht an den Wänden, Brokat-Vorhänge schlossen ringsherum die Fenster nach außen von der Decke bis zum Boden, reich verzierte Armleuchter erhellten vorsichtig den Raum, vielleicht romantisch, den Kulturausweis lieferte ein hochglanz-polierter Klavierflügel.

Wenigstens die Tanzschule in Karlsruhe kam mir noch in den Sinn. Sollte es zum Tanzen kommen, dann wußte ich, daß ich hier wenigstens mithalten konnte. Der Einladung am Klavier etwas vorzuspielen, gab ich eine höfliche Absage, ich wollte mich nicht noch mehr in den Schatten stellen lassen. Neureut hatte sowieso versäumt, mich bei den anderen Gästen bekannt zu machen. Der einzige Gesprächspartner für mich wurde wie durch Zufall ausgerechnet die Tochter meines ehemaligen Mathematik Lehrers. Nichts gegen die Tochter, noch gegen die Mathematik, der ehemalige Lausbub Martin war hier auf einem Teller serviert worden, wo die Beurteilung der Schule unter dem Teppich nicht zurückgeblieben war. Die Person des Lehrers blieb natürlich Tabu. Hier bewies sich von selbst, daß viele Menschen ihre Sicht sich nach dem Grundsatz einengen, daß Gleiches sich zu Gleichem gesellt. Dem widerspricht die Lebenserfahrung, die unausweichlich lehrt : Sichtbare Unterschiede zwischen den Menschen sagen noch lange nicht aus über ihre Fähigkeiten.Hinter formellen Fassaden versteckt sich all zu oft mehr von dem, was man nicht sehen und vor einem ungleichen Gegenüber in jeder Hinsicht schützen soll. Was für eine kurzsichtige, arme Einstellung !

Für mich konnte dieser „Hotelbesuch" nicht schnell genug zu Ende gehen. War dies eine Antwort auf meine Einladung zu dem Sportfest? – Geschmäcker sind ja bekanntlich verschieden, wie die Ohrfeigen. Eine Ohrfeige mehr oder weniger sollte noch nicht einen ‚Frühling' in menschlichen Beziehungen verderben.
Die Zeit brachte auch Distanz zu Neureut. Zu meinem Geburtstag konnte mir meine Cousine die Hiobs-Botschaft mitteilen, sie hatte ‚Neureut' sehr ‚innig' tanzen sehen mit einem Studenten der Universität Karlsruhe. Die Bestätigung wollte ich mir allerdings selbst einholen. Noch am selben Abend schwang ich mich auf mein Fahrrad in Richtung Neureut. Und sieh Einer an, die Würfel waren gefallen. Besser mit Wissen zu tun haben, als von Unkenntnis irregeführt werden. Was sollte hier eine weitere Bemühung von meiner Seite?

SCHWARZWALD

Mitten im Schwarzwald liegt die kleine Ortschaft ‚Hornberg'. Nur wenig weiter oben von ihr liegt im Gutachtal auch das Uhr-Herstellungs-Zentrum von ‚Triberg'. Von dort stammt die ‚Kuckucksuhr' her. ‚Hornberg' weiß seinen Namen in Verbindung mit einem ‚Hornberger Schießen' zu bringen, welches in Wirklichkeit nie stattgefunden haben soll.

Auf einem Ausflug mit Papa und Mama wollte man vielleicht herausfinden, was dieses ‚Hornberger Schießen' auf sich hatte. Die dunkeln Tannenwälder, wie sie sich an den Berghängen fest klammern, haben der ganzen weiteren Umgebung den Namen „Schwarzwald" eingebracht. Hauptsächlich in den Tälern wie dem Gutach-Tal wichen die schwarzen Tannen mit der Zeit zuerst der Ansiedlung von Bauernhöfen und in neuester Zeit immer mehr den Wohnungs- und Industrie-Ansiedlungen. Die alten Schwarzwald häuser sind alleine von Abbildungen so manchem bekannt. Das Haus ist zum Teil in einen Berghang hinein verlegt. Die Grundmauern sind aus Sandstein-Blöcken gebaut, während das darauf errichtete Wohnhaus aus soliden Schwarzwald Tannen Stämmen erbaut ist. Ähnlich den Häusern in den Alpenländern von der Schweiz, Österreich, Italien und Frankreich geht eine Verandah an der Hausfront quer von einem Dachende zu dem anderen. Im Sommer leuchten farbige Blumen in Kästen von dem Verandah Außengeländer.

Das Dach des Schwarzwald Hauses ist es, was seine Besonderheit ausmacht. Auf beiden Seiten des Hauses läuft es fast bis auf den Boden herunter. Die älteren Häuser sind noch mit Schindeln, geräucherten Holzplatten, gedeckt. Nur Wenige sind noch mit Stroh gedeckt. Da das Haus in einen Hang hinein gebaut ist, dient die obere Seite des Hanges, oder auch Hügels, als direkter Zugang in den Dachstuhl zu der Lagerung des Heues für dem Winter. Darunter befinden sich gewöhnlich die zwei Stockwerke der Wohnräume. Ganz im Erdgeschoß sind die Stallungen für das Vieh. Ein eingefasster Misthaufen sitzt auf einer Seite des Hauses, während getrocknete Holzbeigen mehr zur Sonnenseite auf den Winter warten, um das Haus im zentralen Kachelofen warm zu halten. Im Schwarzwald Haus sorgen unten das Vieh, oben das Heu dafür, die Kälte der langen anhaltenden Winter fern zu halten ; Menschen und Tiere leben hier sinnvoll zusammen.

Ein Holztransport Schlitten mit vorne erhöhten zwei Kuven zum besseren Führen durch den Schnee, kann manchmal auf der Holzbeige noch versorgt gesehen werden.

Im Haus selbst ist der zentrale Kachelofen ein wichtiger Bestandteil der Einrichtung. Oft wunderschön bemalte Bauernmöbel, Regale mit Essgeschirr an der Wand, innen alle Wände und Böden mit Tannenholz fachgerecht ausgelegt, bunte Vorhänge verleihen dem Schwarzwaldhaus seine eigentümliche Gemütlichkeit.

Schwarzwaldhaus im Winter

An bestimmten Tagen im Jahr, eigenen sowie kirchlichen Festtagen, tragen die Schwarzwald Bauern stolz ihre alte Tracht : Der Bauer eine farbig gestickte dunkelblaue Weste, schwarze Kniebundhosen, dicke, feste, weiße Beinsocken, an den Füßen hochglanz polierte Halbschuhe und am Kopf einen schwarzen Hut mit einer weiten Krempe rundherum.

Die Bauers Frau trägt am Kopf entweder ein bestimmt gefaltenes farbiges Tuch, oder den mehr bekannten schwarzen Hut mit den fünf feuerroten Bällen in seiner Mitte. Ihre weiße Bluse ist am Oberarm gerafft festgehalten, das dunkle

Kleid geht über die Knie, wo dann auch weiße Beinsocken in glänzende Halbschuhe führen.

Der Ausflug mit Mama und Papa nach Hornberg diente auch einemZweck, nämlich, eine kleine Firma zu besuchen, welche etwas mit Papierherstellung zu tun hatte. Die Besitzerfamilie der Firma war sehr zuvorkommend und freundlich zu uns. Eine Tochter des Hauses war in meinem Alter. Die Tochter schickte die Hausherrin zusammen mit mir gleich zu Beginn zu ihrem Schwimmbad, welches etwas abgelegen nahe dem Flußlauf der Gutach lag.

In der Luft konnte man gerade noch etwas Wärme finden. Das Wasser im Schwimmbad war jedoch eisig kalt, da die Sonne nur wenige Stunden am Tag in das hier tief eingeschnittene Gutachtal Zugang findet. ‚Lumpen' wollte ich mich ja gerade auch nicht lassen, also tauchte auch ich ins Wasser, um den ersten Kälteschock so schnell hinter mich zu bekommen, wie nur möglich.

Die Tochter des Hauses mußte mit solch beißender Kälte vertraut gewesen sein. Denn ich war genau so schnell wieder aus dem Schwimmbecken, wie ich hinein gekommen war. Die andere Seite zeigte mir noch Minuten-lang, wie wenig Kälte den Schwarzwäldern etwas ausmachte. Nur ein heißer Tee konnte meine Lebensgeister wieder zurück bringen.

Eis-kaltes Wasser war mir ohnehin schon immer nicht nahe gelegen. Meine Rückenverletzung hatte damit auch ihr Sagen. Heute in Queensland-Australien ist Kälte kein Thema für mich mehr. In späteren Jahren lernte ich auch in Finnland, wie man dort mit Kälte umgeht ; ein Sauna Besuch ist dort sowohl eine gute Vorbereitung, als auch Antwort auf Kälte.

Von Hornberg wurden wir mit den Worten verabschiedet : „Kommen sie bald wieder, wir haben uns sehr über ihren Besuch gefreut." – Demnach kam es zumindest damals noch nicht zu einem berüchtigten ‚Hornberger Schießen', welches bekanntlich nie stattfand. Warum sollte ich der wiederholten Einladung nicht folgen, dachte ich mir und anvertraute mich der Deutschen Bundesbahn, mich mit meiner Gitarre dieses Mal nach Hornberg im Schwarzwald zu bringen. In Hornberg angekommen, meldete ich mich erst einmal über das Telefon an. Der Herr des Hauses nahm meinen Anruf entgegen. Bereits am Telefon erklärte er sich einverstanden, meinem Gitarren-Ständchen zu helfen in einem romantischen Auftritt. Seine Idee war, ich sollte auf der Leiter von Außen vor dem Fenster meine Serenade erklingen lassen. Allerdings alleine die erforderliche Akrobatik war etwas viel verlangt, auf der Leiter sich zu halten, singen und Gitarre noch obendrein zu spielen. Also wurde übereinstimmend entschieden, mehr auf dem üblichen Weg vor dem Eingang mich zu melden. Der Plan haute hin wie am Schnürchen. Besser als eine Türklingel kam meine Stimme mit der Gitarre begleitet an. Die Tochter öffnete selbst die Türe und mit einem freundlichen Lächeln wurde ich aufgefordert, in die Wohnung herein zu kommen. Auf einem Stuhl, vor einem Tisch in einem Erker-Zimmer, nahm ich Platz und unterhielt die Familie für eine gute Stunde mit Gesang und Gitarrenbegleitung. An den Erkerwänden säumten rund um den Tisch Holzeckbänke aufwärts strebende Erkerfenster. Auch dieses Mal schien meine Anwesenheit in keinem ‚Hornberger Schießen' zu enden. Da ich vom Zugtransport nach Hause abhing, mußte ich ein gutes Auge auf die Zeit halten. Auch hier lag in der Kürze wiederum die Würze. Ich wurde sehr freundlich verabschiedet. Den Weg zum Bahnhof fuhr mich die Tochter mit dem Auto. Was der Mund nicht sagen konnte, die Augen versuchten es aber auszudrücken, wird sich mit der Zeit schon herausstellen.

Meine Vorstellung ging schon damals darauf hinaus, daß wenn ich etwas anbieten kann, gewinne ich Menschen leichter und erfahre dabei von ihnen besser, ob gemeinsame Interessen uns verbinden. Unterhaltung war damals noch nicht so leicht zugänglich wie dies heute der Fall ist. Man war mehr auf sich selbst angewiesen, sich für eine Unterhaltung etwas einfallen zu lassen. Fernsehen war noch in seinen Anfängen. Zu Beginn konnte ein Fernsehprogramm nur für eine begrenzte Zeit von wenigen Stunden täglich, natürlich nur in schwarz-weiß, gesehen werden. Und dies war gar nicht so schlecht, denn jeder war mehr oder weniger angehalten selbst etwas zu tun, auch in Hinblick auf Unterhaltung. Geld war ziemlich mager. Vielleicht half dies auch menschliche Kontakte besser aufrecht zu erhalten, als im Konsum-Zeitalter der Zweitausend-Jahre.

Mama und Papa ließen nicht davon ab, daß aus mir ein Papiermacher Ingenieur werden sollte. Vorsorglich war auf dem Tisch in meinem Zimmer eine Fachzeitschrift der Papierindustrie gelandet. Die vordere Umschlagseite zeigte in gut lesbaren groß geschriebenen Worten :" Willst du ein Papieringenieur werden ?" – Die Frage war für mich wie eine Herausforderung, sie zu beantworten. In meinem jugendlichen Eifer hatte ich einen Schreibstift schnell zur Hand und "Nein Danke" fand seinen Platz direkt unter der Zeitschrift-Schlagzeile.

Ein darauffolgendes ‚Donnerwetter' war dann so sicher wie das ‚Amen' in der Kirche, als Papa die Zeitschrift in seine Hände bekam. Sollte Papa irgendeinen Respekt vor mir zuvor noch gehabt haben, jetzt war er ganz im ‚Eimer'. Ich jedenfalls war nicht mehr bereit, in ein Berufs-Gleis gedrängt zu werden, wo ich nur ‚Bahnhof sehen konnte', alleine schon auf Grund des wenig überzeugenden Vorbildes durch Papa. Ich war entschlossen, meinen ‚Dickschädel' durchzusetzen.

Selbst beste Absichten sind zum Scheitern verurteilt, wenn sie bei der anderen Seite nicht richtig ankommen. Mama und Papa hatten mit mir kein Glück in elterlicher Erziehungs Gewalt. Mehr als je zuvor war ich von nun an entschlossen, meine Werkzeugmacherlehre so schnell wie möglich unter Dach und Fach zu bringen, um in meinem Leben mehr Unabhängigkeit zu erreichen. Dies gelang mir auch auf Grund meiner Anstrengungen, eine Verkürzung meiner Lehrzeit um ein ganzes Jahr zu erreichen.

Die Zeit der Abschlußprüfung kam auf mich zu ; eine Woche schriftlicher Teste in der Gewerbeschule folgten zwei volle Tage praktische Prüfung in einer anderen Firma. Die praktische Prüfung war viel anspruchsvoller als die schriftliche. Die Anforderungen sowohl an Maschinen-Kenntnissen, als auch Handfertigkeiten in Bezug auf Genauigkeit, war für jeden Prüfling eine Herausforderung. In beiden Disziplinen erreichte ich die best möglichen Ergebnisse. Daß ich darauf besonders stolz war, muß nicht weiter erklärt werden.

Mama und Papa übten sich jedoch im Stillschweigen. Dies war nicht der Fall mit dem Bundesverband für Berufsausbildung. Ich wurde von ihm eine Woche nach München eingeladen.Ein großartiges Programm wartete dort auf mich : Unterkunft und Essen im Fünf-Sterne-Hotel, Besuch eines Schauspieles in einem wunderschönen Rokokko-Theater, Stadtbesichtigung und ausgiebiger Besuch im ‚Deutschen Museum für Technik'. Dort sind auch heute noch die technischen Entwicklungs Stufen sichtbar vom Auto über das Flugzeug, dem Fahrrad, dem Radio, Fernsehen, der Uhr, der Eisenbahn, man kann sagen, fast alles ist dort zu sehen. Allerdings etwas über Papiermachen hatte ich nicht gesehen. Mehr als ein Tag war notwendig, um einen guten Eindruck zu gewinnen. Das angenehme war dabei noch obendrein, alles war für mich frei, selbst der Transport mit einem Taxi.

WANDERN IM SCHWARZWALD

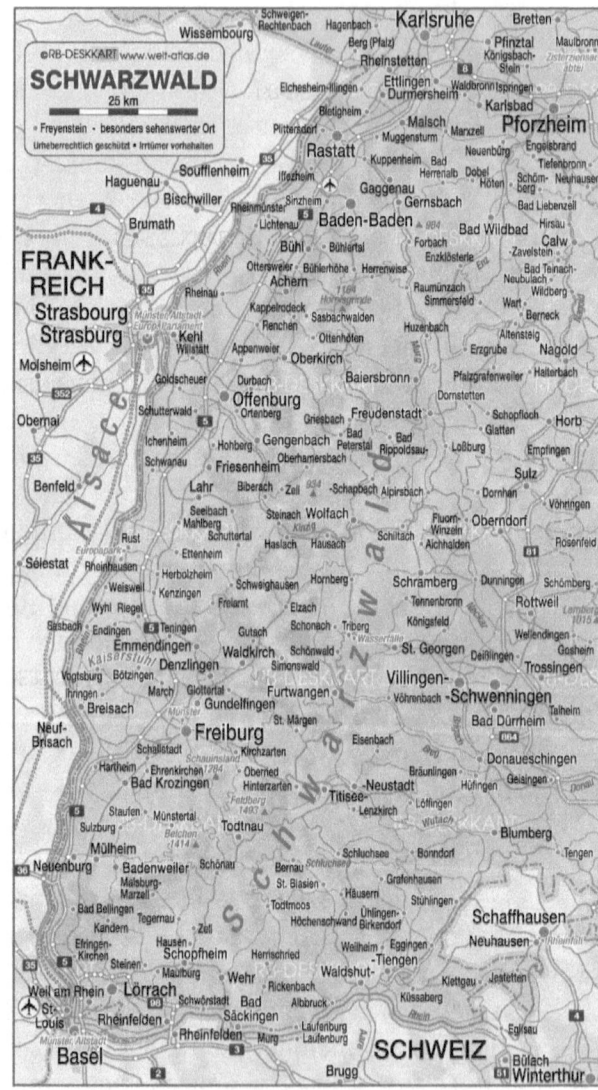

Karte der Schwarzwald-Gegend

Wandern im Schwarzwald, März 1962

Im März 1962 hatten vier Mitglieder unserer Pfadfinder Gruppe die Idee, wir machen eine Wanderung durch den Schwarzwald. Einen Anstoß dazu gab uns der damalige Präsident von Amerika, Kennedy, mit der Forderung an seine Landsleute :" Jeder junge gesunde Mann muß 70 Kilometer mit einem Rucksack von 20 Kilogramm Gewicht innerhalb 24 Stunden zu Fuß zurücklegen können."- Wir wollten sehen, ob wir diese Forderung erfüllen konnten.

Gleich am Rande unserer Stadt Ettlingen steigen die ersten Berghänge des Schwarzwaldes auf. Das Albtal führt in sein weiteres Innere. Wo das Tal aufhört, schließen nur noch höhere Berghänge einem Wall gleich das Tal ab. Um weiter zu kommen, muß man die erste Anhöhe nach Dobel in Angriff nehmen. Ein erster Test für die Beine auf dieser Wanderung. Hier war uns alles noch wohl bekannt, Wege, Richtung und so manche Waldung oder Lichtung. Nach der Höhenortschaft Dobel, welche besonders in den Winter Monaten ein Anziehungspunkt für Wintersportler bis heute noch ist, ging es weiter auf mehr oder weniger derselben Höhe um die 900 Meter in süd-östlicher Richtung nach Freudenstadt. Das Wetter zeigte uns, der Winter war noch nicht vergangen. Schneeflecken lagen hier oben noch im Wald, die Luft war richtig beißend kalt, alleine vom unnachlässigen Wind, welcher hier herrschte. Unsere Gesichter trotzten der Kälte mit ihrer Röte. Den 70-Kilometer-Marsch an einem Tag mit Gepäck entschieden wir auf den Schluß unserer Schwarzwald Wanderung zu verlegen.

Auf dem Weg nach Freudenstadt kamen wir auch durch Besenfeld, der Ortschaft, wo ich 6 Jahre vorher auf dem Oberwiesenhof harte Arbeit leisten mußte. Das Hotel an der Straße gegenüber dem Bauernhof war noch am selben

Platz. Einen Besuch überließen wir seinen wahrscheinlich immer noch anspruchsvollen Gästen. Wir hingegen wandten uns dem Bauernhof zu. Dort hatte sich nichts geändert, alles sah noch so aus, wie vor 6 Jahren. Nichts Neues war hinzu gekommen. Im Hotel holten wir uns lediglich die Auskunft, ob Herr und Frau Müller noch auf dem Hof waren ; an mich konnte sich niemand mehr erinnern. Die Antwort war :"Ja, die sind noch dort."

Im Wohnhaus des Bauernhofes empfingen uns das inzwischen sichtlich noch älter gewordene Paar. Sie hingegen erinnerten sich noch gut an den Martin. Die Jahre hatten auch ihr Leben auf dem Bauernhof verändert. Herr Müller machte nicht mehr die schweren Arbeiten, er hielt nur instand, was er noch schaffen konnte. Lange hielten wir uns nicht auf, weil Bauersleute, gleichgültig ob jung oder alt, gewöhnlich wenig Zeit für überraschende Besuche haben. Auf unsere Frage :"Dürfen wir ihnen zum Abschied noch ein Lied singen ?" Antwortete die Bäuerin erfreut :" Na dann zeigt mal, was eure musikalische Hinterköpfe schaffe könne." – Gefallen mußte den beiden alten Leutchen unser Auftritt schon ein wenig, Frau Müller zeigte sich ganz gerührt :"Des isch aber schen, daß es heit no so was gibt."

Der Höhenrücken im nördlichen Schwarzwald auf dem Weg nach Freudenstadt war stellenweise noch mit Schnee bedeckt, hauptsächlich von dem Schnee, der von den weit ausladenden Tannenästen der Bäume herunter gefallen war, besonders im Sonnenschein. Die Tannennadeln hoben sich gegen den weißen Hintergrund des Schnees besonders dunkel-grün ab. Daher nahm der Name Schwarzwald seinen Ursprung.

Freudenstadt, unser nächstes Wander-Ziel, verdient mit Recht den Namen einer Stadt der Freude. Wenn man nur weiß, wie völlig zerstört die Stadt nach dem Zweiten Weltkrieg war und daß bereits im Jahr 1962 keine Spur der

Zerstörung mehr sichtbar war, dann kommt man nicht umhin, der Stadt zuzubilligen, daß nur die Freude übrig geblieben sein kann.

Nach dem anderen Ende der Stadt schneidet sich das Kinzig Tal allmählich tiefer in die Berge, je mehr das Tal abfällt. Tannenwälder säumten immer noch hart den wachsenden Fluß Kinzig, in dem auf beiden Seiten steil aufsteigenden Tal. Inmitten dieser abgelegenen Bergwelt des Schwarzwaldes liegt das alte Kloster mit der Kirche von Alpirsbach. Während der Schneeschmelze besonders im Frühjahr, wächst selbst der noch kleine Oberlauf der Kinzig zu einem reißenden Gebirgsstrom, der manchmal das Tal so hoch mit Wasser füllt, daß die Häuser der Bewohner im Kinzigtal von den stürzenden Fluten gefährdet werden.

Immer noch tapfer zu Fuß, verließen wir das Kinzig Tal bei der Ortschaft Schiltach und lenkten unsere Schritte in wieder aufsteigende Wiesenlandschaft nach der hoch gelegenen Ortschaft Lauterbach. Auf dem Weg trafen wir gestreut die bezeichnenden Schwarzwaldhäuser mit ihren großen schützenden Dachflächen und der Verandah. Um die Häuser war der Wald oft schon vor vielen Jahren grünen, hügeligen Wiesen gewichen, wo im Sommer die ‚glücklichen' Schwarzwald-Kühe weiden, nach der langen Winterzeit in den Ställen des Erdgeschosses der Schwarzwald Häuser.

Je weiter südlich wir kamen, desto höher wuchsen die Anhöhen des Schwarzwaldes. Hier von neuen umliegenden, abgelegenen Anhöhen folgten wir einem Weg in das Gutachtal, welches in seinem Lauf weiter unten in das Kinzigtal mündet. Meine gute Erinnerung an Hornberg veranlasste uns dort anzuklopfen, um Guten Tag zu sagen. Jedoch unerwartet bei jemandem anklopfen, schließt Überraschungen nicht aus, und genau dies durften wir erfahren.
Nur kurz vorher war die Familie vom Urlaub zurück gekehrt. Besuch von drei unerwarteten Gästen noch obendrein, mußte

für Verwirrung sorgen. Für die Nacht zogen wir uns deshalb in die nächst gelegene Jugendherberge zurück. In einem Entgegenkommen holte uns der Hausherr mit dem Auto am nächsten Morgen von der Jugendherberge ab. Die Tochter, welcher ich ein Ständchen gebracht hatte, zeigte sich allerdings nicht mehr. Auch sie hatte wahrscheinlich etwas besseres als Martin gefunden. Am Ende ist es doch stets gut, daß das in bestimmter Hinsicht Gleiche sich zu Gleichem gesellt. Dieser Besuch wurde lediglich eine Formalität, in der lediglich Nettigkeiten ausgetauscht wurden.

Dieses Mal konnte ich vielleicht sagen, das ‚Hornberger Schießen' hatte auch für mich nicht stattgefunden. Meinen Freunden blieb es verwehrt, meinen neuen ‚Schwarm' zu Gesicht zu bekommen.dennoch ließ niemand auf beiden Seiten Enttäuschung im Gesicht sich anmerken, unsere Wanderung durch den Schwarzwald konnte weiter fortschreiten. Von nun an lenkten wir unsere Schritte wieder in Richtung nach Hause, nach Norden. Wenn wir unseren ‚Kennedy-Marsch' noch hinter uns bringen wollten, war es an der Zeit, die 70 Kilometer festzulegen. Von Hornberg nach Ortenberg, nahe der Rheinebene, erwarteten uns die 70 Kilometer.

Am nächsten Tag, früh am Morgen, noch vor Sonnenaufgang , machten unsere ‚Schuster's Rappen' sich mit 20 Kilo auf dem Rücken im Rucksack auf den Weg quer durch den Schwarzwald, um möglichst Straßen zu vermeiden. Hohe Schwarzwald Tannen blickten auf uns vier flüchtige Wanderer herab. Auf dem wenig zugänglichen Gelände meldeten sich die Schuhe an den Füßen sehr bald mit Blasen. Hier trat die Herausforderung an uns mit weitermachen. Wären die Schuhe weicher gewesen, dann hätten die Blasen an unseren Füßen es nicht so leicht gehabt. Ist es aber nicht oft so :"Hätte der Hund nicht sein Geschäft machen müssen, dann hätte er den Hasen gefangen." Im Nachherein fällt uns gerne so manches ein, was hätte helfen können. Vielleicht hätte hier der frühere Trick vom Militär Anwendung gefunde : Um Schuhe mehr geschmeidig zu machen, soll das ‚eigene Wasser' in ihnen über Nacht das gewünschte Ergebnis bringen. Da wir daran nicht rechtzeitig dachten, kamen wir am Ziel in Ortenberg mit reichlichen Blasen an den Füßen noch vor Einbruch der Dunkelheit an. Bewährtes und nicht neues Schuhwerk wäre auch eine bessere Antwort auf die Blasen an den Füßen geworden. Zähne zusammen beißen half auch den Rucksack mitkommen zu lassen, obwohl dieser sich zunehmend schwerer anschickte, je weiter wir auf unserer Strecke kamen.

Immerhin wartete in Ortenburg die Jugendherberge in einer Burg auf uns. In seinen festen Mauern fanden wir bei einem Kaminfeuer Wärme, so daß Musizieren, Gesang und viel Witz-Spaß in der Unterhaltung uns noch bis spät in die Nacht aufhielten Schlaf zu finden. Am nächsten Morgen war es nicht zu verwundern, Keiner hatte es eilig aus dem Schlafsack zu kommen, noch an einen weiteren Tag zu Fuß zu denken. Die Blasen an den Füßen brauchten zuerst etwas Pflege. Die Mutter von einem Freund erbarmte sich unseres Schicksales und kam mit dem Auto, um uns die verbleibende Strecke nach Hause zu Fuß zu ersparen. Niemand von uns hatte etwas dagegen einzuwenden.

Hatte die Schwarzwald Wanderung uns einen Gewinn gebracht ? Damals auf jeden Fall ! Es waren nur kurze Ferien, aber eine Abwechslung zum Alltag mit guter Schwarzwald Tannenluft, wieder etwas näher der Natur sein, Schnee, Wind, Regen, Sonne erleben, zu Fuß unterwegs sein, mehr Zeit für Gespräche haben, einfaches Essen, Ruhe und Besinnlichkeit für neue Beobachtungen, neue Menschen kennen lernen, auch mit ungewohnten Schwierigkeiten lernen umzugehen, alles in allem, den nützlichen Lernprozess weiter führen. Am Ende konnten wir sagen,

„nichts ist leichter zu ertragen, als eine Reihe von guten Tagen."
Sobald das Leben nach dem Krieg in den 1950-iger Jahren langsam wieder besser wurde, hatte man unter anderem auch nichts besseres im Kopf, als den sozialen Unterschieden wieder mehr Geltung beizumessen. Diese Entwicklung machte auch nicht Halt in der Pfadfinder Organisation. So langsam schlich sich ein, ob jemand aus der Volkschule oder dem Gymnasium, aus der Industrie oder der Universität kam. Solche soziale Einstufung schadete mit der Zeit der Pfadfinder Idee. Die Erwartungen richteten sich zunehmend nach den formellen Bildungs Maßstäben.

Anfänge einer frühen Kluft in den sozialen Schichten zeigten sich in den bereits erwähnten militanten Zusammenstößen während einem harmlosen Faschingstreiben der Jugend von der Stadt Ettlingen.

Tradition in Deutschland hält sich gerne an Sozialstufen fest. Auch die Ausbildung orientiert sich an dieser Auffassung. Der aufwärtsstrebende junge Mensch wird leicht dazu „verführt", sich diesem „Rennen" anzuschließen. Aus einer lebenslangen Erfahrung kann ich heute nur dazu sagen : Eine einseitige Intelligenz, welche der Arbeit fern steht, wird mit der Zeit in einer Sackgasse landen mit viel Ausbildung und wenig Handlungs-Fähigkeit.

Anderen Bereichen in der Gesellschaft werden so die Intelligenz-Reserven abgesprochen. Der Ausgleich findet allerdings, wenn auch nur zähflüssig in Lohnverschiebungen statt. Damit wird aber die langfristige Konkurrenzfähigkeit in Frage gestellt. Wir haben zunehmend zu viele intelligente Köpfe und zu wenig intelligente Hände.

Dieser soziale Einbruch bei der Pfadfinder Bewegung in der Stadt Ettlingen führte zum Zerfall der Organisation. Ein guter Freund von mir, Bernhard, setzte sich noch Jahre persönlich ein, jungen Menschen die wertvolle Idee des

Pfadfinder Wesens mit auf den Lebensweg zu geben. Die Umgebung war jedoch stärker und ließ der Idee keinen Raum mehr.

OBERKOCHEN

    Ein Arbeitskollege veränderte sich beruflich zu einer weltbekannten Firma für optische Präzisions Instrumente in der Schwäbischen Alp, nicht weit östlich von Stuttgart. Er riet mir, ihm zu folgen, was ich tat. Dieser Schritt versprach mir zwei Fliegen mit einem Streich zu fangen : Ich gewann Unabhängigkeit von zu Hause und einen neuen Arbeitsplatz. Der neue Arbeitgeber war eine große Firma, modern und gut organisiert ; wie ich erfahren sollte, so gut organisiert, daß dem einzelnen Mitarbeiter der Spielraum bis in das kleinste Detail vorgeschrieben war ; es ging mehr um Verwaltung eines Bestandes, als um Zusammenarbeit auf weiter Ebene, sowie auf gleicher Augenhöhe.

    In der Abteilung, in der ich arbeitete befanden sich viele Mitarbeiter, welche bereits mit der Firma in Ost-Deutschland gearbeitet hatten, vor der Trennung mit Ost- und West-Deutschland; mit anderen Worte, sie waren von „Drüben". Gleich am Anfang ließ man mich wissen, wie der „Hase" in solch einem Traditions Unternehmen lief : Du bist neu und mußt erst dir die Haxen mit den Jahren lernen abzulaufen. Dies erfordert allerdings auch eigene Initiative auf Eis legen und zu Allem immer Ja sagen.

    Ein Jahr schaute ich mir diese festgelegten Verhältnisse an, dann reichte es mir. Ich passte auf keinen Fall in diese Warteliste von einer Organisation, in der jeder ein kleinst mögliches Rad in einem Getriebe ist, das in seinem Lauf von Politik bestimmt ist. Der „Kleingeist" fand dort einen ralativ sicheren Unterschlupf. Ich war auf dieser Wellenlänge nicht zu Hause. Die Worte von Coelho, dem Brasilianischen zeitgenössischen Schriftsteller, sagten mir mehr :"Ein Boot im sicheren Hafen verfehlt den Zweck seiner Bestimmung." Die Mitarbeiter des ehemaligen „von Drüben" pickten erfolgreich mit gegenseitiger Hilfe die Rosinen der täglichen Arbeit. Für die weniger lukrative Arbeit war unter Anderen auch ich zuständig. Während meiner Zeit mit der Firma wurde ein Kollege zum Beispiel auf der Leiter nach oben befördert, ganz einfach weil er den Lehrsatz des Pythagoras anwenden konnte ; was für Maßstäbe hier wohl zugrunde lagen, dachte ich bei mir. Dennoch befand sich unter denjenigen von „Drüben" auch ein Kollege, der sich die Haxen heraus riß, um für seine Familie und sein Haus aufzukommen und dabei, wie die Schwaben selber von sich sagen : Den Hund nicht verkaufen und selber bellen mußte. Diesem Kollegen ging die Arbeit rund um die Uhr sichtlich zu nahe, während in der Umgebung die anderen verstanden, eine gut bezahlte bequemere Kugel zu schieben.

Leider war dann nicht zu verwundern, daß der Kollege mit den Haxen sich heraus reißen auf der Stressbank eines Morgens am Arbeitsplatz tod aufgefunden wurde.

An meinem letzten Tag bei der Firma hatte ich das einzige Gespräch mit dem Vorgesetzten der Abteilung : Er gab mit folgende Worte mit auf den Weg :"Deine Arbeit ist zuverlässig und gut, wir sehen nicht gerne, daß du weg gehst. Soweit ich dich jedoch beurteilen kann, gestehe ich dir ein, diese Arbeit befriedigt dich mit deinen Fähigkeiten nicht. Du brauchst eine Arbeit, wo auch du ein Mitspracherecht hast. Kleinere Firmen sind für dich besser geeignet. Eine große Firma arbeitet anders, deshalb brauchen sie die kleinen Firmen."

Hier erhielt ich eine Antwort, die gar nicht so aus dem Weg war. Obwohl dieser Vorgesetzte kaum ein Wort in dem Jahr mit mir gewechselt hatte, mußte er ein Bild von mir gewonnen haben, wenn es auch aus der Distanz war. Mit anderen Worten, kann Distanz manchmal ein besseres Bild von einer Person hervorbringen?

Mein Jahr in Oberkochen hatte aber auch gute Seiten außerhalb der Berufsarbeit. Unterkunft für mich war in einem Firma-eigenen Wohnheim gestellt worden, in der Wohngemeinschaft mit einem Lehrling der Firma. Außerdem unterstützte die Firma die lokalen Interessen in Sport und so manche öffentlichen Aufgaben. Meine aktive Mitgliedschaft im Athletik-Verein brachte mich mit mehr gleichgesinnten Menschen zusammen. In Weitsprung und 100-Meter erzielte ich in Oberkochen persönliche Bestleistungen, trotz meiner Behinderung durch den Rücken.

Während dem Jahr in Oberkochen blieben Erfahrungen mit anderen Menschen außerhalb der Arbeit auch nicht aus. Hinter der Freundlichkeit des Wohnheim Verwalters kam eines Tages eine noch völlig andere Seite ans Tageslicht. Die ihm anvertraute Verwaltung hatte der gute Mann schon lange veruntreut, bis die Sonne es an den Tag gebracht hatte. Ich habe bis heute keine eigene Erklärung dafür, daß ich in vielen Fällen, wie auch in diesem, als Erster die Lunte gerochen hatte, allerdings mit der Sprache dann hervortrat. Das Wohnheim wurde darauf völlig umorganisiert, unter neuer Verwaltung. Die Meisten suchten alternative Unterkunft auch in umliegenden Ortschaften. In dem Aufwasch entschied auch ich, mich umzusehen nach einer privaten Unterkunft.

Da ich alleine war. Konnte ich ziemlich schnell nur ein Zimmer in einem Familienhaus erstehen, für einen meinem Geldbeutel angemessenen Preis. Die Familie war erst vor kurzem in das eigene neue Haus eingezogen. Jede zusätzliche Einnahme war in der Situation eines Schwäbischen „Häuslebauers" willkommen. Für mich bot sich hier eine Gelegenheit an, Einblick in eine fleißige Schwäbische Familie zu bekommen.

Wenn ich allerdings von mir selbst dachte, sauber, ordentlich und vernünftig organisiert in meinem täglichen Leben zu sein, dann wurde ich hier zum ersten Mal eines Besseren belehrt. Wer auch immer das Haus betrat, konnte nicht übersehen, wie sauber und ordentlich alles im Haus war. Die Wohnzimmer Türe blieb verschlossen, lediglich durch das Glas in der Türe konnte man einen Eindruck gewinnen, wie sauber und ordentlich es auch dort war. Alle Möbel waren mit weißen Leintüchern abgedeckt, um den Staub von ihnen fern zu halten.

Sobald ich zur Haustüre herein kam, war die Frau des Hauses zur Stelle, mich willkommen zu heißen, genauso, wenn ich das Haus verließ. Dabei blieb es aber alleine nicht. Gleich hinter mir stellte sie mit einem Polierlappen an einem Mop sicher, daß jede „Verletzung" ihres hochglanz poliertem Boden sofort wieder repariert war. Mit anderen Worten, sie war hinter jedem nicht mit dem sprichwörtlichen Besen, sondern mit dem Poliermop.

Um ihr entgegen zu kommen, strengte ich mich an, mein Zimmer auch sauber und poliert zu halten. Spätestens, wenn ich zurück kehrte, sah ich sofort, die gute Hausfrau hatte ihre Vorstellung von Ordnung und Glanz auch in meinem Zimmer walten lassen. Ich schaute noch genauer hin, wie sie es wollte. Dennoch kam es zu einem Zwischenfall. An einem Wochenende wollte ich von Oberkochen weg. Die Zeit für meinen Zug drängte. Zum Aufräumen in meinem Zimmer war nicht mehr genug Zeit geblieben, weshalb ich meine Wäsche und alles Andere im Schrank oben verstaute. Der Schrank hatte die Decke vertieft hinter seinen Seitenwänden , so daß ich glaubte, das Versteck war sicher vor den Augen der Hausfrau.

Als ich jedoch von meinem Wochenende zurück kehrte, wartete eine Überraschung auf mich. Meine versteckte Wäsche war gewaschen und gebügelt ordentlich auf dem Tisch. Das ganze Zimmer roch nach einem Sprühmittel, welches nur den gewünschten Geruch dem Zimmer verlieh.

Sobald ich das wahrgenommen hatte, drehte ich mich auf der Stelle um, zurück in die Ortschaft zu gehen, um einen Blumenstrauß zu organisieren. Ich wollte nicht ganz so schlecht der Hausherrin gegenüber treten. – Bei meiner Rückkehr wartete man im Hausgang bereits auf mich. Jedenfalls halfen die Blumen den Ernst der Situation herunter zu spielen. Trotzdem mußte ich eine Lektion über mich ergehen lassen :"Sie sin ja guet, laufe davon wie die Sau vom Trog, verstecke noch obedrei ihre Unordnung. Glaube se ja net, daß sie das öfters bei mir mache könne. Trotzdem sin se a gueter Mensch, des zeige sie mir mit de Blueme ; Schwamm drüber, se hen ja no Zit gnug in ihrem Läbe zu lerne."

Ohne Zweifel kann der Erfolg der Schwaben auch auf ihre Disziplin gegenüber Sauberkeit und Ordnung zurückgeführt werden. Dabei bleibt nicht aus, daß Menschen , die weniger ein so genaues Auge für Schwäbische Gründlichkeit haben, zumindest vorübergehend ins Hintertreffen geraten, wenn nicht ein Stein des Anstoßes im Hinblick auf Toleranz werden. Jeder Erfolg kostet auch seinen Preis. Erfolg oder nicht, wir können nicht alles haben.

Während meiner Zeit in Oberkochen sparte ich hart, damit ich ein „fahrbares Untergestell" , sprich gebrauchtes Auto, hoffentlich mir kaufen konnte. Nahe bei Stuttgart hatte ein Autohändler einen kleinen Fiat-500 ausgeschrieben. Mit einem Freund schauten wir uns das Auto an. Den Kauf des Autos bestimmte mehr der Geldbeutel als das Auto selbst.

Einschließlich einer Verkaufs-Versicherung bezahlte ich das Auto bar, wie es damals allgemein üblich war. Man kaufte etwas, wenn man das Geld erpart hatte.

Auf unserer ersten Probefahrt kamen wir auch nach Heidelberg, wo mein Freund an der Universität studierte. Voll Stolz schauten wir auf die altehrwürdige Stadt Heidelberg von der Neckarbrücke aus, wie sie bis zum Schloß an den grün bewaldeten Berghängen hinauf klettert. Die Sonne schien aus wolkenfreiem Himmel hell und klar. Das Stoplicht am Ende der Brücke war in den Lichtverhältnissen kaum zu sehen und hinzu kam noch, das schöne Heidelberg nahm unsere Aufmerksamkeit gefangen. Unsere fröhliche Fahrt kam zu einem sehr gewagten schnellen Stop, als ich vor mir einen dicken Mercedes in einer wartenden Autokolonne sehen mußte. Zu dem Mercedes war der Bremsabstand zu kurz geworden. Da noch kein anderes Auto hinter mir war, drehte ich unseren Fiat-500 auf der Stelle um in Richtung Fahrtrichtung nach rückwärts, wo ich dann zum Stehen kam. Mit einer Hand am Steuer, die andere Hand sicherte meinenFreund, daß er nicht in der Blitz-Sekunde womöglich aus dem Auto gefallen war, so entgingen wir haarscharf einem Unfall bereits bei unserer ersten Probefahrt. Die mögliche Rechnung für den Mercedes vor mir veranlasste mich wahrscheinlich so schnell und auch noch die einzige Möglichkeit wahrzunehmen, um schadlos unsere Ausflugsfahrt fortsetzen zu können. Was für ein Glück ! Ging durch unsere beiden Köpfe.

    Da die Fahrt nun weiter gehen konnte, fuhren wir in Richtung Süden, um Ettlingen auch wieder einmal zu besuchen. Dort war alles beim Alten geblieben. - Auf der Fahrt zurück, zuerst nach Heidelberg, wo mein Freund aussteigen sollte und ich dann weiter nach Oberkochen meine Fahrt alleine fortsetzte, wartete noch eine Überraschung auf uns. Auf der langen Autobahn-Steige bei Pforzheim kam vor uns plötzlich etwas rückwärts auf uns zu. War es ein Lastwagen, oder sein Anhänger? Viel Zeit blieb nicht zum Schauen. Jedenfalls scherte das große unbekannte Fahrzeug kurz vor uns aus der geraden Richtung schräg zur Mitte der Autobahn aus. Dort brach es durch die Leitplanken über die gegenüber liegende Autobahn Spur und verschwand durch das Brückengeländer in die Tiefe.- Erst, wie der Koloss vor uns ausscherte, konnte man sehen, daß es ein Anhänger war, den ein Lastwagen verloren hatte. Wieviel mehr Glück konnten wir an einem Tag noch herausfordern? Wäre das Monster auf geradem Kurs nur ein wenig länger geblieben, wären wir wie von einer Straßenwalze überrollt worden. Von dem Lastwagen war keine Spur zu sehen. Wahrscheinlich hatte sein Fahrer noch gar nicht bemerkt, daß er seinen Anhänger verloren hatte.

Ein Unglück kommt bekanntlich selten nur alleine, sagt man nicht umsonst. Hieß dies auch soviel, kommt ein Unglück nicht zum Zug, so versucht es dies ein anderes Mal? Und so geschah es dann auch! Mein erster Ausflug mit dem Auto wollte einfach die Probleme nicht zurück lassen. Der Anhänger hatte uns verschont, dafür hatte aber kurz danach der Motor unseres Autos uns im Stich gelassen. Er wollte nicht mehr und gab auf. Das Glück hatte es dann doch nicht so gut mit uns gemeint. Zeitraubend und sehr umständlich erreichte ich zu Fuß in umliegenden Ortschaften ein Telefon, wo ich den Autohändler anrief. Anstatt Hilfe mir anzubieten, wie ich mir erhofft hatte, mußte ich mir anhören, was im Kleintext auf dem Verkaufsvertrag gedruckt war. Auf jeden Fall alles andere, als was mündlich mir zugesagt war. Mit Leichtgläubigkeit machte man bereits damals am leichtesten ein Geschäft. Ich war gut beraten, aus dem Fall für die Zukunft zu lernen.

Also machte ich mich selbst an das Auto, nicht nur um es zu reparieren, sondern in seinem Aussehen so zu

verbessern, daß ich es dann leichter wieder verkaufen konnte. Meine Rechnung ging auf. Nicht nur , was ich für das Auto bezahlt hatte, sondern einen schönen Gewinn konnte ich noch obendrein für mich verbuchen. Mein Traum von einem Auto war für eine lange Zeit damit auf Eis gelegt worden. Ich mußte mich von meinen ersten Auto-Erlebnissen erst gründlich wieder erholen.
Zurück noch in Oberkochen, die Firma beherrschte mit ihren modernen Baulichkeiten das Bild der Ortschaft. Hauptsächlich nach zwei Seiten, wie aus einem Hochtal, stiegen die bewaldeten Hänge der Schwäbischen Alp auf. Für Ausflüge und Wanderungen war dies eine sehr gute und schöne Gegend. Im Winter lag gewöhnlich Schnee hier. An einem Berghang oberhalb der Ortschaft befand sich eine Ski-Sprung-Schanze. So mancher versuchte sein Können dort. Ich wollte da natürlich nicht zurückstehen. Vom Anfang an steigerte ich meine ersten Versuche, bis ich wahrscheinlich ein wenig zu übermütig wurde. Meine Ski-Ausrüstung mit Federzug Schuh-Bindung war alles andere als die richtige Ausrüstung für Ski-Springen. Einmal mußte es ja dann auch passieren, daß beim Abdrücken vom Sprung-Tisch meine Schuhbindung los kam und die Ski unter mir sich verabschiedeten. Dabei flog ich weiter durch die Luft und verlor ziemlich die Kontrolle. Mein Flug endete im Schnee mit der Schulter voran, weil es mir gerade noch rechtzeitig gelungen war, mit dem Kopf auszuweichen. Dafür erwischte es aber mein Schulter-Schlüsselbein. Ich hörte die „Englein singen", wie sie mir rieten von weiteren Versuchen Abstand zu nehmen. Dem Rat folgte ich dann auch. Die Bekanntschaft mit anderen Ski Sportlern blieb jedoch unverändert. Ein Wochenende mit sportlicher Ertüchtigung im Kreise Gleichgesinnter half Abstand gewinnen zum täglichen Arbeitsleben.

Womit ich mich trotz alledem nicht einverstanden erklären konnte, war damals mein schmales Einkommen durch meine Arbeit. Mit einem Facharbeiter Einkommen bestreitete man gerade noch die Lebenshaltungs Kosten. Nur Überstunden und den Riemen enger schnallen ermöglichten extra Wünsche im Rahmen.

Überstunden waren allerdings in einer großen Firma sehr schwer zugänglich, weil dies mit den Kostenstellen der Abteilungen schwer in Einklang zu bringen war.- Eine gute Kamera der Firma wollte ich dennoch bei meinem Abschied mein Eigen nennen. Der einzige Weg dahin war für mich, mit einem Arbeitskollegen langjähriger Firmenzugehörigkeit einen Pakt zu schließen: Er kaufte mit seinem Firmenrabatt die gewünschte Kamera für mich und ich bezahlte ihn. Somit konnte ich ein wertvolles Andenken aus meinem Jahr in Oberkochen mit mir nehmen.

Meine berufliche Situation wollte mir überhaupt nicht mehr gefallen. Etwas mußte ich daran ändern. In Ettlingen bewarb ich mich bei der Firma, wo ich meine praktische Abschluß Lehrarbeit absolviert hatte. Meine Bewerbung wurde positiv beantwortet. Eine Voraussetzung für einen weiteren Schritt war damit geschaffen.

SÜDFRANKREICH

Faltbootfahrt nach Südfrankreich, August 1964

In Südfrankreich erlebte ich mit meinem Freund Harro Ferien, welche für uns beide etwas außergewöhnliches wurden, nämlich, mit dem Faltboot den gesamten Lauf des Flußes Rhone aus der Schweiz bis an das Mittelmeer zu paddeln. Schwer gepackt wie Esel mit Rucksack, Gitarre und Boot-Handwagen anvertrauten wir der Bahn, uns nach Genf in der Schweiz zu bringen. Mitten in der Nacht kamen wir dort an. Wo sollten, oder konnten wir in der Mitte der Stadt übernachten? Ein Genfer Hotel hätte uns wahrscheinlich auch nicht zugelassen, unabhängig davon, daß unser Geldbeutel damit sich nicht einverstanden hätte erklären können. Pfadfinder sollten gegenüber solchen Problemchen nie in Verlegenheit kommen. Der Park neben dem Bahnhof bot unter seinen Büschen und Hecken Platz, um sich eine

Nacht hier um die Ohren zu schlagen. Das Wetter machte auch mit, also verschwanden wir ungesehen unter einem schönen Magnolienbusch in unseren Schlafsäcken.

Der Verkehr am frühen Morgen riß uns aus einem guten Schlaf. Fußgänger eilten bereits auf den Wegen durch den Park. Niemand bemerkte uns in unserem Versteck. Ein Wasserbecken in unserer Nachbarschaft half uns sogar den Tag frisch zu beginnen. – Die Teile des Kanus packten wir mit dem Handwagen noch zusätzlich auf unsere Rucksäcke, damit wir besser zu Fuß durch die Stadt kommen konnten. Auf dem Weg übten wir uns gleich in der französischen Sprache, wie wir Milch, baguette (langes frisches Französisches Weissbrot), schweizer Schokolade und Obst erstehen konnten.

Start an dem Fluß Rhone

Unser erstes Ziel galt, aus der Stadt Genf heraus zu kommen. Aus dem Genfer See nimmt die Rhone ihren Lauf zuerst durch ein enges Tal mit steil aufsteigenden Felsenwänden. Erst nach einer Staumauer gewannen wir Zugang an das Flußufer. Von hier öffnete sich das Rhone Tal zunehmend zu dem umliegenden Land. An einer leicht zugänglichen Uferstelle setzten wir unser Boot in den Fluß und begannen eine Traumreise nach dem Mittelmeer.

Dieser obere Lauf der Rhone war damals noch ungestörte Natur mit ihren zuerst zurückweichenden Bergen, dann übergehend in Hügellandschaft mit seinen bekannten Wein-Anbaugebieten. Keine Schiffe kamen in diesen noch wilden natürlichen Oberlauf der Rhone.

Unterwegs auf der Rhone

Die ersten Tage waren wir alleine unterwegs. Von den Ufern sahen uns alt betagte Laubbäume. Nur ab und zu ließen sie einen Blick frei in das grüne Land mit seinen wenigen Häusern. Flußabwärts ging das Paddeln bequem und leicht. Die Sonne schien aus einem wolkenlosen Himmel sehr stark auf die Wasserfläche. An der Seite des

Bootes in regelmäßigen Abständen mit den Händen Wasser auf sich spritzen, half einer Abkühlung in der sengenden Sonne am Tag über dem Wasser. Den Kopf kühlte ein nasses Hemd. Tagsüber paddelten wir , zum Abend hin suchten wir hier im Oberlauf der Rhone eine Sandinsel, auf der wir unser Zeltlager einrichteten. Auf einer Feuerstelle mit angeschwemmtem Flußholz kochten wir uns eine Mahlzeit aus Nudeln, Dosenfleisch und Gemüse von dem, was wir mit uns führten, oder später auch auftreiben konnten. Ein Tee rundete gewöhnlich ein Essen ab.–Täglich wurde auch ein gutes Auge auf die Instandhaltung unseres Faltbootes geworfen ; die „Lilofee" war hier unser Ein und Alles. Von ihr hing unser Weiterkommen ab. Wenn Zeit am Abend noch zur Vefügung war, füllten wir sie mit schwimmen, lesen, Gitarre spielen,Versuchen Fisch für unseren Speisezettel zu ergattern. All dies aber nur so lange, wie die aufsässigen Moskitos nach Sonnenuntergang dies uns noch ermöglichten. Um diese Draufgänger einigermaßen sich vom Leib zu halten, mußten wir uns im Zelt einschließen. Dies konnte der bis in die Nacht noch anwährenden Tageshitze wenig Abhilfe schaffen. Was war in dieser Situation wichtiger ? Die Moskitos fern halten, oder die Hitze draußen versuchen zu überlisten mit schwimmen und trotzdem von den Moskitos verfolgt zu werden ? Beide Fälle erlaubten reichlich wenig Schlaf. Spätestens mit dem ersten Sonnenlicht zogen sich die Moskitos zurück für eine neue Schlacht in der kommenden Nacht. Je mehr die Sonne am Himmel aufstieg, desto mehr wich mit ihrer Wärme die Müdigkeit aus unseren Gliedern.

    Sobald wir in die Nähe der Großstadt Lyon kamen, wich die einsame Idylle auf der Rhone für uns. Die Ufern waren mit Mauern befestigt. Hauptsächlich Frachtschiffe lagen hier vor Anker. Kurz legten auch wir mit unserem kleinen Faltboot an. Ausschließlich Männer hielten hier ihre

Angeln ins Wasser, oder unterhielten sich am Ufer mit anderen. Von unserer Ankunft wurde nicht besondere Notiz genommen. Die Leute sprachen zu uns wie mit jedem anderen, selbstverständlich gelassen. Der löblichen französischen Menthalität begegneten wir hier bereits: Laissez faire, laissez aller (lass' jeden leben, wie er will). - Über Nacht wollten wir jedoch nicht in der Großstadt uns aufhalten. Weiter ging unsere Fahrt auf der Rhone von nun an nur noch nach dem Süden. Der Fluss war hier bereits wesentlich breiter und auch tiefer, so daß Schiffe bis hierher kommen konnten.

Die Dunkelheit überraschte uns noch im Boot auf unserem Weg aus der Großstadt Lyon. Mit der Taschenlampe suchten wir vom Boot aus das Ufer für einen geeigneten Ausstieg an Land ab. An der Seite eines Feldweges in einer prachtvollen Pfirsich Plantage schlugen wir unser Nachtlager dann auf. Mit dem ersten zögernden Tageslicht hielt neben uns ein Traktor. Was wird jetzt wohl passieren ? Ging uns zuerst ziemlich heiß durch den Kopf. Der Bauer blieb aber freundlich. Er wollte uns nur wissen lassen :"Hier sind reichlich Pfirsiche. Wenn ihr euch welche nehmt, pfückt die Pfirsiche zusammen mit dem Stil und brecht mir keine Äste." Und das war alles ! Keine Schimpfparade, eher eine freundliche Einladung. Aus vielen solchen Begegnungen in Frankreich sind mir seine Menschen so sehr ans Herz gewachsen. Wieviel könnten wir doch von einander lernen ! Es ist immer noch so, wir halten unser „Bier" immer noch für das beste, ohne dem anderen „Bier" auch Aufmerksamkeit zu schenken. Wir könnten ja was verlieren ? Nein ! Wir könnten für uns nur etwas gewinnen.

Die Pfirsiche waren gesäht reif in den Bäumen gehangen. Ihre gelb-dunkelroten Farben leuchteten in der Sonne, dort wo die Baumäste ihr Zugang offen hielten. Die

Pfirsiche waren groß und so saftig, daß beim Beißen an beiden Rändern des Mundes der Saft davon lief. Dies war wie ein Besuch im Paradies.

Je weiter wir am Tag nach Süden paddelten, desto breiter wuchs die Rhone. Schleußen sorgten in regelmäßigen Abständen, daß der Fluß streckenweise ausreichend aufgestaut wurde für die Schiffahrt. Mit unserem Boot durften wir nicht in die Schleußen fahren, wegen den starken Strömungen, welche beim Füllen und Entleeren der Schleußen entstehen. Dafür bot sich uns das alte Flußbettt an, die Schleußen zu umgehen. Sobald wir wieder im künstlich angelegten Schiff-Fahrtkanal uns aufhielten, mußten wir den Schiff-Fahrtregeln Aufmerksamkeit schenken. Der Kleinere wie wir, hatte hier besonders dem Größeren Respekt zollen müssen.

Am Nachmittag setzte im Sommer täglich der starke Wind vom Süden ein. Er hat den Namen ‚Sirocco'. Er soll seinen Ursprung in Nord-Afrika haben und entlang den Alpen im Rhone Tal seinen Lauf nehmen. Grosse Wellenkämme türmten sich dann auf weiten Flächen der Rhone. Ein Vorwärtskommen mit dem Boot war manchmal nicht mehr so einfach, weil die Gegenströmung auf der Wasseroberfläche durch den ‚Sirocco' so stark wurde. Wie ein Wunder beruhigte sich der ‚Sirocco' wieder zum Abend hin. Das eine oder andere Mal paddelten wir erst dann wieder weiter.

Bei Ankunft in der an der Rhone gelegenen Stadt Montelimar bekam ich wie aus heiterem Himmel ernsthafte Beschwerden im Unterleib. Hatten wir zu viel von den verlockenden Pfirsichen gegessen ? Jedenfalls war ich genötigt, das Krankenhaus aufzusuchen, damit festgestellt werden konnte, was die Ursache für meinen Zustand war. Meinem Freund blieb indes nichts anderes übrig, als an einem geeigneten Platz in unserem Zelt eine längere

Ruhepause einzuschalten, während ich schnell auf den Operationstisch kam.

Wartestation meines Freundes an der Rhone in Montelimar

War es Glück oder nicht, genau so schnell war ich wieder vom Operationstisch weg. Zur weiteren Beobachtung steckte man mich in ein Bettzimmer mit einem anderen Herren. Ich fand es interessant, daß erst nach der Untersuchung wollte man wissen, wer ich war, woher ich kam und wie ich für den Krankenhaus Aufenthalt vor hatte aufzukommen.

Jeder war ohne Ausnahme freundlich und zuvorkommend. Mein Französisch war zwar nicht all zu gut, die Verständigung verlief jedoch reibungslos. Besonders im Zimmer mit dem anderen Herren hatte ich ausreichend Möglichkeiten, mein Französisch aufzupolieren. Dabei durfte es aber nicht bleiben. Mein Freund wartete mit dem Faltboot im Zelt geduldig auf mich. Schließlich kam es dann doch dazu, daß ich ohne vorläufige Bedenken aus dem Krankenhaus entlassen wurde. – Manchmal ist es doch so, ob beim Zahnarzt oder Doktor, der Schmerz versteckt sich gerne in ihrer Gegenwart. Für die Dauer unserer Faltbootfahrt blieben die Symptome meiner Beschwerden jedenfalls weg.

In einer Anmerkung füge ich hier hinzu, daß ich ganze 6 Jahre lang anschließend auf Magen-Beschwerden hin fehl diagnostiziert wurde. In Heidelberg war das Glück mir dann einmal wieder hold, daß ich eine akute jahrelange Blinddarm Komplikation überleben durfte.

Unsere Faltbootfahrt konnte wieder weiter nach dem Süden auf der Rhone gehen. Alte Städte wie Orange, Avignon blicken zurück in die Zeit des Römischen Imperiums. Tempel, Amphitheater, Festungen und Triumphbögen stehen als stumme Zeugen alter fortgesetzter Kultur Tradition heute ungestört inmitten modernem Stadtleben; Keiner stört den anderen. Ein Ergebnis mag die Toleranz seiner Menschen geworden sein.

„Sur le pont d'Avignon on y danse, on y danse .....“

In Avignon endete allerdings unsere Bootfahrt auf der Rhone in den Süden. Von hier war es nicht mehr weit bis an das Mittelmeer, nur die Camargue im Rhone Delta trennte uns. Von nun an ging es zu Fuß, mit dem Bus und wenn möglich auch per Anhalter weiter in Südfrankreich. Um jedoch mehr unabhängig zu sein, vertrauten wir der französischen Bahn unser Faltboot-Paket an, es nach Hause wieder zu senden.

Die Gegend im Dreieck zwischen Avignon im Norden, Marseille im Osten und Montpellier im Westen trägt den Namen ‚Camargue'. Hier hatten über lange Zeiträume verschiedenste Kulturen ihre Spuren hinterlassen.

Weite Grassteppe umgab den Fluß Rhone auf seinem letzten Stück in das Mittelmeer. Die kleine Fischerei Ortschaft ‚St.Marie De La Mer' , nahe der Mündung der Rhone, bereits aber an der Mittelmeerküste gelegen, wurde unser südlichster Punkt auf unserer Reise. Auf unserem Weg teilweise zu Fuß durch die Grassteppe der Camargue, schenkten wir einer umzäunten Stierzucht unsere Aufmerksamkeit. Von hier wurden die Tiere für den Stierkampf in der historischen Arena von Arles und Nimes geliefert. Es war auch an diesem Ort, daß wir von dem großen Endstierkampf des Jahres in Nimes am 30.August erfuhren.

Die Gelegenheit wollten wir uns auf keinen Fall entgehen lassen. Noch 10 Tage waren es bis dorthin. Zeit genug, die Gegend etwas eingehender kennen zu lernen. Um zu Fuß beweglicher zu sein, stellten wir unser Zelt so weit oben am Strand wie möglich auf. Keine Menschenseele war sonst weit und breit damals hier zu sehen. Die wenigen Fischer in der Umgebung versicherten uns sogar, daß unser Zelt mit unseren Habseligkeiten völlig sicher dort sein wird, bis wir wieder zurückkehren werden.

Versuche sich dies heute im Dritten Jahrtausend jemand einmal nur vorzustellen !

Am Anfang kehrten wir jeden Abend zu unserem Zeltplatz am Meer zurück, um uns zu überzeugen, daß wirklich alles noch dort war. Ist es nicht interessant, weniger bemittelte Menschen anzutreffen, die aber das Eigentum von anderen zu respektieren wissen, gegenüber so vielen anderen Menschen, die nicht genug haben können und vor Diebstahl nicht Halt machen; Diebstahl kann viele Formen haben, ich gehe hier nicht näher darauf ein.

Mit dem Bus und anschließend auf Schuster's Rappen besuchten wir auch eine weniger bekannte Gegend, nicht weniger historisch alt. Auf dem Weg kamen wir durch Arles, Tarascon nach St. Remy De Province, am Fuß der Alpen. Die Kelten, Griechen und Römer übten aus dieser überlegenen Höhenlage ihre Macht auf das Tiefland um das Rhone Delta, die Camargue. Zeugnisse ihrer Zeit sind noch heute gut erhaltene Triumphbögen aus der Römerzeit in der Ebene vor der Felsenfestung von ‚Les Baux'. Wie ein ‚Adlerhorst ragen die Felsenruinen heute aus der Landschaft. Dort fanden die entscheidenden Schlachten statt um die Vorherrschaft über diese klimatisch und für Landwirtschaft begünstigte Gegend.

Les Baux, Südfrankreich

In der Gegend trifft man aber auch Baulichkeiten aus Neuerer Zeit an, wie zum Beispiel Eine, welche ihre Fenster mit Eisengitter verbarrikadiert hatte. Der Maler Van Gogh soll seine letzten Tage hier in dieser Abgeschiedenheit verbracht haben, nachdem er eines seiner Ohren aus Verdruß sich selbst abgeschnitten haben soll. Er ging dann so weit, daß er sich auch noch das Leben selbst nahm.

Aus dem Raum schauten wir hinaus in die Umgebung, konnten aber nicht erkennen, was Van Gogh, den Maler, so weit gebracht hatte. Alles, was wir sehen konnten, waren dürres hoch stehendes Gras vor grün bewachsenen Obstgärten an aufsteigenden Hügeln und verstreut gelegen andere Hütten oder im lokalen weißlichen Kalkstein gesetzte kleine, niedere Wohnhäuser. Der Anblick stimmte alles andere als niederschlagend, wenn ich für mich sprechen darf. Die ruhige Landschaft war im Sonnenschein eher eine willkommene Augenweide. Schon damals gab es allerdings genug andere Auslöse-Faktoren, die jemanden an den Rand der Vernunft bringen konnten.

Zelle Nummer 13 von Van Gogh , St. Remy

In der Gegend waren wir ganz alleine. Keine Besichtigungs-hungrige Touristen kamen in Busladungen hierher. Sobald wir der Gegend den Rücken zu Fuß wieder gekehrt hatten, trafen wir auf dem Weg nach Tarascon, bereits wieder tiefer gelegen, farbenfrohe Felder mit Lavendel Kulturen an. Was für ein Unterschied zu dem zurückliegenden trockenen Hochplateau von Les Baux mit seinem Kalkstein dies war ! Dort oben konnte weder der Kalkstein, noch die Erde ausreichend Wasser speichern. Dafür war es in diesen tiefer liegenden Lavendel-Kulturen um so mehr in nicht all zu großer Tiefe wieder vorhanden. Wie Wasser selbst eine von der Sonne ausgetrocknete Gegend in einen Garten Edens verwandeln kann, wenn es wie hier nur aus dem Schoß der Erde an die Oberfläche gebracht werden kann.

Am Ende des Tages zurück am Strand von St.Marie De La Mer, konnten wir zu unserer Freude feststellen, daß alles beim Alten geblieben war; unser Zelt war noch so, wie wir es verlassen hatten. Ein Tag am Strand Schwimmen und Ausruhen war einstimmig eingeschoben worden, bevor es weiter gehen sollte mit der Erkundung der Gegend.

Der nächste Tag führte uns wiederholt zu Fuß mehr nach Westen, nach Aigue Mortes, einer Festung, deren Mauern von einem vollen Wassergraben rundherum umgeben sind. Nur eine Faltbrücke führte durch ein wehrhaftes Tor in das Innere der massiven Ringmauer. An den vier Ecken wachten je ein Turm nach dem umliegenden Land. Die Hausherren waren hier über Jahrhunderte die Gallier, Römer, West-Goten und die Franken. Während dem 16. Und 17. Jahrhundert war diese Festung eine Zuflucht der Hugenotten, einer Protestantischen Minderheit in dem überwiegenden Katholischen Fankreich.

Amphiteater in Arles mit Freund Harro

Noch am Nachmittag stiegen wir in einen Bus, der uns nach Arles brachte. Der Abend war bei unserer Ankunft bereits herein gebrochen und wir befanden uns zu weit entfernt von unserem Zelt am Strand. Was nun ? War unsere Frage.

Die Antwort wurde die : In einem kleinen Familien Restaurant hielten wir uns so lang es nur möglich war an einer Tasse Tee fest. Es war Sonntag Abend, die ganze große Familie hatte sich in der Mitte des Restaurants zum Abendessen zusammengefunden. Von unserem Tisch in einer von ein paar Stufen leicht erhöhten Nische verfolgten wir das Geschehen um den großen Familientisch. Viel wurde gesprochen und gelacht bei Essen und rotem Wein. Je später es am Abend wurde, desto lustiger und lauter wurde die Runde mit Gesang. Selbst die Hunde kamen nicht zu kurz; die Knochen vom Tisch landeten über die Schulter meistens direkt im Maul eines aufmerksamen Hundes, bevor sie überhaupt den Boden erreicht hätten.

Die Wirtin, das Familien Oberhaupt, schickte sich mehrmals an, uns zu fragen, ob wir noch etwas anderes als nur den Tee haben wollten. Wir bedankten uns freundlich ihrer Nachfrage. Einmal ging die Wirtin mit ihrer Fragestellung etwas weiter,aber immer noch betont freundlich : „ Ist alles in Ordnung, brauchen sie irgend etwas anderes ?" – Zögernd kamen wir heraus :"Wir sind von unserem Zelt am Meer zu weit weg, um heute noch dorthin zu kommen." – „Aha dem können wir Abhilfe schaffen ! Ich gehe jetzt und sage meinen zwei Jungen, die Betten für euch frei zu machen. Nur müßt ihr morgen früh vor sechs Uhr wieder auf sein, weil wir mit der Bäckerei frische „baguettes" für unsere Kunden backen müssen und dann keine Zeit für etwas anderes haben. Jetzt aber ab in die Betten mit euch beiden, damit ihr wenigstens noch etwas Schlaf haben könnt. Bedanken könnt ihr euch noch morgen früh. Keine Widerrede, ab geht die Post mit euch; ich gehe voraus, gute Nacht." – Solcher entschlossnen Einladung folgten wir gerne unverzüglich. Kaum landeten wir in den dicken, weichen Federbetten im Zimmer unter dem Dachgiebel, schon waren wir weg im Schlaf.

Wie angekündigt, Punkt sechs Uhr klopfte die Hausherrin an die Türe des Giebelzimmers. „Heraus mit den faulen Knochen, ein neuer Tag wartet auf uns alle. Macht euch im Waschraum unten im Erdgeschoß frisch." – Gegen solche gut gemeinten Empfehlungen war nichts einzuwenden. Bevor wir uns jedoch verabschieden sollten, ließen wir uns auch nicht ‚lumpen'. Nach so viel Freundlichkeit uns auch dankbar zu erweisen. Unsere Stimmen und Gitarre traten für uns ein.In die Backstube kamen immer mehr Leute von der Straße. Das lange französische Weißbrot-Backen ging weiter, so auch der Verkauf über den Ladentisch, während so mancher Kunde zurück blieb, um entweder uns zuzuhören, oder mitzumachen im Austausch mit Liedern.

Französische Chansons von Georges Brassens kamen am besten an. Ein Glas Wein auf dem Verkaufstisch ließ auch nicht mehr lange auf sich warten. Obwohl die Zeit aus dem Auge verloren gegangen zu sein schien, das Bäckerei Geschäft lief an dem Tag besonders gut mit Musik. Erst nach Mittag war es dann soweit, daß wir uns entschließen mußten den Tag anderweilig noch zu verbringen. Mit „merci, bonne chance et aurevoir" verabschiedeten wir uns.

Das Ende des Monates kam indes näher, der Tag des Saison-größten Stierkampfes in der Arena von Nimes. Zunächst wieder zurückgekehrt zu unserem Zelt am Starnd nahmen wir am nächsten Tag früh genug einen Bus in der Umgebung, der uns rechtzeitig nach Nimes brachte. – Das Alt-Römische Amphitheater in Nimes dürfte wohl eines der größten und best erhaltenen Arenas aus der Antike sein. Damals fanden dort noch große Veranstaltungen wie der Stier-Abschlußkampf der Saison statt.

Wir waren einen Tag früher hierher gekommen, damit wir unsere Eintrittskarten für das Ereignis nicht versäumten. Damit hatten wir auch noch Zeit übrig, Nimes und seine direkte Umgebung etwas näher uns anzuschauen. Schon gegenüber dem Amphitheater befand sich in einem gepflegten Park ein Alt-Römisches Observatorium auf einer Anhöhe. Der massive eckige Steinbau mit seiner Kuppel war allerdings der Öffentlichkeit nicht zugänglich.

Ein weiteres bekanntes historisches Bauwerk befindet sich auch heute noch außerhalb der Stadt Nimes, die Wasserbrücken des „Pont du Gard". In mehrfachen Bögen aus Stein gebaut überquert diese alte Wasserführung aus den Bergen der ‚Ardeche-Gegend' den Fluß Gard. Schon die Römer hatten weiter gedacht, frisches Wasser von weiter her zu holen.

Altes römisches Observatorium, Nimes

Römische Wasserleitung(Aquädukt),Pont du Gard bei Nimes

Um die Höhe für die Wasserführung zu erreichen, bauten die Römer die drei Bogen-Etagen, damit das Wasser über das Tal hinweg die Stadt erreichen konnte. Damals floß noch in der obersten Etage des Aquäduktes in einem offenen Kanal Wasser für den Haushalt der Stadt Nimes. Wenig gutes Trinkwasser mußte hier schon in früher Geschichte gewesen sein. Diese frühe Wasserversorgung über eine ‚Fern-Wasserleitung' war selbst nach technischen Maßstäben von heute eine großartige Leistung. Darüber hinaus hatte die Antike bereits erkannt, daß die Dauer einer Zivilisation sehr stark in Abhängigkeit zur Versorgung mit gutem Wasser steht. Wird es nicht langsam Zeit, daß wir diese Erkenntnis ernst nehmen ?

Nimes, Sonntag der 30. August 1964, vier Uhr Nachmittag : Die eindrucksvolle Arena des römischen Amphitheaters war rundherum bis auf den letzten Platz mit Zuschauern besetzt. Ein farbenprächtiges Bild in so einem alten, bewährten Schauplatz. Der letzte, wichtigste Stierkampf der Saison hatte alle diese Zuschauer von fern und nah gerufen. Aus Spanien waren sogar ganze Interessen-Gruppen angereist gekommen. Die Sonne erreichte noch alle Ränge der Arena. Die Tageshitze war noch nicht spürbar gewichen.

Auch nach rund zwei Tausend Jahren konnte dieses Bauwerk noch voll für Veranstaltungen benutzt werden. Kein Wunder, wenn man sieht, wie die Römer damals solide gebaut hatten. Die Arena ist aus massiven fortlaufenden Steinbögen gebaut. Von Innen nach Außen steigt jedes Oval der Steinbögen höher entsprechend dem Anstieg der Sitzstufen in der Arena. Die Steine wurden fugenlos gesetzt, oben in den Bögen sogar mit keilförmigen Steinen die Rundungen geformt. Wie konnten sie aus gewachsenem Felsen in den umliegenden Bergen so sauber gefügte Steine gewinnen ? War da eine Traditions-Linie, die bis Alt-Ägypten zurück ging, wie saubere Steine gewonnen werden können ? Ich bin überzeugt, wir können heute solche saubere, genaue Steinmetz-Arbeit nicht mehr von Hand verrichten. Unser ‚Fortschritt' hat uns viel zu bequem und faul werden lassen ; unsere eigenen Fähigkeiten hat Technik zurück gestellt – die Kräfte, welche wir riefen, halten uns heute gefangen ; mit anderen Worten in Abhängigkeit.

Die Wärme der Sonne in der Arena nutzten eifrige Eisverkäufer mit ihren um den Hals an einem Band aufgehängten roten Kühlkästen, ihr Eis an den Mann zu bringen. Die Nachfrage war sichtlich groß. Und anschließend wußte der Getränke Mann genau, das süße Eis von der Stange mußte auch hinunter gespült werden.

Fanfaren kündten den Beginn des Stierkampfes an.

Stierkampf-Eröffnung im Römischen Amphitheater von Nimes.

Auf dem Innenplatz der Arena marschierten die Teilnehmer des Stierkampfes geordnet aus einem Tunnel auf einer Seite des Amphitheaters auf. Die ‚Matadoren' voran, einer von ihnen hoch zu Roß führte den Aufmarsch an, die Nachhut bildeten die ‚Helfeshelfer' ebenfalls auf Pferden, jedoch mit einem Schutzmantel ausgestattet gegen die Angriffe des Kampf-Stieres. Der Hut, die sorgfältig geschmückte Kleidung eines jeden Teilnehmers geht auf Spanische Tradition zurück. Eine Mischung von kulturellen Elementen hat sich hier zusammen gefunden, bis hin zu arabischem Einfluß.

Nachdem der Aufmarsch der Teilnehmer sich am Rande hinter Schutzwänden verteilt hatte, kam der erste Kampf-Stier auf den Platz ungestüm schnaufend auf den ersten Stierkämpfer zu. Bereits auf dem Weg in die Arena war der Stier von den Helfern aufgebracht worden, indem mit Hieben und Stichen aus sicherer Seitenlage sie dem Stier zusetzten. Spätestens das rote Tuch, die ‚capa', über dem Schwert des Matadors, gab dem Stier die Richtung, wohin es ging. Ich möchte fast sagen, wutentbrannt stellte der Stier seinen Herausforderer. Nun begann ein Spiel mit dem Leben und dem Tod. Der ‚gute Matador' ließ den Stier mehrmals gegen sich anlaufen und wich ihm mit einer geschickten Rücken-Kehrwendung aus. Das Publikum war aufgebracht, wenn der Matador den Stier zu früh durch Verletzung mit seinem Schwert schwächte.

Auf Pferden mischten sich die ‚Picadores' auch in das Geschehen. Sie warfen gezielt im Trab vom Pferd kleine, farbig geschmückte Speere in den Rücken des Stieres. Dabei mußte der Reiter und sein Roß sehr geschickt dem Stier ausweichen. In späteren Stierkämpfen auch in Spanien erlebte ich, wie der Stier in seiner ‚Wut' Roß mitsamt dem Picador auf seine Hörner nahm und auf den Boden brachte.

Dann kamen allerdings Helfer hinzu, den Stier wo anders hin abzulenken. ‚Banderillas' schlossen sich dem Kampf an mit bunt geschmückten Speeren, welche sie dem tobenden Stier in den Körper warfen. Der Stier wurde noch wilder. Die Zuschauer in der Arena wurden zunehmend lauter mit Zustimmungs-Rufen aber auch mit deutlicher Ablehnung, sollte dem Stier die Puste zu schnell ausgehen. Am liebsten sahen sie den Stier Möglichkeiten wahrnehmen, welche seine Verfolger bedrängten. Andere Matadoren lenkten den Stier ab, um ihn auf den Beinen zu halten, so daß der Staub von seinen Hufen nur so in die Luft ging.

Hinter einer Schutzwand am Rande der Arena erschien der ‚Torero', der den Stier vom Pferd stellte. In der Regel war dies der Anfang vom Ende des Stieres. Manchmal jedoch raffte sich der verwundete, geschwächte Stier noch einmal auf und jagte seine Verfolger eine Zeit lang. Dann war es der ‚Matador', der dem Stier den tödlichen Stich mit dem Schwert hinter dem Nacken gab. Der Kampf um das Leben konnte auch eine plötzliche Wende erfahren, in welcher der Matador gefährdet, verletzt, oder vom Stier getötet wird.

Bei diesem ersten Kampf kam der Stier vor dem Matador so geschwächt mit den Vorderläufen auf den Boden, daß die ‚Erlösung' für den Stier dann mit dem Schwertstich schnell kam. In mehr kritischen Situationen, wenn der Stier auch nur vorübergehend die Oberhand gewann und seine Verfolger gefährdete, meldeten sich die Zuschauer sehr stark zu Wort. Sobald der Stier dann aber am Boden lag, zog ein Traktor den Stier an einer Kette am Boden entlang aus der Arena. Mehr Stierkämpfe folgten, um die Zeit für die Zuschauer auszufüllen. Je nach dem Ausgang eines Kampfes war die Stimmung in der Arena angeheizt. Manchmal kommt es auch dazu, daß der Stier den Matador mit seinen

Hörnern erwischt und im hohen Bogen durch die Luft wirft. Dann tötet zur Abwechslung auch einmal der Stier, bevor er einer Überlegenheit seiner Verfolger sich beugen muß.

Ein Stierkampf ist ohne Zweifel eine brutale Angelegenheit. Seit Jahrhunderten sind sie jedoch Tradition hauptsächlich in Spanien, Portugal und Südfrankreich. Von diesen Ländern wurde die Stierkampf-Tradition sogar in ihre Kolonien hineingetragen. Die wichtigsten Stierkämpfe auf dem jährlichen Kalender sind stets in Valencia,Spanien und in Nimes, Südfrankreich.

Nach meiner Beurteilung kann nur jemand an einer Diskussion über Stierkämpfe teilnehmen, der selbst Stierkämpfe erlebt hat. Allgemein wird die Meinung aufrecht erhalten, daß sowohl der Stier, als auch der Matador in diesem Kampf um Leben und Tod gleiche Ausgangsbedingungen haben. Zweck der Veranstaltung bleibt jedoch Unterhaltung außerhalb dem üblich täglichen Rahmen anzubieten. Die Zuschauer tragen mit ihrer Stimmung wiederum nur zu dem Spektakel bei. An Stimmung fehlte es bei einem Stierkampf in der Arena auf keinen Fall.

Nachdem ich in späteren Jahren auch in Spanien Stierkämpfe erlebte, muß ich frei sagen, der Stierkampf in Nimes war der beste.

Die Geschichte von Stierkämpfen geht gute 2000 Jahre zurück mit den Gladiatoren Roms, die für Unterhaltung und Ablenkung von politischen Realitäten sorgen mußten. Damals waren auch Kämpfe mit Löwen üblich. Oft hing von einem Kampf damals ab, ob ein Kämpfer am Ende erreichte frei zu werden von verhängten Strafen, oder unterlag und sein Leben verlor. – Verglichen mit diesen Spielregeln waren in den Jahren 1960 die Stierkämpfe noch relativ zivilisiert. Trotzdem erwirkte die öffentliche Meinung mit den Jahren ein Verbot der

Stierkämpfe. Wie dies in Wirklichkeit gehandhabt wird, steht wahrscheinlich wiederum auf einem anderen Blatt. Der Stierkampf wurde mehr der Geschichte anheim gestellt, als noch auf beiden Seiten Mensch und Tier zwischen Leben und Tod bangten im ständigen Wechsel von Ansporn, Angst, Enttäuschung bis zu Schimpf-Paraden. All dies machte die Stimmung bei einem Stierkampf aus.

Ein wesentlicher Unterschied zu der ausgelassenen Stimmung während einem Stierkampf, erschien am Ende bei den Zuschauern. Jeder hatte wahrscheinlich seinen Empfindungen freien Lauf ausreichend geben können. Das Ergebnis dann war eher, daß Ruhe eintrat, vielleicht auch aus Respekt vor dem Stier, der den Weg des Verlustes seines Lebens gegangen war. Sollte allerdings der Torero oder der Matador den Kürzeren in dem Stierkampf gezogen haben, dann wandte sich die Zuschauer-Stimmung unüberseh- und unüberhörbar gegen das Spektakel. Warum das so ist, läßt so manche Schlußfolgerung zu : Ist es der aufgebrachte Zorn der Zuschauer gegenüber dem Stier und gleichzeitiges Mitleid für den Verlierer Menschen, oder auch Schadenfreude gegenüber dem möchte gerne Held sein und Anerkennung für den Stier ?

An einem Stierkampf-Tag treten gewöhnlich mehrere Matadoren und Toreros bei verschiedenen Stierkämpfen auf. Meistens ist auch ein bekannter Name dabei, um Besucher anzulocken. In der Arena warten dann alle auf ihn. Die Zuschauer setzen Erwartungen besonders auf ihn und er kann nicht enttäuschen. Sollte dies dann doch geschehen, erfährt der Held, wie Zuschauer ihrer Enttäuschung Luft verschaffen mit Buh-Rufen, Pfiffen oder Schmähworten.

Mit Allen in der Arena teilten wir die Erwartungen und Freuden, so gut wir konnten. Jedenfalls erlebten wir an dieser Stelle Südfrankreich in seiner buntesten Aufführung auf einer lange bewährten historischen Kulisse. Stierkampf war damals noch ein Ausdruck ihres Lebens, wenn im Kampf um Leben und Tod in der Arena die Überzeugung für das Leben gewinnt.

Nach dem Stierkampf in Nimes blieben uns nur wenige Tage für eine Rückkehr nach Hause übrig. Damit wir unserem schmaler gewordenen Geldbeutel nicht zu fiel noch zumuteten, planten wir per Anhalter nach Hause zu kommen. Sobald wir die Einsamkeit und Stille von St. Marie De La Mer mit dem Verkehr auf einer der Hauptverkehrs Straßen Frankreichs im Rhone Tal ausgetauscht hatten, befanden wir uns wieder in einer rastlosen Welt. Per Anhalter war damals noch relativ unproblematisch für alle Beteiligten, Anhalter und Gastfahrer. Heute kann man dazu nur noch mit Nachdruck abraten. Zu viele unkalkulierbare Risiken sind heute in einem dichteren Verkehr hinzugekommen. Wie es sich noch auf diesem Heimweg für uns erwies, hatten sich schon damals schwer kalkulierbare Risiken beim Anhalt-Fortkommen eingeschlichen.

In den Jahren zuvor waren wir meistens in unserer Pfadfinder-Uniform unterwegs. Dies weckte Vertrauen bei Autofahrern, welche anhielten, um uns mitzunehmen. Die Welt hat sich geändert und alle Seiten tragen dem besser Rechnung. Selbst in einer Pfadfinder-Uniform ist man heute nicht mehr sicher, wer wirklich hinter der Person im Auto steckt. Als junge Menschen hatte man damals genau so gelernt wie heute im Umgang mit anderen Menschen. Es war und bleibt immer noch die Hoffnung, daß wir ohne nicht mehr gut zu machendem Schaden lernen.

Zu meiner Zeit hatte Anhalten noch einen besonderen Reiz ; man traf zufällig Menschen, denen man sonst nie begegnet wäre. Daß es dabei gute und weniger gute Erfahrungen gab, sollte als ein nattürlicher Teil des Lebens angesehen werden. Tatsache war und bleibt, gute Menschen-Kenntnisse sind ein nicht zu unterschätzender Gewinn dabei.

Bekanntlich, wo viel Licht ist, da bleibt Schatten nicht aus. Wachsamkeit und Glück sind die besten Garanten in einem Leben mit einem Vorwärts-Blick. Dabei ist man gut beraten, das Glück und die eigenen Fähigkeiten nicht zu überfordern, sondern sie richtig lernen einzuschätzen. Wer davon Abstand nimmt, kommt nicht aus seiner eigenen Haut heraus, er lernt nicht, was im Leben wirklich erforderlich ist.

Eine weniger angenehme Situation erlebten wir in Lyon auf unserer Anhalter Fahrt nach Hause. In der Mitte der Stadt, vor einer Hauptverkehrs Kreuzung, hielt ein Auto an, damit wir aussteigen konnten. Bevor die Verkehrsampel wieder grünes Licht für Freie Fahrt gab, winkte uns ein Fahrer aus einem roten Sportswagen, bei ihm einzusteigen. Kaum hatten wir im Rücksitz Platz genommen, schon ging die Fahrt los in sportlicher Geschwindigkeit, ohne Rücksicht auf Geschwindigkeits Grenzen in der Stadt. Unser Fahrer suchte Lücken im Verkehr, um andere Autos riskant zu überholen. In elegantem Anzug, einer dunkeln Sonnenbrille, nahm er unsere Aussage, wohin wir wollten, mit Gelassenheit wortlos hin.

Bei einer wiederholten Kreuzung konnte unser Fahrer allerdings nicht mehr an den anderen Autos vorbei kommen, weil wir uns auf einer Einbahnstraße befanden und in allen Spuren eine Schlange Autos warteten. Irgendwie waren wir verunsichert mit dieser Begegnung. Gerade als die Autoschlange vor uns sich wieder in Bewegung setzte, schauten mein Freund und ich uns nur kurz an und ohne ein Wort zu verlieren, waren wir aus dem offenen Wagen über die Türe ausgestiegen. Der rote Sportwagen fuhr beschleunigt weiter, während wir zwischen den Autos auf den Gehweg zugingen.

Direkt hinter uns stoppte ein deutlich gekennzeichnetes Poizeiauto. Zwei uniformierte Polizisten forderten uns auf, stehen zu bleiben und mit ihnen in das Polizei Fahrzeug zu kommen, mit den Worten :"Sie kommen mit uns in das Polizei Hauptquartier zu einer Befragung ; leisten sie keinen Widertsand, sonst müssen wir sie festnehmen." Im Polizei Hauptquartier wurden dann unsere Rucksäcke genau untersucht, wir mußten sogar unsere Kleider ablegen und einer polizeilichen Körper Untersuchung uns unterziehen. Die Fragen, die uns gestellt wurden, beantworteten wir. Selbst wußten wir nicht, was uns bevorstand. Protokolle wurden geschrieben, die wir unterschreiben mußten.

Inzwischen war im Polizei Hauptquartier so viel Zeit vergangen, die Nacht war bereits vorangerückt. Als dann die Befragung und Untersuchung ihr Ende gefunden hatten, wurden unsere Befürchtungen mit einer überraschenden Entschuldigung der Polizei entkräftet :"Wir haben bei ihnen keine verdächtigen Indizien gefunden, entschuldigen sie bitte die Störung." – Auf unsere Frage, warum wir fest genommen wurden, erhielten wir folgende Antwort:" Der Fahrer des roten Sportwagens steht unter dringendem Verdacht, einen anderen Anhalter erschossen und beraubt zu haben auf der Ausfallstraße der Stadt, auf der wir euch in Verwahrung genommen haben. Ein anderes Polizei Fahrzeug war dem roten Sportwagen bereits auf den Fersen. Wenn ihr nicht rechtzeitig aus dem Sportwagen heraus gekommen wäret, hätte euch das selbe Schicksal ereilen können. Ihr fahrt morgen mit dem Zug weiter, bis nach Hause und kein Anhalter-Fahren mehr. Da wir bereits Mitte der Nacht haben, bringen wir euch als Entschädigung für die Umstände und die verlorene Zeit in ein anständiges Hotel für die Nacht. Die Kosten übernehmen wir gerne. – Gute Nacht dann, passt in Zukunft besser auf euch auf. Per Anhalter fahren ist gefährlich geworden. –

Wir trauten beinahe unseren Ohren nicht, was wir hörten und noch weniger unseren Augen, als wir in einem Luxus-Hotel hochoffiziell mit Polizei Eskorte abgeliefert wurden. In einem wohnlich eingerichteten Schlafzimmer

warteten auf uns Fernsehen, ein Kühlschrank mit Getränken und feinstem Essen, alles fertig für den Gebrauch. Angesichts dessen ließen wir uns nicht ‚lumpen' und hatten es am Ende gar nicht so eilig, die Betten aufzusuchen.
Am nächsten Morgen war schon voller Sonnenschein, als wir aus den bequemen Betten heraus fanden. Ein Knopfdruck genügte und ein fürstliches Frühstück kam zu uns auf das Zimmer. Der neue Tag konnte nicht besser für uns beginnen. Auch erinnerten wir uns, was die Polizei uns nahe gelegt hatte, nämlich, wenigstens in der Umgebung von Lyon nicht mehr per Anhalter versuchen weiter zu kommen.- Gegen Ende unserer Reise sahen unsere Finanzen etwas schwächer aus. Um uns dem Zug bis nach Hause anvertrauen zu können, mußten wir irgendwie Geld auftanken. Ein Anruf und telegraphische Anweisung an eine Bank in Lyon regelte diese Bedingung. So kam es, daß wir mit dem Zug diese Reise gut wieder zu Ende bringen konnten.

Zu Hause wartete, wie man so pflegt zu sagen, „Stunk" auf mich in der Firma. Wegen meinem Krankenhaus Aufenthalt in Montelimar hatte ich mir erlaubt, meinen Urlaub um ein paar Tage zu verlängern. Die Wogen bei der Sekretärin schlugen bei meinem Erscheinen zuerst hoch :
„Packen sie ihre Sachen und schauen, daß sie wo anders arbeiten, wir sind hier kein Platz für verlängerte Ferien!" – Wie so oft , kamen die Wogen auch wieder schnell herunter, sobald ich meinen stichhaltigen Grund für die zusätzlichen Tage sogar auf dem Papier bescheinigen konnte.

Am Ende blieben die guten Seiten dieser Reise nach dem Süden mit viel Sonne, Abwechslung und neuen Erfahrungen erhalten. Regen und kühles Wetter holte uns erst zu Hause wieder ein. Neben den Annehmlichkeiten dieser Ferienreise erfuhr auch ich den Vorteil, die französische Sprache in der Begegnung mit Menschen in Frankreich besser zu lernen, als aus Schulbüchern.

Außerdem zeigten andere Menschen, wie man auch anders als man selbst gewohnt ist, leben kann ; nicht unbedingt nur mit Arbeit und Geld.

DURCH DICK & DÜNN, Teil 1

KAPITEL 6

NEUE HORIZONTE – ARBEITSLEBEN, STUDIUM

ABITUR

Zusätzlich zu meiner Arbeit besuchte ich in der benachbarten Stadt Karlsruhe die Abendschule für das Abitur. Jeder Tag meiner Woche war ausgefüllt. Ich war entschlossen, in meinem Leben auch beruflich weiter zu kommen. Am Tag arbeitete ich in meinem Beruf, am Abend drückte ich wieder die Schulbank. Der Unterschied mit der Schule war damals der, daß ich entschieden hatte, den Weg einzuschlagen. Etwas wollte ich in meinem Leben geändert sehen, und wenn es mit der Notwendigkeit des ‚Papiertigers' sein mußte : Was du schwarz auf weiß besitzt, kannst du getrost nach Hause nehmen. Das Leben wird mir dann schon zeigen, was dies auf sich hat, dachte und erhoffte ich mir.

Über fünfzig Jahre später hatte ich erfahren, daß irren eben menschlich ist und bleibt. Kein Papier kann Zufriedenheit bringen. Mit Papieren werden wir höchstens zu einer Nummer abgestempelt.

Selbst die Lehrer unterschieden sich von den meisten in der Schule aus meinen vorausgegangenen Gymnasium-Jahren. Im Abendgymnasium waren Lehrer beruflichen Personen gegenübergestellt. Auf beiden Seiten beruhte eine Beurteilung mehr auf lebensnahen Erfahrungen. Damit waren die Lehrer auch konstruktiver Kritik ausgesetzt. Bis auf die übliche Ausnahme, erkannten diese Lehrer den Unterschied und machten in einem Anpassungs Prozess an veränderte Unterrichts Verhältnisse selbst neue Erfahrungen. Lehrer und Schüler hatten ähnliche Beweggründe, die sie zusammen gebracht hatten. Die Lehrer unterrichteten zusätzlich zur Schule am Abend, um etwas mehr Geld in ihre Hände zu bekommen. Die Schüler zahlten Schulgebühren, mit denen sie ein Anrecht auf qualitative Ausbildung

erfuhren ; mit der sie ihre Situation nach dem Willen des Papieres verbessern konnten.
Zwölf Schüler waren in der Abend-Gymnasium Klasse. Fast jeder kam von einem unterschiedlichen beruflichen Hintergrund : Aus der Industrie, Wissenschaft, Luftwaffe, öffentlichem Dienst, Erziehung und Finanzen. Jeder konnte für den Unterricht sowohl für Lehrer und Schüler aus seiner Warte etwas beitragen. Es war kein Abhängigkeits Verhältnis. In diesem Zuge kam es öfters dazu, daß ein Schüler besser Bescheid wußte als der Lehrer, so daß alle einen weiteren Horizont erfahren konnten. In Mathe wie in Physik erinnere ich mich, gingen wir nicht selten weit über den Schulstoff hinaus, wo die Antworten bei dem einen oder anderen Schüler lagen. Die Lehrer mußten aber auch aufgeschlossen gewesen sein, der Unterrichts Methode im Austausch zuzustimmen. Genauer betrachtet lernten auch die Lehrer von den Schülern.

Wieviel besser wären die Ergebnisse einer formellen Weiter-Bildung, kämen Schüler und Lehrer mit eigenen Erfahrungen aus der Arbeits-Welt ? In der Schule ist es üblich : Heute Seite 26 wiederkauen, morgen Seite 27 und so geht es weiter. Wie man im Leben auf eigene beide Beine kommt, ist für den Lehrer schwieriger zu vermitteln, dem das System frühe berufliche Sicherheit verbrieft hat.Die Schüler, wenn sie ins Leben hinaus gehen, brauchen sie ein Rüstzeug, das sie befähigt, das Leben auch außerhalb dem Notwendigen zu meistern. Erfahrungen, welche Schüler nicht mitbekommen haben, müssen sie selber machen und im Konkurrenzkampf mit Zeitverlust und Einbußen lernen zu leben. Das Fachliche Wissen hingegen kann jeder Zeit aus irgendwelchen Quellen angeeignet werden, sofern der Bedarf und der Wille vorhanden sind.Wieviel wird in der Ausbildung aufgebaut , losgelöst von einer Anwendung und wird dann sowieso wieder vergessen ? Ein Leben lang bereit sein zu lernen in der Schule des Lebens, ist der bessere Weg. Immer mehr Firmen bauen mit Erfolg ihr Fachpersonal von unten nach oben selber auf und nicht von Außen oben beginnend. Bei dem Unterricht im Abendgymnasium ragte der Französisch Lehrer besonders heraus. Von der ersten Minute, die er in die Klasse kam, sprach er zu uns nur Französisch. Zu Beginn wollte ein Verständnis bei uns Schülern sich schwierig anschicken, doch der Lehrer wußte mit Mimik, Zeichensprache, Erklärungen mit Hilfe einfacher bekannter Worte den Lernprozess sehr schnell voran zu bringen. Das Wesentliche einer jeden Sprache, seine eigene ‚Musik' ist auch das Element, über welches Kinder die Muttersprache so einfach und selbstverständlich lernen.

Das Gegenstück zu der Methode des Französisch Lehrers brachte unser Englisch Lehrer. Sein Steckenpferd war das Textbuch. Er testete Schüler sogar soweitgehend, daß er außer dem Text und der Grammatik die Seitenzahl, den genauen Text aus dem Gedächtnis forderte. Was er wahrscheinlich in seiner Tages-Schule nicht erfuhr, war, Schüler korrigierten ihn aus einem Konkurrenz-Denken heraus : Dem werden wir zeigen, wer hier besser ist. Ich persönlich konnte nur wiederholt meinen Kopf schütteln über solchen Unsinn. War diese Ablehnung am Ende der Grund dafür, daß ich auf dem Papier dieses Lehrers nicht gerade gut abschnitt ? Im Leben hatte ich dann ja außer Englisch auch noch andere Sprachen ohne Lehrer gelernt. Zu dem Zeitpunkt, wie ich hier schreibe, hatte ich bereits 12 Englische Bücher geschrieben, welche weltweit erhältlich sind mit Verlegern in Melbourne, New York, London und Frankfurt. Eigentlich sollte ich den Englisch Lehrer fragen, wie viele Englische Bücher hat er wohl gschrieben ? Die Frage kann ich ihm ersparen, weil er nicht mehr unter uns ist.

In unserer Abendgymnasium Klasse waren 10 Schüler und 2 Schülerinnen. Jeden Abend unter der Woche fand der Unterricht in Karlsruhe statt. Die öffentlichen Verkehrsmittel waren für mich nicht geeignet, weshalb ich mit dem Fahrrad die zehn Kilometer von Ettlingen nach Karlsruhe zurücklegte. Am Wochenende wurde die Zeit genutzt, das Lernen unter der Woche zu untermauern.

Für eine kurze Zeit hatte ich ein Dach über meinem Kopf bei Mama und Papa in Anspruch genommen. Dies erwies sich nicht als eine gute Lösung. Die ‚alte Kiste' mit dem Chemie-Ingenieur wurde wieder heraus geholt. Papa wollte eine Möglichkeit sehen, mich in seine Richtung doch noch zu bringen. Bei mir handelte es sich damals nicht nur um die ‚berüchtigte' Jugend-Trotzphase gegenüber Papa, daß ich den Gedanken an einen Chemie-Ingenieur ablehnte, sondern auch meine Auffassung über die Chemie selbst. Für mich war Chemie ein steriles Lernfach. Die Richtung bot mir zu wenig eigenes Schaffen. Die Front zu Hause verhärtete sich nur, ich entschied, auszuweichen, auch wenn ich außerordentliche Schwierigkeiten mit Unterkunft erfuhr.

Manchmal nur Tage, oder höchstens Wochen kroch ich unter ein Dach eines Bekannten oder Freundes. Das Ziel des Abiturs im Abend-Gymnasium verlor ich aber nicht aus meinen Augen. Nach drei Jahren Schule, war es dann so weit für die Abschlußprüfung. Besonders die Lehrer waren stolz auf die guten Ergebnisse, alle 11 Schüler absolvierten das Abitur ausgezeichnet. Eine Schülerin schied allerdings unter tragischen Umständen in dem ‚Wettrennen' aus. Den Erfolgszwang im Nacken, plus persönliche Probleme hatten diese junge Frau in eine Isolation getrieben, aus der sie nicht mehr heraus fand ; ihre Antwort war, dem Leben den Rücken zu kehren.

Hier erhebt sich die Frage vom Wert einer weiteren zusammenhanglosen Ausbildung. Sind wir nicht zumindest ein wenig mitverantwortlich für unsere Mitmenschen, wenn diese in Isolation geraten? Unser Streben übersieht zu leicht den Kampf unserer Mitstreiter. Es ist Salon-fähig geworden, daß man andere zurück lässt, um seine Vorteile heraus zu streichen. Wo ist ein Gemeinschafts-Sinn hier auf der Strecke geblieben?

Die 11 ‚Gewinner' im Abitur veranstalteten zusammen mit den Lehrern ein Abschluß Fest. Essen, Worte des Dankes und Gitarren-Beilage mit Interpretationen von Sors, Giuliani und Bach wußte ich von meiner Seite beizutragen. Ende gut, alles sollte gut sein. Jeder ging wieder hinaus ins Leben, auf seinen Weg, wir verloren mit den Jahren den Kontakt zueinander leider ganz und gar.

Für mich brachte dieser Schritt wenigstens vorübergehend eine große Erleichterung von den vielen Stunden täglich beruflicher Arbeit und dann noch den Anforderungen einer Weiterbildung zum Abitur zu entprechen. Ich kündigte meinen Arbeitsplatz in Ettlingen und bewarb mich um einen Studienplatz an der alt-ehrwürdigen ‚Ruperto Carola'-Universität von Heidelberg.

SKANDINAVIEN

Drei Monate waren es noch, bevor das Semester in Heidelberg begann. Die Zeit bis dorthin nutzte ich, um Abstand von der Ausbildungs-Tretmühle zu gewinnen.- Was war und ist hier wohl ein guter Weg, von dort wegzukommen? Eine Reise lag mir am nächsten. Zwei anderen Abiturienten schloss ich mich auf einer Fahrt an, zur Abwechslung auch einmal nach Norden, da die beiden ein Auto besaßen.

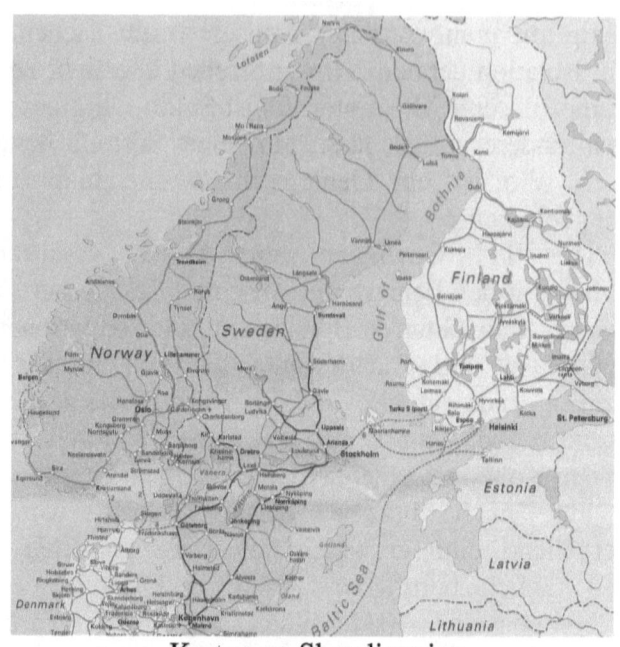
Karte von Skandinavien

„Vogelflug Linie" nach Dänemark

Auf der besagten ‚Vogelflug-Linie' gelangten wir über eine eindrucksvolle Brücken-Konstruktion nach Dänemark, dem ersten Nordland der Menschen mit ‚kühlem' Kopf, aber ‚warmem' Herz. Der Sommer versteckte sich hier teilweise hinter Wolken am Himmel. Die schwarz-weiß gefleckten Rinder auf den flachen grünen Weiden störte das Wetter offensichtlich wenig ; sie fraßen Gras hier genau so wie etwas weiter südlich in Schleswigholstein. Die dunkelroten Ziegel-Häuser erinnerten mich an jene in Nord-Deutschland. Auf den ersten Blick erschien hier die Welt ruhiger zu sein, als weiter südlich. Die Menschen sah man dennoch einer Beschäftigung nachgehen, jedoch offensichtlich in weniger Eile.

Auf unserem Weg weiter nach Norden, zunächst noch in Dänemark, meldete sich die Hauptstadt Kopenhagen mit Häusern in seinen Außenbezirken. Bis in die Stadt hinein nahm die Häuserdichte sehr schnell zu. Das kühle Wetter war wenigstens für uns Drei nicht gerade eine Einladung in Kopenhagen uns länger aufzuhalten.

Trotz dem Wetter ließen wir es uns nicht nehmen, ein näheres Bild von Kopenhagen uns zu machen. Das königliche Schloß in seinen fest gefügten Steinbauten war in der Mitte der Stadt nicht zu übersehen. Eine Besonderheit war schon damals die vielen Fahrräder in der Stadt, die jeder benutzen konnte und dort wieder abstellte, wo sein Ziel erreicht war. Die öffentliche Aufforderung das Allgemeingut der Fahrräder schonend zu benützen, mußte bei der Bevölkerung richtig angekommen sein. Dies war ein Hinweis auf eine allgemeine Disziplin und gegenseitigem Vertrauen in der Benutzung von Allgemeingut. In so manchen anderen Teilen der Welt erfährt Allgemeingut nicht unbedingt die selbe Behandlung. Es bleibt zu sehen übrig, ob verschiedene Mentalitäten in einer unausweichlichen ‚Multi-Kulti' einen Weg ohne Abstriche finden.

„Die Meerjungfrau", Kopenhagen

Das Merkmal von Kopenhagen fand man am Ufer des Öresund, die Bronze-Statue der Meerjungfrau, wie sie auf einem Felsen sitzt, gerade aus dem Wasser heraus gekommen. Aus der Entfernung erschien sie sogar überraschend klein. Aus der Nähe sprachen ihre feinen weiblichen Formen jeden an. Sollten alle dänischen Jungfrauen so schön sein, wer wollte sich dann nicht in sie verlieben ? Die Statue wies zum ‚Glück' nur auf äußere Schönheit hin. Wie es innen bei nicht-Statuen aussah, blieb dem einzelnen nicht erspart, selbst heraus zu finden.

Eine weitere Attraktion von Kopenhagen war schon damals der ‚Tivoli-Vergnügungs-Park'. Bei Dunkelheit schafften unzählige Lichter eine Traumwelt mit großen phantastischen Gebäude Sihuetten. Jung und Alt trafen sich dort gerne. Jeder suchte in dieser Traumwelt einen Wunsch für sich, sei es Besinnlichkeit, Freude oder auch Zuneigung zu einem geschätzten Menschen.

Vergnügungs-Park ‚Tivoli' , Kopenhagen

Nach einem kurzen Besuch in Kopenhagen ging es weiter nach Norden mit der Fähre über den Öresund nach

Schweden. Vierzig Jahre später verbindete hier eine gewaltige Brücke die beiden Länder Dänemark und Schweden. Ohne Unterbrechung und Kontrolle können Menschen heute ungehindert aus einem Land in das andere überwechseln, Dank auch der Annäherung dieser beiden Länder an ein Vereintes Europa.

Mit unseren Füßen auf Schwedischem Boden kam das Ziel Stockholm mit verbleibenden 600 Kilometern greifbar näher nach unserer Autofahrt durch fast ganz Deutschland und Dänemark. Beim Fahren fuhren wir fort uns alle zwei Stunden abzuwechseln, so daß wir schnell und gut voran gekommen waren. Hier in Schweden war zu der Zeit noch Links-Verkehr. Aus Sicherheitsgründen mußten wir mit unserer Rechts-Verkehr-Gewohnheit sehr aufmerksam fahren. Der Verkehr war eher aufgelockert, genau so wie die Häuser unterwegs mehr einzel gestreut in der Landschaft zu sehen waren. Man hätte sagen können, viel Felsen gab es und hier in Süd-Schweden zwischen Hügeln, Wald-Inseln mit Fichten oder Tannen. Viele der Häuser waren mit Holzbrettern außen verkleidet. Sie fielen ins Auge mit ihrer roten Farbe gegen das dunkle Grün der Fichtennadeln. Fenster und Türen waren je nach Belieben in einer anderen Farbe umrahmt.

Autoverkehr trafen wir hauptsächlich in der Nähe von Ortschaften. Sonst herrschte die Ruhe der Wälder mit ihren Felsen-Auswüchsen über die größte Strecke durch Süd-Schweden. In dem Linksverkehr kamen wir ohne Zwischenfall zurecht. Zwei Jahre später unternahm Schweden die Umstellung auf den Rechts-Verkehr, eine Maßnahme, welche mit nur großen Schwierigkeiten in einem anderen Land bewerkstelligt werden könnte. Der ‚kühle' Kopf kam hier auch bei den Schweden bestimmt zur Geltung.

Die Straßen waren für die geringe Verkehrsdichte in gutem Zustand. Nackte Felsen säumten die Straße, Tannen und Fichten hielten sich auf ihnen sogar fest, blieben in ihrem Wachstum jedoch zurück gegenüber den ‚Baumkollegen' im mehr geschlossenen Wald, wo Erdboden sich ansiedeln konnte. Flecken von Seeflächen schimmerten gelegentlich zwischen Bäumen und Felsen durch und manchmal kam ein See auch nahe an die Straße. Süd-Schweden, ja ganz Schweden ist sichtlich dünner besiedelt als vor allem seine südlich gelegenen Länder Europas. Kleine Ortschaften auf unserem Weg waren vornehmlich mit ihren roten Holzhäusern in den Wald hinein gebaut, etwas von der Straße abgelegen und mit persönlich gewünschtem Abstand zueinander. Die wenigen größeren Ortschaften lagen hingegen an der Hauptverkehrs Straße und die Häuser waren in der Mehrzahl in Stein oder Beton errichtet. Wenn wir anhielten, uns Auskunft einzuholen, waren die Schweden durchaus freundlich, aber betont zurückhaltend, zumindest mit Worten. Meine zwei Kollegen fanden es sehr schnell heraus, daß die Zurückhaltung bei den hübschen Schwedinnen nicht unbedingt lange andauern mußte. Unsere Wege trennten sich auch deshalb, da unsere Interessen und Wege auseinander gingen.

Ich versuchte per Anhalter dann weiter zu kommen. Alleine die Schweden wollten da nicht mitmachen und ließen mich am Straßenrand stehen. Was blieb mir anderes übrig, als den Zug zu nehmen, wenn ich nicht auf Schuster's Rappen zurückgreifen wollte. Dafür wäre meine Zeit zu kurz gewesen. Also brachte mich die Schwedische Staatsbahn in seine Hauptstadt Stockholm. Schönes Wetter begrüßte mich hier in einer weit offen, modern angelegten Großstadt.

Mein erstes Interesse galt, wie ich in der Großstadt ein Bett für die Nacht finden konnte, das mein Geldbeutel annehmen konnte. Zum Glück verstanden viele Schweden wenigstens so viel Englisch, daß ich mit ihrer Hilfe eine geeignete Unterkunft ausfindig machen konnte. Meine Schwedischen Kenntnisse waren hingegen nicht ausreichend, selbst wenn so manche Worte sehr nahe der deutschen Sprache kamen. Die ‚Musik' in der schwedischen Sprache sticht am meisten hervor im Unterschied zu ihren benachbarten Skandinavischen Ländern, Dänemark und Norwegen. An den schwedischen Sprachton muß man sich erst einmal gewöhnen, selbst mit einem Sprachführer in der Hand. Das Nachbarland Finnland hat dagegen eine ganz eigenständige, sehr unterschiedliche Sprache, wie ich in kommenden Jahren erfahren sollte.

Stockholm, Sicht von ‚Slussen' , Schweden

Am Slussen in der Stadt war dann eine Jugendherberge. Zu Fuß war es zwar ein gutes Stück Weg dorthin, ich ließ mich aber nicht davon abschrecken, denn so lernte ich Stockholm am besten kennen. Unterwegs kam ich immer wieder an Wasserarmen vorbei, moderne Großbauten zeigten sich stolz, das Rathaus, der Königspalast gegenüber der ‚Skepsholmen-Insel‘, vor der ein Schiff in vollen Segeln ankerte und weiter, der ‚Slussen-Turm‘ mit seinen Aufzügen für Aussichts-hungrige Besucher. Überall schafften Hochstraßen kreuzungsfreie Straßenverbindungen, damals etwas neues, welches man nicht so schnell wo anders sehen konnte. Vor dem Bahnhof war eine riesige Baustelle für eine U-Bahn im Gange. Hier in Stockholm hieß das, durch Granit Felsen sich tief unter die Oberfläche sprengen und graben. Für Fußgänger waren ausreichend Umgehungswege eingerichtet, um vom Bahnhof weg zu kommen. Soweit, was ich bis jetzt erfahren hatte, konnte ich mich nicht erinnern, in Europa noch so eine weitläufige, moderne Stadt wie Stockholm damals gesehen zu haben. Nach einem ausgiebigen Spaziergang durch die Innenstadt fand ich schließlich auch Slussen mit der Jugendherberge. Ich ließ mein Gepäck und Gitarre dort, um etwas unbeschwerter noch einmal Stockholm mir anzusehen.

Als ich mich in einem Park auf eine Bank setzte, dauerte es nicht lange und eine durchaus gut aussehende blonde Schwedin setzte sich aus freien Stücken neben mich. „God dag" und noch ein wenig mehr konnte ich sagen. Überrascht war ich schon, denn bis jetzt hatte sich noch kein Mädchen unaufgefordert zu mir gesellt. Eine Unterhaltung kam nicht so richtig zustande, nicht alleine wegen Verständigungs Schwierigkeiten, sondern die „hübsche Puppe" wollte bestimmt noch etwas anderes von mir hören.

Nach meiner Uhr war es indes schon reichlich spät am Nachmittag, nur daß die Sonne noch so hoch stand, als wäre es erst kurz nach Mittag bei mir zu Hause in Süd-Deutschland. Ich wußte zwar, hier war im Sommer länger Tag, wollte aber dennoch jemanden fragen, um meine Urzeit zu bestätigen. Also machte ich mich wieder auf den Weg, jemandem zu begegnen, den ich nach der Urzeit fragen konnte.

Auf den breiten Straßen waren Autos unterwegs, andere Fußgänger konnte ich zuerst nicht sehen. Wie ich so an einem Kaj gegenüber dem Königsschloß entlang ging, wo Schiffe nach Finnland Anker geworfen hatten, kam mir eine junge Dame entgegen. Dieses Mal sprach sie mich nicht an, sondern ich ergriff die Initiative, nach der Urzeit mich bei ihr zu erkundigen. Vorsichtig wählte ich meine Worte in der Englischen Sprache. Die Dame gab mir ihre Antwort auch in Englisch mit einem Lächeln im Gesicht zurück, welches mir nicht entgangen war. Wie konnte ich damals wissen, daß dieses Lächeln mich mein ganzes Leben begleiten wird? Ich fasste mir ein Herz und stellte noch die Frage :"Lieben sie Gitarren-Musik?" –

Die Antwort lautete :"Oh ja, hier ist aber nirgends eine Gitarre, wenn ich mich nicht irre," –

Meine Antwort war die :" Darf ich meine Gitarre holen. Ich habe sie dort in Slussen in der Herberge, nicht weit von hier." –

„Wenn ihnen das recht ist, gerne, ich warte hier inzwischen." –

Nicht oft in meinem Leben bin ich so schnell wohin gelaufen und zurückgekehrt, dieses Mal mit meiner Gitarre. Ich war sehr im Zweifel, ob die nette Dame tatsächlich auf mich gewartet hatte. Die Überraschung war gelungen, die Dame war nicht von der Stelle gewichen. Das vor Anker liegende Segelschiff gegenüber, nahmen wir uns ins Auge. Zu Fuß erreichten wir die Stelle über eine Fußgänger Brücke. In ihrer Mitte thronte auf beiden Seiten des

Geländers eine vergoldete Krone mit Blick auf den massiven Bau des Königs Palastes, welcher im übrigen die meisten Räume eines Königshauses aufweisen soll, einen mehr als Buckingham-Palace in London.

Bei dem Segelschiff angekommen, lud ein leichter Grashang vor ihm ein, Platz zu nehmen. Über eine Stunde ließ ich meine Gitarre zusammen mit meiner Stimme sprechen, bei wunderschönem Sonnenschein. Die Dame lächelte immer noch, sagte aber :"Es ist Zeit zu meinem Schiff zurück zu kehren, mit dem ich morgen früh wieder nach Hause, nach Finnland fahren werde. Unsere Begegnung hat mir sehr gefallen." –

Auf dem Weg zurück verabschiedete ich mich mit meiner Visitenkarte. Die Dame ging auf eines der vor Anker liegenden Schiffe, ich setzte meinen Weg fort zur Jugendherberge am Slussen. Obwohl ich ziemlich sicher war, nichts mehr von der netten Dame aus Finnland zu hören, hegte ich den geheimen Wunsch, sie wieder zu sehen.

Worte hätten den nächsten Morgen nur so beschreiben können:die‚Kalte Dusche' blieb nicht aus. Sogar der Himmmel war traurig mit schwarzen Wolken verhangen, von sommerlicher Wärme keine Spur mehr. Was für ein Unterschied von einem Tag zum anderen ! Es blieb mir nichts anderes übrig, als einen Bus zu nehmmen, um wenigstens aus der Stadt heraus zu kommen. Ich machte mir mit Überzeugung vor, bei so schlechtem Wetter war es ausgeschlossen, das finnische Mädchen noch einmal zu sehen. Tatsache war jedoch, als ich Jahre später von diesem Mädchen erfuhr, daß sie vom Schiff Ausschau gehalten hatte, ob sie mich noch einmal sehen konnte. So war und ist das Leben immer noch : Ein Tag Sonnenschein, an einem anderen Tag schlechtes Wetter. Eine lang währende Zuneigung hatte hier in Stockholm seinen Lauf genommen, wovon ich zu der Zeit nur hätte träumen können.

‚Unter der Kalten Dusche' des nächsten Morgens versuchte ich nach der Busfahrt außerhalb Stockholm per Anhalter weiter zu kommen. Die vorbei fahrenden Autos gaben mir klar mit einer Dusche von den Straßenpfützen zu verstehen, hier kommst du so nicht weiter. Diese Antwort veranlasste mich sehr schnell, den Bus wieder zurück zum Bahnhof in Stockholm zu nehmen.

Vielleicht sollte ich auf dem Weg nach Norwegen im Westen besseres Wetter antreffen? Also anvertraute ich mich dem Zug nach Westen mit Endstation Oslo in Norwegen. Die Zugfahrt war eine richtig gemütliche Angelegenheit. An den Haltestellen in den kleinen Ortschaften beobachteten mehr Leute den Zug, als zufällig Passagiere ausgestiegen oder zugestiegen waren. Der Zug mußte das Ereignis des Tages gewesen sein in einer unveränderten Landschaft mit grünen Wäldern, Felsen-Auswüchsen, verstreut einzelnen roten Holzhäusern und zwischendurch immer wieder das Wasser eines Sees.

Der Zug hielt an der Norwegischen Grenze an und fuhr nicht mehr weiter. Ich war der einzige Reisegast noch im Zug verblieben. Ich stieg aus und machte mich zu Fuß auf den Weg über die Grenze nach Norwegen. Von einer richtigen Grenze war keine Spur zu sehen. Vor einem Holzhäuschen prüfte ein Norwegischer Grenz Beamter dann doch noch meinen Pass. Alles war in Ordnung, jetzt war ich in Norwegen. Die Strecke nach Oslo, der Haupstadt Norwegens, versuchte ich per Anhalter hinter mich zu bringen. Jedoch kein Glück wollte mir auch in Norwegen entgegen kommen. Selbst als mich mehr aus Versehen ein Norweger mit seinem Auto mitnehmen wollte, kam ich nicht sehr weit. Denn sobald der Fahrer von mir erfuhr, daß ich kein Ansässiger war, hielt er wieder an und forderte mich auf, wieder auszusteigen. Der Bus war dann meine letzte Rettung, daß ich noch vor Dunkelheit in Oslo ankam. Mein erster Weg war auch hier wieder in die Jugendherberge. Noch auf der Straße begegneten mir aufsässige Frauengestalten, die wohl zu tief in Alkohol Gläser geschaut haben mußten. Die Nnowegische Sprache war wieder unterschiedlich sowohl zu der dänischen, als auch schwedischen Sprache. Vielleicht war es mein Glück, daß ich die zu stark angeheiterten, auch wenig ansehbaren Damen nicht verstand. Diese ersten Eindrücke machten mich aufmerksam, auch in Norwegen spielte der Alkohol seine schlechte Rolle.

Obwohl es bei meiner Ankunft in der Jugenherberge mitten in der Stadt bereits dunkel geworden war und somit ein neur Tagesbeginn kurz bevorstand, erhielt ich noch ein Bett für die Nacht. Am nächsten Morgen machte ich mich zu Fuß auf, Oslo und seine Umgebung kennen zu lernen. Das Wetter war hier eine Mischung aus wenig Sonne und viel Regenwolken.Für Sommer ein wenig zu kühl.

Oslo , Norwegen

Vom Wetter ließ ich mich allerdings nicht aufhalten, einen möglichst nahen Eindruck zu gewinnen, zuerst in der

Stadt in dem Munk-Kunst-Museum mit seinem bekannten Bild „Der Schrei".

Der Schrei (The Cry), Edvard Munch
Oslo, 1895

Dann war das 'Viking-Museum' mit seinen alten Vikinger-Booten. – Außerhalb der Stadt im Norden am Fuß von Bergen wartete die Holmenkollen Sprungschanze auf den nächsten Winter, umringt von Tannenwäldern. Vielleicht, weil ich an einem Wochentag unterwegs war, begegnete ich kaum einem Menschen. Das schlechte Wetter hielt jeden mehr in den meist schön eingerichteten Wohnhäusern. Der skandinavische Sinn für Einfachheit nimmt seinen Ursprung in seiner Natur und ist weltbekannt im Ausdruck skandinavischer Möbel, Kleidung und Gebrauchsgegenständen. Erst zum Abend hin tauchten mehr Menschen in der Stadt auf, besonders in Alkohol Plätzen und ihrer näheren Umgebung.

Vikinger Boot, Oslo – Norwegen.

Holmenkollen Ski-Sprungschanze , Oslo – Norwegen

Auf meinem Weg nach Holmenkollen gewann ich einen guten Gesamtblick über die Lage von Oslo vor einem Meeresarm , in dem zahreich vorgelagerte Inseln den silbernen Glanz einer leicht gekräuselten Wasserfläche mit dunkeln Schatten unterbrachen. Das Licht wanderte im Wechsel-Spiel der Wolken mit den wenigen durchbrechenden Sonnenstrahlen. Dieses Schauspiel vermittelte mir ein wenig einen Eindruck, wie weiter nördlich die bekannten Fjorde entlang der Atlantik Küste aussehen. Ein Unterschied hier im Süden waren die Berge, sie ragen nicht so hoch.

Das kalte, windige, nasse Wetter stimmte wahrscheinlich nicht nur mich wortkarg, sondern auch die Menschen hier. Obwohl einige Bewohner von Oslo mit der englischen Sprache recht gut vertraut waren, schickte sich ein Kontakt in einem Gespräch sehr schwierig an.

Wegen dem anhaltend schlechten Wetter fiel mir die Entscheidung nicht schwer, meine Blicke wieder nach Hause zu lenken. Die Idee einer Schiffsreise zurück nach Dänemark als Abschluß meiner ersten Skandinavien-Reise, beflügelte nur meine Heimreise. Auf dem Schiff war dann kein Mangel an freien Plätzen, so daß ich einen günstigen Preis für eine Schiffspassage erhalten konnte. Das Schiff verließ Oslo mitten am Tag und je weiter es in dem Seearm hinaus fuhr, desto weiter öffnete sich das zurückliegende Panorama der Stadt mit seinen umliegenden grün bewaldeten Bergen. Der Seearm öffnete sich immer mehr in den Nordsee-Teil mit dem Namen ‚Skagerak'. Auf dem Seeweg nach Kopenhagen wechselte das Schiff in den ‚Kattegat' Meeresarm der Nordsee. Dieser Teil der Nordsee ist berüchtigt für seine schweren Stürme. Auf dieser Fahrt hatte die Nordsee es jedoch mit unserem Schiff nur gut gemeint, die See blieb völlig ruhig.

Im Gegensatz zu Oslo, fand ich auf dem Schiff sehr guten Kontakt mit freundlichen Norwegern. Ich wurde sogar aufgefordert mit meiner Gitarre eine Anzahl Liebhaber von Gitarren Musik zu unterhalten. Hier erwies sich wieder, wie Musik Menschen leicht verbindet, weil jeder Musik liebt und deshalb leicht versteht. Unter meinen Zuhörern war auch ein Franzose, mit dem ich gemeinsame Sache machen konnte, indem er mich nach unserer Ankunft in Kopenhagen mit seinem Auto bis nach Hause mitnehmen konnte.Er sagte mir: "Leute, die gute Musik bringen können, sind auch gute Leute. Auf meiner langen Autofahrt wieder nach Süden, weiß ich solche Gesellschaft nur zu schätzen. Für mich ist es ein Glück, daß sie Französisch können. Bleiben sie in meiner Nähe, wenn wir in Kopenhagen ankommen, damit wir uns nicht aus den Augen verlieren." –

Wiederum für mich war diese Reise eine gute Abwechslung von den Anforderungen der zurück liegenden drei Jahre mit Berufsarbeit und Abend-Gymnasium, wieder freier unter Menschen mich zu bewegen,Menschen verschiedener Herkunft, die man zufällig traf. Je mehr wir selber erfahren, je mehr lernen wir in Wirklichkeit. Dem gegenüber haben Erfahrungen aus Büchern nur einen begrenzten Wert.

PARIS
("Paris vaut bien une messe"Paris ist immer eine Reise wert)
Worte von Kardinal Richelieu

La Tour Eiffel – Paris

Auf der Schiffahrt von Oslo nach Kopenhagen machte ich auch Bekanntschaft mit einem norwegischen Ehepaar, welche auf dem Weg nach Paris waren. Sie schlugen vor, wir sollten uns in Paris treffen, sie könnten meine Dolmetscher Kenntnisse sehr gut gebrauchen, da sie mit der französischen Sprache nicht sehr gut vertraut waren. Kaum war ich in Heidelberg mit dem freundlichen französischen Autofahrer angekommen, entschloß ich mich nur wenige Tage später, die Reise nach Paris mit dem Zug fortzusetzen. Im Zug mußte ich irgendwie im falschen Abteil Platz genommen haben. Ein korpulenter Mann im eleganten Anzug war in Begleitung einer sehr attraktiven Dame. Nach ihren Blicken zu schließen, fühlten sie sich durch meine Anwesenheit gestört. Nicht gerade ihnen gegenüber vertiefte ich mich in der Lektüre einer Zeitschrift. Der Zugkontrolleur kam dann auch in unser Abteil. Bei den beiden Herrschaften mir gegenüber war alles in Ordnung, nur bei mir mußte der Kontrolleur sich aufhalten :" Sie haben keinen gültigen Fahrschein für die Erste Klasse, ich muß ihnen eine Strafe aushändigen." - Die Strafe war eine empfindliche Summe. Der Kontrolleur mußte mit dem falschen Fuß damals aus dem Bett gekommen sein, daß er nicht einlenken wollte und ich in ein anderes Abteil überwechseln konnte: "Entschuldigen sie, ich hatte das Zeichen für die Erste Klasse übersehen. Ich war bis jetzt so beeindruckt von diesem hervorragenden französischen Zug. Bitte verderben sie mir diese Freude nicht."- Auch dies half nicht, Strafe mußte demnach sein. Wenn ich schon die bittere Pille schlucken mußte, dann war es auch verständlich,daß ich in der Ersten Klasse blieb. Mein Reisebudget erhielt damit aber eine empfindliche Einbuße.

Der Zug kam jedenfalls auf die Minute genau im Bahnhof ‚Gare Du Nord' von Paris an. Das Treffen mit dem Norwegischen Paar in Paris kam nicht zustande, was mich allerdings nicht mehr überraschte. Menschen sagen gerne viel ; wenn es aber dazu kommen soll, die Worte einzulösen, spätestens dann scheiden sich die Geister. Verlegen war ich deshalb noch lange nicht. Da ich jetzt schon einmal in Paris war, wußte ich auch, wie „Paris für mich eine Reise wert sein wird." – Wiederum in einer „Auberge de Jeunesse" (Jugendherberge) fand ich ein Bett für die Nächte während meines Aufenthaltes. Den Tag verbrachte ich zu Fuß unterwegs, um die vielen Sehenswürdigkeiten dieser Stadt mit ihrer bunten Mischung Menschen zu erleben.

Bereits nach der ersten Nacht in der Jugendherberge wartete eine Überraschung auf mich: Mein neuer elektrischer Rasierapparat war von unter meinem Kopfkissen spurlos verschwunden, obwohl ich mit meinem Kopf darauf gelegen war. – Aha, sagte ich mir, jemand mit geschickten ‚langen Fingern' mußte in der Nacht hier am Werk gewesen sein. Die Frage war dann nur, wie konnte ich mich in Paris weiterhin gepflegt rasiert zeigen ? Es mußte auch anders gehen, als elektrisch.

Gegenüber der Herberge war nicht zu übersehen ein sehr gepflegter Friedhof, nicht für Unsereiner, sondern für die besten Freunde von so vielen Menschen, unseren Vierbeinern. Diese Einrichtung gehörte schon immer zu Paris. Seine Bewohner haben stets gerne Zuflucht bei Haustieren gefunden. Ist es die Verbindung zur Natur aufrecht zu erhalten, die Suche nach etwas mehr Zuverlässigem als unsere Mitmenschen ? Jedenfalls waren dort in poliertem Marmor Grabstätten gesetzt, mit Abbildungen des verstorbenen Lieblingstieres hinter Glas geschützt, vielfach auch Nachbildungen in einer Statue, mehr als oft manchem Menschen auf diesem Weg mitgegeben wird.

An folgenden Tagen besuchte ich unter anderem bei strahlendem Sonnenschein:Monmartre, Die Champs Elysees, den Louvre, Place De La Concorde mit dem alt-ägyptischen Obelisken, Notre Dame, den Arc De Triomph, L'Opera, den Dome Des Invalides, Les Tuileries und St.German, die Künstlerviertel von Paris.

Maler bei der Arbeit im Freien von St. German, Paris

Während meinem Bummel auch durch die so vielen Nebenstraßen, konnte ich das eine oder andere typische Parfum-Geschäft nicht übersehen. Ich wollte schon einmal erleben, wie selbst ein kleiner Kunde wie ich in solch einem Laden empfangen wird. Eine Dame bat mich in einem bequemen Stuhl Platz zu nehmen. Der ganze Raum war mit Regalen, Glasschränken, Verkaufs-Tischen ausgerüstet, voll mit Parfum Flaschen verschiedenstem Aussehen und Größe. Von einem Tablett mit Probeflaschen gab die aparte Dame einen winzigen Tropfen auf meinen Handrücken, während sie meine Hand sachte hielt :" Dieser Duft kommt von Lavendel Blüten aus dem Süden von Frankreich ; ein anderer Duft auf ihrem anderen Handrücken ist von Lotus-Blüten oder Orchideen aus den ‚El Fayum Kulturen' in Ägypten. Alle meine feinen Parfums sind wie Boten aus dem Paradies. Sie haben die Wahl, welchen Duft sie mitnehmen wollen. Wollen sie etwas für sich selbst, oder ein Geschenk für eine Dame ihres Herzens ?" – Die Dame war in keiner Eile, sie liebte ihren Dienst am Kunden, weshalb sie bereits wie das Paradies selbst duftete.

Nach einem ‚billigen' Parfum wagte ich nicht zu fragen. Stattdessen ließ ich sie wissen :" Das Parfum wird eine weite Reise nach Finnland machen und ich weiß nicht, ob ich den Geschmack getroffen habe." – „Für eine wichtige Person sollte man da nicht an der falschen Seite sparen ; meine echten Parfums begleiten Menschen ein Leben lang und helfen auch Erinnerungen wach zu halten." – Eine wirklich kleine Flasche mit wenigen Tropfen Orchidee Parfum aus den ‚El Fayum Kulturen' Ägyptens konnte ich gerade noch meinem Geldbeutel gegenüber verantworten. Die Dame verabschiedete mich mit ihrem Geleit an die Türe unverändert freundlich.Sie versäumte nicht einmal zu sagen: "Ich freue schon, sie wieder zu sehen." – Der Parfum Geruch auf meinen Handrücken blieb noch lange erhalten, wie die Dame mir ja mit auf den Weg gab,als ein bleibender Gruß aus dem Paradies. Wenige Jahre später besuchte ich in Ägypten unter anderem auch die Jahrtausend alten

Orchideen Kulturen in El Fayum, wie sie in Wasser über dem Boden hochgezogen werden.

Erst später zu Hause ergab sich die Gelegenheit. Das Parfum Fläschchen gebührlich richtig anzubringen, als ich einen ersten Brief aus Finnland erhalten hatte. Sogar Mama war neugierig zu wissen, wer das in Finnland war. Als mein Danke Schön für den Brief, ging dann das Parfum mit ein paar Zeilen per Post nach Finnland.

Moulin Rouge , Paris 1965

Zu meinem kurzen Besuch in Paris zählte auch 'Moulin Rouge' (Rote Mühle). Ich war auch ohne den teueren Champagner zu kaufen für die Unterhaltung mit einer ‚flotten Dame' zugelassen. Die Tanzvorstellungen auf der Bühne konnte man als harmlos anregend und amusant bezeichnen. Wer darüber hinaus an einem der Tische mit der Champagner Flasche Platz genommen hatte, dem gesellte sich eine Dame dazu, so daß beide beim Champagner herausfinden konnten, was sie sonst noch am Herzen hatten zu teilen. Allgemein waren in den Jahren damals noch keine

pornografische Filme zu sehen. Moulin Rouge war ein vorsichtiger , gewählter Schritt in die Richtung.
Auch dem Außenbezirk Versailles stattete ich einen Besuch ab, bevor ich Paris Aufwiedersehen sagte. Die U-Bahn in Verbindung mit der Bahn, war die beste Möglichkeit, schnell und günstig in und um Paris sich zu bewegen. Obwohl dieses Verkehrsmittel der U-Bahn schon lange bestand, war es mit so viel Voraussicht gebaut worden, daß es auch heute noch den Anforderungen standhalten kann. So lief zum Beispiel die U-Bahn auf Spezialgummi Rädern, welche den unterirdischen Verkehr fast geräuschlos machten, darüber hinaus besonders die Anfahrt auf der Schiene griffig gestaltete und deshalb sehr schnell anfuhr. Hinzu kam noch, daß die Räder der U-Bahn und nicht die Schienen abgenutzt wurden. Die Gummi-vulkanisierten Räder wurden einfach in bestimmten Zeitabständen ausgetauscht, um der Abnutzung zu begegnen.
Als ich damals in Versailles auch mit dem kombinierten Zug aus Unter- und Obergrund Bahn ankam, stand ich einer ländlichen Umgebung gegenüber. Ein reiches Angebot an Obst und Gemüse war auf langen Tischen ausgelegt zu wesentlich günstigeren Preisen, als in der Großstadt Paris.Ich deckte mich reichlich ein mit Pfirsichen und Trauben. Frisches französisches langes Weißbrot (baguette) noch zu dem Obst und schon war ein Tag Ernährung für mich wieder gelaufen.
Im Schatten unter Ulmen lag dieser Markt direkt vor dem Zugang zu den königlichen Palästen von Versailles. Grünflächen geometrisch unterbrochen von sauber geschnittenen Hecken, Rosen und Blumen-Beeten eröffneten in weit angelegten Stufen den Blick vom Schloß in das tiefer liegende Land, wo auf beiden Seiten Waldungen von Ulmen folgten, bis sie im Hintergrund den Blick begrenzten. Auch Wasser unterbrach spielerisch den weiten Blick ins Grüne.

Während meinem Besuch im Schloß war ich damals fast alleine unterwegs. In den vielen reich ausgestatteten Räumen traf ich nur gelegentlich einzelne Besucher. Der Prunk und die Pracht sind ein Ausdruck der Zeit von ano siebzehn-hundert. Nur Wenige besaßen damals fast alles, wohingegen die Mehrheit fast nichts besaß. Dies wurden die Voraussetzungen für die Französische Revolution. Heute sind wir auf den Weg gekommen, daß der Konsum jeden auffordert, immer mehr zu besitzen. Erst die Zukunft wir uns lehren, was besser war ; die Einschränkung der Massen, oder die Willkür der Massen ? Die Frage wird sein, was können wir heute schaffen, was Bestand hat ? Ohne Opfer Bereitschaft ist kein Bestand möglich !

Versailles hatte sich in den Jahren nach meinem ersten Besuch so verändert, daß ich es später nicht wieder erkennen konnte, nicht aber das Schloß mit seinen Gärten.. Den Obst- und Gemüse-Verkäufer vom Land haben aufsässige Andenken Verkäufer verdrängt, um an das mehr-Geld der Touristen heran zu kommen.

Paris war und ist immer noch eine Reise wert. Kein Wunder, daß es die meist besuchte Stadt der Welt immer noch war. Auf meinem Weg zurück nach Heidelberg, auf Grund einer Ebbe in meinem Geldbeutel, war per Anhalter die einzige Möglichkeit für mich geblieben, die Reise zu beenden.

HEIDELBERG – „RUPERTO CAROLA"

Schloß Heidelberg, Innenhof

Zurück in Heidelberg nahm das tägliche Leben seinen Lauf auch für mich. Bei einem Freund, der schon länger an der Universität war, konnte ich für ein paar Tage in seinem gemieteten Zimmer mit unterkriechen, bis ich mit der Anmeldung für mein Studium und erstem Studienplan so weit war. In meinem Entschluß war ich noch nicht so weit gekommen, welche Richtung im Studium ich einschlagen sollte, alleine aus finanziellen Gründen. Studiengebühren und mein Leben mußte ich aus eigener Tasche finanzieren. Da noch ein paar Wochen Zeit vor den Vorlesungen waren, nahm ich die Gelegenheit wahr, noch Geld zu verdienen in der Firma in Ettlingen, wo ich meine Lehre absolviert hatte. Obgleich Einstellungs Stop in der Firma erklärt war, nahm man mich für die Wochen herein. Meine selbständige Arbeitsweise brachte mir einen sehr guten Verdienst für die Zeit ein. Dies war für mich sehr wichtig, damit ich überhaupt an einen Anfang in meinem Studium denken konnte.

Ein Studium war schon damals sehr teuer, besonders wenn wie in meinem Fall ich keine Unterstützung von zu Hause erwarten konnte. „Du hast nicht gemacht, was wir dir gesagt haben, deshalb kannst du auch sehen, wie du weiter kommst." War die klare Antwort von zu Hause. Angesichts dieser erschwerten Startbedingungen wählte ich auch eine Studienfach Kombination, welche mich hoffentlich an ein Ziel brachte, selbst wenn auf der Strecke eine Hürde umfallen sollte : Sport, Medizin und Französisch.

Der ‚Ausbildungs-Zirkus' hörte auch an der Schwelle der Universität nicht auf. Professoren machten keinen Hehl daraus, daß finanzielle Bedingungen immer mehr die Ausbildung von der Qualität ablenken. Den neuen Studienzugängen wurde unverhohlen mitgeteilt, die Schulabgänger sind nicht mehr ausreichend für ein Studium vorbereitet.Wenn das noch nicht genug war, dann kamen für mich auch noch völlig unnötige Überraschungen hinzu : An der Universität konnte ich mich nicht ausweisen mit einem Papier, welches bescheinigt, daß ich deutscher Staatsbürger war. Auf einmal ging das Theater wieder Jahre zurück. Papa und Mama hatten einfach versäumt, für mich die deutsche Staatsbürgerschaft einzurichten. Ich war gewissermaßen staatenlos. Dabei fühlte ich mich gar nicht so anders mit oder ohne Staatsbürgerschaft. Deutschland muß das einzige Land der Welt sein, das mit dem Pass nicht die Staatsbürgerschaft verbindet. Dies muß ein Überbleibsel aus der Denkweise des Dritten Reiches gewesen sein.

Wenn es jedoch um ihre Angelegenheiten ging, fanden Mama und Papa eine Lösung immer recht schnell. Alle möglichen Papiere und Zeremonien überbrückten diese

Kluft meiner Staatenlosigkeit im Handumdrehen. Auf einmal war ich dann ein erklärter deutscher Staatsbürger, ob ein guter oder auch nicht, blieb in den Sternen geschrieben. Eine Hürde an der Universität schien überwunden zu sein. Die nächste ließ nicht lange danach auf sich warten. Auf Grund meiner Leistung stand mir zu, ein Stipendium zu beantragen. Alleine die Einkommens Verhältnisse meiner Erziehungsberechtigten verwehrten mir den Zugang. „Die Eltern waren laut Gesetz verpflichtet, mit einer ausreichenden finanziellen Grundlage für die Ausbildungskosten eines rechtmäßigen Kindes aufzukommen. Verweigern sie dies, hat der Auszubildende das Recht, Klage gegen die Eltern zu erheben." – War die offizielle Antwort der Universität. – Recht hat irgendwo auch seine Grenzen ! Ich folgte auf keinen Fall diesem Rat. Meinen eingeschlagenen Weg an der Universität wollte ich aber beibehalten und sehen, was sich machen ließ.

Selbst da ich nicht mehr zu Hause wohnte, besuchte ich in nicht all zu großen Abständen Mama und Papa. Unser Schicksal war zu lange zu eng verbunden, als daß, ich spreche für meine Person, Distanz Rechtfertigung finden sollte, trotz unterschiedlicher Auffassungen.

An einem solchen kurzen Besuch reichte Mama mir einen Brief mit den Worten :"Du hast einen Brief aus Finnland!" – Ich wußte gleich, wer der Absender war. War aber trotzdem überrascht, da ich nicht viel Hoffnung hegte, das Fräulein von Stockholm würde sich an mich noch erinnern. Und sie erinnerte sich tatsächlich in ihren paar Zeilen : „Kannst du dich noch an mich erinnern, das finnische Mädchen aus Stockholm ? Mein Name ist Arja. Ich hoffe sehr, du schreibst mir auch. Hier ist meine Adresse und ich möchte mich noch einmal herzlich bedanken für dein originelles, schönes Gitarren Konzert."

Der Ball war ins Rollen gekommen. Ein reger Briefwechsel entwickelte sich zwischen Deutschland und Finnland. Bei aller Freude und Freundschaft, dem tagtäglichen Leben mußte der Vorrang immer noch eingeräumt werden. Am besten erreichte auch ich das, indem ich die Aufgaben in kleinere unter-Aufgaben einteilte und mit einem nicht zu großen Schritt nach dem anderen sie anging. Geld verdienen war wieder die Forderung an mich, um an der Universität weiter machen zu können. Meine Lehrfirma in Ettlingen kam mir wieder zu Hilfe mit einer selbständigen Arbeit, welche außerordentlich gut bezahlt wurde. Eine komplette automatische Bohreinrichtung für Kugelhahn-Gehäuse war die Aufgabe. Ein Kostenbetrag war festgelegt. Und wenn ich in meiner verfügbaren Zeit das Projekt vollständig für die Produktion einsatzbereit fertig stellte, gehörte das Geld mir. Da ließ ich mich nicht ‚lumpen', ich war in meiner verfügbaren Zeit fertig, offizielle Abnahme lief problemlos über die Bühne, meine Arbeit war einsatzbereit. Mit dem verdienten Geld kam ich gut bis in die nächsten Semester Ferien zurecht. Der Rückhalt mit der Arbeit bei der Firma gab mir die so notwendige Rückendeckung, wenigstens für eine absehbare Zeit, obwohl diese Berufsarbeit sehr wenig mit meinen Studienfächern gemeinsam hatte.

Wieder zurück in Heidelberg, wartete das Problem Unterkunft auf mich. Ein Grund für die angespannte Wohnungsraum Not war die Stationierung Amerikanischer Streitkräfte in Heidelberg. Das Militär Personal erhielt von ihrer Organisation erhebliche Unterstützung für eine Unterkunft außerhalb der Kaserne. Diese Nachfrage hatte viele Studenten aus dem Wohnungsmarkt in Heidelberg ausgeschlossen ; mit dem damals noch starken US-Dollar konnte ein D-Mark Haushalt eines Studenten nicht konkurrieren. In der Zeit kam noch hinzu die Zwischen-Stationierung von

US-Truppen, die nach Vietnam zum Kriegseinsatz entsandt wurden. Das öffentliche Klima in dem sonst so ruhigen Heidelberg wurde durch diese Militär-Präsenz stark beeinträchtigt. Besonders in den Abendstunden trugen Übergriffe auf den Straßen der Innenstadt sich zu, wo Zivilisten zu Schaden kamen. Die Bereitstellung von Auto-Friedhöfen, um überschüssige Energien bei den „auf Mord und Todschlag" gedrillten Spezialeinheiten Amerikanischer Soldaten abzubauen, sollte mit Vorschlaghämmern auf den Autowracks ein Weg ermöglicht werden. Selbst diese Idee der Stadtverwaltung kam in der Öffentlichkeit nicht sichtbar zum Tragen.

All dem zum Trotz fand ich doch noch in einem Außenbezirk von Heidelberg im Dachstuhl eines Familienhauses ein Bett, Tisch,Stuhl und sogar einen Schrank. Meine Habseligkeiten alle in einem Koffer in einer Hand, in der anderen Hand meine Gitarre, so begann mein Leben als ein Student in Heidelberg.

An einer deutschen Universität lagen zwar Empfehlungen für einen Studienplan in einer Fakultät vor. Wie ein Student dann damit umging, war weitgehend ihm überlassen. Selbständiges Denken und Handeln sollte damit angesprochen werden. Für jede Wahrnehmung einer Verantwortung nach dem Studium ist dies eine wichtige Voraussetzung. Allgemein gesehen, verfügten Studenten mehr über ihre eigene Zeit, als dies im Berufsleben der Fall war. Dies führte aber strikt nach den Regeln für ein erfolgreiches Studium nicht daran vorbei, auch der Student muß lernen, mit der Zeit hauszuhalten. In der Masse der Studenten fiel der Einzelne allerdings nicht mehr so auf. Diese Freiheit an der Universität verleitete viele Studenten auch nach ihren Vorstellungen sich ein freies Leben einzurichten. Dies führt leicht zu einem Bild mit wenig Arbeit und viel Freizeit. Universitäten steuerten diesem Trend mit den Jahren entgegen mit Studienzeit Begrenzungen, damit Studienplätze mehr für ernsthafte Studenten bereit gestellt werden konnten. Ich war Beispielen begegenet, wo Studenten 14 Jahre einen Studienplatz in Anspruch genommen hatten und ihren Eltern auf dem Geldsäckel gesessen waren. Vielleicht hatten sie sich damit einen Wunsch erfüllt, außerhalb der Wirklichkeit sich ein Leben einzurichten. Für mich verliefen die ersten Semester schnell und nach Plan. Neben Studienarbeiten und den Semesterferien mußte ich imAuge behalten, wieder Geld für jedes Semester zu verdienen.

FINNLAND BESUCH

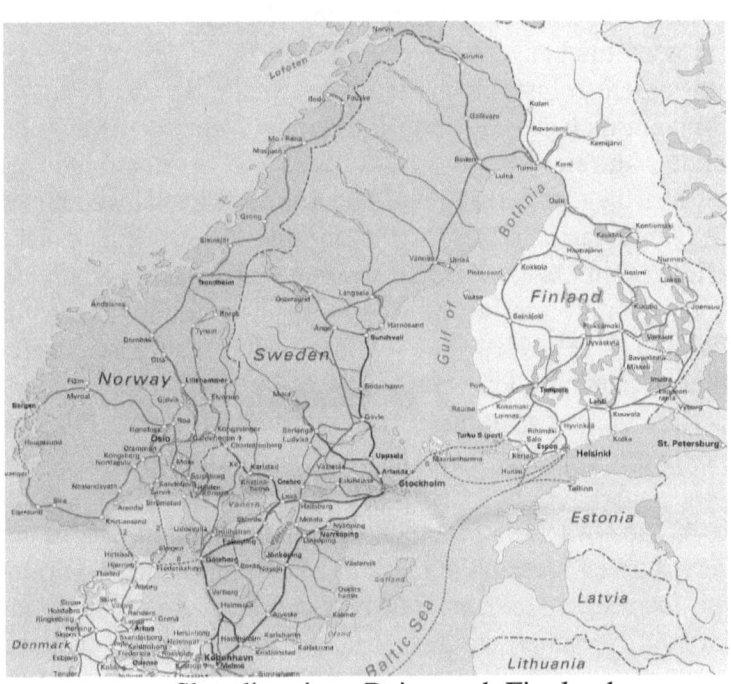

Skandinavien , Reise nach Finnland

Bevor der Beruf mich wieder fordern sollte, dachte ich mir : Wie wäre es mit einem Besuch zuerst in Finnland ? Der strenge Winter über Skandinavien sollte mich daran nicht hindern ! Der Entschluß war gefasst, auf ging es mit der Bahn zuerst bis nach Stockholm. Von dort mit dem Schiff von der mir bereits bekannten Anlegestelle bei ‚Slussen' nach Finnland. Der Winter im Jahr 1965/1966 schickte sich besonders streng an, wie er seit den Kriegsjahren im Zweiten Weltkrieg nicht mehr war. Bereits im Zug unterwegs in Schweden mußte die Zugmaschine mit Schneeschaufeln während der Fahrt vorne den Schnee nach der Seite räumen und in die Luft schleudern. Einem Schneesturm gleich flog der Schnee an den Zugfenstern vorbei. Jede Sicht nach Außen war genommen. Obwohl die Fenster in den Abteilungen des Deutschen Zuges geschlossen blieben, fand der Schneesturm seinen Weg in den Zug durch selbst nicht sichtbare Spalte in den Fensterrahmen. Auch die Heizung im Zug fiel unterwegs aus, der Schnee türmte sich langsam aber sicher unterhalb den Fenstern in den Sitzabteilen. Bereits in Süd-Schweden soll die Temperatur in der Nacht auf minus 30 Grad Celsius gefallen sein. Alles, was half warm halten, mußte herhalten.

Der Deutsche Zug kam in Stockholm nicht nur reichlich verspätet an, sondern seine Fahrgäste waren unterwegs mehr oder weniger alle Eisbein geworden.

Für den Anschluß mit dem Schiff nach Finnland reichte die Zeit zum Glück noch. Alle Wasserarme in Stockholm waren fest mit Eis zugefroren. Die Schiffspassage in die Ostsee war mit Eisbrechern offen gehalten. Selbst am Tag war es hier in Stockholm bei Sonnenschein klirrend kalt. Das Schiff fuhr mit mir an Bord nach Zeitplan ab, mit einem Eisbrecher voraus. Man konnte sehen, daß die Fahrrinne bereits wieder dabei war, mit dem umliegenden Eis sich zu schließen. Das gebrochene Eis vom vorausgehenden Eisbrecher wurde noch einmal von dem Schiffs Kiel geschnitten, nach den Seiten am Schiffsrumpf hoch geschoben, bis es mit einem ohrenbetäubenden Krachen auswich.

Eisbrecher in der Baltischen Ostsee

Vibrationen im ganzen Schiffsrumpf wiederholten sich in kurzen, regelmäßigen Abständen, jedes Mal, wenn das Schiff auf Eisfelder stieß, sich vorne dagegen aufbäumte, bis das Gewicht des Schiffes die Macht des Eises durchbrach und fortlaufend am Schiffsrumpf nach den Seiten mit dumpfen Schlägen zurück blieb. Bei Tageslicht bot die Ostsee eine geschlossene Eisfläche, auf der die Wellenkämme in ihrer Bewegung eisig erstarrt waren. Aus dem Schiffsfenster versuchte ich heraus zu finden, welche Dicke die Eisdecke wohl hatte. Ein freier Blick zu einer sauber gebrochenen Eisfläche bot sich dem Auge jedoch nicht an. An Bord war sogar die Rede, daß man jetzt mit dem Auto von Schweden nach Finnland fahren könnte, wenn die Eisfläche nicht so wellenförmig aufgeworfen wäre. In dieser Eiswildnis verlor auch die Sonne das Sagen mit ihrer Wärme.

Um Mitternacht stoppte das Schiff auf den Ahvenanmaa Inseln, auf halber Strecke zwischen Schweden und Finnland. Hier hatte das Schiff finnisches Territorium bereits erreicht. Die Nacht war nicht völlig dunkel. Der Schnee reflektierte jedes noch so kleines Licht, sei es aus dem Sternhimmel oder von verstreuten Häusern auf der Insel Gruppe. Selbst das Eis war mit Schnee bedeckt. Vom Schiff sah man nach beiden Seiten direkt in den Wald, wie die dunkel-grünen Tannenäste voll beladen mit weißen Schneekappen sich unter der Last nach unten verbeugten. Die Baumstämme standen ungebeugt wie stumme Zeugen da. In dieser völligen Stille mutete die Fahrt hier wie durch einen Winterwald an. Gleichgültig ob im Winter oder Sommer, eine Schiffsfahrt durch die Finnischen Scheren Inseln zählt zu einer der schönsten Schiffspassagen in der Welt.

Im Sommer ist es das Feuer der Mitternachts Sonne am Horizont, welches die Inseln aus dem Wasser hervorhebt mit ihren Granit Auswüchsen. Der Wald macht nicht einmal auf ihnen Halt. Seine stärksten Bäume klammern sich mit ihren Wurzeln auch auf Felsen fest, müssen allerdings mit weniger Wachstum den Felsen ihren Respekt zurück erstatten. Im Sommer bleibt es aber auch in den hellen Nächten unverändert warm, wie am Tag. Ein paar Jahre später erlebte ich auch diese Fahrt im Sommer. Besonders dann ist es nicht schwer, sich in Finnland zu verlieben. Jetzt im Winter übertönte das Eis jeden Ton oder Gespräch auf dem Schiff. Jeder der Passagiere verhielt sich, als wäre diese Eisbrecherfahrt das Selbstverständlichste auf der Welt. Die Einen übten sich in Ruhe, Andere wieder suchten weniger ruhig Zuflucht im Alkohol und mancher junge Passagier machte keinen Hehl aus Liebe an Bord eines Schiffes. Man hätte sagen können, für jeden Geschmack war etwas geboten. Auf der Rückfahrt von Finnland war interessanterweise die Stimmung der Schiffspassagiere allgemein ruhiger und weniger abwechlungsreich.

Das Schiff erreichte die finnische Hafenstadt Turku nach einer erstaunlichen Fahrt zwischen engen Passagen vorgelagerter Inselgruppen, drohend nahen Felsen Auswüchsen überall im Schnee versteckt, genau so wie der Wald in seinem weißen Winterkleid, der nur das Dunkelgrün der Nadeln durchschimmern ließ. Winter konnte man sagen, war hier zu Hause. Das Seewasser war lückenlos gefroren, die Schneedecke ließ nicht erkennen, wo Land und Wasser waren. Bereits vom Schiff konnte man von dem Oberdeck am Hafenkaj in Teile der Stadt Turku Einblick gewinnen. Straßen, Häuserdächer, alles deckte der weiße Schnee zu. Vom Hafen zur Linken an einem Hang lag oben ein einfach in Stein gesetztes altes Schloß; in der Mitte weiter in die Stadt, ragte die Spitze des Domes von Turku heraus.

Am Hafen angekommen, erwartete ich eigentlich nicht, daß mich jemand begrüßen sollte. Ich hatte nur kurz in ein paar Worten mein Vorhaben auf dem Postweg angekündigt. In einem fremden Land, einer fremden Stadt war es durchaus auch für mich angebracht, bei der eisigen

Kälte mich einem Taxi anzuvertrauen, um die Adresse meiner finnischen Brieffreundin zu finden. Alleine auf dem Weg dorthin konnte ich erfahren, warum die Finnen so gut in Motorsport Ralleys sind. Der Taxifahrer fuhr auf den verschneiten, teilweise glatten Straßen, als wären es normale trockene Asphalt Straßen. Auf jeden Fall stieg ich bei der Adresse gut gefahren aus dem Taxi.

In dem großen Wohnblock antwortete niemand die Türglocke im richtigen Stockwerk. –Was nun guter Mann ?- Mußte ich zu mir selber sagen. Die erste Enttäuschung machte sich Platz. Nach der langen Reise jetzt die Flinte ins Korn werfen, oder entsprechend den Winterverhältnissen, ‚die Handschuhe wegwerfen', wollte mir nicht einleuchten.

Zunächst machte ich mich in die Stadt zurück zu Fuß auf, nachdem ich vom Taxi eine Vorstellung hatte, daß diese Entfernung nicht so groß war. Bevor ich mich jedoch auf den Weg machte, ließ ich es mir nicht nehmen, einen roten Nelkenstrauß mit einer Karte an der Türe der Adresse zu hinterlassen.

Auf dem Weg in die Stadt, begegnete ich nur wenigen Fußgängern. Autos und Busse waren mehr unterwegs, trotz unglaublichen 40 Grad minus. Ich hatte alle Hände zu tun, mein Gesicht vor dieser Kälte zu schützen. Meine Kleidung war nicht ausreichend für diese Verhältnisse. Auch die Sonne wollte sich nicht aus einem Schneewolken bedeckten Himmel zeigen. In einem einfachen Hotel fand ich für einen gerade noch annehmbaren Preis Schutz in erster Linie vor der Kälte. Die Häuser waren hier alle so gut gebaut, daß die Bewohner in ihnen dem Winter trotzen konnten.

In der Sprache kam ich zunächst mit dem Englischen zurecht.Wen ich ansprach, der konnte in Englisch mir antworten. Die finnische Sprache war eine völlig unbekannte Herausforderung für mich. Trotz Sprachführer fiel es mir schwer die ‚Musik' der Finnischen Sprache mit ihren langen Vokal-reichen Worten wiederzugeben. Was heißt wohl :"hyvää päivää", um nur ein ganz einfaches Beispiel zu geben („Guten Tag"). Die langen Finnischen Worte sind selbst vom Buch schwer in der Aussprache nachzuvollziehen. Viel leichter als vom Buch lernt man die Sprache aus dem Mund anderer Menschen. Jede Sprache zeichnet sich aus besonders in seiner eigenen ‚Musik', welche erst das leichtere Verständnis öffnet. Keine andere Sprache leiht dafür eine „Eselbrücke" im Verstehen. Auch durch seine Sprache hatte Finnland in einer relativen Isolation seine Identität aufrecht erhalten können, besonders auf dem Land, selbst gegen die lang andauernde Vorherrschaft von Schweden und Russland. Nach dem Ersten Weltkrieg erkämpfte Finnland sich tapfer seine Unabhängigkeit.

Ein Ursprung für die finnische Sprache kann in Nord-Japan, in Hokaido gefunden werden. Tatsache ist, die Japaner lernen am leichtesten die finnische Sprache. Viele Jahre später fand ich auf Hawaii im Gespräch mit einem einheimischen Pfarrer heraus, daß die ursprüngliche Hawaii-Sprache, die Japanische und Finnische Sprache gleiche Stammworte haben in der Jagd, dem Fisch-Fang und Boot-Fahren. Dies sollte ein Hinweis auf eine frühe Völkerwanderung sein, wahrscheinlich von Hawaii ausgehend nach Japan, in Eurasien ein kleiner, nicht unwesentlicher Zweig nach dem Finnland von heute. Schon aus dem Grund findet man bei den Lappen in Nord-Finnland Menschen mit knick-schwarzen Haaren und einen Anflug asiatischen Gesichtsausdruckes. Auf der lange zurückliegenden Völkerwanderung blieb bei seinen Menschen so manches unterwegs hängen.

In meinem Hotelzimmer genoss ich indes die wohlige Wärme. Über das Telefon versuchte ich noch einmal Kontakt mit der Adresse meiner finnischen Brieffreundin aufzunehmen, jedoch ohne Erfolg. Nur noch zwei Tage hattte ich in Finnland vor meiner Rückreise vorgesehen. Ich wollte es nicht wahr haben, daß ich womöglich umsonst nach Finnland gekommen war. Also fasste ich die Gelegenheit beim Schopf und suchte die Adresse noch einmal auf. Dieses Mal war der Blumenstrauß nicht mehr an der Türe. – Aha ! Jemand sollte dieses Mal die Türklingel beantworten. In der Tat, ich war nicht umsonst nach Finnland gekommen. Arja öffnete die Türe, ihr Lächeln war immer noch da, oder wieder da. Ein paar Schritte zurück hielt sich Arja's Mutter auf. Auch sie gab mit einem freundlichen Lächeln und einer entgegen kommenden Handbewegung zu verstehen, kommen sie herein, sie sind willkommen.

Meine ersten Worte war ein Versuch in der Finnischen Sprache, ich stolperte jedoch über meine eigenen Worte. Englisch mußte dann herhalten und Arja übersetzte spontan für ihre Mutter. Die Mutter versäumte nicht, auf den roten Nelken Blumenstrauß in der Vase auf dem Tisch hinzuweisen, worauf ich gebeten wurde, auch Platz am Tisch zu nehmen. In der Wohnung war es sehr schön warm. Der Blick durch die hier üblichen zweifachen Fenster zeigte die ganze Gegend in Schnee gehüllt.

Auf dem Tisch war verschiedenes dunkles Brot (leipä), Fisch (kala), Kartoffeln (peruna), Milch (maito) und Buttermilch (piimä), verschiedene Würste (makkara),Fleisch (liha) und Käse (juusto). Zu solch kaloriereichem Essen war auch etwas Bier (oulut) beigestellt, mit dem Gedanken, daß Bier eine Männersache ist. Damals konnte man Alkohol nur in bestimmten Geschäften kaufen mit einer staatlichen Alkoholkarte (viinakortti). Etwas später, im Jahr 1969, wurde diese Kontrolle über den Alkoholkonsum aufgehoben. Daraufhin wurde bestimmt nicht weniger Alkohol getrunken.

Dennoch verlief der Übergang zum freien Alkohol Konsum ohne außergewöhnlich zusätzliche Probleme. In ganz Skandinavien sieht es aus, daß Alkohol eine Medizin gegen Einsamkeit ist, zu viel Zurückhaltung, für Gemeinschaftssinn stärken, Kummer lindern, nach dem Sauna Schwitzen Flüssigkeit nachtanken und die langen lichtarmen Tage im Winter helfen zu überbrücken.

Arja hat Spaß auch im Finnischen Winter

An solchen kalten Wintertagen halten sich auch die Finnen lieber in geheizten Räumen auf. Mein Gastgeber Arja zeigte mir deshalb hauptsächlich Sehenswürdigkeiten in den verschiedenen Gebäuden der Innenstadt von Turku. Museen mit Finnischer Kunst und Geschichte, das alte Schloß nahe dem Hafen und den Dom von Turku. Finnland ist zum größten Teil evangelisch-lutherisch orientiert.

Nach einigen Ausflügen zu Fuß in der Stadt, war es gut in einem geheizten Kino Platz zu nehmen. Der James Bond Film „Der Kugelblitz" (The Thunder Ball) wurde gespielt, so daß ich leicht alles verstehen konnte. Im Kino auf den Sitzen hinter uns machten die Schwester von Arja mit Freunden sich mit Scherzen bemerkbar :"Sieh Mal einer an, meine große Schwester hat einen Freund aus Deutschland!" – Mit „hyvää päivää" (Guten Tag) hatte ich die Sitzreihe hinter uns schnell wieder beruhigt, denn keiner wollte dem anderen den Film-Spaß verderben.

Wieder draußen im Freien, entschied Arja den Bus besser zu nehmen, weil zu der Kälte und dem Schnee auch noch Wind hinzu kam. Die Finnen gehen mit solchen extremen Wetter Bedingungen ziemlich selbstverständlich um. Jeder weiß, wie man sich vor Frostbeulen besonders an der Nase, dem Gesicht, den Ohren, den Fingern schützt, selbst wenn man sich gegenseitig beobachtet, daß die gesunde rötliche Farbe an den besagten Stellen keine blasse Farbe annimmt, welches die Vorstufe zu einer bläulichen Frostbeule ist. Nach wie vor gilt als beste Aufwärme Methode das Einreiben mit Schnee, weil nur so vom Körper die notwendige Wärmelieferung stattfinden kann.

Alle Häuser sind so gebaut, daß sie in erster Linie vor der Kälte Schutz bieten. Gemessen an heißen Ländern, sind die Sommer in Finnland gemäßigt warm, so daß der Schutz für den Winter notwendig ist. Die neuen Häuser sind in moderner Beton-Konstruktion errichtet mit viel Isolier-Materialien. Ältere Häuser wurden hingegen aus Holz gebaut, ähnlich wie ich sie auf der Reise durch Schweden gesehen hatte. Nur mit dem Unterschied, sie waren nicht einheitlich wie in Schweden dunkelrot außen angestrichen. In Finnland wählte jeder die Farbe für sein Haus, die ihm am besten zusagte.

In der Stadt findet man zusehends mehr große Wohnblöcke mit guten natürlichen Zwischenräumen, während auf dem Land, in Wäldern und an den vielen Seen haben die Finnen gerne ein Holzhaus für das Wochenende und die Ferien. Die Inneneinrichtung von finnischen Wohnungen ist durchweg in dem bekannten einfachen finnischen Stil sehr geschmackvoll und wohnlich. Die Natur fördert hier die einfache Denkweise seiner Menschen.

Den Sommer können alle Finnen kaum erwarten, wenn auch nur für wenige Monate die Sonne lange, milde Tage Finnland schenkt. Dann ist es die Zeit zum Schwimmen, für Sauna und Freizeit Beschäftigungen im Wald und an den Seen.

Sauna in Finnland

Den langen Winter mit überschwenglicher Freude besonders zur Mittsommer-Nacht im Juni zu vergessen. In den kommenden Jahren reisten auch die Finnen immer mehr ins Ausland, sowohl für geschäftliche Zwecke, als auch auf Ferien in die wärmeren Länder des Südens, zunehmend auch in die ganze Welt.

Ob Winter oder Sommer, die Sauna ist eine feste Gebrauchseinrichtung über das ganze Jahr in Finnland. Es ist eine ureigene Finnische Angelegenheit. Ein Besucher hätte Schwierigkeiten einer Sauna-Einladung nicht zu folgen.

In Zeiten, als es die Sanitätseinrichtungen von heute noch nicht gab, diente die Sauna schon mehreren Zwecken : Dem Körper Wärme zukommen zu lassen, der Körper Reinigung, einer sterilen Umgebung für Geburten, für Heilzwecke und nicht zuletzt zum Entspannen mit Anderen zusammen.

In Finnland ist eine Sauna aus Finnischem Holz gebaut. In dem Innenraum sind Stufenbänke gegenüber einem Heizofen. Je höher man in dem Raum sitzt, desto mehr Hitze erreicht den Körper. Dies wird noch verstärkt mit Wasser aus einem Schöpflöffel auf die geheizten Steine des Ofens. Gebundene junge Birkenblattzweige werden aus der eigenen Hand, oder der Hand eines anderen Sauna Besuchers über den ganzen Körper leicht mit Wasser angefeuchtet geschlagen. Damit wird die Blutzirkulation des Körpers unterstützt und zusätzlich ein angenehmer Birken Blätter Duft der Haut und der Sauna vermittelt. Aus einem Holzzuber kann man sich bereits in der Sauna den Schweiß und Schmutz auf der Haut mit Wasser abwaschen. Warum aus einem Holzzuber, ist ganz einfach, weil man Metall in der Saunahitze nicht anfassen kann ohne sich zu verbrennen. Aus dem Grund ist selbst der Griff des Wasser-Schöpflöffels in Holz gefasst, ferner der Innen-Türgriff der Sauna.

Das Aufheizen des Körpers, das Schwitzen, das Waschen in der Sauna kann nach Belieben und Vermögen wiederholt werden. Der Effekt einer Belebung von Körper und Geist in der Sauna kann noch erhöht werden, indem man aus der Sauna in einem der 60 000 Seen in Finnland schwimmen geht, im Sommer, wie im Winter.

Im Winter werden in einem zugefrorenen See nahe dem Ufer Eislöcher dafür geschaffen, oder man rollt sich mit der Saunahitze des Körpers im Schnee. Spätestens dann weiß man, wie gesund man ist. Nach der Sauna wird gerne gut gegessen und getrunken. Sauna hat sich heute aus Finnland über die ganze Welt verbreitet. In einer der frühen Völkerwanderungen ist es sehr wahrscheinlich, daß die Finnen, oder Teile ihrer Bevölkerung von heute, ich erwähnte bereits die Lappen, in Erinnerung an wärmere Klima Verhältnisse woher sie kamen, Sauna schon sehr früh eingeführt hatten.

Gewöhnlich wird der Sauna Besuch von Männern und Frauen getrennt gehalten, es sei denn im sehr engen Familienkreis geht die ganze Familie in die Sauna. Ein Handtuch wird immer mitgenommen, damit man sich zumindest darauf setzen kann und der Schweiß nicht auf das Saunaholz kommt.

Besonders in der Sauna kommt die finnische Art bei seinen Menschen zur Geltung in ihrer Unkompliziertheit, Offenheit, Widerstandsfähigkeit und Verläßlichkeit. Die Sauna Hitze schwitzt viel Schlechtes aus dem Körper heraus.

Der Zeitpunkt meiner Abreise von Finnland war sehr schnell gekommen. Man sagt nicht umsonst, in der Kürze liegt die Würze. Ich hatte Arja in ihrem Leben und ihrer Umgebung etwas kennen gelernt. Der Empfang war sehr unkompliziert und offen. Diese Erfahrung nahm ich mit mir wie eine neue Hoffnung, die nur vorsichtig finnisch wartete, genährt zu werden. Sollte alles darin Geltung haben, dann war es bestimmt nicht Eile. Was lange währen soll, muß Vorsicht und Rücksicht erfahren, besonders in menschlichen Beziehungen.

Mit meinen Beobachtungen und Erfahrungen war ich schon damals zur Erkenntnis gekommen, ein Jeder sollte sich bemühen, Meister seines eigenen Schicksales zu werden. Meine Schritte und Antworten auf das Leben magen aus dem gewohnten Rahmen zu fallen. Ist es aber nicht gerade das, was wir in unserem Leben aufgefordert sind anzustreben, einen eigenen Weg zu suchen und zu finden ? Dies muß nicht Rücksicht auf andere Menschen

ausschließen. Viele Menschen kümmern sich mehr um das, was andere tun oder unterlassen, anstatt herauszufinden, wo man gerne sein möchte. „Movies" verdauen sich leichter, als selbst mit den Voraussetzungen dafür umzugehen. Dabei ist „Romantik" im Leben mit anderen Menschen so wichtig, weil sie die Vorstufe zum Glück ist. Auch in zwischenmenschlichen Beziehungen gilt nach wie vor, daß alles, was wachsen soll, muß seinen Anfang im Kleinen nehmen.
Zurück von Finnland wieder in Heidelberg nahm mich der Ernst des Lebens fest in den Griff. Geld verdienen hieß es in erster Linie, um das nächste Semester bestreiten zu können. Die schöne Zeit in Finnland sollte helfen, die notwendigen nächsten Hürden besser zu nehmen. Facharbeit in Ettlingen brachte mich mit meinem Haushalt wieder auf Vordermann.

JAHRE DES TERRORS IN DEUTSCHLAND

Auch meine Rückkehr zur Universität Heidelberg wurde durch eine Gruppe intellektuell fehl-orientierter Menschen verhindert. Diese Baader-Meinhoff Gruppe hatte ausgerechnet Heidelberg sich ausgesucht, um ihren Vorstellungen Nachdruck zu verleihen. Sie meinten sich an die Spitze derer setzen zu müssen, bei denen die Unzufriedenheit über die gegenwärtigen Verhältnisse vorwiegte. Sie lehnten den Weg einer stufenweisen Anpassung der Verhältnisse an Veränderungen ab. Sie wollten alles sofort haben.
Der Anführer, Martin Klar, war ein ursprünglich ausgezeichneter Schüler des Gymnasiums in Ettlingen. Nie-

mand hätte in der ruhigen Kleinstadt so etwas für möglich gehalten, daß ein Musterschüler Terror vertritt ; schon gar nicht einer seiner Lehrer, der Vater einer meiner langjährigen Freunde. Wie Menschen sich doch irren können in der Beurteilung anderer. Da sind auf jeden Fall immer Gründe zumindest auf mehr als nur einer Seiten vorhanden, die aus einer ‚Blindheit' zu Engpässen führen. Wie oft wachen wir erst auf, nachdem das ‚Kind' bereits in den Brunnen gefallen ist ? Kurzsichtigkeit zusammmen mit ‚verstaubtem Intellekt' ruft besonders bei jungen Menschen auf einer intellektuellen ‚staubfreien Stufe' um so mehr unnachgiebigen Widerstand hervor.

Ausgerechnet das hatte mir noch gefehlt zum Beginn meines Studiums. Die Universität mußte sogar geschlossen werden, wegen militanter Übergriffe durch die Terror Gruppe. Was hier genau verfolgt wurde, ob gerecht- oder ungerechtfertigt, würde den Rahmen dieses Buches etwas überfordern, um darauf unvoreingenommen einzugehen. Dieser Terror beschränkte sich nicht nur speziell auf die Universität Heidelberg, auch Persönlickeiten aus Industrie und Politik wurden auf's Korn genommen. Es ging sogar so weit fehl, als ein massives Aufgebot von Sicherheitsbeamten dem Führer Martin Klar (bitte nicht ‚Martin Kari' ! Auch wenn ich in Vielem anders denke als Meyer-Schulze-Lehmann, ist bei mir eine Bremse eingebaut zwischen Denken und Handeln) glaubten dicht auf die Spur gekommen zu sein, gelang es ihm, seine Verfolger zum Narren zu halten. Der Fahndungs-Polizei-Hubschrauber half naiv dem Terroristen zu entkommen, anstatt ihn dingfest zu machen. Hier stellte sich die Frage an den Intellekt auf beiden Seiten. Erst als der Terrorist mit der Hilfe der Polizei entkommen war, fielen den Beamten die Schuppen von den Augen. Jedenfalls den Martin Klar hat bis heute niemand noch einmal gesehen, geschweige zu fassen bekommen.

Etwas möchte ich abschließend doch noch dazu sagen : Das Leben sollte uns alle lehren, daß alles nicht nur in „schwarz" oder „weiß" gesehen werden kann ; wäre alles perfekt, was blieb dann noch übrig zu tun ? „Leerlauf" ist da, um das Rad der Entwicklung am Laufen zu halten. Und „Leerlauf" gibt es überall ausreichend. Was mich im ‚Leerlauf' betraf, , versuchte ich nach der Universität Freiburg überzuwechseln. Dafür war es im Semester jedoch schon zu spät. Obendrein war das Geld für das Semester in Heidelberg schon bezahlt. Was nun ? Hier wurde guter Rat für mich wirklich teuer. Auch ich stellte mir die Frage, wie kam es dazu und warum findet keine Seite einen besseren Weg, Meinungs Verschiedenheiten am gemeinsamen Tisch in gleicher Augenhöhe auszubügeln ? Warum ist es so schwer, vom eigenen ‚Hohen Ross' ein wenig herab zu steigen, um sich geeigneter zu treffen ? Wir wiederholen anscheinend lieber Fehler, die wir kennen, als Neuland zu betreten, das wir noch nicht kennen. Ja nicht das Boot ins Schwanken bringen, am Ankerplatz ist es sicherer , dann aber auch laut Paulo Cohelio, dem Brasiliansichen Schriftsteller, ist das Boot seinem Zweck entfremdet.

Ich entschied Heidelberg vorerst den Rücken zu kehren und den zerstrittenen Parteien es zu überlassen, Normalverhältnisse wieder herzustellen. Den Rat des Dekans der Medizinischen Fakultät hörte ich mir so gut an , daß ich ihn bis heute nicht vergessen habe :" Ich habe mein Scheffel an Unterbrechungen in meinem Leben reichlich voll erhalten. Zuerst der Zweite Weltkrieg, dann die Russische Gefangenschaft , auch ich hatte in einem späteren Abschnitt meines Lebens die Schulbank an der Universität wieder gedrückt.Wo ein Wille ist, da sollte auch immer ein Weg sein. Du hast den Vorteil eines weltweit gefragten Fachberufes, du solltest dich um deine Zukunft nicht sorgen.

Wenn du willst, kannst du auch noch etwas anderes jederzeit lernen. Kopf hoch, das Leben geht auch für dich weiter."

Was wollte ich nun ? Im Augenblick war meine Antwort, weg von den Verhältnissen, wenigstens vorübergehend. Mein Rücken und ich suchten wieder die Wärme. Dies hieß und heißt auch heute noch so viel wie den Süden aufsuchen. Ein Plan war schnell mit einem Freund zusammen geschmiedet. Nordafrika erhielt dieses Mal den Zuschlag.

MAROKKO

Unterwegs nach Nord-Afrika

Nach meinem guten Verdienst während der Semesterferien im Anschluß an meinen Finnland-Besuch, konnte ich mir gut ein Motorrad leisten. Ein eigenes Fahrzeug, auch wenn es ‚nur' ein Motorrad war, versprach uns mehr Unabhängigkeit auf einer so großen Strecke bis nach Afrika. Mein Reisebegleiter war Frank, mit dem ich auch in Berlin zusammen war.er mußte sich mit der Wahl auf dem Sozius-Sitz zurecht finden, da nur Einer fahren durfte und der war ich. Wir schenkten BMW unser Vertrauen, damit wir auch möglichst ohne Schaden nach Hause wieder finden konnten. Außer uns packten wir auf das Motorrad je einen Rucksack auf unserem Rücken, auf dem

Tank eine Gepäcktasche, der Gepäckträger hinten nahm unser Zelt, zwei Schlafsäcke und eine Gitarre auf.

Das Motorrad brachte uns dann zielgerecht nach Süden, zuerst durch Südfrankreich. In den vor allem mir bekannten Stellen hielten wir uns nicht auf, bis nach Afrika lag noch ein gutes Stück Weg vor uns. Afrika, Fremde, Weite, Sonne, Sahara, andere Kulturen, andere Menschen Gesichter, alles übte eine magische Anziehungskraft aus. Im Norden Spaniens traf man damals nur vereinzelt Urlauber. Es war noch zu früh im Frühjahr für die Sonne, um ausreichend Wärme zu liefern. Trotzdem blieb der Himmel von Südfrankreich an wolkenfrei. Die Costa Brava zeigte ihre schöne Seite mit den streckenweisen Steilküsten zum Mittelmeer hin. Jeder konnte sich hier ausmalen, wie schön ein Urlaub am Strand hier im heißen Sommer sein konnte.

Die Hauptstadt der Provinz Cataluna, Barcelona, lag als nächster bedeutender Punkt auf unserer Strecke. Die Stadt liegt am Fuße einer Bergkette. Aus der Stadt hat man einen Blick auf das Mittelmeer und den Hafen mit der Kolumbus Statue hoch auf einer Säule. Es war von hier, daß Kolumbus ausging die „Neue Welt" zu entdecken. In der Stadt selbst kamen wir überrascht an einem Kaffee mit dem Namen „Heidelberg" vorbei. Was war wohl der Anlaß, ‚Heidelberg' auch hier ein Denkmal mit seinem Namen zu setzen?

Um aus dem dichten Stadtverkehr heraus zu kommen. Mußten wir uns nach der Richtung erkundigen. Wie konnte man vom Motorrad im Verkehr jemanden fragen? Die einzige Antwort war für uns, am Straßenrand eines großen Kreisverkehrs anzuhalten und versuchen eine Person anzusprechen. Der Verkehr war von einem Polizisten in Uniform und weißen Handschuhen vom Zentrum des Kreisverkehres dirigiert. Der Polizist sah uns, vermutete wahrscheinlich sehr richtig, was unser Anliegen war.

Erste Frühling-Anzeichen in Barcelona

Er stoppte den ganzen Verkehr, kam halbwegs auf uns zu und zeigte auf unsere Frage hin uns die Richtung. Noch immer ließ er den Verkehr warten, bis er uns freie Fahrt gegeben hatte. „Que grandeca!" Was für eine Zuvorkommen ! „Muchos gracias, o senhor" vielen Dank dem Herren! Konnten wir nur erwidern.

Karte von Spanien

Weiter südlich in Valencia, entschlossen wir uns die Wassertemperatur am Meeresstrand zum ersten Mal auf unserer Fahrt zu prüfen. Hier trafen wir auch die Touristen in großen Zahlen an. Nahe unserem Strandplatz entging unseren Ohren nicht das Amerikanische Englisch. In dieser Ansammlung von Menschen fühlten wir uns mit unserem Motorrad und dem Gepäck nicht sicher genug, um länger hier zu bleiben. Spanien sollte uns noch andere Möglichkeiten am Strand mit wenigen Menschen anbieten können.

Noch einmal weiter südlich wiederholte sich in Alicante derselbe überlaufene Strand mit Badegästen. Auf der Strecke nach dem Inland in die Berge der Sierra Nevada überraschte uns Schnee in den höheren Lagen. Der Schnee mußte die Touristen hier ferngehalten haben. Wir waren alleine unterwegs nach Guadix, eine geschichtlich sehr alte Siedlung, wo die Wohnungen in den Felsen hinein gelegt wurden, verstreut in unterschiedlicher Höhe der frei gelegten Felsenwände.

‚Las Cuevas', Guadix , Süd-Spanien , 1966.

Die Wohnungen führten den Namen "Las Cuevas", was soviel aussagt wie „Höhlen Wohnungen". Die Hauswand war mit dem Eingang weiß gestrichen, ein in Stein gesetzter Kamin ragte über jeder Höhlen Wohnung auf einer Felsenstufe heraus. Kinder saßen gewissermaßen auf dem Felsenstufen-Dach, mit ihren Füßen an der Hauswand herunter hängend. Nur eine Reihe Dachziegeln gaben mit ihrem Rot den Abschluß der Hauswand nach oben.

Im Gespräch mit den Bewohnern einer Höhlenwohnung luden sie uns ein in ihre Wohnung mit herein zu kommen. Nach ein paar Schritten in den Raum hinein, konnte man zuerst nicht deutlich etwas wahrnehmen, bis das Auge sich an das gedämpfte Licht in dem Höhlenraum gewöhnen konnte.Dann allerdings war nicht mehr zu übersehen,die einfache Ordnung und Sauberkeit des wenigen Besitzes dieser Familie. Betten mit ordentlichem weißem Bettzeug standen am Boden. Ein Tisch, wenige Stühle, der aus Stein gebaute Kamin-Herd und Nischen in den inneren Felsen-wänden für Kleidungs Aufbewahrung, Küchen-, Tongeschirr und persönliche Gegenstände waren bei näherem hinschauen erkennbar.

Kinder bringen uns Spanisch bei

Solche Wohnungen im Felsen schützen in dieser Höhenlage sowohl gegen Kälte im Winter, als auch gegen die Hitze im Sommer. Eine ziemlich gleichbleibende Temperatur kann in ihnen aufrecht erhalten werden. Dies hat auch eine langfristig gute Auswirkung auf einen allgemeinen Gesundheits-Zustand seiner Bewohner.

Die wenig befahrene Hochstraße von damals brachte uns in die märchenhafte alt-ehrwürdige Stadt Granada. Bereits in früher Geschichte hatten auch Kulturen wie der Islam ihren Einfluß hier hinterlassen. Er hat die Stadt am nachhaltigsten geprägt. Im Schoß von umliegenden Bergen hatten Arabische Herrscher von einer Festung geschützt über Jahrhunderte ihren Fuß hier in Europa gehabt. Im Inneren der Festung ist die ‚Alhambra', ein Kleinod Arabischer Bau- und Gartenanlagen.Künste. Leicht kann ein Besucher hier einen ganzen Tag verbringen, Arabische Kunst zu studieren :

‚Alhambra' in Granada, Süd-Spanien

Mächtige geschnitzte Ebenholz Türflügel am Eingang, fein gearbeitete Säulengänge mit verzierten Bogendecken, einem ruhenden sowie dem Löwen-speienden Wasserbecken. Geometrisch angelegte grüne, blühende Gärten schließen sich den Baukünsten an, um einen freien Blick in einen sorgfältig gepflegten Naturrahmen weiter zu führen.

Die Kathedrale inmitten der mit Leben und Verkehr pulsierenden Stadt, fällt verglichen mit der Alhambra viel bescheidener in ihrem Kunstanspruch aus.

‚Alhambra' – Eingang , Granada – Südspanien

Nach einem ausgiebigen Besuch in der Alhambra, damals fast alleine, machten wir uns anstatt in die Stadt, wieder außerhalb ihr in einen seiner Außenbezirke auf. Fast am Ende einer mit Steinkopf-Pflaster gesetzten kleinen Straße, auf der die Häuser niederer und enger zusammen rückten, entdeckten wir einen Gitarren Instrumentenbauer. Durch ein unscheinbares Fenster an der Hausfront konnten wir einen Blick in die Werkstatt werfen. Auf einer Holz-Werkbank lagen verschiedene Teile, scheinbar willkürlich ungeordnet herum.Sebst für den Laien war zu erkennen, daß aus ihnen vielleicht mehr als nur eine Gitarre einmal entstehen wird.

Lange dauerte es nicht und der Meister erschien in der Türe neben dem Fenster. Der ältere Herr hatte seine dunkelblaue Schürze um. Die Brille zog er mit der Hand von seiner Nase herunter und schaute über sie auf uns beide.

„Der Meister ist bei der Arbeit" sprach er uns in Spanisch an.

„Einen schönen guten Tag, der Herr" erwiderten wir. Er sah unsere Gitarre und Fragte :" Spielt ihr Gitarre ?"

Gerne holten wir unsere Gitarre aus dem Trageschutz und zeigten sie dem Gitarrenbauer.

„Ich will hören, was ihr spielen könnt" forderte der Herr uns auf.

Also folgten wir der Aufforderung. Bevor wir noch mehr spielen wollten, gab er uns ein Zeichen zu warten, bis er wieder aus seiner Werkstatt zurück gekommen war. Durch die Türe zeigte er uns seine Gitarren und mit einer Handbewegung forderte er uns auf, ihm in die Werkstatt zu folgen. Während wir vor der Werkbank anhielten, holte der ältere Herr aus einem Schrank drei Weingläser.Zwischen Werkstücken fanden sie auf der Werkbank Platz. Hinter einem bunten Schnurvorhang verschwandt der Meister kurz, um mit einer dunkelroten Flasche Wein wieder hervor zu kommen. Wein in den Gläsern, forderte er mit seinem Glas auf, anzustoßen mit einer typischen Spanischen Begrüßung aus seinem Mund :"Salutas pesetas!" Darauf ging der Meister nochmals in den Raum hinter dem Schnurvorhang. Dieses Mal kam er mit einer Gitarre in seiner Hand zurück. „Jetzt will ich euch einmal zeigen, was meine Gitarren können." - Was der Meister auf seiner Gitarre spielte, konnte nur ein wirklicher Gitarrenmeister hervorbringen. Da wir in Granada uns aufhielten, war es fast wie eine Pflicht die „Recuerdos de la Alhambra" von Francisco Tarrega auch aus der Hand eines Gitarrenmeisters von Granada zu hören. Ich kann mich nicht erinnern, noch einmal so eine eindrucksvolle Interpretation gehört und erlebt zu haben. Nur schwer konnte ich die Tränen aus meinen Augen halten, so ergreifend lief die Melodie dem Meister von der Hand in dem dafür passenden Milieu.

Bei einem anderen Stück zollten wir ihm unsere Anerkennung, indem wir mit Holzstücken von der Werkbank versuchten den Rhythmus von „Kastagnetten" nachzuahmen.- „Wartet", hielt der Meister an, „hier sind die Richtigen ; wisst ihr, wie man sie in den Händen bewegt ? Die Schnur durch die Finger, damit die Kastagnetten offen gegeneinander gespannt sind. Dann mit der Hand auf und zu im Rhythmus die Kastagnetten zusammen bringen. Der Meister vollbringt das beim Tanzen mit den Händen nach allen Richtungen. Ich spiele weiter auf der Gitarre und ihr folgt mir mit den Kastagnetten. Ich bin sicher, zusammen schaffen wir es."

Und wie schnell lernten wir mit den Kastagnetten spanische Musik zu begleiten ! Zeit spielte hier offenkundig keine Rolle. Die Freude an der Musik hatte Vorrang. Die Weinflasche war schon längst leer, Abschied muße dennoch genommen werden. Noch vorher ließ der Meister es sich nicht nehmen, uns die „Recuerdos de la Alhambra" nochmals zum Abschied aus Granada uns auf den Weg mit zu geben.„Werde ich jemals diese Stufe des Könnens errei-

chen?" Fragte ich den Meister.- „Wenn du Freude hast, lange genug daran zu arbeiten, wirst auch du es erreichen!"
 Wäre die Abenddämmerung nicht schon näher gerückt, hätten wir bestimmt noch weiter musiziert. Bevor wir die Werkstatt verließen, wurde uns die Ehre zuteil, im Raum nebenan die fertigen Gitarren des Meisters in einem feinen Schrank hinter Glas sehen zu bekommen. Wie sehr wir auch diese Begegnung zu schätzen wußten, wir mußten bekennen, daß wir nicht in der Lage waren, eine Gitarre zu kaufen. –„Von euch erwarte ich das nicht, mit euerer Begegnung und euerem Gitarrenspiel habt ihr mir Freude ins Haus gebracht. Bei Freude frägt man nicht nach Geld. Unser Herrgott behüte euch, alles Gute noch in eueren jungen Jahren!"- Mit dem Spanischen Lied „Adios muchachos cavalieros ...." verabschiedeten wir uns.

Unterwegs auf der Straße in Südspanien, 1966

Straßenszene in Südspanien , 1966

Kaum hatten wir zu Fuß die Richtung in die Stadt wieder eingeschlagen, holte uns der Gitarrenbauer noch einmal ein mit den Worten :"Als meine Gäste will ich sicher stellen, daß ihr den Weg in die Stadt richtig findet, da die Abend Dämmerung bereits eingetreten ist. Ich begleite euch noch ein Stück auf euerem Weg." – Wie wir so zusammen das Kopfsteinpflaster mit unseren Schritten abliefen, wollte

mir nicht aus dem Kopf gehen, ob wir doch die Gelegenheit hätten wahrnehmen sollen, aus dieser Gitarrenbau-Meisterhand eine seiner Gitarren zu erstehen.die Intarsien (Einlegearbeiten)auf der Decke und den Zargen war so künstlerisch in dunkeln uind hellen kleinsten Holzteilchen von Hand ausgelegt, wie man dies schon damals nur selten antreffen konnte.
   Es ist auch kein reiner Zufall, daß die Verzierungen arabisches Kulturgut sind. Dies ist ein Hinweis auf den Weg, den die Gitarre ursprünglich genommen hatte, bis sie Südspanien erreicht hatte,wahrscheinlich mit dem Ursprung im Iran. Auf ihrem Weg mit Menschen durch die arabischen Länder hat die Gitarre den arabischen Einfluß erhalten. Hier in Südspanien hatte sie auf ihrer Wanderung ein zu Hause in Europa gefunden. Viele spanische Gtarrenmusik weist auch auf arabische Musik-Elemente hin.
   Alleine unsere bevorstehende Reise bis nach Nordafrika ließ das Gepäckstück einer zweiten Gitarre nicht zu. Also mußten wir uns die Gitarre verkneifen. Spanien erfuhren wir auf unserer Reise noch originell mit seinen Menschen, wie die Mehrheit verstand, einfach und mit Wenig zufrieden zu sein. Auch das moderne Spanien des dritten Jahrtausend hat diesen Weg verloren. Der Konsum-Zwang hat die löblichen spanischen Eigenschaften, sich Zeit zu nehmen für ein glückliches Leben mit mehr Einfachheit, verabschiedet.
   Von Granada kamen wir aus den Bergen wieder an die Mittelmeerküste nach Malaga. Näher an Afrika war die Temperatur deutlich wärmer geworden. Palmen erschienen hier in der Landschaft, in der Ebene vor der Küste stand mannshoch sogar Zuckerrohr. Einem Zuckerrohrbauer schauten wir auf unserem Weg zu, wie er mit dem Buschmesser die Halm-Rohre von Boden abschnitt. MitStolz reichte er uns ein geschältes Rohrstück mit den Worten :

Zucherrohr-Bauer bei Malaga, Südspanien, 1966

„Nur geschältes grünes Zuckerrohr hat gut flüssigen Zuckersaft. Nimm ein Stück in den Mund und sieh, wie gut das schmeckt. Gegen den Durst nehme ich gerne grüne, frisch geschälte Zuckerrohrstücke."

Außer Zuckerrohr sahen wir zum ersten Mal Bananenstauden mit ihren am Fruchtstengel nach unten gerichteten lila Blütendolden.

Bananenstaude mit Blüte, Malaga-Südspanien

In einem Park gesellten sich Kinder zu uns, sie wollten uns Gitarre spielen hören im Austausch mit Spanisch Unterricht aus Erster Hand. Sowohl die Kinder als wir hatten unseren Spaß. Sie waren richtig bemüht, uns beiden, ihren Schülern, die spanische Sprache beizubringen. Es war ein Unterricht mit viel Gelächter.

In Malaga waren wir nicht mehr weit vom südlichsten Punkt Europas in der Nachbarschaft von Afrika. Auf dem Weg dorthin kamen wir am Felsen von Gibraltar vorbei. Uns wunderte nur, daß hier in Spanien Passkontrolle nach Gibraltar auf uns wartete. Die Engländer hatten sich politisch die Finger hier noch nicht verbrannt. Sie beanspruchten den Felsen für sich. Um so größer war die Überraschung, als wir auf Gibraltar feststellen mußten, die Menschen, welchen wir begegneten, sprachen durchweg Spanisch und nicht Englisch. War dies eine schleichende Vorbereitung für einen Wechsel in der Zukunft?

Die steilen Wände der hoch hinauf ragenden Felsen von Gibraltar waren sichtlich zum Teil mit Zement geglättet, um Regenwasser für den eigenen Bedarf aufzufangen. Schon aus diesem Grund war das Besteigen der Felsen mehr oder weniger untersagt. Wir fanden allerdings einen Aufstieg, welcher nicht Anstoß bei den Behörden fand. Vom Gipfelgrat des Felsen erzielte man einen freien Rundblick über die Straße von Gibraltar bis nach Marokko in das Rif-Gebirge. Große Schiffe zogen ihren Weg aus dem Atlantik in das Mittelmeer und genau so umgekehrt. Die Sonne herrschte hier uneingeschränkt, der blaue Himmel sah nicht viel Wolken über das Jahr. Alleine der Blick nach Afrika übte eine magische Anziehungskraft auf uns aus, wir waren dem gesteckten Ziel näher gekommen.

Nun galt es herauszufinden, was die magische Anziehungskraft auf sich hatte. War es der andere Kontinent, die Sonne Afrika's, die anderen Menschen, Hitze, Trockenheit, Wüste Sahara, Arabische Sprache, Islam, Kamele, Dromedare, einfach eine andere Welt ? So nahe vor all dem angekommen, war die Versuchung zu groß, ohne erste Afrika Erfahrungen Europa sich wieder zuzuwenden. Der Entschluß für Afrika stand auch hier noch fest.

Gibraltar Felsen, Sicht von oben

Unser Motorrad zusammen mit Teilen unseres Gepäckes fand eine private Adresse, wo es bis zu unserer Rückkehr bei einer vertrauenerweckenden spanischen Familie gut aufbewahrt war. Für einen angemessenen Preis brachte uns eine Schiffsfähre von Algeciras auf der spanischen Seite nach Ceuta auf die afrikanische Seite. Gegenüber Gibraltar unter englischer Kontrolle, hat Spanien in Ceuta auf der afrikanisch-marokkanischen Seite seinen politischen ‚Zankapfel' eingerichtet. Ob hier wohl ein Tauschhandel zwischen den beteiligten Ländern stattgefunden hatte ? Es wird sich schon zeigen, wie lange der Deckel auf diesem Pulverfass bleiben kann. Zur Zeit unseres Besuches erschien an der Oberfläche alles ruhig.

Ceuta selbst vermittelte bereits erste Eindrücke aus einer anderen Welt. Besonders Händler in allen nur vorstellbaren Aufmachungen stellten mit Nachdruck sicher, kein Geschäft mit den ankommenden Schiffs Passagieren sich entgehen zu lassen. Mit Augen gegenseitig auf unseren Taschen und Rucksäcken entkamen wir den hartnäckigen Geschäftsleuten zuerst im Hafengebiet und dann auf den Straßen von Ceuta. Im Gegensatz zu Gibraltar war in Ceuta keine Spur einer Grenze nach Marokko.

Sobald wir aus dem Gedränge um den Hafen am Stadtrand zu Fuß angekommen waren, versuchten wir per Anhalter weiter zu kommen. Zu unserer Überraschung klappte es mit dem Anhalten in Marokko. Hier waren mehr Menschen, welche die Hilfe eines Transportes mit anderen in Anspruch nehmen mußten, weshalb wir hier nicht aus dem Rahmen fielen.

Das Bild der Landschaft und seinen Menschen änderte sich in Marokko. Frauen waren von Kopf bis Fuß dunkel gekleidet, den Kopf gemäß Islam-Vorschrift verschleiert. Oft auch das Gesicht verdeckt , daß nur die beiden Augen entweder durch ein schlitzartiges Netz, oder ohne es, durch einen Spalt im Schleier Sicht hatten. Die Männer waren auf der anderen Seite nach Belieben und Möglichkeit mit europäisch anmutenden Anzügen oder arabischen Kleidungs-Gewohnheiten angezogen. Arabisch konnte man sagen, war alles das, was gängig war.

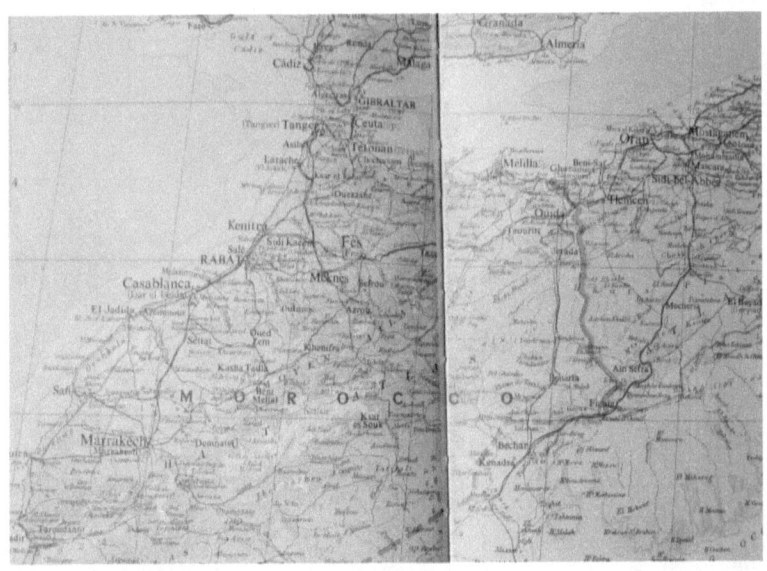

Karte von Marokko

Je mehr wir uns den Bergen näherten, desto einheitlicher wurde die Kleidung der Menschen. Der Stamm der Berber kleidete sich mehr in langer über die Arme bis zu den Füßen reichenden Wollkleidung, welche auch eine Kaputze für den Kopf einschloß. Die praktische Seite dieser Kleidung war die, sie schützte vor der Nachtkälte wie vor der Tageshitze. Bei einer der ersten Gelegenheiten erhandelten, wohlgemerkt, nicht nur kauften wir uns auch den Besitz eines solchen Kleidungsstückes, welches den Namen ‚dshelaba' trägt. Nicht nur vor Sonne, Kälte, Hitze schützte auch uns das Kleidungsstück, sondern es half uns besser unter die Menschen uns einzufinden. Nicht jeder erkannte uns bereits aus der Entfernung, daß wir Fremde waren. Ein nicht zu unterschätzender Vorteil war auch der, unsere Hosentaschen waren gut unter der ‚dshelaba' versteckt vor Taschendieben.

Auf Reise in Marokko mit der ‚dshelaba', 1966
(l. Frank - r. Martin)

Der meiste Verkehr spielte sich in den geschlossenen Siedlungen ab. Da viele Menschen hier zu Fuß, oder auch auf dem Rücken eines Esels unterwegs waren, passten wir in unserer Aufmachung gut in diesen Rahmen hinein. Besonders die Häuser auf dem Land, außerhalb der Stadt, waren durchweg aus den in der Sonne getrockneten Bausteinen errichtet. Für Lichteinlaß war nicht in allen Häusern Öffnungen mit Fenstern vorgesehen. Im allgemeinen war ein Eingang mit einer Türe öfters zu sehen.

An unserem ersten Tag in Marokko kamen wir per Anhalter bis nach Rabat, eine größere Stadt an der Atlantik Küste. Vom Eingang bis in die Mitte der Stadt nahm uns eine Frau mit ihrem Auto mit. Selbst uns erschien dies ein wenig fremd in Marokko. Die Dame war europäisch gekleidet, zu Beginn sprach sie französisch zu uns. Kurz darauf wechselte sie allerdings über auf Deutsch und erzählte uns, was ihr am Herzen lag :"Ich komme aus der Schweiz. Zusammen mit meinem Mann arbeite ich hier im Krankenhaus. Wollt ihr bei uns im Haus heute übernachten ? Ihr seid willkommen. Ich würde mich so freuen, mit jemandem wieder deutsch sprechen zu können." –

Die Wohnung befand sich in dicht besiedelter Nachbarschaft zwischen engen Straßen in der Stadtmitte. Nur wenig einzelne Gegenstände waren in der kleinen Wohnung zu sehen. Wir wußten, daß wir uns in einem Land mit anderem Brauchtum sehr vorsichtig verhalten mußten, um nicht Anstoß gegenüber den hier üblichen Gewohnheiten zu verursachen. Wir waren angehalten in der Wohnung zu bleiben und nicht unnötige Aufmerksamkeit im Haus oder in der Nachbarschaft zu wecken, selbst wenn sie dann später sich ihrem Mann im Krankenhaus in der Nachtschicht anschloß.

Die Dame war Ärztin, sie sprach viel zu uns, wie schwer es für sie war, aus der Schweiz in einem völlig anderen Land zu leben. Selbst als Ärztin beherrschten auch sie die unterwürfigen Islam-Gesetze gegenüber der Frau. „Ich muß ständig auf der Hut sein, nicht aus alter Gewohnheit von zu Hause in der Schweiz die Empfindungen der Menschen hier zu verletzen. Islam ist so strikt. Der Glaube hat mit seinen Anhängern sein Auge überall. Mein Mann ist Marokkaner, genau wie ich ein Arzt. Er hat seine Ausbildung zum großen Teil in der Schweiz gemacht, wo wir uns auch kennen gelernt haben. Für ihn in der Schweiz Arbeit zu finden, war mit großen Schwierigkeiten verbunden. Deshalb sind wir nach Marokko gekommen. Ob in der Schweiz, oder in Marokko, ich liebe meinen Mann. Die Landesverhältnisse sind leider sehr unterschiedlich. Hier in Marokko wollen die Menschen auch Fortschritt, allerdings ohne die Lebensgewohnheiten des Westens. Wahrscheinlich wisst ihr noch nicht richtig die Freizügigkeit einzuschätzen, mit der ihr so selbstverständlich leben könnt. Hier in Marokko herrschen uneingeschränkt die Gesetze des Koran. Als Ärzte müssen wir stets auf der Hut sein, mit der Wahrnehmung unseres Berufes, nicht das Verständnis der Menschen hier zu verletzen. Dieses Umdenken fällt nicht leicht.

    Ein leerer Magen schläft bekanntlich auch in Marokko nicht gerne. Ein wenig können wir zusammen essen, von dem, was hier erhältlich ist. Es ist sehr viel weniger, als wir dies zu Hause gewohnt sind. Wenn ihr wollt, können wir mit eueren Sachen gemeinsame Küche machen. In den zwei Betten unserer Wohnung könnt ihr schlafen. Morgen müssen wir nur früh wegfahren, damit keine unnötige Aufmerksamkeit in der Nachbarschaft entsteht. Sollte es notwendig sein, daß ihr uns in der Nacht im Krankenhaus anrufen müßt, lasse ich euch hier auf einem Zettel neben dem Telefon die Nummer."

Die Nacht verlief völlig ruhig und ungestört. Noch vor dem Tageslicht kam unsere Gastgeberin in die Wohnung zurück. Sie richtete ein bescheidenes schnelles Frühstück mit Tee und marokkanischem Fladenbrot für uns alle. Es war dann an der Zeit, daß wir uns auf unseren weiteren Weg machten. In ihrem Renault brachte die Ärztin uns noch an den südlichen Rand der Stadt. Ein verhaltenes, inniges Aufwiedersehen und weiter ging unsere Reise auf afrikanischem Boden nach Süden.

Die Stadt Marrakech am Fuß des Atlas Gebirges war unser nächstes Ziel. Die Sonne erschien gerade in einem dunkelroten Feuerball über der Kammlinie der Berge im Osten. Die Kühle der Nacht war noch nicht gewichen. Die Tageshitze ließ noch auf sich warten. Während wir am Straßenrand auf ein Auto warteten, ertönte weit hörbar vom Minaret in der Stadt das Koran-Gebet des ‚Muezzin' in eintönigen aber eindringlichen Tönen. Dem Aufruf folgt jeder Muslim-Gläubige, indem er/sie alles liegen und stehen läßt, sich auf den Knien nach Osten verbeugt, um dem Propheten Mohammed und Gott Allah Respekt zu zollen, so lange der Ruf des ‚Muezzin' anhält. Dann erst geht das tägliche Leben weiter bis zum nächsten Aufruf.

Vor uns am Straßenrand konnten wir einen Marokkaner beobachten, wie er plötzlich beim Ruf vom Minaret im Straßengraben an der Seite verschwand. Erst nach dem Ende des Rufes tauchte er wieder auf. Zuerst waren wir beinahe verleitet anzunehmen, der Mann mußte schnell auf die Seite mit einem anderen Geschäft, als dem Gebet des Koran zu folgen. Damals war es noch der Ruf des ‚Muezzin' vom Minaret und nicht im Fortschritt folgender Jahre ein Lautsprecher verbunden mit dem Radio oder einem Tonband. Solche Unterbrechung der Stille über einer Landschaft Afrikas, muß man erst einmal erlebt haben, um zu erfahren, wie tief das Gefühl erfasst wird, fast mit Schrecken für den Neuling.

Wir bemühten uns, möglichst unauffällig unterwegs uns aufzuhalten, um die religiöse Hingabe anderer nicht zu stören. Islam gibt seinen Gläubigen eine strenge Lebensordnung – einen Wert, den man nicht unterschätzen sollte. Glauben kann Menschen im Irrgarten des Lebens die Suche nach einem Lebensinhalt ersparen. Die Einsicht ,"besser den Spatz in der Hand, als die Taube auf dem Dach", kommt hier zum Tragen.In unserer Fortschritt-Gewohnheit sind wir schneller bereit,etwas über Bord zu werfen, als etwas zu verstehen, neuen Umständen anzupassen. Etwas wegwerfen war schon immer leichter, als etwas in einem neuen Verständnis, hier Religion, weiter zu führen. Sich etwas zu entledigen, mag dem Einzelnen in der Masse von Menschen ein augenblicklich mehr wünschenswerter Weg erscheinen, weil in der Masse die Unterschiede den Einzelnen hindern, eine eigene Richtung im Leben zu finden. Wissen ist ohne Grenzen, Antworten für unsere Existenz aus dem Wissen, ist eine Suche im Unendlichen. Deshalb ist es für den einzelnen Menschen zuträglicher, sich an etwas Begrenztem zu orientieren, einschließlich der Religion, als den einfachen Weg suchen: was mir nichts bringt, schmeiß ich lieber gleich weg. Ein Aufwachen geschieht allerdings meistens erst dann, nachdem wir gehandelt haben. Dann stellt sich uns die Frage, ob wieder an Bord kommen kann, was über Bord gegangen war in der Eile. Das Ergebnis wird dann unausweichlich eine selbst verursachte Einschränkung auf das Wesentliche hin sein : Wissen kann Glauben nicht ersetzen und auch umgekehrt kann Glauben nicht Wissen ausschließen. Beide stehen in einer unveränderlichen Abhängigkeit zueinander.

Während wir in der Morgenstille am Straßenrand außerhalb Rabat Zeit hatten, über so manches Neues um uns

Gedanken uns zu machen, war die Sonne hinter den Bergen empor gestiegen und verbannte die Nachtkälte in Eile. Nach ein paar Stunden Warten auf einen Autofahrer, der uns mitnehmen wollte, heizte die Sonne uns bereits gehörig ein. Jetzt war eher die Überlegung angebracht, was können wir ausziehen, um der ansteigenden Hitze eine geeignete Antwort zu geben. Der Straßenrand ohne Schatten eines Baumes, war nicht gerade eine beneidenswerte Lage. Um wenigstens die Stimmung noch hoch zu halten, mußte die Gitarre herhalten.

Vielleicht war es dann die Gitarre, welche das Augenmerk eines Fahrers einer schwarzen Limousine auf uns lenkte. Bereits ein Stück Weg entfernt von uns, kam das schwarze Auto plötzlich zum Halt. Eine weibliche Person stieg aus dem Auto und winkte uns zu. Schlechter als zu Fuß weiter zu kommen, sollte eine Autofahrt auch nicht werden. Sehr schnell machten wir uns auf den Weg zu dem Auto. Das Auto fuhr obendrein noch ein gutes Stück rückwärts uns entgegen. Eine junge, hübsche, blonde Frau half unser Gepäck im hinteren Gepäckraum des Autos zu verstauen. Vertraulich ließ sie uns wissen :" Dem Taxi Fahrer habe ich gesagt, ihr seid Freunde von uns ; wenn ihr mitkommen wollt, vergesst dies nicht." – Darauf nahmen wir alle auf der breiten Sitzbank hinter dem Fahrer Platz, wo ein junger Mann uns auch noch begrüßte. Die Fahrt ging von nun an mit ziemlicher Geschwindigkeit weiter.

Ins Auto hatte ich jedoch meine Gitarre mitgenommen. Es dauerte nicht lange, daß jeder von uns wußte, wie unsere Namen lauteten. Die Gitarre kam dann an die Reihe, während der Fahrer nach Süden die Stadt Casablanca ansteuerte.- „Spielt ihr Gitarre?" Fragte man uns. Also fingen wir an zur Gitarre zu singen. Fahrer und die beiden Co-Passagiere aus Amerika zeigten sich begeistert, schon alleine deshalb, weil die junge blonde Dame selbst Gitarre spielte. Und wie sie spielte ! Als wir sie aufforderten ihren Beitrag zu dieser musikalischen Autofahrt auch zu liefern. Wir waren wie ‚von den Socken', oder die Spucke blieb uns weg, war die beste Beschreibung. Stille Wasser sind oft tief. Sogar Bach-Kompositionen wußte sie hervorragend zu spielen. An Bach-Literatur wird ein Gitarren Meister gemessen. Die Dame mit dem Namen Chris war mit männlicher Unterstützung auf Reise aus dem Nord-Osten der USA. Ihr damals teurer US-Dollar ermöglichte ihnen diese Fahrt mit einem Taxi sehr billig zu bekommen.

Die Zeit im Auto verging in seinem schnellen Fahrtwind nur noch schneller. In Casablanca angekommen, entschieden wir Vier, zusammen zu bleiben und gemeinsam nach einer Unterkunft für die Nacht uns umzusehen. Außer arabisch sprachen noch viele Marokkaner hauptsächlich in der Stadt französisch aus der zurückliegenden Kolonialzeit. Da unsere amerikanischen Reisegefährten beide mit französisch nicht vertraut waren, ergab sich hier eine Möglichkeit auszuhelfen, in Entgegnung für die schnelle komfortable Autofahrt. Hier in Casablanca, einer größeren Stadt von Marokko, konnte man zum Teil nach europäischen Vorstellungen einkaufen. Auf dem Weg zu einem Einkaufszentrum mußten wir beim Sprechen in einer Fußgänger-Schlange vor einem Zebra-Streifen die Verkehrsampeln übersehen haben. Chris entging mit Haaresbreite einem Unfall, weil sie einen Schritt zu viel in die Straße gemacht hatte, hätte ich sie geistesgegenwärtig nicht zurück geholt. Ihren Blick habe ich bis heute nicht vergessen und ihre Worte :"Du hast mir das Leben gerettet ."

In einer vergleichbaren Einrichtung einer Jugendherberge bei uns, kamen wir alle für eine Nacht unter. Laut Vorschrift sollte Chris mit den anderen arabischen Frauen in einem anderen Teil der Herberge unterkommen. Der überfüllte Raum glich mit seinem spärlichen Licht nicht

gerade vertrauenerweckend, eher einem Harem. Die Verwaltung der Herberge überredete ich, die Augen zu schließen und uns eine Ausnahme zukommen zu lassen, daß Chris in unserer Obhut im Männer Raum mit uns blieb. Die Stimmung der anderen männlichen Insassen bekamen wir in der Nacht zu spüren. Ausnahmen waren nicht nur nicht bekannt, sondern auch unerwünscht. Wie sich zeigte, behielten wir auch hier die Oberhand.
Zunächst galt es für den Hunger nach einem langen Tag etwas zu unternehmen. Die kühlere Abendluft in dem anschließenden Park war draußen die beste Einladung für ein improvisiertes Abendessen auf den bereit gestellten Bänken. Es gab Brot, Käse, Schokolade, Milch und Orangen, wenigstens bei Frank und mir. Die beiden Amerikaner schauten zuerst zu, wie wir mit unserer Pfadfinder Erfahrung die gekauften Sachen für ein Essen verwendeten. Sie waren etwas komfortabler ausgerüstet unterwegs mit Reisekoffer und gut gekleidet. Nicht wie wir in einer Anpassung an die Gepflogenheit mit der hier mehr üblichen Kleidung.
Die Nacht in der Herberge verlief bis in die frühen Morgenstunden ungestört, bis einer der Marokkaner versucht hatte, Chris nach seinem Willen geschmeidig zu machen. Chris war zum Glück zwischen uns gelegen, so daß wir sofort eingreifen konnten und den dreisten Mann in die Flucht schlugen. Auch hier kam wieder zum Ausdruck das unterschiedliche Verständnis verschiedener Kulturen. In der arabischen Welt hat der Mann das Vorrecht über die Frau zu bestimmen und die Frau muß sich diesem Willen fügen. Dies ist schwer zu vereinbaren mit dem notwendigen Respekt im Zusammenleben mit anderen Menschen, gleichgültig ob es sich um Mann oder Frau handelt.
Gleich nach dem Vorfall packten wir unsere Sachen und zogen uns in den Park draußen zurück zu einem Frühstück mit dem, was in unserem Gepäck übrig vom

Vorabend geblieben war. Phantasie macht auch einen guten Koch aus, der den notwendigsten Hunger stillen kann.

Nach diesem Zusammensein am Morgen im Park, gingen wir auf der weiteren Strecke nach Marrakech getrennte Wege. Die beiden Amerikaner nahmen den Bus, während wir per Anhalter versuchten ans Ziel zu kommen. Ob wir uns in Marrakech wieder finden würden, blieb abzuwarten. Dieses Mal war das Anhalter-Glück uns besser gesinnt. Ohne viel Wartezeit zwischen Autowechseln zu verlieren, kamen wir nicht viel später als der Bus in Marrakech an.

Kutubija-Moschee Minaret, 12. Jahrhundert, Marrakech.

Hier in Marrakech änderte sich das Bild von Marokko nochmals beträchtlich. Die arabische Welt und der Islam hatten noch deutlicher ihren Stempel den Menschen und der Umgebung, in der sie leben, gegeben. Gegen den gewaltigen Eindruck des Hohen Atlas Gebirges mit ewigem Schnee über einer Dunst-Wolkenschicht hoch in den blauen Himmel hinausragend und der glühenden Hitze in Marrakech, konnte man sich kaum einen anderen Platz vorstellen, mit einem größeren Kontrast. Hinter den Bergen nach Osten die Wüste Sahara, während nach Westen der Atlantik die Strände wäscht. In der Mitte dieser damals noch typisch arabischen Stadt ragte der hohe Minaret Turm der Kutubija-Moschee heraus, welche bis in das 12. Jahrhundert zurückblicken kann.

Junge Marokkanische Familie in der Kutubija Moschee

Viele Straßen waren zwischen den eng zusammen gekommenen niederen Häusern so eng, daß höchstens ein Auto dort hätte fahren können. Die meisten hier mehr arabisch von Kopf bis Fuß gekleideten Menschen waren sowieso zu Fuß unterwegs. Für Transporte kam der Esel oft mit einem zweirädrigen Karren in die Szene. Zwischen den engen Gassen hing verschiedentlich auf Seilen gespannt hoch von einer zu einer anderen Hausseite gefärbte Wolle in allen Farben zum Trocknen. Der Metzger saß auf der Straße vor seinem Ladentisch, der nur wenige magere Schädel von vielleicht Schafen oder Rindern ausstellte. In voller Sonne und froher Mine schwenkte er unterstützt von seinem Gehilfen einen Wedel über seiner Ware, um die Fliegen fern zu halten. Dieser Anblick alleine reichte uns, daß wir uns eher geneigt sahen, Vegetariern uns anzuschließen. Hier war die Welt noch einmal ein gutes Stück anders geworden.

Metzgerei in Marrakech, Marokko, 1966

Verkehr in Marrakech, Marokkoko, 1966

Wollfärberei in Marrakech, 1966

Wasser Verkäufer in Marrakech. 1966

Wenn man vom Marktplatz die Augen nach Osten gegen die Berge erhob, traf man zuerst steile braune Berghänge, welche in leichten Dunstwolken verschwanden. Mit dem Blick weiter aufwärts folgend, entdeckte man ein weißes Band Schnee. Dies reichte noch höher und endete hoch im blauen Himmel, während der Nacken den Kopf fast nicht mehr weiter zurück lehnen konnte. Was für ein Schauspiel ! Hier in Marrakech war gut 40 Grad und dort oben herrschten Winter Temperaturen mit ewigem Schnee.

Da wir zu der Zeit keinen anderen Fremden in Marrakech begegneten, war es ein Wunder, daß unsere amerikanischen Reise Kollegen uns ziemlich bald ausfindig machen konnten. Die Begrüßung feierten wir in dem freien Kaffee am Marktplatz mit einer Tasse starkem schwarzem Tee mit viel Zucker für jeden, so wie Tee hier üblich getrunken wurde.

Die leicht erhöhte Plattform des freien Kaffees gewährte einen guten Überblick über den von Menschen wimmelnden Zentralplatz in Marrakech. Wegen der erhöhten Lage der Tische und Stühle, blieben der Staub vom umliegenden Boden und die Auspuffgase der manchmal wie selbst gebaut aussehenden Fahrzeuge, mehr in Bodennähe. Wir führten lange während Gespräche. Chris wollte von meinem Leben näheres erfahren. Sie hörte aufmerksam, aber still zu. Hätte ich mich damals gefragt, warum ich so aus mir heraus gekommen war, ich weiß nicht die Antwort. Waren es Sympatie und Vertrauen ? Ich mußte aus mir selbst heraus gekommen sein, so, wie ich mich zuvor nicht erinnern konnte. Mein Freund Frank hingegen bediente sich mit dem amerikanischen Kollegen rein sachlicher Themen aus ihren Studienbereichen ; der Amerikaner wußte über Physik Bescheid, Frank argumentierte aus seinem theologischen Bereich.

Chris war weniger gesprächig. Am Ende erzählte sie auch etwas aus ihrem Leben :"Ich bin in einer kleinen Farm-Ortschaft mitten im Staat Washington an der Nord-West Küste von den Vereinigten Staaten zu Hause. Der Name der Ortschaft ist Connell. Ich habe vor kurzem mein Studium beendet. Mein Vater ist Farmer, er ist stolz auf meinen Universitäts Abschluß und hat mir geholfen die Reise hauptsächlich in Europa zu ermöglichen. Mein amerikanischer Kollege David begleitet mich. Er hat sein Studium der Physik auch erfolgreich zu Ende gebracht. Ohne ihn hätte ich alleine nicht nach Marokko kommen können. Es ist ein Glücksfall, daß wir euch beide getroffen haben. Sind die Zufälle nicht auch oft unsere besten Glücksfälle ? Ich würde gerne wissen, ob unsere Wege sich noch einmal kreuzen werden ?"

Hier in Marrakech begann eine Freundschaft. Bis heute hat sie den Zahn der Zeit überlebt aus einer zufälligen Begegnung heraus. Wieviel Freunde haben wir im Leben, die uns ein Leben lang erhalten bleiben ? Ist eine lebenslange Freundschaft nicht eine unserer größten Gewinne ? Die meisten Menschen ändern sich im Leben soweit, daß sie den Kontakt mit ihrer Vergangenheit verlieren.

Für die Nacht fanden wir eine ordentliche, billige Übernachtungs-Möglichkeit in der Nachbarschaft unseres Kaffee-Treffpunktes. Früh am Morgen mit dem ersten schwachen Tageslicht am Horizont über den Bergwänden im Osten, brach der Ruf des ‚Muezzin' vom Minaret die Ruhe der Nacht. Nicht lange danach eroberte die Sonne mit ihrer Lichtflut den Himmel. Jeden Augenblick sandte sie mehr von ihrer Wärme auf die bange Erde nieder. In den engen Gassen machten sich zuerst Schritte kund, ein Auto-Motor startete, Räder eines Eselkarren folgten hörbar den Löchern in der Gasse.

Wir machten uns früh auf, um den Bus durch die Berge in die Wüste nicht zu verpassen. Die Oase Ouarzazate war unser Ziel. Unsere Amerikanischen Kollegen hatten einen anderen Vorschlag gemacht, einen Tag an dem entfernten Meeresstrand zu verbringen. Mit meinem Einwand hielt ich nicht zurück :"Wir sollten nicht vergessen, wir sind in einem arabischen Muslim Land, wo unsere Badevorstellungen fremd sind und auf Widerstand stoßen können." – Nach unserer Rückkehr aus der Wüste erfuhren wir, daß sich unsere Freunde an den Rat gehalten hatten.

Bevor wir uns dem Bus anschlossen, kauften wir uns eine aus Wolle hier übliche echte Berber-,dshelaba'. So passten wir besser in das Bild mit den Menschen dieser Gegend. Das lange Gewandt bietete Schutz nicht nur gegen die Sonne, die Kälte in der Wüsten-Nacht, sondern auch für unseren Tascheninhalt unserer Hosen unter der ‚dshelaba'. Die weit verbreitete Armut hierzulande macht erfinderisch und wird nicht Halt machen vor dem Tascheninhalt Anderer. Die Wolle der ‚dshelaba' in der Hitze kam uns etwas eigenartig vor. In der Tat erfuhren auch wir sehr schnell den Vorzug der Wolle. Die Luft zwischen den feinen Wollfasern isoliert sowohl von außen die Sonnenwärme, als auch von innen den Körper vor übermäßiger Verdunstung in dem extrem trockenen Klima.

Auf der Fahrt sahen wir aus dem Bus in einem aufsteigenden Tal Siedlungen aus der Erde der Umgebung gebaut, wie sie sich den Bergen anschmiegten in derselben Farbe. Nur die Terrassen mit den peinlich sauber gehaltenen kultivierten Gersten-Streifen leuchteten mit ihrem hellen Grün gegenüber dem vorherrschenden Grau-Braun der Umgebung. Mit Wasser wurde hier sehr sorgfältig umgegangen. Um der Verdunstung zu entgegnen, sickerte Wasser nur während der Nacht in kleinen Kanälen längs zu den Terassen von oben nach unten in die Stufenfelder. Unten wurde es in einem Becken wieder gesammelt, damit Frauen in Tonkrügen vor dem nächsten Sonnenuntergang das Wasser wieder nach oben für einen nächsten Bewässerungs-Lauf brachten. Kein Tropfen Wasser geht so ungenutzt verloren. In den Bergen der Wüste mußte mit allem, was Leben ermöglicht, sehr vorsichtig umgegangen werden. Die Menschen in diesen Siedlungen befanden sich sehr in Abhängigkeit zu ihren Ziegen und der Gerste ihrer Terassenfelder. Viel Steine gab es da, wenig Erde von Anschwemmungen im Tal und noch weniger zum anbauen als nur Gerste.

Lehm-Häuser Siedlung im Hohen Atlas, Marokko, 1966

    Der Bus fuhr den ganzen Tag auf einer steinigen Staubstraße, auf der nur seine Breite Platz fand. Er hielt dort, wo jemand dem Fahrer ein Zeichen gab. Wir waren die einzigen nicht-Marokkaner im Bus und fielen auf den ersten Blick nicht auf, weil auch wir mit einer ‚dshelaba' gekleidet waren, wie jeder andere. Der Eine oder Andere im Bus lachte beim Ein-/Aussteigen aus der Nähe uns dann doch an, wenn sie feststellten, wir waren nicht Einer von ihnen. Die einheimischen Passagiere kamen alle mit großem gebündeltem Gepäck in den Bus. Manchmal hatten sie Schwierigkeiten, mit sperrigem Gepäck herein zu kommen. Dann entschied der Fahrer für eine kleine Unterstützung das sperrige Gut auf den Gepäckträger des Busses zu bringen.

Noch vor der Abenddämmerung kamen wir in der Oase Ouarzazate an. Durch die Siedlung führte nur eine gerade Straße. Auf beiden Seiten reihten sich einstöckige Häuser, die Wände alle in unterschiedlichen Farben gestrichen. Sogar mittelgroße Laubbäume säumten den Straßenrand, sie gaben diesem Platz am Rande der Wüste Sahara einen lebendigen Eindruck.. Am Ende der Straße war eine Mauer aus Stein gesetzt zu sehen. Dies war die Ringmauer um die Oase, welche die Siedlung vor den Sandstürmen der Wüste schützen sollte. Der Ringmauer folgte eine Erdstraße im Inneren der Siedlung.Diese mündete von beiden Seiten in einem Halbkreis in die gerade Hauptstraße. Im Schutz der Ringmauer befanden sich auch gesund aussehende Zitrusbäume. Ihre leuchtenden orangefarbigen Früchte schienen durch die dunkel-grünen Blätter. In der Siedlung sah uns ein Junge und kam mit einem Korb Orangen auf uns zu ; sie waren zu verlockend schön, um nicht ihren Besitzer zu tauschen für einen kleinen Geldbetrag. Ihr Geschmack war so orangen-aromatisch, niemals zuvor hatten wir so schmackhafte Orangen gegessen.

Noch vor Sonnenuntergang sahen wir schlanke, ranke Frauen, wie sie geschickt auf dem Kopf hohe Tonkrüge gefüllt mitWasser nur mit einer gestreckten Hand oben gesichert von der im Zentrum liegenden Oasen-Wasserstelle zu der Plantage trugen. Trotz dem Gewicht der hohen Wasserkrüge und der Strecke zu Fuß, brachten die Frauen aufrecht gehend für jeden Baum einen Krug Wasser.

Sobald die Sonne hier die Nähe des Horizontes erreichte, verdrängte die Dunkelheit sie sehr schnell. Der Zeitplan für das Bewässern ging genau bis zum Eintritt der Dunkelheit auf. Für ein Leben in einer Oase ist Ordnung für jeden Bewohner eine unumgängliche Forderung. Die Gesetze der Natur haben hier noch das Sagen, besonders das der naturgegebenen Einschränkung.

Oase in Ouarzazate, Marokko, 1966

In der Oase herrschte völlige Stille. Kein Auto auf der einzigen Straße, kein Lärm aus Häusern, unterbrochen gelegentlich nur vom Ruf des Koran aus dem einzigen herausragenden höheren Gebäude in der Oase. Alle Häuser duckten sich unter dem Minaret wie brave Schafe.

Außer dem Koran meldete sich hie und da zu Wort der ‚ia-ia-ia-Ruf eines Esels. Frieden lag hier über allem. Den Menschen, denen wir begegneten stand Frohsinn und

Zufriedenheit in den Gesichtern geschrieben. Die natürliche Einschränkung war dafür verantwortlich und daß die Menschen nichts anderes wenigstens damals kannten. Diese ersten Eindrücke einer Oase haben sich in der Erinnerung, unseren Überlegungen, dauerhaft eingeprägt.

Die erste Nacht verbrachten wir in einer einfachen privaten Unterkunft. Das Bett war, wir würden es nennen. ein Feldbett. Genug jedoch, um Schlaf zu finden, wobei das Haus in der Oase vor der einbrechenden Nachtkälte aus der Wüste schützte. Gleich am Morgen machten wir uns zu Fuß auf, die Gegend außerhalb der Oase zu erkunden. Hinter der Ringmauer der Oase lag ein sandig, steinig, völlig trockenes Flußbett, ein Wadi. Wenn Regen alle paar Jahren nur kommt, wird der Wadi zu einem reißenden Fluß. Angeschwemmte Felsen an den Rändern sind Zeugen der Wasserkraft. Einer breiten, steinigen Staubstraße gleich führte der Wadi an der durch die Ringmauer geschützten Oase vorbei.

Gerste Feld am Rande der Oase Ouarzazate

Auf der anderen Seite des Wadi war auf einer erhöhten Terrasse ein einsames grünes Feld mit Gerste bestellt. Bereits aus der Entfernung sahen wir eine Person mitten in dem Feld. Wir gingen näher und schauten, was jemand in dem Feld sich so zu schaffen machte. Eine Frau bückte sich dort ständig auf und ab. Was sie dort machte, war aus der Entfernung schwer zu erkennen.Erst vom Feldrand konnte man sehen, wie sie jedes kleinste Unkraut zwischen der Gerste vorsichtig mit ihren Fingern aus dem Boden herausholte. Sie war barfuß und beeinträchtigte nicht einen der aufrecht gewachsenen Gersten-Halme. Es sah sogar so aus, als wären die Gerste Körner bei der ursprünglichen Feldbestellung in genau gleichen Abständen maßgerecht in den Boden gesetzt worden. Alle Ähren standen genau gleich in einer Höhe. Sie waren gesund gewachsen, so wie Alles, was in der Wüste das Geschenk Wasser erhielt.

Aufmerksamkeit dem kleinst möglichen Detail schenken, ist die Forderung für die Menschen, die in der Wüste leben. Kein Raum ist für Experimente gegeben. Natürliche Einschränkung ermöglicht hier nur ein Leben. Die Menschen sehen glücklich und zufrieden aus, weil wie bereits gesagt, sie nichts anderes kennen. Sobald diese Grund-Bedingungen von außen geändert werden, ändert sich alles mit ihnen, auch die Menschen. Die Wüste ist die meist forgeschrittene natürliche Umgebung. Sie kann uns lehren, wie sie begrenzten menschlichen Eingriff noch unterstützen kann. Nur anpassungsfähige Menschen können ein Leben in der Wüste führen. Von ihnen könnten wir viel lernen für die Zukunft der Umgebung, in der wir leben.

In späteren Jahren hatte ich noch mehr Gelegenheiten, meine Erfahrungen mit der Wüste aufzustocken. Dieses Mal mußten wir uns mit einem zwei-tägigen Besuch der Oase Ouarzazate begnügen. Der selbe Bus brachte uns am Morgen des dritten Tages wieder zurück nach Marrakech. Wir konnten nicht sicher sein, ob unsere amerikanischen Freunde noch hier geblieben waren. Wahrscheinlich hätten sie uns in unserer Berber-Kleidung kaum wieder erkannt. Chris war jedoch vor dem Bus-Ausgang. Sie schaute sich jeden genau an, der aus dem Bus stieg. Beinahe wäre sie vor Freude uns um den Hals gefallen, als sie uns hinter der ‚dshelaba' entdeckte. Sie mußte den Bus-Fahrplan wohl eingesehen haben, daß sie bei dieser Ankunft zur Stelle war.

Den Rest des Tages verbrachten wir wieder in dem zentralen Kaffee am Markt im Freien mit Erzählungen über unsere neuen gegenseitigen Erfahrungen. Um uns lief die geschäftigste Zeit des Tages. Ein Fahrzeug mit einem Tank voll Wasser sprühte hinter sich Wasser auf die staubige Straße. Sofort war der Staub gebunden und die Luft erlaubte kurz frischer aufzuatmen. Männer waren in der Mehrzahl zu sehen, weniger Frauen und noch weniger Kinder. So manches museumreife Auto konnte nur im selben Schritttempo mit den Fußgängern vorankommen. Esel mit beladenen Karren führte ein Mann geduldig durch die fließende Menschen Menge. Nur vereinzelt konnte eine verschleierte Frau gesehen werden, wie sie geduckt eilig ihren Weg zwischen der Menge suchte. In der Öffentlichkeit bekam man den Eindruck, die Männer waren in der Überzahl. Hier gingen die Vorstellungen über Mann und Frau noch stark auseinander entsprechend arabischer Gewohnheiten. Die Frau soll nach dem Willen des Mannes ihm gehörig sein, weshalb auch der Auftritt der Frau in der Öffentlichkeit sehr begrenzt war.

Wenn es am schönsten ist, sagt man, sollte man aufhören. So kam auch unser Treffen mit den amerikanischen Freunden David und Chris zu einem Ende. Uns mahnte die Zeit, an den Heimweg wieder zu denken.

Adressen wurden ausgetauscht und der Abschied blieb mit einem guten Händedruck auch nicht aus. Werden wir uns noch einmal begegnen? Diese Frage mußte jeder von uns mit sich nehmen. Freundschaft erfährt einen Aufwind, wenn das Schicksal es will, daß man sich wieder trifft und sich immer noch etwas zu sagen hat.

Bevor wir getrennte Wege wieder gingen, erinnerte ich vor allem Chris :" Eine junge Frau im Bikini am Strand in einem arabischen Land kommt einer Herausforderung gleich, mit schwer absehbaren Konsequenzen. Haltet euch den Badespaß für Europa. Menschen, ihre Kultur, ihre Gewohnheiten, ihr Verständnis, sind nicht überall die gleichen.Wir sollten dies respektieren und uns entsprechend verhalten. Versteht dies als einen freundschaftlichen guten Rat. In dem Sinne wünschen wir euch eine gute Weiterreise, vielleicht sehen wir uns einmal wieder."

Die erste Etappe nach Hause in Marokko verlief entsprechend einem Sprichwort : Nach Hause geht es immer schneller. Das Schiff von Ceuta brachte uns wieder über die Gibraltar-Straße nach Algeciras auf europäischen Boden. Unterwegs erschienen an der Seite des Schiffes eifrige Delfine, die mit dem Schiff um die Wette im Wasser mitschwammen. Das letzte Stück dieser Seefahrt führte vor der eindrucksvollen Kulisse der Gibraltar Felsen in geringer Entfernung vorbei.

Mit Europäischem Boden wieder unter den Füßen, suchten wir ohne Verzug die Adresse auf, wo unser Motorrad und das restliche Gepäck untergebracht war. Das ältere Ehepaar freute sich sogar, uns wieder zu sehen. Unser kleines Andenken aus Marokko wußten sie sehr zu schätzen. Alles war noch so, wie wir es zurückgelassen hatten. Damals gab es noch Menschen, denen man auch als Fremder vertrauen konnte.

In Heidelberg sollte ich indes möglichst bald zurück sein, damit ich herausfinden konnte, wie es mit den Unruhen an der Universität inzwischen stand und ob Vorlesungen wieder stattfinden konnten. Schon aus diesem Grund hielten wir unsere Rückfahrt so kurz wie möglich, keine Besichtigungen kamen unterwegs mehr in Frage.

Ein kurzer Stop am ‚Punta de Tarifa' gab uns einen letzten Blick über die Gibraltar-Straße zurück nach Afrika. Der Atlantik stürmte mit wilden Wellen vor uns gegen die Felsenküste. In der Ferne grüßte noch einmal die Bergwelt von Marokko.

Unser Plan war, trotz der großen Strecke vor uns, in zwei Tagen wieder zu Hause zu sein. Wir hatten ein Motorrad, einen Fahrer mit Führerschein, einen Mitfahrer ohne Führerschein. Was konnten wir da machen? Dachten wir uns angesichts des Stück Weges vor uns: Wäre es nicht schön, wenn wir uns beim Fahren abwechseln könnten? Um dies herauszufinden, stoppten wir auf dem Weg nach Sevilla in einer kleinen Ortschaft. Dieser Plan wollte jedoch nicht gelingen. Schon beim ersten Versuch machte sich das Motorrad nach vorne eilig selbständig und landete meinen Freund hart auf dem Steinpflaster der Straße. Das Ergebnis war dann klar, keine weiteren Versuche mehr. Nur daß mein Freund ein Kissen auf dem Soziussitz des Motorrades brauchte, damit er überhaupt auf seinem schmerzhaften ‚Allerwertesten' sitzen konnte. Die umstehenden Bewohner der Ortschaft kamen auf jeden Fall mit dem Spaß auf ihre Rechnung.

Der Entschluß in einem Rutsch nach Hause zu fahren, war für Mann und Motorrad eine Herausforderung. Dabei hatte der Fahrer den Vorteil des Fahrtwindes, der ihm half aufmerksam zu bleiben. Mein Freund auf dem Rücksitz mußte hingegen herausfinden, wie er mit den langen Fahrstunden zurecht kam. Im Vergleich mit einem Auto stellte sich die Frage, wer kann die 3000 Kilometer von Algeciras bis Heidelberg in einem Stück fahren ? Mit dem Motorrad ist dies eher möglich. Auf dem Rücksitz entwickelte mein Freund eine Strategie, um einigermaßen wachsam mit dabei zu bleiben : Eine halbe Stunde nach vorne geradeaus schauen, dann eine halbe Stunde nach links, eine halbe Stunde nach rechts ; nach rückwärts ging es leider nicht.

Der Motor wollte zu früh nicht mehr mitmachen. Auf einer geraden Strecke nach Sevilla wollten wir etwas Zeit gut machen und fuhren das Motorrad mit voller Geschindigkeit aus. Zum Glück erwischte ich noch rechtzeitig die Kupplung, bevor der Motor stoppte und fest saß. Der plötzliche Ruck nach vorne hob meinen Freund aus dem Sattel, so daß er sich gerade noch rechtzeitig oben an meinem Hals festhalten konnte, um nicht in einem weiten Bogen nach vorne weiter durch die Luft zu fliegen.

Nun hieß es Ruhe bewahren und dem Problem auf den Grund kommen : Motorblock abkühlen lassen, weg von der Straße Untersuchungen anstellen, neue Ölfüllung in den Motor sollte unseren ‚fahrbaren Untersatz' wieder flott machen. Von dem Augenblick an, fuhren wir allerdings nicht mehr über 100 Kilometer Geschwindigkeit und bauten während der Fahrt nur langsam eine Fahrt-Geschwindigkeit wieder auf; langsam, etwas schneller, schneller, bis Motor und Mann wieder Vertrauen zueinander gefunden hatten. So schafften wir es dann anstandslos bis nach Hause.

Zunächst kamen wir in Sevilla an. Vor seiner Kathedrale mit einem Minaret-Turm aus der Zeit der arabischen Besetzung schalteten wir die einzige Pause ein, schon um dem Motor noch einmal eine Erholpause zu geben, nachdem er beinahe durch Überhitzung festgesessen war. Auch Cordoba auf der weiteren Strecke wäre eine nähere

Besichtigung wert gewesen. Für ein anderes Mal mußten wir dies verschieben.

Im Zentralen Hochland von Spanien ging dann die Fahrt stundenlang weiter durch Olivenhaine, soweit das Auge sah.

‚Estremadura' mit Oliven Hainen, Zentral Spanien

Die Bäume waren in gleichen Abständen gesetzt, der dunkle Boden unter ihnen sauber gepfügt. Madrid, die Haupstadt von Spanien lag am Fuß des ‚Sistema Central' und der ‚Sierra Guadarrama'. Bis dorthin begrüßte uns unterwegs weit und breit der Frühling mit seinem frischen Grün und seiner Blütenpracht. Der Regen zu Beginn des Frühjahres verwandelt das von Sonne und Trockenheit während dem Sommer ausgetrocknete Land in einen Garten Edens. Diese Gegend vor Madrid trägt den Namen ‚Estremadura'. Jetzt im Frühjahr verliehen die frischen Farben der Landschaft ein neues Gewandt. In dem dunkel Olivgrün der alten Blätter glitzerten die neuen Blätter mit ihrem silbernen Schein auf weiter Fläche. Im Hintergrund saßen noch weiße Schneekappen auf den Bergen. In Madrid schenkten wir nur im Vorbeifahren Aufmerksamkeit seinen großen Prachtstraßen, dem ‚Palacio Central', großen Baublöcken unterbrochen von grünen Parkanlagen. Weiter nach Zaragoza wurde es kalt wie im Winter. Für das Motorrad war dies gut, denn der Motor konnte sich besser weiter wieder einlaufen, ohne heiß zu werden.

Barcelona ließen wir hinter uns, entlang der Costa Brava hoch nach Südfrankreich, die Grenze bei Freiburg – und schon hatten wir es beinahe geschafft. Da es jedoch Sonntag war, mußten wir uns einer endlosen Schlange Wochenend-Ausflügern einreihen, weshalb der Aufenthalt an der Grenze nach Deutschland viel Zeit in Anspruch nahm. Dafür waren wir nicht mehr vorbereitet. Die Ermüdung von der langen Fahrt veranlasste uns, wieder auf Deutschem Boden zuerst eine Pause einzuschalten, um das restliche Stück unserer Reise im dichten, schnellen Verkehr auf der Autobahn noch sicher hinter uns zu bringen.

Diese letzte Reise hatte mich etwas von der Wirklichkeit abgelenkt, wie sie sich an der Universität in Heidelberg anschickte. Immer noch stand ein Jeder den Erreignissen machtlos gegenüber. Das Aufbegehren an der Universität war in der Zwischenzeit nur noch größer geworden, Waffen waren sogar ins Spiel gekommen. Ich konnte mir nicht leisten, diesem Tauziehen tatenlos zuzuschauen, weshalb ich die Arbeit in Ettlingen wieder aufnahm.

In der Zeit erhielt ich einen Brief von Chris aus Paris, der Amerikanerin aus Marokko. Bevor sie nach Amerika zurückkehren sollte, hätte ich sie gerne noch einmal gesehen. Sie schrieb, sie werde gegen Ende Juni von Paris nach London zu Freunden ihrer Familie gehen. Mir ging die Idee durch den Kopf, vielleicht könnte sie mir sagen, ob im Staat

Washington, im Nord-Westen von Amerika Arbeits-Möglichkeiten waren.

    Bei einer Internationalen Arbeitsvermittlung in Frankfurt reichte ich meine Anfrage für Boeing in Seattle ein. Das Angebot war daraufhin fast zu gut, um es nicht anzunehmen. Ein Manager von Boeing sollte nach Frankfurt kommen, um mir einen Vertrag vorzulegen. Der Unglücksfall eines Bekannten aus der Schulzeit gab mir jedoch ernsthaft zu denken. Der Bekannte war erst vor kurzem mit seinen Eltern nach Amerika ausgewandert, umgehend zum Militärdienst in Vietnam verpflichtet worden und war am ersten Tag seines Einsatzes gefallen. Warum sollte ich meinen Kopf hinhalten für etwas, was ich nicht verursacht habe? Damit war das hervorragende Angebot für mich erledigt.

LONDON

    Im Juni 1966 konnte ich mir ein paar Tage für einen Ausflug nach London einrichten. Es war kurz vor meinem 25. Geburtsatg. Mein Motorrrad machte auf demWeg nach Holland wieder Probleme mit Ölverlust. So mußte ich zunächst versuchen langsam zurück nach Heidelberg wieder zu kommen. Für mich bedeutete dies aber nicht das Ende, Chris in London zu besuchen. Mit etwas Glück schaffte ich den Weg nach London per Anhalter in mehr oder weniger derselben Zeit, die ich mit dem Motorrad gebraucht hätte.

    An einem Sonntag im Monat Juni stand ich pünktlich vor der Adresse von Chris, in einem Teil außerhalb von London. England zeigte sich zumindest von der Wetterseite von einer überraschend sonnigen und sommerlich warmen Seite. An meinem ersten Tag meiner Ankunft in London sah ich mich ein wenig in den Sehenswürdigkeiten um. Die Nacht verbrachte ich in einer Jugendherberge in der Stadt. Dort traf ich auch auf junge Leute aus anderen Teilen der Welt. In den Begegnungen gewann meine Aufmerksamkeit die Gespräche, welche den lokalen Rahmen mit Themen entweder im Wissen, oder Erfahrungen aus anderen Teilen der Welt übertrafen. Für mich war dies ein Hinweis, daß England mehr weltoffen zumindest damals war, als woher ich kam.

Am nächsten Morgen machte ich mich auf die Socken, aus der Stadt heraus zu kommen. An der U-Bahn Station von ‚Trafalgar Square' führte eine lange,breite, hölzerne Treppe tief hinunter. Am Fahrkartenschalter kümmerte ich mich um meine Fahrkarte. Das Wechselgeld, welches ich erhielt, machte mich kopfstutzig ; ich erhielt viel mehr Münzen zurück, als ich bezahlt hatte. Ob der Rückbetrag mit den sixpence', three pence, shillings und so weiter stimmte, konnte ich nicht sagen. Was ich nicht bemerkt hatte, war, daß Verbrecher mich beobachteten und mir auf den Fersen blieben.

Als der Zug anhielt, die Türen sich öffneten und ich zusteigen wollte, stieß mich von hinten jemand so hart in den Zug, wie dies auf keinen Fall aus Versehen hätte sein können, daß ich stolperte und beinahe am Boden landete. Ich war zwar gleich wieder auf meinen Beinen, allerdings ohne meinen Geldbeutel in der rückwärtigen Hosentasche. Jemand anderer muß ihn mir mit Nachdruck in einer Zusammenarbeit aus der Hosentasche geschickt entwendet haben. Noch bevor die Türen zu gingen, gelang es den beiden, aus dem Zug noch heraus zu kommen.

Passiert war mir nichts, nur wußte ich, ohne Geldbeutel hatte ich ein ziemliches Problem. An der nächsten Station verließ ich den Zug und suchte den Stations Chef auf. Er hörte mich an und stellte mir verständnisvoll eine Ersatzfahrkarte aus. Mit dem nächsten Zug konnte ich dann meine Fahrt wie geplant fortsetzen, allerdings immer noch ohne meinen Geldbeutel. Der Beamte machte zwar Notizen nach meinen Aussagen, gab mir aber wenig Hoffnung, den Geldbeutel unter solchen Umständen wieder zu sehen.

Ich ließ mich dennoch von meinem Plan nicht abbringen. Irgend wie wird der Rest sich schon geben. Mir wurde erst später bewußt, in einer Entfernung neben dem Fahrkartenschalter zwei Männer gesehen zu haben, wie sie zu mir schauten. Sie mußten erkannt haben, daß ich ein Ausländer war und folgten mir auf dem Weg zum Zug.

Die Jugendherberge nahe meinem Ziel war sehr entgegenkommend: „Wir wollen in einer guten Sache nicht zurückstehen und unseren Beitrag auch liefern." In der Herberge selbst traf ich wieder weit gereiste interessante Menschen, meistens junge. Alle möglichen Gespräche fanden statt, aus dem alltäglichen Leben, aus anderen Teilen der Welt, mit sozialen, so wie philosophischen Inhalten. Hier wurde mir klar, daß nur, wer in die Welt hinaus geht, der erfährt etwas im Leben. In England waren damals welterfahrene, weit gereiste Menschen mehr anzutreffen, als noch auf dem Festland Europa, alleine schon wegen dem weltweit umfassenden Commonwealth unter britischer Vorherrschaft.

Schließlich war es dann an dem Sonntag so weit, daß ich mich auf das letzte Stück zu der Adresse von Chris aufmachte. Das Wetter war immer noch sonnig und warm. In einem Park der Ortschaft sonnten sich auf dem sprichwörtlich ‚englischen Rasen' eine ganze Anzahl Menschen, Kinder, Männer und Frauen fast aller Altersstufen. – Warum nicht mitmachen? Dachte ich mir. Es sollte nur helfen, meine Gedanken besser zu ordnen. Innerlich war ich wahrscheinlich ziemlich aufgekratzt, wie es von hier weitergehen sollte. Im Gespräch mit anderen Sonnenhungrigen auf dem schönen Park Rasen, erzählte ich auch, was mir auf dem Weg hierher in der U-Bahn zugestoßen war. Ein Mann kam wenig später dann auf mich zu und bot mir an, mich mit seinem Auto zu der Adresse zu fahren. Während der kurzen Fahrt ergab sich im Gespräch, daß sein Bruder in Deutschland für seinen hiesigen Verein Fußball spielte. Was für eine gute Einführung ! Dachte ich mir,"good luck for your club" wünschte ich ihm zum Abschied bei der Ankunft vor einem ziemlich neu aussehenden, zweistöckigen Haus mit einem Garten-Streifen zur Straße. Mit der Visitenkarte des Fahrers in der Hand und seiner Telefon Nummer trennten wir uns mit den Worten :"Wenn du eine Fahrt zurück brauchst, ruf mich an und ich komme dich wieder abholen."

An der Eingangstüre des Hauses drückte ich gespannt die Klingel. Eine Weile verging, bis oben im Giebel des Hauses die beiden Fensterläden aufgingen und Chris mit beiden Händen mich begrüßte. Wieder ein paar Augenblicke später öffnete sich die Haustüre vor mir. Die Familie des Hauses bat mich zu ihnen ins Haus zu kommen. Chris eilte die Haustreppe zu uns herunter. Obwohl die Familie des Hauses mich nicht kannte, erlebte ich einen sehr herzlichen Empfang. Spätestens auf den zweiten Blick bemerkte auch ich, Chris hatte ihren langen Haarzopf mit einem halb-langen Haarschnitt ausgetauscht. So sah sie eher noch jünger aus. Selbst mußte ich mich gar nicht mehr vorstellen :"Chris hat uns schon viel Gutes von dir erzählt, wir haben ein sehr gutes Bild von dir bekommen."

Ohne Widerrede waren Chris und ich aufgefordert, zusammen einen Spaziergang draußen zu machen. Wir hatten viel uns zu erzählen seit unserer Begegnung in Marokko. An einem Fußweg mit Blick auf die etwas tiefer gelegene Ortschaft lud eine Bank ein zum niedersetzen.

Chris erwähnte ich meinen Zwischenfall in der U-Bahn nicht. Dies konnte man als falschen Stolz bezeichnen, weil meine Abreise wieder nach London schon am nächsten Tag auf Verständnis-Schwierigkeiten bei Chris stieß.

Die Zeit bis zum hereinbrechenden Abend verging viel zu schnelll. Ich redete ohne es richtig wahr zu nehmen am meisten, während Chris der Zuhörer war. Die Frage, wie alt wir beide waren, wurde überhaupt nicht angeschnitten. Aus unseren gegenseitigen Erzählungen hatte ich den Eindruck gewonnen, wir mußten ziemlich gleich alt gewesen sein. Chris hatte gerade ihr Studium für einen Kunstlehrer in Amerika beendet, sie nahm die Gelegenheit wahr zu reisen und andere Menschen kennen zu lernen.

Ihre Familie bewirschaftete eine Weizenfarm im mittleren Staat von Washington, im Nord-Westen von Amerika. Nach ihrem Studium arbeitete Chris ein Jahr in Seattle, um Geld für eine Europa Reise zu sparen. Welche Vorstellungen wir über unsere Zukunft hatten, kam auch zur Rede. Sobald die Abendkühle herein gebrochen war, machten wir uns wieder auf den Weg zum Haus. Das Haus war uns überlassen, während die Familie einer Veranstaltung nachgegangen war. Ein belegtes Brot aus der Hand von Chris schmeckte alleine schon deshalb so gut, weil ich bereits eine ganze Weile nichts mehr zum Essen gesehen hatte.

Chris war auf dem Weg in das obere Stockwerk, als ich das erste mal den Blick auf meine Armbanduhr warf : 23 Uhr war es bereits. Meine erster Gedanke galt der Herberge, wo ich die Nacht zuvor großzügig frei verbringen konnte. Wie sollte ich jetzt mitten in der Nacht dorthin kommen ? Als Chris die Treppe halbwegs wieder zurück gekommen war, teilte ich ihr mit, ich müsse sofort zurück in die Herberge, weil es schon so spät geworden war. Chris sagte daraufhin nichts. Sie verwies mich auf die rückwärtige

Haustüre. Was wollte sie damit sagen ? Wollte sie vielleicht, daß ich überhaupt nicht weg gehe ? Hier hatte das gegenseitige Verständnis nicht mehr gereicht Brücken zu bauen. Selbst unsere innige Verabschiedung konnte nichts daran ändern. Momente leben in uns weiter, auch wenn sie nicht verstanden worden sind. – Dem kritischen Leser möchte ich mit meinen persönlichen Ausführungen nur nahe bringen, daß die meisten Menschen sich mehr um das Leben anderer kümmern, sei es im Fernsehen, in Movies, manchmal sogar noch mit Büchern und Erzählungen, wenn nicht mit Klatsch. Das eigene Leben kommt dabei allzu leicht zu kurz, was jemanden selber bewegt mit Gedanken, Gefühlen oder Taten. Das ‚Rennen' nach Ebenbürtgkeit oder auch Überlegenheit hält Viele im Bann von den Interessen Anderer, so daß die eigene Zivil-Courage weitgehend ungetestet bleibt. Der erste Kuss, wenn er wirklich einer war, ist eines der ersten nahen persönlichen Erlebnisse mit einem Menschen des anderen Geschlechtes. Der Diskussion mit dem gleichen Geschlecht gehe ich hier betont aus dem Weg ; wir wollen mit beiden Füßen auf dem Boden der natütlichen Realitäten bleiben. Die Freundschaft mit Chris hat auch mit der Zeit und über die Entfernung die Stürme im Leben überdauert. Solche Freundschaft begleitet uns im Leben wie ein Kleinod. In unserer kurzen Begegnung erfuhren wir, wo unsere Interessen gemeinsam waren, aber auch, trotz Zuneigung zueinander, daß vieles unbeantwortet blieb. Der Zeit den Weg abschneiden, in menschlichen Beziehungen kurzschalten, führt früher oder später zu Ablehnung, wie die Erfahrungen im Leben uns lehren.

  Was blieb unbeantwortet war dies, wir waren in vieler Hinsicht ähnlich. Bekanntlich stoßen gleiche Pole sich ab, wohingegen nur die Ungleichen sich anziehen. Und dem Gesetz unterliegen auch Menschen besonders in ihrem Verhalten. Erwartete in unserem Fall jeder vom anderen etwas und wir standen uns förmlich gegenseitig im Weg ? War es vielleicht die Fremde um uns für uns beide, vielleicht auch Ungleichheit in Fragen Intellekt ?

Was es auch immer gewesen sein mag, nachdem ich mitten in der Nacht mich auf den Weg zurück in die Jugendherberge gemacht hatte, wartete die nächste Überraschung auf mich. Ein Auto stoppte auf meiner Höhe, der Fahrer sprach mich durch das halb geöffnete Türfenster an : „Wo willst du hin ? Komm mit mir."

Ich war noch nicht richtig eingestiegen, ließ der gut im Anzug und Krawatte gekleidete Fahrer erkennen, welche perverse Absichten er in seinem Kopf hatte. Ich setzte alles daran, ihn zu überreden anzuhalten, so daß ich die Gelegenheit wahrnehmen konnte, aus dem Auto wieder heraus zu kommen. Zu Fuß machte ich mich dann möglichst unauffällig weiter auf den Weg. Wo die Herberge genau war, wußte ich nicht, ich ging mehr auf das Geradewohl hin. Irgendwie kam ich dann auch vor der hohen Mauer um die Jugendherberge an. Das große eiserne Tor war verschlossen. Die Nacht draußen vor dem Tor verbringen, war nicht meine Absicht. Also kletterte ich die Wilden-Wein Äste an der Mauer hoch, ließ mich auf der Innenseite vorsichtig wieder herunter. Die Türe zum Schlafraum mit meinem Bett stand offen, so daß ich ungehindert auf Zehspitzen leise mich ins Bett legte.

Beim ersten Tageslicht stand ich auf und begab mich wieder nach außen, um Fragen auszuweichen, wie ich in die Jugendherberge gekommen war. Mein Plan arbeitete wunschgemäß ; der Herbergs Leiter hatte den Eindruck, ich war gerade in die Herberge zurück gekehrt. Dies brachte mir auch den kleinen Vorteil ein, daß die Frage für Übernachtungskosten nicht angeschnitten werden mußte. Mein fehlender Geldbeutel hätte keine Antwort darauf geben können.

Da es Montag, der Beginn der Woche war, machte ich mich nach London wieder auf, um die deutsche Botschaft in meiner Angelegenheit aufzusuchen. Ich fühlte, als wäre ich zwischen zwei Stühle geraten ; der eine war die Botschaft, der andere Chris. Hätte ich nicht doch besser Chris erzählt, was mir zugestoßen war und sie hätte verstanden, warum ich nach London mußte ? So konnte ein echtes Mißverständnis zwischen uns getreten sein, in dem sie annahm, ich liefe unbekümmert von ihr weg. Sie noch einmal anrufen von einem Telefon ? Alleine das Geld von meinem Geldbeutel fehlte. Es blieb mir nichts anderes übrig, als mit dem Zug den Weg nach London möglichst unkontrolliert wieder einzuschlagen.

Bei der deutschen Botschaft empfing man mich so richtig mit den Worten :"Schon wieder ein Weltenbummler! Die Geschichte mit dem gestohlenen Geldbeutel haben wir schon mehr als einmal gehört." – Ich ließ mich nicht einschüchtern, forderte eher mein Recht als deutscher Staatsbürger den Konsul persönlich in meiner Angelegenheit zu sprechen. Dies trug zu einem mehr wünschenwerten Klimawechsel in einer Anhörung bei. Mit der Zeit und meinen ausreichenden Erklärungen setzte sich doch die Einsicht durch, ich brauchte Hilfe, um wieder nach Hause zu kommen. Dieser Hilfe war natürlich die Bedingung beigefügt, nachdem meine Eltern nicht erreichbar waren, in Deutschland umgehende Rückerstattung sicher zu stellen.

Die Angaben dafür hatten mehr Zeit in Anspruch genommen, als die anderen Erörterungen anlässlich meines Besuches. Besonders im Ausland mußte der Beamten-Schimmel seinen richtigen Weg gehen können.

Besuche bei deutschen Botschaften waren in meinem Leben in nur seltenen Fällen willkommene Angelegenheiten. Das Personal befand sich meist zwischen Stress und Freude, wenn einer ihrer Landleute vor ihnen stand. Ist alles richtig machen im Ausland so viel schwerer als zu Hause ? Vielleicht hatte ich auch das Glück, daß ein Fall vor mir die Stimmung belastet hatte. Dem Ansehen der diplomatischen Vertretung eines Landes kann alleine Unfreundlichkeit bereits schaden. So machte ich auch in nachfolgenden Jahren einmal eine allgemeine Anfrage bei der deutschen Botschaft in Johannesburg /Südafrika. Anstatt eine sachliche Antwort zu erhalten, wurde ich mit folgenden Worten abgespeist :"Nur im Sarg kann die Botschaft ihnen behilflich sein." Dabei hatte ich keinerlei Frage in Bezug auf Hilfe angesprochen. Der Besuch erübrigte sich dann nur noch schneller. – In Caracas, Venezuela, hatte das Personal soweit keine Zeit, daß ich die finnische Botschaft aufsuchte, die Landesvertretung meiner Frau. Was auf der einen Seite nicht einmal Gehör finden wollte, veranlasste die finnische Vertretung uns mit Rat und Tat behilflich zu sein, in einem Rahmen, der weit über unsere Anfrage hinaus ging : Einfach, welche Adressen können sie uns empfehlen, wo mit Vertrauen eine Schiffahrt für unser Gepäck gebucht werden kann, welches wir mit dem Flugzeug nicht mitnehmen konnten. In vielen Verhältnissen, wie auch in Venezuela, kann man nicht einfach in ein offiziell aussehendes Bureau gehen, Geld auf den Tisch legen und erwarten, das zu erhalten, was man will. Daß das Geld so auf Umwegen verschwindet und ich am Ende nur wertloses Papier in den Händen halte, kann nicht immer ausgeschlossen werden. Ortsgebundene Erfahrungen helfen dies auszuschließen. Dies sollte auch eine Aufgabe einer Botschaft sein, wenn sie ihre Landsleute vertritt. Der Beamten-Schimmel sollte im Ausland nicht weniger schwerhörig sein, auch einmal auf einen Rat von Bürgern hinzuhören, als zu Hause. Wie auch immer der Fall sein mag, die Ausnahme ist deshalb hier, um die Regel zu bestätigen.

ARJA'S ERSTER BESUCH

Endlich wieder zurück in Heidelberg, wartete die Entscheidung auf mich, entweder den Teil meines Studiums versuchen fortzusetzen, der nicht von den Unruhen all zu sehr betroffen war, oder dem Angebot von Boeing nach Amerika zu folgen. Der andauernde Krieg in Vietnam hatte wie bereits vorausgehend erwähnt, meine Entscheidung gegen Amerika bestimmt.

Während dem überraschenden Besuch von Arja aus Finnland wurde meine Entscheidung nur noch bekräftigt, in offenen Gesprächen miteinander. War ich nun der Hahn im Korb bei Chris und bei Arja ? Aufpassen, sagte ich mir, daß ich nicht im Abseits zwischen den beiden Körben landete. Für mich war diese Situation Neuland. Das Beste war wohl, beiden freundlich gegenüber zu bleiben, alles weitere wird sich schon zeigen.

Martin mit Arja in Heidelberg, Juli 1966

An einem Tag ihres Besuches in Heidelberg begleitete Arja mich nach Frankfurt, um die Sache mit Boeing in Amerika abzublasen. Das Wetter hätte nicht schlechter sein könen und das noch im sogenannten Sommer, nicht einmal 10 Grad tagsüber, grauer Himmel mit dicken Wolken verhängt, aus dem leichter Nießelregen den Boden ohne Unterbrechung nass hielt. Die Stimmung für unseren Ausflug nach Frankfurt war durchaus nicht gerade beflügelnd. Nach Regen kam aber auch für uns wieder Sonnenschein, wie bestellt für den übrigen Aufenthalt von Arja in Heidelberg. Es war mir sehr daran gelegen, das Entgegenkommen,welches ich in Finnland erfahren hatte, ihr auch in Heidelberg zu erwidern.

In Heidelberg warteten auf einen Besucher recht viele Sehenswürdigkeiten : Die engen Gassen zwischen Jahrhunderte alten Häusern, der Fluß Neckar mit einer noch alten Bogen-Steinbrücke, welche den Zugang vom gegenüber liegenden Ufer in die Stadt ermöglichte, neue Brücken Konstruktionen am Ausgang der Stadt aus dem Neckartal, die offene Rheinebene mit den neueren Teilen des althistorischen Stadtkernes zwischen den grün bewaldeten Berghängen des Neckar Tales, das aus der Weite sichtbare Schloß auf halber Anhöhe seines gleichnamigen Berges (Schloßberg), wo das größte Faß der Welt in einem eigenen Teil des Schloßes untergebracht ist, um besonders in der Vergangenheit den Wein auch aus der weiteren Umgebung für die Kurfürsten zu lagern. Das Faß war mit viel schmuckvollen Details ganz aus Holz in einem eigenen Bau errichtet worden.

Der altehrwürdigen Universität, Ruperto Carola, gaben wir auch mit unserem Besuch die Ehre. Das Wachstum der Stadt und seiner Universität veranlasste, daß immer mehr Fakultäten in die Außenbezirke ihre Erweiterungen ansiedelten. Für Studenten hieß das, ständig auf der Achse sein zwischen dem Außenbezirk und der Stadt.

Besonders meinem Freund Harro stellte ich in Heidelberg Arja vor. Arja sprach sehr wenig mit ihrer finnischen Zurückhaltung. Zwar hatte sie in der Schule sowohl die deutsche, als auch die englische Sprache gelernt. Sie hielt sich aber sehr vorsichtig zurück, alleine schon deshalb, weil sie keine Fehler machen wollte. Statt dessen nahm sie mehr die Rolle eines freundlichen, guten Beobachters ein. Wir waren damals alle etwas mehr zurückhaltend, als dies der Fall in der nachfolgenden „Konsumzeit" wurde.

Die kleinen Freuden haben sich schon immer als eine gute Vorbereitung für die größeren Freuden im Leben bewährt. Die Freude des Augenblickes war damit gegeben, daß ich Arja meine Brieffreundin nennen durfte und sie den Mut hatte, den weiten Weg von Finnland nach Heidelberg zu kommen, damit wir uns vielleicht etwas besser kennen lernen konnten. In einer Auto-Biographie geht es hier nicht darum Spannung zu erzeugen mit persönlichen Annäherungen. Von dem Gesichtspunkt könnte der ‚falsche Leser' etwas Enttäuschung erfahren. Denn gleichgültig, in welcher Zeit wir leben, es gibt auch in menschlichen Beziehungen Grundsätze, die zum guten Rat gehören, weil sie mit vorsichtigen kleinen Schritten uns besser durch die Höhen und Tiefen des Lebens bringen können. Eine dauerhafte Freundschaft kann nur auf Unabhängigkeit weiter bauen. Erst dann können wir Verantwortung für eine gegenseitige dauerhafte Beziehung wahrnehmen. Wer nicht gelernt hat, erst für sich selber verantwortlich Sorge zu tragen, der wird anderen mit der Zeit nur zur Last fallen.

In der Zeit, von der hier berichtet wird, war das Angebot für Unterhaltung, wenn überhaupt, wesentlich geringer, als in Jahrzehnten später. Dadurch bedingt hatte auch der Einfluß von außerhalb dem zu Hause, der Schule und der Arbeit weniger Gewicht. Vielleicht waren wir deshalb eher „Spätzünder" in unserem Leben, als viele junge Menschen dies heute vorgeben zu sein. Dies führt aber nicht daran vorbei, daß wir für alles in unserem Leben auch einen ‚Preis' bezahlen müssen. In der ‚Überholspur' sind ‚Unfallgefahren' größer. Was eilig geschieht, muß mit Rückschlägen rechnen. In dem Generations-Wechsel erfahren wir alle Änderungen in der einen oder anderen Richtung, sei es einmal mit mehr beschleunigter Entwicklung, oder die Arbeit auf ihren ‚Bremsen'. In jeder Entwicklung den Fuß nur auf dem ‚Gashebel' halten wollen, ist und bleibt Wunschdenken. Dennoch haben wir die Möglichkeit, am Rande des täglichen ‚Rennens' Ausschau zu halten, nach den positiven Seiten, ohne die negativen Seiten des Lebens aus dem Auge zu verlieren. Die Zeit ist es besonders, die uns befähigt, das negative im Leben zurück zu lassen. –

Arja kehrte wieder zurück nach Finnland mit neuen Eindrücken, welche mit der Zeit helfen werden, oder auch nicht. Viel hängt von der persönlichen Einstellung ab, wohin die Zeit ihr erlaubt, sich zu bewegen.

Da ich das Angebot von Boeing abgelehnt hatte, trotz einer schwer zu widerstehenden Verlockung, mußte ich jetzt zusehen, wie ich mit meinem Studium weiter kommen konnte, auch gegen den Entwicklungs-Strom der anhaltenden Unruhen an der Universität. Was machten andere Studenten unter diesen Bedingungen? War eine Frage, die auch ich mir stellen mußte. Sie verloren Zeit, wechselten eventuell die Universität, oder unternahmen etwas anderes, was ihnen möglich war.

Zu der Zeit befand sich meine Unterkunft außerhalb von Heidelberg, in Eppelheim, bei einer Lehrer Familie. Besuch war nur mit Billigung des Hauses zugelassen. Als ein guter Freund, ein talentierter Kunstmaler auch mit dem

Namen Martin bei mir anklopfte, hielt ich mich an die Hausordnung, die Hausleute mit ihm bekannt zu machen. Seine künstlerischen Arbeiten gefielen dem Lehrerpaar sehr, weshalb sie zustimmten, daß der andere Martin vorübergehend bei mir seine Zelte aufschlagen konnte, bis er in Heidelberg eigenständige Unterkunft gefunden hatte. Eine Bedingung war auch, keinen Damenbesuch in dem Lehrerhaus.

Alles schien gut und schön, der Hausfrieden hatte jedoch nur eine kurze Lebensdauer. Nicht wegen Damenbesuch, sondern auf Grund künstlerischer Einstellungen des Freundes Martin, dauerte es nicht lange den Geduldsfaden eines Lehrer-Paares auf die Reißprobe zu stellen.

Nach seinen künstlerischen nächtlichen Ausflügen war der einzige Weg zu meinem Zimmer im Dachgiebel des Hauses mit der langen Obstbaum-Leiter an der Hauswand durch das Fenster. Die Haustüren waren pünktlich am Abend fest verschlossen. Einmal jedoch mußte jemand im Haus den Leiter-Einsatz an der Hauswand wahrgenommen haben :"Ist jemand hier ?" Konnte ich aus meinem Zimmer nur hören. Am Morgen war die Leiter aus dem Grund noch an der Wand stehen geblieben. Die Hausleute mußten ‚Lunte gerochen haben', als sie an meiner Türe erschienen :"Herr Kari, das geht entschieden zu weit. Wie stellen sie sich das vor, wenn ein jeder bei jedem mit einer Leiter sich Zugang in der Nacht verschafft ? Das geht zu weit, packen sie mit ihrem Freund ihre Sachen und suchen sie das Weite. Eine Stunde gebe ich ihnen dafür. Zwingen sie mich nicht, die Polizei zu rufen!" – Was gesagt war, mußte demnach auch geschehen. Trotzdem klopfte ich an ihrer Wohnung noch einmal an, sie zu bitten, eine Ausnahme wenigstens für mich zu machen, weil ich nichts hatte, wohin ich hätte gehen können. Das Leherepaar ließ sich erweichen und räumte mir die Ausnahme ein.

Am frühen Morgen des darauffolgenden Sonntages war die Ausnahme auch an ein Ende gekommen. Künstler Martin hatte sich erinnert, daß im Garten des Lehrerpaares ein Wasserhahn bereit stand, wie er dachte auch für ihn, um sich auch einmal gründlich waschen zu können. Wie gesagt, es war Sonntag früh am Morgen und das Lehrerpaar hielt es mit der Religion ernst. In ihrem Garten mit all den Nachbarn herum, ein junger Mann, mehr ausgezogen als angezogen, öffentlich am Garten Wasserhahn sich waschen....., als dieses Bild die Frau Lehrerin an ihrem Schlafzimmer Fenster erreichte, konnte sie sich gerade noch am Fensterrahmen fest halten, um nicht aus lauter Entsetzen aus dem Fenster zu fallen. Mit einem eilig überworfenen Bademantel war die Lehrerein gleich an meiner Türe:"Jetzt ist es eindeutig zu viel geworden, was glauben sie, was die Leute in der Nachbarschaft jetzt von uns denken ; und das noch am geheiligten Sonntag ! Jetzt ist Schluß, auch sie müssen gehen, keine Entschuldigungen möchte ich mehr hören!"

    So kam es dazu, daß einer dem anderen helfen wollte und am Ende beide den Rausschmiß erhielten. Mein Freund ging seinen Weg, ich meinen. Niemandem sollte hier böse entgegen getreten werden, lediglich darauf aufmerksam machen, daß Menschen, auch wenn sie beide Martin heißen, soweit unterschiedlich sind und nicht unter ein und demselben Kamm geschert werden können. Mein Künstler - Freund Martin, muß ich betonen, war bereits damals ein noch nicht in seinen Fähigkeiten anerkannter Maler gewesen.Wird er Anerkennung mit Hilfe seiner persönlichen Noten in seinem Leben noch erreichen ? Jeder, der mit wenigstens einer Fähigkeit aus der Masse Menschen gerausragt, sollte Anerkennung finden. Dabei ist gut sich zu erinnern, wo viel Licht ist, bleibt der Schatten nicht aus. Die Empfehlung läuft auch darauf hinaus, sich der ‚Licht-Seite' zu widmen, denn nur so können wir die'Schatten-Seiten'in unserem Leben bannen.

Mein Freund Harro von der Universität wohnte auch außerhalb Heidelberg in Untermiete. Als Erstes stattete ich ihm einen Besuch ab. Das Glück kam schnell wieder auf meine Seite. Harro war gerade im Aufbruch nach Schottland für ein Studienjahr dort. Da seine Vermieterin mich bereits kannte, hatte sie keine Einwände, daß ich das Zimmer übernahm für die Zeit, Harro war in Schottland. Ein Problem war gelöst.

Das nächste Problem, der Unfrieden an der Universität, wollte nicht so schnell weggehen. Hauptsächlich in den Fakultäten der Innenstadt hatte sich der Terror der Baader-Meinhoff Gruppe festgesetzt. Die Fakultäten in den Außenbezirken taten ihr bestes, den Lehrbetrieb aufrecht zu erhalten. Was selbst in den Außenbezirken nicht ausblieb, waren die Auswirkungen der Stationierung Amerikanischer Truppen in Heidelberg für den Einsatz im Vietnam Krieg.

An einem Abend war ich mit Studienkollegen in die Stadt zu Fuß unterwegs. Ein VW-Käfer fuhr in Richtung aus der wir kamen. Als er auf unserer Höhe war, flogen aus der uns zugewandten Seitentüre des Autos eine Ladung Bierflaschen direkt zu uns auf den Gehweg. Vielleicht war es mehr Glück, daß niemand von uns getroffen wurde. Damit war die Angelegenheit für uns aber nicht erledigt. Unter uns befanden sich zufällig der Deutsche Kugelstoß-Meister und der Diskus-Meister. Beide waren über zwei Meter groß, mit ihren Muskeln brachten sie leicht 130 Kilogramm auf eine Waage. Normalerweise waren die Beiden betont ruhige, sehr freundliche Gesellen. Ging ihnen aber so etwas gegen den Strich, dann waren sie so schnell Einsatz bereit, wie dies sonst nur in Filmen zu sehen ist. Die zwei amerikanischen Soldaten in dem VW-Käfer erlebten eine Lektion, die sie nie in ihrem Leben mehr vergessen werden.

Wer im ‚Glashaus' sitzt, der sollte nicht mit Steinen, hier mit Bierflaschen, auf andere werfen. Die Lektion war folgende : Nachdem wir den Bierflaschen-Geschossen durch die Luft gerade noch ausweichen konnten, einigten wir uns unverzüglich, den VW-Käfer in einem kurzen Sprint einzuholen, ihn an der rückwärtigen Stoßstange auch im Fahren fassen und hochzuheben, so daß die Räder keinen Boden fassen konnten und das Auto nicht mehr weiter fuhr. Wie sich gleich herausstellte, waren die zwei Insassen Farbige amerikanische Soldaten. Sie stiegen aus ihrem Auto und meinten sich gegen uns wenden zu müssen. Die erste erhobene Hand der Amerikaner erhielt von einem Kugelstoß-Meister eine Faust an den Kopf, daß beide den Sternhimmel zu sehen bekamen. Der nächste Versuch der durchaus groß und stark gebauten Amerikaner sich aufzulehnen, fand ein jähes Ende. Ein Griff am Hals, den anderen am Hosenboden und schon landeten Beide in vollem Schwung flach auf dem Gehweg ohne einen Laut noch von sich geben zu können.

Was ein übermütiger Ausflug von zwei angeheiterten Soldaten war, endete in einer Erfahrung, die sie bestimmt nie vergessen haben. Dies war nicht Recht in die eigene Hand nehmen, es war eine auf der Stelle-Korrektur eines gefährlichen asozialen Verhaltens auf der Seite der amerikanischen Soldaten. Die herbeigerufene Militär-Polizei wußte auch noch zu bestätigen, die beiden schachmatt gelieferten Kandidaten waren ihnen als Unfriedenstifter bekannt. Auf ging es mit den beiden in den Gitterkäfig des Militär Polzei Fahrzeuges. Jetzt war die Zeit für sie gekommen, nachzudenken, was so gründlich für sie schief gegangen war. Damals war dies allerdings nicht ein Einzelfall in der Öffentlichkeit der Stadt Heidelberg. Seit der ‚letzte Schliff' den amerikanischen Soldaten für den Kriegseinsatz nach Vietnam in Heidelberg gegeben wurde, waren

Ausschreitungen dieses auf Todschlag gedrilltem Militärpersonal an der Tagesordnung. Bemühungen der amerikanischen Militär Verwaltung diese Entwicklung einzudämmen, gelang nur kurzzeitig und auch nur zum Teil. Erst mit dem Ende des Vietnam Krieges kehrte die mehr gewünschte Ruhe in die Straßen von Heidelberg zurück.

Es würde mich nicht wundern, wenn diese Zeit in Heidelberg der Mehrzahl seiner Bürger aus dem Gedächtnis entgangen ist. Dabei spielen ohne Zweifel eine gute sowie schlechte Seite mit. Im Hinblick auf die Zukunft ist nur der gute, positive Weg sinnvoll, damit das weniger Gute zurück gelassen werden kann und uns nicht gefangen nimmt. Die Erfahrungen und Lehren daraus dürfen allerdings nicht auf der Strecke bleiben, sie müssen im ‚Gepäck' für die Zukunft dabei sein.

AMSTERDAM

In dem Jahr 1966 erhielt ich noch einen zweiten Brief von Chris, dieses Mal aus Amsterdam. Die Adresse war die des ‚American Express' in Amsterdam. Sie bat mich ihr an diese Adresse zu schreiben. Anstatt zu schreiben, entschied ich kurzer Hand, persönlich in Amsterdam mich zu zeigen. Mit Glück kam ich in weniger als einem Tag per Anhalter nach Amsterdam. Bei ‚American Express' konnte man mir keine Adresse von Chris mitteilen. Also schrieb ich in einem Brief nieder, was ich am Herzen hatte.

Innerhalb einer Woche suchte ich jeden Morgen die ‚American Express' Adresse auf, um zu sehen, ob Chris auf meinen Brief eine Nachricht hinterlassen hatte. Keine Nachricht, kein Zeichen von Chris erwartete mich. Während dieser Wartezeit blieb es nicht aus, daß andere „Schauspieler" mir über den Weg liefen. In der Jugendherberge von Amsterdam war auch eine Französin, die es interessant fand, sich mit mir französisch zu unterhalten und zu meinen Sprachkenntnissen beizutragen. Bei einem Sprachkenntnis Beitrag ist es dann aber auch geblieben ;"on ne peux pas servir a deux monsieurs,"(man kann nicht zwei Herren gleichzeitig dienen), blieb meine Antwort. Schließlich kam meine Geduld zu einem Ende. Ich kehrte zurück nach Heidelberg, ich hatte keine Lust wertvolle Zeit für mein Studium weiterhin zu verlieren.

Zwei Wochen später lieferte die Post mir einen Brief von Chris aus Amsterdam, wo sie vorschlug, wir sollten uns noch einmal sehen, bevor sie nach Amerika in nur wenigen Tagen zurück kehren wird. Von meinem Brief war keine Rede. Hatte sie den Brief erhalten, oder bereits so schnell ihn wieder vergessen, wie ein‚Hans Dampf in allen Gassen'? Da Zuneigung und Ablehnung sehr nahe Nachbarn in menschlichen Beziehungen sein können, wurde ich jedenfalls 'sauer', wie man dies auch pflegt zu sagen. Ich schrieb nur ein paar kurze Zeilen zurück nach Amsterdam und wünschte Chris eine gute Heimreise.

Stillschweigen erfasste unsere Freundschaft. Wahrscheinlich wußte keine Seite mehr von einander, wo ‚der Hase für uns hingelaufen' war. Jahrzehnte mußten vergehen, um wieder Licht in unsere Freundschaft zu bringen. Wie sich herausstellte, war die ‚Flamme' der Freundschaft noch nicht erloschen. Durch die Entfernung und die verflossene Zeit lebte die Freundschaft auf einer geläuterten Basis weiter. Im Zwiespalt zwischen dem, was ich gerne wollte und was das Leben forderte, lernte ich das Eine mit dem Anderen nicht zu vermischen, fein sauber getrennt halten und im Fluß der Möglichkeiten eines täglichen Lebens in klein gesetzten Aufgaben zu ‚verdauen'. In menschlichen Beziehungen haben dauerhafte Freundschaften einen hohen Stellenwert.

Dies muß nicht unbedingt die Familie einschließen, da wir ohne unser Zutun in diese eventuelle ‚Interessengruppe' hineingeboren wurden. Zufälle, und wie wir mit ihnen umgehen, bestimmen weitgehend unser Leben. Wer hinaus ins Leben tritt, dem fällt mehr zu, so daß mit den mehr gewonnenen Erfahrungen und Geschicklichkeiten unser Leben nur bereichert werden kann.

Das Leben ging auch für mich weiter in Heidelberg. Mein Augenmerk hauptsächlich auf das Studium, begann Früchte zu tragen. Zwei weitere Semester hatte ich auf meinem Buckel. Meine Unterkunft hatte soweit mitgespielt. Der Hausfrau im Ruhestand half ich mit verschiedenen Handgriffen, wie zum Beispiel über die Winter Monate die Kohle aus dem Keller in die Küche hoch bringen. Sie schätzte dies sehr, solange die Hausordnung eingehalten wurde : Kein Damenbesuch. Mit ihrer diesbezüglichen Meinung hielt sie gelegentlich nicht zurück mit folgenden Worten :"Diese jungen Leute von heute wechseln ihre Partner fast schon so wie ihre Unterwäsche, nicht aber in meinem Haus! Irgendwo muß noch eine Ordnung im Leben bleiben!"

Wenigstens eine heiße Mahlzeit am Tag holte ich mir in der Mensa der Universität. Lange hielt das gekochte Massen-Essen jedoch nicht an, man mußte, wie man im Spaß sagt," auf Zehspitzen" den Rest des Tages verbringen, damit das Essen nicht zu schnell im Magen ‚davon lief'. Mit Kochen hielt ich mich selbst nicht am Herd fest. Für mich war die Zeit für andere Dinge da. Mein Essen setzte sich unverändert zusammen aus Haferflocken, Brot, Butter, Marmelade, Salami, Schinken, Gemüse und Obst. Das Meiste, was ich vom Herd brachte, waren Tee und gekochte Eier. Damit war mein Studentenbauch zufrieden gestellt. Die Zeit fand bessere Verwendung im Studium, als am Herd.

Dies unterstützte ja auch eine der Erkenntnisse während dem Studium ‚"ein voller Bauch studiert nicht gerne."

So ausschließlich seine Zeit nur für das Studium zu verwenden, wäre auch keine gute Lebenseinstellung gewesen : Der Mensch lebt nicht alleine von Arbeit und dem Brot. Durch einen Bekannten wurde ich in Musiker-Kreise eingeführt. Meine Darbietungen Französischer Chansons wie ‚'Les funerailes d'antan - Les Lilas - La Marche Nuptial – L'Orage – Au Bois De Mon Coeur – L'Amandier- von George Brassens und andere Lieder von Jacques Brel, Spanische Flamenco auf der Gitarre, kamen sehr gut an. Zu meinem Repertoire zählte unter anderem auch, „Spiel nicht mit den Schmuddelkindern, sing nicht ihre Lieder, geh' doch in die Oberstadt, mach's wie deine Brüder ....."(Degenhardt). Die paar Stunden besonders am Freitag Abend trugen wesentlich zur Gesundheit meines Haushaltes bei ; so nebenher genoß ich den Vorzug, gutes Essen vom Küchenherd des Lokales, einschließlich Getränken , alles frei zu bekommen, zusätzlich zu meiner Gage.

Für den Rest des Jahres 1966 hörte ich nichts mehr von Chris aus Amerika. Aus Finnland erhielt ich jedoch in regelmäßigen zeitlichen Abständen einen Brief von Arja. An einem Punkt unserer Brief-Freundschaft verlor ich ein wenig die Orientierung, als Arja mir aus Finnland eine Platte mit finnischen Volksliedern schickte, ohne ein Wort dabei. In meiner Verwunderung schrieb ich in ein paar Zeilen zurück : Ist das alles, was wir uns noch zu sagen haben ? Darauf wartete sie nicht lange und schrieb wieder mehr an mich. Später in unserem gemeinsamen Leben verriet sie mir : Den armen Schlucker wollte sie nicht auf Kohlen sitzen lassen, für nichts und wieder nichts.

Noch im Winter 1966/1967 entschloß ich mich, mein Motorrad zu verkaufen. Die laufenden Kosten strapazierten einen Studenten-Geldbeutel zu sehr. Den Schaden am Motor mußte ich aber beheben, bevor ich an einen Verkauf überhaupt denken konnte. Ein Mechaniker kam für mich nicht in Frage, denn was die können, mutete ich mir auch noch zu. – Bei einer nahe gelegenen Autowerkstatt sprach ich mit meinem Anliegen vor, ob ich mein Motorrad bei ihnen in der Werkstatt selbst reparieren könnte. Der Meister musterte mich von oben bis nach unten, dachte sich wahrscheinlich : Lassen wir uns den Spaß zur Abwechslung einmal nicht entgehen, was dieses Studentchen überhaupt auf den Weg bringen kann.

An zwei Samstagen, damit ich die Arbeiten der anderen in der Werkstatt nicht störte, zerlegte ich den Motor komplett, wobei ich die Ursache für den Ölverlust entdeckte: In Barcelona hatte bei einem Garantie-Dienst der Mechaniker die Zentral-Schraube überdreht, so daß sie langsam aus dem Motorblock sich löste. Selbst derMeister der Werkstatt war der Auffassung, hier hilft nur noch ein neuer Motor. Dieser Meinung schloß ich mich aber nicht an. Ich suchte und fand einen Weg um einen neuen Motor zu umgehen mit einer rafinierten Reparatur : Ich montierte den Motor auf die Planscheibe der Werkstatt Drehbank, drehte die Bohrung für einen neuen Haltebolzen aus so weit dies möglich war, eine Hülse aus demselben Material wie der Motorblock fertigte ich an und presste sie ein, einen selbst schräg durch den Zylinder gehender Stift sollte den Neuen Bolzen ein für alle Male gegen ein Überdrehen sichern. Der Motor kam dann auch wieder zusammen, der große Augenblick war gekommen : Wird der Motor überhaupt wieder laufen ? Der Meister war selbst zur Stelle, um zu erleben, was nun passierte. Der Motor startete sofort und lief ruhig weiter. Der Meister kam auf mich zu, reichte mir die Hand und sagte :„Hast ne gute Arbeit gemacht, Hut ab !" Ich war ziemlich stolz darauf, zumal ich noch nie zuvor mit einem Motor etwas zu tun hatte.

Jetzt war das Motorrad so weit, daß ich es verkaufen konnte. In Karlsruhe gegenüber der Technischen Hochschule von damals befand sich ein Motorrad Geschäft mit allem nur denkbaren Zubehör. Der Ladeninhaber war sofort bereit mein Motorrad in seinen Laden herein zu nehmen für einen Preis, der nicht viel weniger war, als ich bezahlt hatte. Der Ladeninhaber versäumte auch nicht mich wissen zu lassen : „Hier sind ja eine ganze Menge Amerikaner, die mit einem Motorrad in Europa reisen wollen." Den Scheck des Motorrad Geschäftes brachte ich ohne jede Verzögerung zur Bank und in der Tat, er war gedeckt, so daß ich einen schönen Batzen Geld auf meinem Konto hatte.

Im Frühjshr 1967 erhielt ich dann einmal wieder ein Lebenszeichen von Chris aus Amerika. Auf einer kunstvoll gemalten Karte von ihr schrieb sie:"Ich bin glücklich, ich erwarte ein Kind." Kein Wort über den anderen Schöpfer dieses Glückes. Ich war schon etwas überrascht, daß ich solche Nachricht erhielt, wo ich nichts damit zu tun hatte. Ein Kind bleibt nämlich ein verantwortungsvoller Schritt in einer menschlichen Beziehung zwischen Mann und Frau. Ohne angemessene gegenseitige Prüfung bleibt Verantwortung dann auf einem unsicheren Posten und wird im Nachherein Prüfungen erfahren. Auf meinen kurzen schriftlichen Glückwunsch, daß auch hoffentlich ein Vater ihr und dem Kind zur Seite stehen kann, erhielt ich eine wenig überzeugende Antwort : Ich lebe noch und helfe meinem Mann in seinem Geschäft. -

„Wir ruhen so, wie wir das Bett uns richten", ging mir durch den Kopf. Irgendwelche Hilfe auf die Entfernung wäre selbst beim besten Willen nicht möglich gewesen. Ich hatte genug mit meinen Händen zu tun.

Zwei neue Semester in Heidelberg absolviert, mußte genug gewesen sein, daß das Theater mit dem Terror wieder vorbereitet und gestärkt von Neuem losgehen konnte. Dieses

Mal wurde die ganze Universität geschlossen. Was für ein Armuts-Zeugnis stellten sich damit die Verwaltung und Behörden selbst aus ! Sie konnten nicht von ihrem Standpunkt herunter kommen und sich an einem Tisch mit den anderen zusammen raufen. Durch starre Positionen wurde nur gegenseitiges Unverständnis aufrecht erhalten. Dabei war es bereits schon damals in Büchern bekannt geworden, was zu einem gegenseitigen Verständnis erforderlich war. Findet die Kenntnis jedoch keine Anwendung, haben auch die Bücher einen geringen Wert. Wenn Interessen-Verknüpfungen hindern Abstand von eigenen Positionen zu finden, dann ist auch jede Lösung verhindert. Es geht darum, ob Lösungen als erstes sobald wie möglich weiteren Schaden begrenzen helfen können, oder der Zeit es überlassen bleibt, in einem langsamen „Mühlenstein-Prozess" Probleme sich selber aufweichen zu überlassen. Zur richtigen Zeit nachgeben, ist kein Zeichen der Schwäche. Nur war es schon immer so, die Interessen-Verflechtungen rücken von ihren Positionen nur ab, wenn sie dazu gezwungen werden. Alles so belassen, wie es ist, war schon immer die einfachste und bequemste Antwort ; nur nicht das Boot unnötig erschüttern.

    Die Ungewissheit an der Universität veranlasste mich zu überlegen, wie das weiter gehen soll. Zwei meiner Klassenkollegen aus dem Abendgymnasium in Karlsruhe standen mehr oder weniger vor demselben Problem wie ich. Einer von Ihnen hatte mit dem Physik Studium begonnen, wechselte aber über auf ein mehr einträglicheres Fach wie Medizin. Der andere kehrte dem Zirkus an der Universität den Rücken und nahm den Platz im Piloten-cock-pit bei der Luftwaffe wieder ein. Den Fortschrit, den er sich durch die Weiterbildung erhofft hatte, konnte er nicht mehr sehen, obwohl er überdurchschnittliche Studien Ergebnisse vorweisen konnte. Er war da nicht alleine, dem Teile an der

Universität einem „Kindergarten" gleich kamen, zu sehr im Abseits von einer notwendigen Wirklichkeit, der sich auch die Universität verschrieben hat, sie zu verbessern. Im Falle von älteren Studenten bleibt es nicht aus, daß sie aus Lebenserfahrung kritischer urteilen, als so mancher, der in der teilweise bedingten Isolation einer Universität gegenüber der Wirklichkeit steht. Nur wer wenig im Leben erfährt, stellt auch wenig Fragen?

Eine Gesellschaft kann man auch von diesem Standpunkt ansehen : Zwei verschiedene Köpfe machen sie aus ; der Eine hat es nur im Kopf, der Andere auch noch in den Händen. Im Arbeitsleben finden wir beide, allerdings aus Tradition auf verschiedenen sogenannten sozialen Stufen. Der einzige Beruf, der es mit seiner Handarbeit „nach Oben" geschafft hat, ist der Chirurg. Lange Zeit war er nämlich als „Handarbeiter" (Alt-Griechisch – kheirourgos) gestempelt geblieben.

Warum das so sein muß, dafür gibt es ausreichend Fragen, aber nicht genug ausreichende Antworten. Unsere Ausbildung zielt immer noch zu wenig auf Praxis und aufbauendes erforderliches Wissen in Begleitung. Nicht mit formeller Vorbereitung von oben ins Berufsleben einsteigen, sondern von unten aufbauen. Der Vorteil ist sowohl persönlich, als auch wirtschaftlich begründet mit einer Beschäftigung auf jeder Entwicklungs-Stufe, wo das wirkliche Talent weiter kommt.

Um nicht von mir selbst zu sprechen, erwähne ich das Beispiel eines Freundes : Auch er machte vor einem Studium eine volle Facharbeiter-Ausbildung. Sein Vater, ein anerkannter Doktor Ingenieur riet seinem Sohn :"Vor einem Studium mußt du erst einmal lernen, was du studieren willst."

RUND UM DAS MITTELMEER

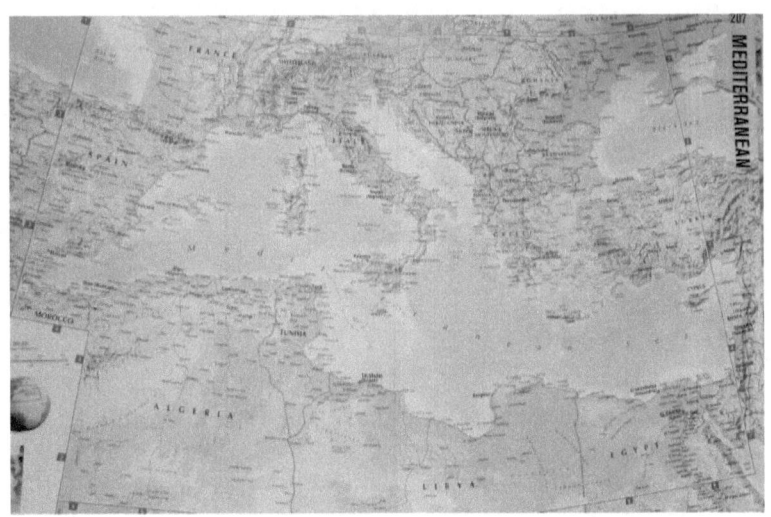

Der Lehrbetrieb an der Universität in Heidelberg kam wieder zum Stillstand. Was machen ? – In der lokalen Zeitung von Ettlingen verfolgte besonders mein Freund Dirk an Ort und Stelle täglich Artikel des lokalen Zeitungs Reporters auf seiner Radtour um das Mittelmeer.

„Mensch, du, das wär' doch eine Sache auch für uns!" Sprach er mich bei einer Gelegenheit an. Es dauerte dann nicht lange, daß der Groschen fiel : Können wir auch machen ! War unsere gemeinsame Antwort. Nur, daß wir nicht so viel Zeit zur Verfügung hatten, die Tour mit dem Fahrrad zu machen. Die Lösung mit der uns zur Verfügung stehenden Zeit war das Auto. Auto hin, Auto her, nur besaßen wir kein Auto. Wie konnten wir dennoch diese Reise in Angriff nehmen ? – Machen wir uns selber ein Auto. In der Tat, aus zwei VW-Bus ‚Leichen' sammelten wir die brauchbaren Teile, überholen einen Motor komplett, bauen den Innenraum wohnlich aus mit Tisch und seitlichen Truhen, wo der Tisch den Raum zwischen den Truhen ausfüllte für eine Fläche zum Schlafen. Schöne farbige Muster-Vorhänge kamen vor die Fenster von innen und Holzplatten verkleideten die Blechwände rundherum, ebenfalls von innen. Die blaue Außenfarbe für das Auto trugen wir in der Eile mit großen Pinseln auf, um dem Wagen auch eine Farbe zu geben.

Der Tag unserer Abreise kam mit der vielen Tag- und Nacht-Arbeit sehr schnell an. Im März 1967 lag der Winter mit Schnee noch über weiten Teilen im Land. Diese Reise war vom Beginn an eine Herausforderung auch an unseren Geldbeutel. Viel Entschlossenheit und Phantasie mußte auf die Reise mitkommen.

Aus reinem Interesse informierte ich sowohl Chris in Amerika, als auch Arja in Finnland von unserem Vorhaben : „Dies wäre eine gute Gelegenheit gewesen, einander kennen zu lernen. Wenn du willst, kannst du uns einen Begleitgruß an die Adresse der deutschen Botschaft in Kairo , Ägypten, schicken. Besonders ich würde mich darüber freuen.!

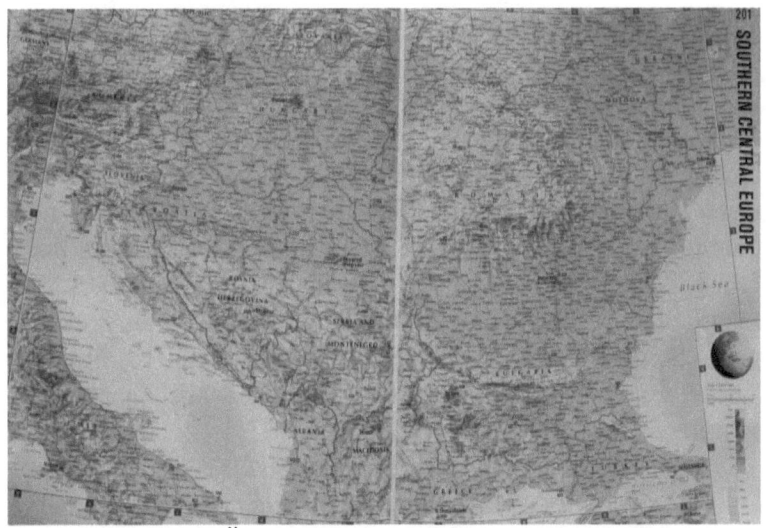

Karte von Österreich, Yugoslawien, Bulgarien

Wurzen-Pass, Österreich

ÖSTERREICH-YUGOSLAWIEN BULGARIEN

In den österreichischen Alpen lag noch viel Schnee. Den Wurzenpass schafften wir mit unserem VW-Bus nur, indem wir alles aus dem Auto räumten, das Auto hoch fuhren, während Einer von hinten noch mitschob. Oben reichlich ohne Puste angekommen und nicht wenig erhitzt vom Schieben, trotz Schnee, hieß es dann'Kommando zurück zu Fuß' und die ganzen Klamotten auch nach oben schaffen.

Alleine dies reichte schon beinahe für eine Tagesleistung,auf der weiteren Strecke warteten auf uns von nun an weniger zu-Fuß-Einsätze. Auf der Autobahn in Yugoslawien war dann diese ‚Schinderei' schnell wieder vergessen. Die Straßen waren damals noch nicht für den erst später aufkommenden Touristen-Ansturm vorbereitet. Am Ende war es eine ganz gute Vorbereitung auf die Straßen, die noch vor uns lagen. In Jugoslawien passierten wir die Städte Zagreb und Belgrad ohne Aufenthalt. Von zu Hause war dies noch nicht zu weit, als daß wir nicht noch einmal hierher hätten kommen können.

An der Bulgarischen Grenze waren Visa erforderlich. Obgleich wir Visa vorweisen konnten, dehnte sich die Abwicklung ‚zähflüsssig' hin. Ein Grund war bestimmt auch, wir konnten nicht in ihrer Sprache mit ihnen sprechen.- Gleich nach der Grenze führte die Straße in überraschend hohes Bergland. In der Nacht wurde dort unterwegs bitter kalt. Mit schlaffinden war es deshalb schlecht für uns bestellt. Am nächsten Morgen mit dem ersten Tageslicht waren wir mit unserem ‚Schlafwagen' wieder unterwegs.

Nicht lange dauerte es und wir kamen in der Hauptstadt Sofia an. Die Kälte, der Regenwolken verhängte

Himmel, vermittelten einen nicht gerade freundlichen Eindruck von einer Hauptstadt. Nur im Zentrum versuchten pompöse Baulichkeiten diesen Eindruch zu verbessern, jedoch ohne Zeichen, daß auch Menschen hier lebten. Das Grau des Himmels spiegelte sich in den farblosen Häuserfronten. Nicht zu übersehen waren jedoch große Statuen, welche den leeren Raum im Zentrum besetzten. Gelegentlich zeigte sich ein landwirtschaftliches Fahrzeug, wie es holprig über die gepflasterte Katzenkopf-Steinstraße mit seinen Rädern einen Weg sich suchte. Zu besonderen Anlässen mag dieses Bild sich mehr beleben, so dachten wir darüber.

Gleich nach dem Zentrum nahmen uns wieder vernachlässigte Straßen auf, nur teilweise befestigt und dazwischen mehr Auswaschungen, als ein Auto hätte gerne sehen wollen. Genau so folgten die Häuser der Straße in einem unansehlichen Zustand. Der Kommunismus hatte hier seinen Bürgern sichtbar die Flügel geschnitten, damit sie keine Höhenflüge über andere machen konnten. Jeder war genötigt, unauffällig zu leben. Sobald wir außerhalb Sofia kamen, reparierte die natürliche Landschaft das mißlungene künstliche Bild seiner Hauptstadt.

TÜRKEI

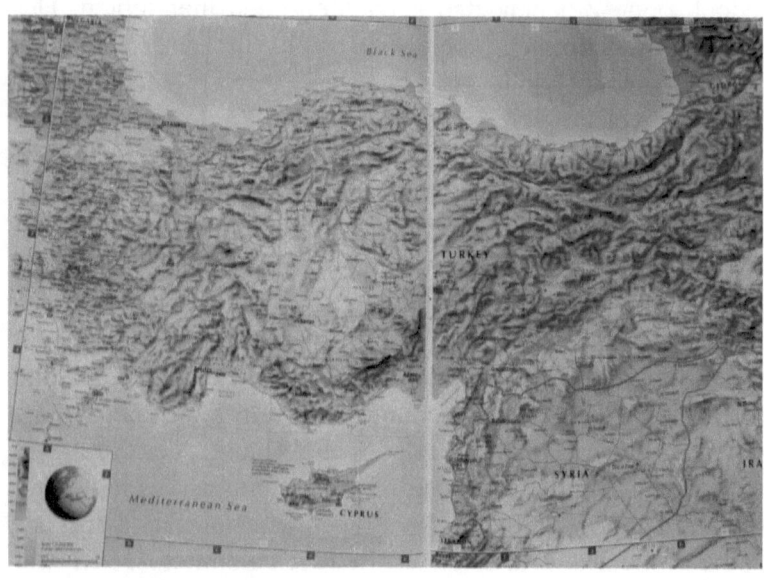

Gleich nach der Grenze in die Türkei, hießen uns wenigstens damals mehr vernünftige Straßen willkommen. Auch die Türken wollten es an ihrer Grenze genau wissen, wer wir waren und wohin unsere Reise ging. Noch auf der bulgarischen Seite zeigte man sich von der offiziellen Seite unzufrieden mit unserem kurzen Aufenthalt im Land. Die Verzögerung am Grenzübergang half trotzdem nicht die Verständigungs Schwierigkeiten zu überbrücken. Am Ende nötigte die Langeweile an ihrem Posten sie, uns freie Weiterfahrt zu gewähren. Allerdings erst, nachdem auch die türkische Grenzbehörde ihren Segen uns auf die Fahrt gegeben hatte. So blieb es uns zum Beispiel nicht erspart, das Radio in unserem Auto im Pass eintragen zu lassen mit der Begründung, das Radio müsse auch mit uns das Land wieder verlassen und nicht zurück bleiben gegen damals einen guten Tauschhandel. Die Sonne hatte am Himmel wieder zurück gefunden. Von der Grenze in die Türkei war es nur noch eine kurze Fahrt bis nach Istambul. Bereits auf der europäischen Seite der Stadt trafen wir viel Leben auf den Straßen an. Wie eine andere Welt, alles schien einem Durcheinander zu gleichen und trotzdem kam alles, was fahren konnte und die Menschen ungehindert aneinander vorbei. Keine einheitlichen Fassaden der Häuser entlang der Straße. Jedes Haus unterschied sich im Baustil, in seinen Farben, entsprechend den Möglichkeiten und dem Geschmack seiner Bewohner. Auf Gehwegen beider Seiten der Straße konnte man europäisch, sowie arabisch, oder einen beliebigen Stil in der Kleidung der Menschen sehen. Viele führten etwas mit sich, auf dem Kopf, ihren Schultern, in ihren Armen, oder schoben auf etwas Fahrbarem Güter vor sich hin. Auf den ersten Blick fielen bunte Stoffe auf, ferner alles mögliche Gemüse, gelegentlich auch Tonwaren wie Krüge und Töpfe.

Kaffees entlang dem Gehweg boten mit Tischen und Stühlen vor ihrem Eingang einen Umweg zu machen an,oder Platz zu nehmen für eine Pause mit einem Kaffee oder Tee und somit, wenn auch nur kurzweilig der Eile eine Absage zu erteilen. Wer sich mehr Zeit nahm, rauchte aus der hier üblichen Wasserpfeife mit ihrem Mundstück an einem Schlauch, welcher aus einem verzierten mit Wassser gefüllten Gefäß vom Boden kommt. Gleich daneben im dichten Verkehr auf der Straße schoben sich mit Hupen, gelegentlichen Worten aus den Fahrzeugen aller nur vorstellbaren Marken, Autos in beiden Richtungen. Alter spielte hier keine Rolle, ob es Menschen oder Fahrzeuge waren, alles zeigte sich hier.Der Esel alleine am Halfter mit einem Mann, oder einen zwei-rädrigen Karren hinter sich willig ziehend, mischten sich auch selbstverständlich in die Straßenszene.

Auf unserer nun mehr angepassten Weiterfahrt mit dem steten Verkehrsfluß, erreichten wir die Meeresenge des Bosporus, die das Mittelmeer mit dem Schwarzen Meer verbindet. Noch auf der europäischen Seite ragte stolz über ein geducktes Häusermeer die Kuppel mit ihren spitzen Minaretten der ‚Hagia Sofia' Moschee heraus. Istanbul liegt mit einem Teil seiner Stadt auf europäischem Boden, seinem größeren Teil jedoch auf der kleinasiatischen Seite. Die Galata-Brücke verband in der Mitte beide Teile der Stadt über den Bosporus.

Galata-Brücke, Istanbul 1967

Unter der Galata-Brücke fand man auf der kleinasiatischen Seite schwimmende Restaurants. Auf denen frisch gefangener Fisch in verschiedenen Gerichten zur Wahl stand. Ein paar Stunden nahmen wir uns die Zeit dort zu essen und die kühlere Luft am Wasser unter der Brücke erholsam zu genießen. Das schwimmende Restaurant vermittelte dabei mit seinen leichten Schwankungen durch Wasser-Wellen aus dem Bosporus das Gefühl auf einem fahrenden Schiff. Zu dem reichlichen gebackenen Fisch über dem Feuer wurden viele Gemüsearten serviert. Diese ersten Eindrücke in der Türkei schafften es sogar den Magen gut zu stimmen. Trotzdem hielten wir ein Auge auf das, was wir aßen. Alleine aus dem Grund, weil in Mittel Europa die Gewohnheiten anders waren und es heute auch noch sind, als hier am Bosporus, wo sich Asien und Europa treffen. Obwohl wir mit der Sprache nicht umgehen konnten, waren die Menschen, denen wir begegneten, ohne Ausnahme vorbehaltlos freundlich uns gegenüber. Anhand eines Sprachführers bemühten wir uns dennoch die ersten Kontakte in der türkischen Sprache herzustellen. Allgemein gesagt, hatten wir nur gute Erfahrungen gemacht. Mit einem Lächeln bemühte sich auch die türkische Seite um ein Verständnis. Keiner kam so in eine Verlegenheit. Im Gegenteil, wenn Worte in einer Verständigung nicht mehr ausreichten, ersetzten Hände und Mimik sie am besten. Darin war die türkische Seite die bessere, ihre Hände wußten stets weiter in den Ansätzen zu einem Gespräch.

Bevor wir auf unserer Reise weiter kommen sollten, hielten wir es für angebracht, einer ehemaligen Schul-Kameradin aus Ettlingen Guten Tag zu sagen. Sie war mit einem wohlhabenden Türken verheiratet und lebte in Istanbul. Mit der Hilfe freundlicher Türken fanden wir dann die Gegend, wo sie wohnte. Alleine die Häuser verrieten, daß hier wohlhabende Türken wohnten. Wie die meisten anderen Häuser dieser Gegend, war auch das Haus der Schulkameradin mit ihrem türkischen Mann von schön gesetzten hohen Naturstein-Mauern umgeben. Ein schmiedeeisernes Tor am Eingang gab den einzigen Blick zu Garten

Terassen frei, welche in jeder Gartenstufe ein Marmor-Stein Treppenaufgang versetzt verband. Ein Sprecher an der Seite des Tores fehlte für Besucher auch nicht, um sich anzumelden. Wenigstens einen Versuch wollten wir uns nicht entgehen lassen. Sobald sich jemand auf der anderen Seite meldete, nannten wir unseren Namen, woher wir kamen und ob wir unserer ehemaligen Schulkameradin einen kurzen Guten Tag sagen konnten. Die Sprechanlage wurde plötzlich unterbrochen. Hinter der Mauer hörten wir Schritte auf Treppen herunter kommen. Ein türkischer Mann stand hinter dem Tor, nicht alleine, sondern mit einem Gewehr in der Hand. – Was soll das? Dachten wir uns. - In klaren deutschen Worten forderte uns der Mann auf, das Weite zu suchen. – Ohne Widerrede folgten wir seinem Rat.

Erst später erhielten wir wieder zu Hause eine Erklärung für diesen Auftritt : Die Schulkameradin hatte versucht von dort wegzukommen. Es gelang ihr nicht, sie wurde darauf wie in einem Gefängnis gehalten unter dem wachsamen Auge ihres eifersüchtigen türkischen Ehemannes. Hier kam eine bedauerliche Beziehung zwischen verschiedenen Kulturen ans Tageslicht.

Der Mann hatte in Deuschland studiert, er sprach fließend deutsch. Seine Familie in der Türkei war sehr wohlhabend. Trotz all diesen äußeren guten Bedingungen waren am Ende die Gewohnheiten stärker als der Wille. Es sollte nichts Neues sein, daß die Gewohnheiten von Menschen die schwerst veränderlichen Seiten von Menschen sind. Wie in einem Winterschlaf können sie lange Zeit aus dem Feld der Beziehungen mit anderen Menschen bleiben. Aus diesem Grund ist auch zu erklären, warum sogenannte „Rückfälle" in alte Gewohnheiten auf allen Stufen von Gesellschaften immer wieder aufkommen. Im Fall hier in der Türkei, kam es zu dramatischen Entwicklungen. Der Schul-Kameradin, auf deren Person ich aus Rücksicht nicht näher eingehe, gelang eines Tages doch die Flucht und sie lebte eine ganze Zeit lang aus Sicherheits Gründen ‚incognito'.

Wir hielten uns nicht weiter in Istanbul auf und strebten das nächste Ziel im Inneren der Türkei an, die Hauptstadt Ankara. Sehr bald nach Istambul ging die Fahrt in höher gelegene Gegenden. Eingeschneite Tannenwälder, fast wie im Schwarzwald, lagen auf dem Weg. Erst weiter führte die Straße in eine Berg-Landschaft ohne die geschlossenen Wälder.

Hoch-Anatolien in der Türkei

Die Türkische Währung erlaubte uns für wenig von unserem Geld gelegentlich in einem der einfachen lokalen Restaurants unterwegs einzukehren. Wer konnte hier Bescheid wissen, denn die Nachricht von Fremden in der Gegend mußte lange vor uns bestimmte Orte erreicht haben. Denn sobald wir anhielten und uns etwas nach einem Restaurant umschauen wollten, waren eifrige „Ratgeber" unverzüglich zur Stelle. Im Restaurant stellte der Wirt zunächst sicher, daß wir ungestört in seine Küche Einblick bekamen, was die Speisekarte an dem Tag anbieten konnte. In einem langen,schmalen Raum eines niederen Gebäudes reihten Tische mit Stühlen sich auf der einen Wandseite, wobei zur anderen Seite gerade genug freier Raum geblieben war für einen Durchgang. An einem Tisch weiter innen im Raum, mehr geschützt vor den Augen neugieriger Fußgänger, nahmen wir Platz für eine reichlich gute Mahlzeit.

Vor dem Eingang an der Straße lauerten inzwischen wie die „Geier" herbeigeeilte Geschäftsleute. Nach dem Essen war der Schuhputzer der Erste, der uns einen Gefallen machen wollte. – Warum nicht ? Sagten auch wir uns. Bestimmt sollten wir nicht mehr so schnell so gut glänzend geputzte Schuhe für so wenig Geld bekommen. – Während ein Fuß nach dem anderen auf der Stufe eines Schemels eine ausführliche Schuh-Behandlung erfuhr, mit viel „Hokuspokus" und Hingabe, versäumten andere Menschen nicht sich um unser Wohl zu kümmern. Nachdem Bürste, Schuhcreme, Polierlappen und die magische extra Spucke des Schuhputzers Anwendung gefunden hatten, sollte es nach der Vorstellung der versammelten Einheimischen so weiter gehen, daß wir ihnen zeigten, was wir so alles mit uns im Auto für einen Tauschhandel führten. Ob in türkisch oder nicht, wir mußten die „Helfeshelfer" enttäuscht haben, als wir die Zuflucht im Auto aufsuchten und sicher stellten, daß nichts ungesehen herein oder heraus aus dem Auto seinen Weg gefunden hatte.

Auf der Straße waren bereits seit einiger Zeit voll gepackte Lastwagen unterwegs. Ihre ‚Schornstein'-Auspuffe rauchten schwer unter der Ladung. In der Mitte der Nacht erwarteten uns gähnend leere Straßen in Ankara, der Hauptstadt der Türkei. Die Kälte in der Nacht veranlasste uns zumindest aus der Stadt heraus zu fahren. Von einer Besichtigung konnte in der Nacht keine Rede sein.

Wie so in vielen Hauptstädten waren auch hier große Baulichkeiten mit einer Vorliebe im Zentrum errichtet. Nicht zu übersehen war selbst im Straßenlicht die kolossale Statue von ‚Ata Türk'. Ihn verehren seine Landleute als Vater der Nation, der die mehr liberale Gesellschaft in der Türkei von heute durchgesetzt hatte, gegenüber zu alt-überholtem Brauchtum. Ein sichtbares Zeichen dessen war, daß die Türkei damals das einzige Islam-Land war, wo der Staat das Verschleiern von Frauen untersagte.

Nach Ankara folgten wir der Straße nach Süden. Um den Salzsee ‚Tuz Golu' war weit und breit keine Vegetation mehr zu sehen. Dennoch ließen sich große ausgewachsene Adler nicht davon aufhalten, die Gegend in ihr Revier einzuschließen. Wir hielten von der Straße weg an und beobachteten aus nächster Nähe einen Adler am Rand des Sees. Dies war für mich das erste Mal, daß ich in der Wildnis einen Adler gesehen hatte. Der prächtig große Vogel ließ auf seinem Strandbesuch sich so lange nicht stören, bis wir zur Kamera gegriffen hatten. Noch bevor ich ihn ins Bild bekam, spannte er seine Flügel aus und hob sich zuerst mit langsamen, dann aber zunehmend schneller werdenden Flügelschlägen aufsteigend höher in die Luft, von uns sich abwendend.

Der Asphalt auf der Straße war gerade breit genug für ein Auto. Sobald einer der vielen schwer beladenen Lastwagen entgegen kam, hieß es im steinigen Rand der Straße ausweichen. Die Lastwagen waren nämlich größer und stärker. - Mit hereinbrechender Nacht ließen die Lastwagen ihre Scheinwerfer voll an, auch im Gegenverkehr. Man mußte aufpassen, nicht geblendet zu werden, so daß man die Sicht nach vorne verlor. Die beste Antwort im Gegenverkehr war immer noch, langsamer werden, an der

Seite der Straße ausweichen, nach dem Motto, der klügere weicht aus. Die Löcher in der Straße erforderten zusätzliche Aufmerksamkeit von Fahrern in beiden Richtungen, damit keiner bei Ausweich-Manövern mit dem anderen Fahrzeug zusammenstieß. Außerdem verleitete die bis zum Horizont schnurgerade Strecke sehr leicht zu einer Vernachlässigung der Konzentration am Steuer. Spätestens bei einem entgegen kommenden Lastwagen geschah der notwendige Aufweckruf, solange Müdigkeit den Fahrer nicht überkommen hatte. So manche Lastwagen-Leiche am Rande der Straße wußte eine Geschichte zu erzählen.

Viel war unterwegs in der wüstenhaften Hochebene nicht zu sehen, außer den in regelmäßigen Abständen folgenden Pfosten für die elektrisch Leitung. Die Pfosten waren von Bäumen mit willkürlichem Wuchs errichtet. Sie sahen bizarr-krumm in der Landschaft aus.Ob in einem „S" geschwungen, schief, oder gerade, Hauptsache die Pfosten hielten denStrom dort, wohin er gehörte. In der Ferne tauchte vor dem Mittelmeer einer Wand gleich Berge auf. Tief eingeschnitten führte ein Tal hinunter an die Küste in die Gegend von Adana, wo üppiges Grün in die Natur zurückgekehrt war. Palmen verliehen der Gegend einen überraschend tropischen Eindruck. Auch die Trockenheit des Landesinneren war hier zurückgelassen.

Auf unserem Weg noch vor Adana erlebten wir ein schweres Gewitter. Der Regen kam so stark herunter, daß wir besser auf einer Anhöhe anhielten, wo das Wasser abfloß und uns nicht überschwemmen konnte. Eine Stunde später war die Sonne wieder in einem wolkenfreien Himmel da und heizte noch am Nachmittag mit der Feuchtigkeit gehörig ein. Eine gut erhaltene römische Wasserführung in Bogen aus Stein hoch gestützt erinnerte noch vor der Stadt Skenderun an die Vegangenheit mit dem römischen Imperium. In jüngster Geschichte haben die Kulturen des Nahen Ostens hier Fuß gefasst und ein Tor in die arabische Welt geschaffen. Da die Temperatur beträchtlich anstieg, je weiter wir fuhren, versorgten wir uns auf einem kleinen Markt mit einer Kiste voll Orangen. Das Klima forderte Vorsicht im Umgang mit Trinkwasser. Unsere Antwort war für einige Tage die Orangen. Brot und Käse ergaben die weitere Antwort auf unseren Speiseplan, um mit der Hygiene nicht in Konflikt zu geraten. Auf unserem Weg in die arabischen Länder des Nahen Ostens, kamen wir an dem Knotenpunkt der Stadt Skenderun vorbei mit seinen wehrhaften militärischen Einrichtungen um den Hafen, wo große Schiffe vor Anker lagen, das mit einer Fernleitung geförderte Öl aus dem Iraq an Bord zu nehmen.

SYRIEN

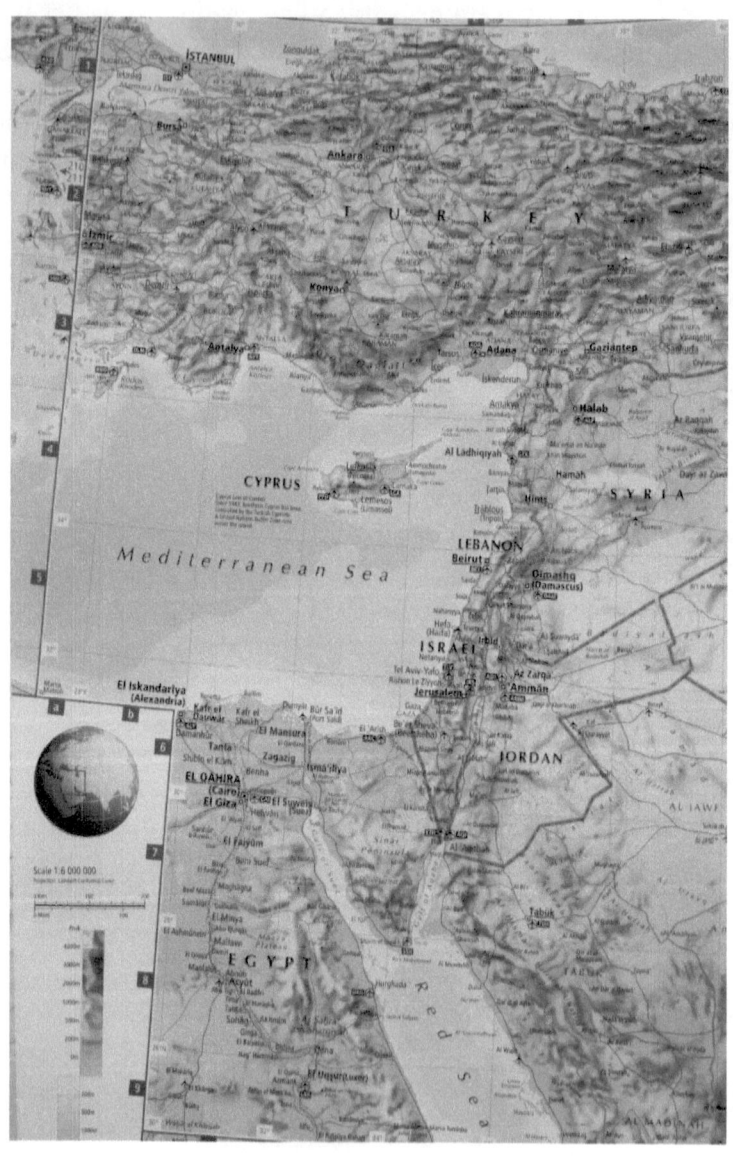

Nach Syrien mußten wir über eine steile Bergkette vor der Mittelmeerküste fahren. Eine Zeit lang blieb die Gegend noch grün. Hinter dem Bergrücken jedoch änderte sich nach Tarous auf dem Weg nach Homs das Grün der Landschaft sehr schnell in einen wüstenhaften Eindruck, ohne Vegetation. Von jetzt an befanden wir uns auf arabischem Boden. Die Straße nach Homs lief ein kurzes Stück durch das Nachbarland Libanon. Damals war die politische Situation noch unvergleichbar friedlicher, als dies zur Zeit im Jahr 2014 der Fall ist. Nur wenige Grenzposten sicherten ohne Kontrolle formell die unterschiedlichen Ansprüche der zwei Staaten Syrien und Libanon. Syrien war damals noch ein schlummerndes arabische Land ohne sichtbare große politischen Machtansprüche. Der Islam hielt sein wachsames Auge über dem Land.

Die Sonne trocknete unbarmherzig das Land aus. Viele Häuser hatten keine Fenster und Türen, um Luftbewegung im Haus aufrecht zu erhalten. Höchstens farbige Spagatt-Vorhänge sperrten neugierigen Augen den Einblick in ein Haus. Die Straßenszene war den Landesverhältnissen entsprechend noch eigentümlich. Wenn ich heute Bilder aus der Syrien Konflikt Zone im Jahr 2014 sehe, kann ich keine Parallelen mehr sehen zu dem Syrien, wie wir es damals erfahren hatten. Wie zweischneidig und doch bedauerlich Fortschritt sein kann, zeigt sich in dem furchtbar zerstörenden Konflikt, in dem sich Syrien sowohl von innen, als auch von außen befindet.

Damals war alles viel einfacher und friedfertiger, das Land mußte sich nicht brüsten, die größten Lager chemischer Vernichtungs-Waffen zu besitzen. In den Straßen gingen die Leute auch ihrem täglichen Leben nach. Die Menschen waren gegenüber den Autos auf der Straße noch in der Überzahl. In der Stadt mußten deshalb die Autos Rücksicht auf die Fußgänger nehmen. Der Eindruck war der, das Leben spielte sich auf der Straße ab wie in einem Theater. Die Einen schauspielten, während die Anderen zuschauten. Viele kleine Läden entlang geschlossenen Häuserfronten verkauften nicht nur, sondern zeigten ihre Handfertigkeiten halb auf dem Gehweg, der Straße, am Eingang zu einem Laden in der Anfertigung von Schmuck, gedrechselten Ton-Gefäßen, oder auch Kleidungsstücken. Eifrige Kaufleute mischten sich überall unter die Leute, während der Schuhputzer dafür sorgte,daß der Staub nicht zu lange auf Schuhen liegen blieb.

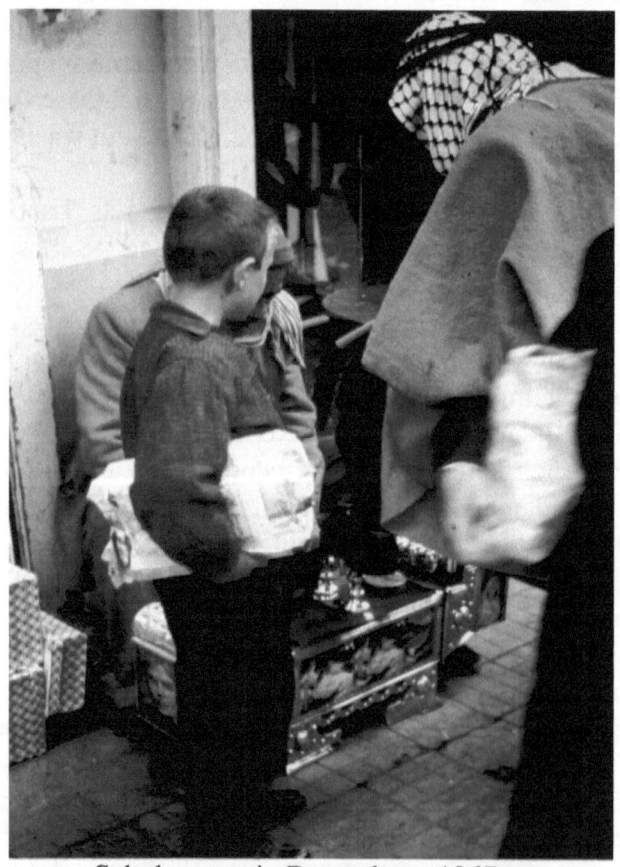

Schuhputzer in Damaskus , 1967

Alles war hier individuell geschaffen, je nach erhältlichem Material, Können und Nachfrage. Die Szene war damals die einer bunten, abwechlungsreichen; sie vermittelte die Vorstellung vom Orient. Über Allem ragten die stellvertretenden Zeichen des Islam – die hohe Kuppel einer Moschee, seine noch höher aufstrebenden schlanken Minarette, von wo der durchdringliche Ruf des Muezzin mehrfach am Tag ertönte.

Straßen Szene in Damaskus, 1967

Auf dem Weg nach Damaskus ist man damals an den ‚Golan-Höhen' vorbei gekommen, an hohen felsigen Wällen in einer wüstenhaft trockenen Umgebung. In Damaskus dann drängte sich dem Besucher damals der Eindruck auf, jeder war hier ein Verkäufer. Bei einer Gelegenheit sprachen uns zwei Jungen auf der Straße in ein paar deutschen Worten an. In ihrem Geschäftsgebahren waren sie ihren Eltern bereits wenigstens eine Nasenlänge voraus. Sie fanden schnell heraus, wo potentielle Kunden herkamen und gewannen ihre Aufmerksamkeit mit ein paar Worten in der anderen Sprache.

Golan Heights

Die beiden Jungen zögerten auch nicht uns zu ihnen nach Hause einzuladen, mit den Worten, „unsere Eltern lieben Deutschland so sehr." Trotz Vorsicht, wollten wir den Jungen den Spaß nicht verderben und folgten ihnen nach

ihrem zu Hause. Dort empfing uns die ganze Familie, als ob man auf uns gewartet hatte ; die Nachricht unserer Anwesenheit muß wie ein Feuer sich verbreitet haben. Aus erster Hand wollte die Familie gute Nachricht aus Deutschland erfahren und man hielt auch nicht zurück, daß Hitler in ihren Augen ein „guter Staatsmann" war.
 Um einen großen runden Tisch versammelten sich alle zu einer einfachen Suppe, einschließlich wir waren gebeten Platz zu nehmen. Die Unterhaltung geschah mehr mit Mimik, Händen und Füßen, als mit verständlichen Worten. Nach der Suppe wurden uns wunderschöne Brokat-Stoffe gezeigt und ausgelegt. Stoffe mit echtem Goldfaden sticken heißen ‚Brokat' und ist eine alteTradition zu Hause in Damaskus.
 Um den Gastgeber nicht zu enttäuschen, kauften wir kleine Andenken von der Familie. Für die Freundin oder Zukünftige in Deutschland, wie vorgeschlagen wurde, hatten wir noch nicht ‚ausreichend Vorkehrungen getroffen', um sie mit Brokat aus Damaskus zu beglücken. Dabei übten wir uns durchaus in demSpiel des Aushandelns. Nennt der Verkäufer einen Preis, erwartet er ein ‚Tauziehen', bis eine Übereinkunft getroffen wurde. Den erst genannten Preis ohne das notwendige ‚Theater' des Handelns sofort einzugehen, würde und wird das ‚Spiel verderben'. Mit etwas Erfahrung bekommt man schon mit, daß der Käufer stets gut beraten ist, den ersten genannten Preis in seiner Erwiderung betont tiefer anzusetzen, denn so wechselt er die Rolle, daß der Verkäufer zusehen muß, wie er zu seinem Geld kommt. ‚Theater' mit demonstrativem Weggehen, erhöht nur den Reiz. Nur uneinsichtige Parteien kommen auf sich nicht mehr zurück. Am Ende ist ein gutes Geschäft, wenn der Verkäufer nicht Federn lassen muß und der Käufer nicht zu viel zahlt.

Omaijaden Moschee, Damaskus

Dieses ‚Handels-Theater' nahm eine gute Zeit in Anspruch. Wohlweislich hielten wir uns an bestimmte Spielregeln, wie zum Beispiel: Niemals Geld zeigen, welches man mit sich führt. Von Kleingeld kann man in der

Regel Wechselgeld erwarten, nicht aber von Geldscheinen. Dies hängt natürlich auch von der Größe eines Geschäftes ab. Nicht zu unterschätzen ist auf jeden Fall, daß mehr Augen, als man bereit ist zu erkennen, ein Geschäft mitverfolgen.

Den Rest des Tages mischten wir uns unter die Menschen im Straßen-Bazar, hauptsächlich in der Nähe der ‚Omaijaden-Moschee'. Seine Ornamente unterscheiden sich wesentlich von anderen in der arabischen Welt. Dies ist ein Hinweis auf die Vielfalt religiöser Einflüsse hier im Nahen Osten, trotz der Vorherrschaft des Islam. So ist zum Beispiel die Omaijaden-Moschee auf römischen Grundmauern eines Tempels erbaut worden. Eine christliche Basilika folgte im Vierten Jahrhundert darauf, bis der Kalif Walid I. die Moschee von heute im Zeitraum der Jahre 705 bis 715 gestaltete. In geschichtlicher Folge hatten die Römer, Christen, Seldschuken, Mamluken und die Osmanen ihre Spuren hier hinterlassen.

Da die Nacht bereits herein gebochen war,stellten wir unseren VW-Bus bei einem öffentlichen Gebäude, der Post ab. Zogen von innen alle Vorhänge zu und verbrachten so eine ungestörte Nacht, obwohl das Leben auf den Straßen vom Tag fast unvermindert weiter ging. Niemand klopfte auch nur aus Neugierde an unserem Auto, oder versuchte zu stören, als ob unser Nachtlager in einem Auto vor der Post das Selbstverständlichste in dieser Welt gewesen war.Ich muß nur betonen, damals !

LIBANON

Am nächsten Tag machten wir uns immer noch ungestört auf in Richtung Libanon. Zunächst galt es, die hohe Bergkette des Anti-Libanon zu überqueren, um in das Tal zwischen der nächst folgenden Bergkette weiter östlich zu gelangen. Dem Tal folgten wir nach Baalbek im Norden, wo Tempel-Ruinen stehen, welche zurück gehen bis zu der Griechischen Eroberungs-Zeit, gefolgt von den Römern.

Eine großartige Kulisse umgab diese geschichtlich alten Stätten – grüne Wiesen im Tal und weiße Schneefelder vom Fuß der Berghänge bis hinauf zu ihren Kämmen. Hier sind/waren, die ältesten Zeugnisse Griechischer und Römischer Herrschaft.

Baalbek, Libanon, 1976

Baalbek, alter Griechischer Tempel, 1976

Der Beitrag in der Neuesten Geschichte kann ohne Frage eine Vernachlässigung gemünzt werden, wenn man die Ortschaft Baalbek, nicht weit von den historischen Stätten betrachtet. Während unserem Besuch tagsüber, begegneten wir keinen anderen Besuchern, was damals noch sicherlich kein schlechter Beitrag zur Erhaltung dieser geschichtlich so geprägten Atmosphere war.

In der Ortschaft Baalbek mußten wir einer Familie irgendwie ins Auge gefallen sein. Zur Begrüßung traten sie aus ihrem bescheidenen Haus auf die Straße auf uns zu. Der Mann und die Frau sprachen uns in französisch an. Sie waren hoch erfreut, als wir in französisch zurück antworteten. Sie bestanden darauf, wir mußten ihnen die Ehre geben, sie auch in ihrem Haus zu besuchen.

In dem offensichtlichen Wohnzimmer nach dem Eingang standen an der entlegenen Wand zwei hübsch gekleidete Mädchen mit ihren dunkeln Haaren lang und geschmeidig über ihre Schultern fallend. Die ebenfalls schwarzen Knopfaugen der Mädchen schauten wechselnd verlegen auf und ab zu uns. Bei einer Tasse Tee kam im Gespräch hervor, daß der Mann und seine Frau die Eltern der zwei Baalbek-Schönen waren. Weiter im Gespräch, während die zwei Mädchen unverändert ein paar Schritte vom Tisch entfernt an der Wand stehen geblieben waren, wo wir Tee zu uns nahmen, stellte der Herr uns die Frage :"Findet ihr unsere beiden Töchter nicht bezaubernd ? Wollt ihr sie nicht mit euch nach Deutschland nehmen ? Sie werden gute Frauen für euch sein. Hier leben sie in Abgeschiedenheit und mit keinen Möglichkeiten für die Zukunft. Wenn ihr so weit reist, müßt ihr ja reich sein. Meinen Töchtern gefällt ihr ." – Wir bedankten uns sehr für das Kompliment. Mußten sie jedoch in ihrer Annahme enttäuschen, daß wir keine reichen Bewerber für ihre Töchter waren. Wenigstens hoch und heilig mußten wir versprechen, den Töchtern aus Deutschland zu schreiben.

Die Familie bekannte sich zum Christentum und befand sich schon deshalb sehr in einer Isolation gegenüber den anderen Religionen, besonders dem Islam. Für sie war Deutschland ein fernes Traumland. Ob wir unser Versprechen eingehalten und aus Deutschland geschrieben hatten, kann ich mich leider nicht mehr gut genug zurück erinnern.

Innerhalb der Arabischen Länder spielt der Libanon eine gesonderte Rolle. Dies zeigt sich auch in der Erscheinung seiner Frauen. Im Austausch mit anderen Kulturen hat sich bei den Frauen ein schönes Menschenbild entwickelt. Besonders auf einer Reise lernen wir viel schönes Anderes aus der Distanz zu sehen, was aber noch lange nicht heißt, wir müssen alles Schöne auch besitzen.

Unser nächstes Ziel war Beirut. Vor der Küste lag noch die zweite Bergkette des Libanon Gebirges. In seinen oberen Lagen trafen wir tiefen Schnee an, so tief, daß die Straße durch den Schnee geschnitten war und auf beiden Seiten die Schneewand nur einen Blick in den Himmel frei gab. Die Nacht hatte uns hier unterwegs bereits eingeholt, als wir auf der Anhöhe vor Beirut ankamen. Anstatt die uns fremde Stadt in der Nacht noch zu besuchen, blieben wir außerhalb. Ein kurzer Abstecher nach der Seite, von der Straße weg, und schon konnten wir ungestört in unserem eingerichteten VW-Bus die Nacht verbringen. Vor uns lag unten an der Küste das Lichtermeer von Beirut. Die Flasche roter Wein aus Baalbek half uns den Tag in der uns unbekannten Umgebung zu verabschieden. Nur die Grillen erwachten in der kühleren Abendluft.

Das erste Tageslicht verriet uns, wo wir in der Nacht angekommen waren. Am Rande einer gut gepflegten Orangen Plantage, welche noch weit an einem Berghang in Terrassen hinunter führte. Goldene Orangen leuchteten durch das dunkelgrüne Blattwerk der kugelförmigen nieder gehaltenen Baumkronen. Wer hätte da widerstehen können, sein Urteil über den Geschmack solcher verlockenden Früchte abzugeben? Tatsächlich waren sie reif, saftig und schmackhaft, wie man sich Orangen nicht besser wünschen könnte.

Die schon lange kultivierten Böden dieser Gegend, das ausgeprägte warme Mittelmeer Klima waren beste Voraussetzungen für gute Ernten. Die Bäume warteten so geregnet voll mit fertigen Früchten, daß sie bestimmt nichts dagegen hatten, wenn wir den einen oder anderen Baum ein wenig seiner Fruchtladung erleichterten. Bei so vielen Orangen, konnte nicht die Rede von einem Schaden sein. Unsere Auslese hielten wir so gestreut, daß selbst der Besitzer die fehlenden Orangen hätte nicht wahrnehmen

몭nnen. Wenn schon, dann sollte man besonders in der Fremde Rücksicht nicht vergessen.

Aus den Bergen mit meterhohem Schnee kommend, begrüßte uns an der Küste schön warmer Sonnenschein. In der Stadt Beirut fielen im dichten Verkehr die große Anzahl Autos mit dem Mercedes-Stern auf. Ferner gaben die Menschen ein Bild ab aus einer Mischung europäischer und orientalischer Lebensgewohnheiten. Hauptsächlich eine Verkehrsader lief durch die Mitte der Stadt von den umliegenden Anhöhen gerade hinunter an das Meer. Entlang der Straße reihten sich vor Gehwegen Banken, Restaurants mit ihren Tischen und Stühlen bereits einladend auf den Gehwegen, gepflegte grüne und blühende Gärten mit Palmen, zahlreichen Verkäufern auf der Straße, welche ihre gekonnten Sprüche verlauten ließen – all dies waren Hinweise, warum Beirut das Paris des Orients genannt wurde.

Wir ließen uns die Gelegenheit auch nicht nehmen, uns dieser freundlichen Atmosphäre an einem Tisch vor einem Kaffee anzuschließen. Lange dauerte es nicht und schon gesellte sich ein ordentlich im Anzug gekleideter Mann zu uns. In seinen Händen hatte er nach seiner Ankunft ‚nur drei Karten'. Er legte die Karten vor uns auf den Tisch. In überraschender Schnelligkeit zeigte er uns, was er so alles mit den drei Karten machen konnte. Aus lauter Neugierde stimmten wir zu, für einen kleinen Münzen-Betrag in dem Spiel mitzumachen. Sobald wir die umgekehrten Karten auf dem Tisch aufdeckten, war die Kombination falsch. Selbst als wir dann die drei Karten auslegten, war seine Kombination richtig. Was war hier der Trick ? Auf den ersten Blick konnten wir dies nicht heraus finden. Obwohl wir mit unseren 4 Augen genau verfolgten, was hier vor sich ging, verloren wir wiederholt mit seiner Kombination der drei Karten. –Wir nahmen dann Abstand von dem Karten-Hokus Pokus, der Mann nahm unsere Münzen vom Tisch mit sich und so wurden wir „rasiert", hätte man sagen können. Selbst nachträglich konnten wir keine Erklärung finden, was da wirklich im Spiel war. Dies war ein Weg, Unkenntnis von Menschen, oder vielleicht auch Leichtgläubigkeit für einen Gewinn auszunutzen.

Unser nächster Plan zielte auf ein geeignetes Reisebureau, welches uns eine Schiffs Passage von Beirut nach Alexandria in Ägypten vermitteln und buchen konnte. Durch Israel im Süden, konnte man aus den arabischen Ländern kommend, nicht fahren. Die einzige Möglichkeit weiter zu kommen war, Israel zu umgehen. Die Schiffs Passage für uns und unser Auto traf unseren Geldbeutel empfindlich. Was jedoch sein mußte, wenn wir die Reise erfolgreich weiter bringen wollten, ließ sich dann auch nicht umgehen.

Beirut 1967

Jedenfalls dauerte es eine ganze Weile, bis wir einen Straßen-Agenten so weit herunter gehandelt hatten, daß das Geschäft auch für uns tragbar war. Die nächste Hürde war dann, wird die getroffene Vereinbarung auch eingehalten ? Zu unserer Überraschung ging dann anschließend bei der Bank und dem Reisebureau alles reibungslos über die Runde, wir hatten echt aussehende Schiffs Fahrkarten in unseren Händen.

Noch ein paar Tage verblieben uns vor der Abfahrt des Schiffes. Die Zeit verwendeten wir, uns in der näheren Umgebung von Beirut noch etwas umzusehen. Auch diese Gegend ist geschichtlich sehr alt und reich an Zeugnissen. Bevor wir jedoch die Stadt verließen, wollten wir noch für die Zeit im Libanon etwas von der Landeswährung bei uns haben, dem Libanon Pfund. In der Bank verwies man uns auf die Straße mit dem Hinweis : Für Geldwechsel sind hier die Agenten draußen zuständig. Dies sah aus wie eine Vereinbarung zwischen den Banken und einer „Freien Wirtschaft". Unter großer Vorsicht erreichten wir am Ende doch einen annehmbaren Austausch für unser deutsches Geld. Warum der Geldwechsel auf der Straße stattfinden mußte,dazu gab uns niemand eine passende Antwort. Wahrscheinlich galt es den Staat aus dem Spiel zu lassen.

Byblos, Ruinen aus der Zeit der Kreuzritter-Libanon

Die Wartezeit fuhren wir von Beirut an der Küste entlang nach Norden. Auf dem Weg nach Tripoli kamen wir auch in Byblos vorbei, der ältesten bekanntenSiedlung, welche auf 2500 Jahre vor Christus zurück geht. Auch hier hatten verschiedene Kulturen in einer Nachfolge ihren Einfluß hinterlassen, in übrig gebliebenen steinernen Ruinen. Dies waren die Araber, Römer, und die Kreuzritter. Ausgrabungen von Steinwänden, Reste von einem Tempel, einer Burg und oberhalb dem Meeresstrand ein kleines Amphitheater mit Blick auf das Meer, konnte man damals dort noch sehen.

Während wir diese alte Stätte besichtigten, kam wieder ein Junge auf uns zu. Nachdem er eine Weile versucht hatte, uns Erklärungen über die Stätte abzugeben, kam er mit der Sprache erst heraus, was er im Schild führte. Er lud uns ein zu sich nach Hause. Eine Wiederholung unseres Baalbek Besuches wartete wieder auf uns. Nur mit dem Unterschied, daß wir dieses Mal aufgefordert wurden, mit unserer Gitarre unterstützt von unseren Stimmen die Familie zu unterhalten. Auf der Libanesischen Seite war die Begeisterung dann so groß, daß die Tochter des Hauses mit dem offensichtlichen Segen der Eltern sich besonders für meinen Freund interessierte. Auch diese Tochter war ohne es ableugnen zu wollen eine sehr hübsche Libanesin. Sie kam aus sich heraus und ließ meinen Freund wissen, daß sie ihn gerne als Mann hätte. Zuerst wiesen wir darauf hin, was sollte der andere Reisegefährte dann machen. Mit ihrer Antwort war die Familie nicht verlegen :"Für ihn haben wir auch noch eine Frau aus der Nachbarschaft, wir gehen am besten gleich zum Nachbarn und sagen auch dort Bescheid."Von nun an schien es ernst zu werden. Es war an der Zeit, daß wir in unseren Köpfen die Reise behielten. Besser wechselten wir unsere Rollen hier nicht so schnell, schon gar nicht auf fremdem Boden. Was war im Libanon los mit seinen hübschen Frauen ? Wahrscheinlich waren es wieder Christen, die in ihrer Isolierung ihre Anker auswarfen nach anderen Christen.

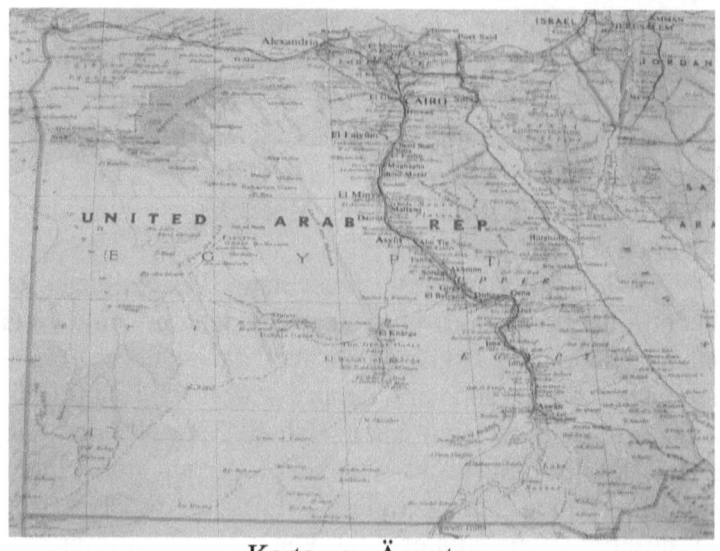

Karte von Ägypten

Abfahrt von Beirut

ÄGYPTEN

Die Zeit rückte indes näher, auf das Schiff nach Alexandria in Ägypten zu gehen. Die Verladung unseres Autos auf das Schiff ließen wir uns nicht entgehen, um sicher zu stellen, daß es mit uns kam. Die Kranarbeit des Schiffes verlief mit Atemanhalten auf unserer Seite glimpflich. Das Schiff selbst war dann so voll mit Passagieren, man hatte den Eindruck, die Libanesen verließen ihr Land. Das Leben in den Straßen von Beirut war an Bord des Schiffes auch gekommen. Aber nur für eine kurze Zeit.

Bald nachdem das Schiff den Hafen verlassen hatte, trat ein Sturm mit schiffshohen Wellen ein. Die anfänglich begeisterte Stimmung bei der Abfahrt aus dem Hafen, schlug sehr schnell um in Stille, in der ein jeder nach bestem Vermögen versuchte mit der Seekrankheit fertig zu werden. Das Restaurantdeck war leer, niemand wagte etwas zu essen, die Schiffsbewegungen sorgten alleine schon dafür. Ein Trost war vielleicht, das Schiff zeichnete sich aus, in Deutschland gebaut worden zu sein.

Wie konnte das Mittelmeer auf so eine kurze Entfernung von einem Sturm so aufgewühlt werden? Die Passagiere waren angehalten, sich in den Kabinen aufzuhalten, am besten in den Betten fest geschnallt mit Hilfe der Gurten, welche das Bettzeug hielten, wenn das Bett an der Wand hoch geklappt war. Außer dem Rollen des Schiffes in den Wellen war sonst keine Menschenstimme zu hören. Viele waren mit sich beschäftigt, den Mageninhalt irgendwo unterzubringen. Wir selbst hatten lediglich kein Verlangen etwas zu essen, alleine schon deshalb, weil die Decks des Schiffes zusehends einer Müllhalde gleich kamen. Vom Schiffspersonal war auch keine Spur zu sehen. Vielleicht waren auch sie mit sich ausreichend beschäftigt.

Die Frage war gar nicht so abwegig, ob das Schiff überhaupt Beirut hätte verlassen dürfen ? Das volle, wahrscheinlich das eher übervolle Schiff und das Geld bestimmten die Aufrechterhaltung des Fahrplanes. Im Stillen dachten wir uns, wir werden ja nicht die ersten Opfer dieses Schiffes werden. Denn selten ist etwas so schlimm, daß es nicht auch wieder vorbei geht.

Tatsächlich beruhigte sich die See zum Morgen hin wieder genau so schnell, wie sie vom Sturm aufgebracht worden war. Nicht mehr lange dauerte es und die Sihuette von der Stadt Alexandria zeichnete sich am flachen übergangslosen Horizont zwischen Meer und dem Land von Ägypten ab. Sobald das Schiff im Hafen vor Anker lag, kehrte reges Leben an Bord zurück, als wäre nichts gewesen. Passagiere versuchten das Schiff zu verlassen über alle möglichen Wege, lange bevor die Landungsbrücke am Schiff angelegt war. Auf der ganzen Länge des Schiffes wurden eilig Gepäckstücke an Seilen herunter gelassen zu einer wartenden Menge Menschen am Kaj, die offensichtlich gekommen waren, um zu helfen, die Gepäckstücke in Empfang zu nehmen. Soviel Worte wechselten zwischen Schiff und Kaj, daß man sich nur wundern konnte, wer da noch etwas verstehen konnte.

Oben an der Landungsbrücke hatte das Schiffspersonal alle Hände voll zu tun, die eiligen Passagiere wenigstens soweit zurückzuhalten, daß der Abgang vom Schiff nicht überladen wurde. Wegen diesem Durcheinander dauerte das an Landkommen auch den ganzen Tag, bis in die frühen Abendstunden. Jeder stand in der Eile sich nur im Weg. Alle dachten, wenn es überhaupt dazu kam , „wer zuerst kommt, mahlt zuerst."

Statt dessen brachte Eile nur Weile mit sich.Unter den vielen Menschen am Schiff, auf dem Laufsteg zum Land und am Kaj, war nicht mehr zu erkennen, wer Passagier, oder auf der offiziellen Seite war. Alles rannte, rettete, flüchtete lautstark.während ein Haufen Passagiere am Schiff und herbeigeeilte Personen vom Land oben am Abgang des Schiffes sich gegenseitig hinderten, entstand eine Lücke, die wir schnell wahrnahmen, vom Schiff herunter zu kommen. Am Kaj ging dann die Warterei nur weiter. Irgendwann sahen wir auch unser Auto am Kran in einem Hebegestell in der Luft über dem Schiff. Das Herz blieb uns beinahe stehen, als wir zuschauen mußten, wie eine Seite des Hebegestelles über dem Auto nachgab und das Auto in eine schräge Lage fiel. Unsere Herzen konnte dann wieder weiter machen, nachdem unser Auto hängen geblieben war und nicht aus der Höhe zu uns auf das Kaj viel zu schnell gekommen war.

Das letzte Stück auf den Boden kam das Auto jedoch so hart auf, daß seine Stoßdämpfer den Test ihres Lebens erfuhren. Geduld half auch uns endlich wieder in den Besitz unseres Autos zu kommen. Jedoch nicht, bevor wir bestätigt hatten, das Auto in einwandfreiem Zustand erhalten zu haben. Dies zu untersuchen,war nicht erlaubt. So blieb uns nur übrig,das beste für uns zu erhoffen. Wenn wir dachten, das Auto dann auf Fahrtüchtigkeit überprüfen zu können, da im Auto ein völliges Durcheinander durch den wilden Seegang entstanden war, irrten wir uns gründlich.

Die Nummernschilder mußten wir abnehmen, damit arabische Schilder angebracht werden konnten. Im Grunde war dies verständlich, weil wir nicht von jemandem in Ägypten erwarten konnten, unsere Schrift zu entziffern. Als die Hafenbehörde uns schließlich auf freien Fuß gesetzt hatte, war es zu spät geworden, um auf das Geradewohl in einem uns völlig fremden Land weiter zu fahren. Die ersten Eindrücke waren in Ägypten wieder unterschiedlich zu denen in Syrien und Libanon. Das Land war hier flach soweit das Auge sehen konnte. Jeder europäisch aussehende

Ausdruck war hier verschwunden, die arabische Welt lag vor unseren Augen.

Die erste Nacht in Ägypten verbrachten wir in unserem Auto noch im Schutze des Hafengebietes, nachdem eine erste Aufräumaktion stattgefunden hatte. Die Nacht war dann eher kühl, nicht wie wir befürchtet hatten, heiß am Rande der Sahara. Am nächsten Morgen erfuhren wir allerdings, wie schnell die Sonne zusammen mit der Luft aus der Wüste die Temperatur anstiegen ließ. Das Saubermachen im Auto mußten wir für eine andere Gelegenheit aufheben. Die Hafenbehörden wollten uns auf ihrem Gelände nicht mehr dulden. Eine kleine „Entschädigung" stimmte sie in ihrer Eile und Entschlossenheit wenigstens so weit um, daß wir nicht mit fliegenden Fahnen sofort aufbrechen mußten.

Außerhalb dem Hafegebiet hielten wir uns nicht lange in Alexandria auf, sondern fuhren in das Nil-Delta in Richtung Kairo. Die Straße war in ihrem Asphaltbelag gerade gut genug, um ein Fahrzeug aufzunehmen. Viele Fahrzeuge waren mit uns nicht unterwegs. Bei so manchem Auto sah man auf den ersten Blick die Eigenbau-Leistung.

Die Kabine eines kleinen Transportwagens war zum Beispiel ein uraltes Modell, auf dem aus Holz eine Ladefläche gebaut war, welche zum Teil kunstvolle Ornamente aufwies. Dem gegenüber sah man aber in größeren Zahlen die Fellachen, Ägyptische Bauern, in giftgrünen Feldern ihrer Arbeit nachgehen. Der Fluß Nil speiste hier auf uraltem Schwemmland in seinem weiten Delta mit reichlichem Wasser die Landwirtschaft des Landes. Der längste Fluß der Welt erhält entlang seinem Lauf eine Oase in der Wüste Sahara. Alles Leben ist hier konzentriert. Menschen, Wasserbüffel, Kühe, Kamele, Esel alle hängen an der Nil-Lebensader. Man sieht sie in Feldern, auf Straßen, überall, wo der Nil der Wüste Land abgerungen hat in langen erdgeschichtlichen Zeiten. In Zuckerrohr, Mais, Baumwoll-

Feldern sieht man meist Frauen arbeiten ; hier in Ägypten wieder in langem Gewandt, mit Kopf und Gesicht verschleiert. Überall sieht man Wasserkanäle, welche das Wasser verteilen. Höhenunterschiede am Land, oder Umleitungen von Wasserkanälen wurden vielfach noch mit uralten Hilfseinrichtungen sowohl von Menschen, als auch von Tieren bewerkstelligt. So zum Beispiel das hölzerne Rad, welches ein Wasserbüffel mit einem Querholz an seinem Nacken befestigt ständig auf einer Kreisbahn dreht.

Uralte Bewässerungs Methode in Ägypten , 1967

   Es greift mit seinen äußeren Zahn-Stöcken in ein anderes Holz-Zahn-Stock-Rad, welches Lederbeutel an den äußeren Speichen befestigt hat und so ständig das tiefer liegende Wasser in einen etwas höher liegenden Graben schöpft. Und dies den ganzen Tag, um das wertvolle Wasser richtig für die Bewässerung von Feldern zu benutzen.

Im oberen Nil-Lauf komme ich später noch auf andere Bewässerungs Methoden, unterstützt mit Bildern zurück. Hier im Delta konnte man ab und zu auch eine Pumpe hören, welche die Wasserverteilung aufrecht erhielt. Mit der Ausnahme einer Pumpstation schien unser ‚geheiligter' Fortschritt hier, besonders außerhalb der Großstadt Kairo, noch nicht Fuß gefasst zu haben. Ein großer Teil der Menschen lebte damals im Jahr 1967 noch so, wie vor Tausenden von Jahren.

Kairo, freie Mitfahrt auf Straßenbahn, 1967

Kairo, freie Mitfahrt auf Bus, 1967

Eine teilweise moderne Welt traf man hauptsächlich in der Landeshauptstadt Kairo an. Die Dichte des Verkehrs und seine Menschenmassen konnten sich durchaus vergleichen mit anderen Großstädten der Welt. Das moderne Antlitz der Stadt beschränkte sich dennoch auf sein Zentrum. Je weiter entfernt man davon kam, desto mehr erschien das ursprüngliche Ägypten, wie es Jahrtausende überlebt hatte. Wie in allen Städten, konzentrierten sich auch in Kairo Geschäfte und Verkehr in seinem Zentrum. Wer nicht im eigenen Fahrzeug unterwegs sein konnte, nahm das öffentliche Verkehrsmittel der Straßenbahn, oder einen Bus. Kaum ein Fahrzeug sah man mit nur einer Person. Die meisten, die ein Auto fuhren, nahmen gegen ein Entgelt andere mit, schon aus wirtschaftlichen Gründen. Nicht nur Menschen nahmen Transport in Anspruch, alles was mitkommen konnte, sei es jede Art Gepäckstücke, Hühner, andere Kleintiere, kam in einen Bus, eine Straßenbahn, oder Auto.Hier konnte man den besten Benzinverbrauch pro Kopf einer Bevölkerung sehen.

In einem Bus oder einer Straßenbahn war es eine Kunst, in dem Gedränge an der Stelle wieder heraus zu kommen, wo man wollte. Ein ständiges Drücken und Schieben fand unter den Passagieren statt, um irgendwie in die Nähe des Ausganges rechtzeitig zu gelangen. Spätestens hier erfuhr die fremde Nase unter anderem, wie gerne auch die Ägypter Knoblauch aßen. Fahrscheine waren kaum gefragt. Wie sollte ein Passagier oder ein Kontrolleur in dem Gedränge aufeinander stoßen ? Die Tageshitze und der Staub halfen nur noch die Luft in einem gepackten Fahrzeug so dick zu machen, daß jeder sich lieber in Handlungsunfähigkeit ergab. Hingegen draußen und selbst auf einem Fahrzeug hatte verschiedene Vorteile ; die Luft war einmal besser, man kam besser an, dort wo man wollte und niemand konnte nach einem gültigen Fahrschein fragen. Waren es hier wirklich die ersten Fahrgäste, die nicht umhin kamen, eine Fahrkarte zu kaufen ? Wer kostenlos fahren wollte, mußte nur auf ein volles Fahrzeug warten, wo er noch hinein passte. In dem Verkehr war dies höchstens eine Frage von Warteminuten.

Selbst bei einem Taxi herrschte die Spielregel ; sobald der Taxifahrer jemanden im Auto hatte, der ihn für die Fahrt bezahlen konnte, hielt der Fahrer an allen Ecken und Enden an, um kostenlose Passagiere mitzunehmen. Meistens waren dies natürlich Bekannte von dem Taxifahrer, denen er einen Gefallen machte ; eine Hand wäscht die andere, kein Zweifel blieb dabei, daß Entgegenkommen nicht unbeantwortet blieb.

Mercedes fuhren hier wie eine Landesmarke herum. Jedes Baujahr war zu sehen ; ägyptische Handfertigkeit stellte sicher, jeder Mercedes konnte auf der Straße bleiben, Alter war kein Hinderungsgrund. Wenn notwendig, wurden Teile von anderen Automodellen auf Mercedesteile umgeändert, Hauptsache der Mercedes blieb der ‚Gute Stern' auch auf ägyptischen Straßen.

Eine ‚Fluchtburg' aus dem Chaos der Innenstadt bot sich an vielen Stellen in einer Moschee an. Die Ägypter zählen sich zu der Islamischen Religion der Sunniten. Das älteste religiöse Bekenntnis der Ägypter ist die in die Minderheit inzwischen gekommene Religion der Kopten, welche zum Christentum zählt. Die Arabischen Nachfahren der Beduinen konnte man damals in einer nur noch geringen Zahl als Nomaden in der Wüste antreffen. Noch eine Gruppe alter Herkunft sind in Ägypten die Fellachen. Sie sind hauptsächlich Bauern, die sich am Nil entlang, meist in Lehmhütten niedergelassen hatten, um Feldwirtschaft für ihren Lebensunterhalt zu betreiben.

Unsere ersten Kontakte mit diesen sehr unterschiedlichen Menschen waren durchaus freundlich.

Wenn die englische Sprache in einer Verständigung nicht ausreichte, wurden Leute aus der Umgebung hinzugerufen, um zu sehen, wer außer Neugierde auch noch eine Antwort auf eine Frage von uns fand. Oft waren Kinder die ersten, die zu uns kamen. Kleine Spielsachen hatten wir bereits von zu Hause mit uns gebracht. Da eine kleine Plastik-Ente etwas völlig Neues für die Kinder war, blieb die sichtbare Freude in ihren Gesichtern nicht aus. Absichtlich gaben wir den Kindern kein Geld. Die älteren Personen im Umkreis kamen auf uns erst zu, nachdem die Kinder ihnen zu verstehen gaben, mit wem sie es eventuell zu tun hatten. Freude wird immer am leichtesten verstanden.

Noch in Kairo fanden wir Unterkunft in einer Jugendherberge. Von dort aus unternahmen wir unsere Ausflüge innerhalb der Stadt und in seine Umgebung. Die Pyramiden von Gizeh liegen erhöht am Westrand der Stadt, dort wo die Wüste beginnt.

Bevor wir uns dorthin aufmachten, ist es vielleicht interessant, noch ein paar ägyptische Besonderheiten zu erwähnen. In der Jugendherberge traf man im Klo zum Beispiel kein Papier an, sondern innerhalb der Kloschüssel war ein dünnes Rohr, aus dem Wasser kam, wenn man an der Seite den Hebel der Wasserleitung an der Wand öffnete. Wasserspülung anstelle von Papier erforderte eine gewisse Praxis. Öffnete man zum Beispiel den Wasserhahn etwas zu stark, erhielt man eine Dusche nicht wie üblich von oben, sondern alles wurde so ziemlich nass, was auch nicht nass werden sollte. In der Tat , es ging auch mit Wasserspülung und ohne Papier.

Papier war in Ägypten schon immer zu kostbar, um es zweckentfremdend zu verwenden, da es Holz für Papier, wie wir es in Europa kennen, in Ägypten nicht gab. Als Papier zum Schreiben wurde schon vor Tausenden von Jahren die Papyros-Pflanze kunstvoll kreuz und quer geflochten.

Während wir uns in Kairo aufhielten, besuchten wir auch das deutsche Konsulat, wo ich eine Anfrage machte, ob Post für uns vorlag. Tatsächlich erhielt ich auch einmal aus einer freundlichen Landes Vertretung einen Brief von Arja aus Finnland. Sie stimmte wirklich meinem Vorschlag zu, auf unserer Reise mir nach Kairo zu schreiben. Von Chris aus Amerika war nichts. Die Vorfreude wollte ich mir nicht nehmen lassen, den Brief erst später zu lesen, nachdem wir aus dem ‚Tohuwabohu' von Kairo herausgekommen waren.

Was das Essen betraf, hielten wir uns an möglichst einfache Lebensmittel, welche vor allem Hygiene versprachen ; was gebacken und gekocht war, entsprach schon mindestens halbwegs Bedingungen, sich nicht Magen-Geschichten zuzulegen. Wir waren auf Reise, auch Ägypten kennen zu lernen und nicht als Touristen die Ägypter zu veranlassen, sich nach unseren Vorstellungen einzurichten. Das Hilton-Hotel war bestimmt nicht auf unserem Programm ; deshalb wären wir bestimmt nicht nach Afrika gekommen.

Aus den wenigen Läden und „ägyptischen Fast-Food-Händlern" war höchsten für Geld „Pilaw" zu bekommen (gebackene Fleischklöse), Nudeln, flache runde Brotfladen und eins, zwei Gemüsearten ; damit war das Angebot schon erschöpft. Zum Trinken zogen wir vor, frisch gepressten Orangen-, Pampelmusen- oder Gelberüben-Saft. Wasser Trinken war nicht ratsam, unser Körper war nicht genug geeicht für ägyptische Verhältnisse.

Allgemein war es schwierig, etwas zu kaufen, besonders, wenn man nicht Kleingeld in Münzen hatte. Geldscheine stießen auf Ablehnung und Unverständnis. Der Verkäufer zeigte eher, wie wenig Münzen in seiner Kasse er vorzeigen wollte. Ihre Erfahrung sagte ihnen bereits, daß wer Geld hat, für den ist das Hilton-Hotel da.

Selbst bei der offiziellen VW-Werkstatt waren wir überrascht, wie billig eine Dienstleistung auch dort war, angepasst an die Landes Verhältnisse. Es war so wenig, daß der freundliche Kundendienst-Mann uns sogar noch mit einem Kaffee unentgeltlich verabschiedete und gute Weiterfahrt wünschte.
Von hier machten wir uns auf nach Gizeh zu den Pyramiden

Chepren Pyramide, El Giza

Cheops Pyramide bei El Giza

Noch vor den Pyramiden warteten arabisch gekleidete Führer mit Kamelen, um die Touristen zu den Pyramiden zu bringen. Wer auf einem zwei-höckrigen Dromedar zu sitzen kam, hatte weniger ein Problem auf dem Kamel zu bleiben, wenn es vom Boden auf seinen Knien zuerst hinten hoch ging und dann unverzüglich vorne eine Gegenbewegung auslöste. Für den Touristen-Dollar machten die ‚Sherpas' alles, damit auch Frau'Meier, Müller, Schulze, Lehmann' hoch auf ein Kamel kamen. Sobald man auf dem Kamel war, bestimmten die Führer, wohin es ging. Dies erschien uns wenig ansprechend. Wir zogen vor, mehr unabhängig die Pyramiden uns anzusehen. Der richtige ‚Bakschisch' an den richtigen Mann machte uns den Weg frei, zu Fuß zu den Pyramiden zu gehen. Drei Pyramiden stehen auch heute immer noch am Rande der Wüste, wo das Nil-Delta beginnt sich zum Mittelmeer hin auszuweiten.

Blick von der Spitze der Cheops Pyramide in das Nil-Delta

Aufgang im Inneren der Cheops-Pyramide

Die Pyramiden von drei Epochen ägyptischer Herrscher in ihrer Folge : Vom Norden nach Süden zuerst die Cheops, dann die Chepren und zuletzt die Mycerinus Pyramide ; von den Dreien ist die Cheops Pyramide die größte und die höchste.

Außerhalb der Sicht der wenig anwesenden Aufseher, machte ich mich auf die etwa ein Meter hohen Stufen der Cheops Pyramide , um nach oben zu steigen. Aus einem wolkenlosen Himmel brannte die ägyptische Sonne unbarmherzig auf den Pyramiden Stein-Koloss. Aus der Wüste wehte eine steife Brise,welche mit der Hitze alles austrocknete. Der Blick von oben war überwältigend. Unvergleichlich schon deshalb, weil die Spitze der Pyramide das Gefühl der Raumfreiheit um sich herum vermittelte. Man war verleitet, sich an einem der letzten Steinblöcke festzuhalten, wenn man die Tiefe zum Sandboden und zugleich den offenen Himmel über sich wahrnahm. Die beiden anderen Pyramiden vermittelten eher noch ein größeres Höhen-Erlebnis,wie sie in einiger Entfernung sich fast duckten gegenüber der sie überragenden Cheops Pyramide.

Soweit das Auge sah, braun-gelber Sand der Sahara wurde nur vom Nil mit seinem grünen Band landwirtschaftlicher Kulturen gestoppt. Zum Mittelmeer öffnete sich der Nil in einem grünen Delta gleich einem Trichter. Über der Großstadt Kairo hing eine Dunstwolke. Mit meiner Kamera mußten dies die eindruckvollsten Bilder vielleicht meines Lebens werden. Und ich nutzte die Gelegenheit ausgiebig, meine Eindrücke in Bildern festzuhalten.

Der Abstieg war, wie zu erwarten war, etwas schwieriger, als der Auftieg mit der Nase immer nach vorne und nach oben. Nun die Umkehrung mit dem Abstieg verlangte ein wenig Bergsteiger Erfahrung mit körperlicher Fitness. Wer

186 Meter hinauf schafft, kommt gewöhnlich auch wieder herunter ; Oben ist noch keiner geblieben.

Leere Grabkammer in der Cheops Pyramide

Wieder am Boden der Pyramide, stiegen wir in den Eingang zum Inneren der Pyramide, der Grabkammer in seiner Mitte. Ein Aufgang auf steilen hölzernen Planken mit befestigten Querleisten als Stufenersatz führte nach Oben. Der Mangel an Luft-Zirkulation erschwerte in der Backofen-Hitze den Aufstieg sehr stark. Vielleicht auch deshalb war es kein Wunder, daß wir ganz alleine waren. Jemand mit Gesundheits Problemen konnte von diesem Aufstieg nur abgeraten werden. Wir schwitzten uns jedenfalls gehörig Einen ab. Oben vor der Grabkammer angekommen, erlebte man höchstens eine gewisse Enttäuschung. Der rechteckige Raum war zwar in massiven Granit Blöcken an Wänden und Decke fugenfrei gesetzt. Nur ein offener auch rechteckiger Eingang nach Süden gerichtet, gab einen Blick in die leere Grabkammer frei.

Cheops-Grabkammer, Ägyptisches Museum, Kairo

Die eigentliche goldene Ausstattung mit der Mumie des ‚Tut En Chamon' wurde entfernt und war im Ägyptischen Museum in Kairo zu sehen. Nach unserem Pyramidenbesuch lenkten wir unsere Schritte auch in das Museum in Kairo.

Hier im Inneren der Pyramide ging der Abstieg schon deshalb schneller als der Aufstieg, weil man nicht mehr länger auf frische Luft warten wollte. Außer den Pyramiden befindet sich vor ihnen noch die kolossale steinerne Sphinx. Die Statue war allerdings von einem Zaun umgeben. Neue Funde sollen hier ausgegraben werden. Um ein Photo ohne Zaun machen zu können, gewann ich einen Aufseher, für mich nur eine Photographen-Sekunde den Zaun zu öffnen.

Sphinx in El Giza (nach Freilegung)

Bis heute können wir nur vermuten, wie vor 4500 Jahren solche gewaltigen Granitblöcke überhaupt transportiert, geschweige aus Felsbetten in Ober-Ägypten herausgeschlagen wurden. Daß wir das heute nicht mehr bewerkstelligen können, beweist alleine schon das Projekt, die zwei Ramses Statuen in Abu-Simbel weiter hoch am Nil zu versetzen, damit sie nicht vom Stauwasser des Assuan-Dammes erfasst würden. Die einzige Lösung für diese Umsiedlung war in unserer neuesten „Fortschritt-Zeit", die Statuen in Stücke zu schneiden, um sie transportieren zu können.

Auf unserem Weg zurück nach Kairo setzte ein starker Sandsturm aus der Wüste ein. Die Sonne erschien in einer dunkelroten Scheibe am verdeckten Himmel. Dies war unsere erste Begegnung mit einem Sandsturm. Der feine horizontal in der Luft fliegende Sand schaffte sich überall Zugang. Selbst durch die geschlossenen Scheiben in den Innenraum des Autos, Sand zwischen den Zähnen und in den Ohren, nicht einmal der Kamera in ihrer Tasche blieb der Sand-Besuch erspart. Bei der Hitze und dem heißen Wind wurde bei geschlossenen Fenstern die Luft im Auto reichlich unangenehm stickich. Erst später in Lybien erlebten wir, was man einen wirklichen Sandsturm nennen konnte. In der Sahara war und ist die beste Praxis, sich gegen einen Sandsturm zu schützen, unter einem Kamel Zuflucht zu suchen ; dies ist vor allem Beduinen-Erfahrung.

Nach ein paar Stunden beruhigte sich der Sandsturm wieder, bevor dann in die Nacht sehr kalte Luft herein brach. Sehr heiße Tage und kalte Nächte ist der regelmäßige Tageslauf in der Wüste Sahara : haupsächlich auf Grund fehlender Vegetation, welche einen Temperatur Ausgleich besser aufrecht erhalten könnte.

Den Vormittag des nächsten Tages widmeten wir uns dem Ägyptischen Museum in Kairo. Ich verstand, warum fotografieren besonders mit Blitzlicht streng untersagt war. Die uralten Ausstellungsstücke würden von einer starken

Lichtquelle beeinträchtigt werden. Da ich aber eine besonders gute Kamera hatte, konnte ich ganz besondere Nahaufnahmen erzielen, von Mumien-Einzelheiten hinter einem sicheren Glassarg. Bis heute hatte ich noch nicht so gute genaue Einzelheiten insbesondere der Tut En Chamon Mumie gesehen.

Grabkammer Schatz aus der Cheops Pyramide
Ägyptisches Museum Kairo, 1967

Gesicht der Tut En Chamon –Mumie
Ägyptisches Museum, Kairo, 1967

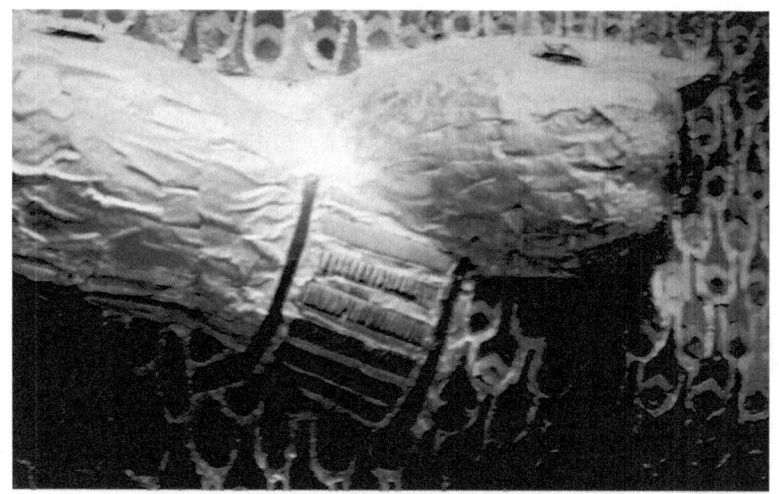

Tut En Chamon-Mumie, Einzelheit der Hände
Ägyptisches Museum, Kairo, 1967

Tut En Chamon Mumie,Einzelheit des Gewandtes
Ägyptisches Museum Kairo, 1967

Das Museum war damals so voll mit Mumien und alten Funden, daß man Schwierigkeiten hatte, einen Weg durch die Räumlichkeiten zu finden. Zu viel war auf so einem engen Platz zu sehen, welches dem Besucher den Reiz der Besonderheit etwas wegnahm. Das Prunkstück des Museums war die Ausstattung der Grabstätte in der Cheops Pyramide zusammen mit der Mumie des Tut En Chamon. Nach dem Museumsbesuch waren wir sicher, genügend Mumien zu dem Zeitpunkt gesehen zu haben.

Von nun an kehrten wir dem Großstadtleben in Kairo den Rücken zu und fuhren weiter Nil-aufwärts, um Ägypten besser kennen zu lernen. Das frische Grün der Felder folgte auf beiden Seiten des Nil. Wie mit dem Messer sauber getrennt, hörte die Wüste dort auf, wo Wasser in den grünen Feldern Leben gespeist hatte. Der Fluß hielt auch das Leben der Menschen in seinen Grenzen aufrecht. Zwischen den Feldern duckten sich einfache Lehmhäuser gedeckt mit geflochtenen Bambus-Blätter-Matten. In verschiedener Größenordnung wuchsen in den Feldern übergangslos Reis, Zuckerrohr, Bananen, Orangen, Zitronen, Baumwolle, Oliven Bäume, saftig süße ägyptische rote Zwiebeln, welche man wie Äpfel genussvoll essen konnte. Dattelpalmen standen überall nahe den Lehmhäusern gestreut, um auch Schatten zu geben.

Bald nach Kairo kamen wir am oberen westlichen Ufer des Niltales an der Oasen-Siedlung El Fayum vorbei. Der Platz ist seit der Zeit der Pharaonen bis heute noch bekannt für seine im Wasser des Nil kultivierten Orchideen, von deren Blüten die besten Parfums für die exclusive Damenwelt zu genauso exclusiven Preisen gewonnen werden.

Eine andere Bewässerungs Methode am Nil, Ägypten 1967

Bewässerung mit Hilfe einer hölzernen Archimedes-Schraube, Ägypten, 1967, Aufnahmen vom Autor.

Zuckerrohr Transport im Niltal, Ägypten 1967

    Zurück auf der Straße schalteten wir an einer erhöhten Böschung eine Pause ein mit Blick auf eine kleine Siedlung unter uns im Grün entlang dem Nil. Hier war der richtige Zeitpunkt gekommen, den Brief von der Botschaft in Kairo in Ruhe zu lesen. Arja schrieb aus Finnland, daß sie all zu gerne mit auf diese großartige Expedition gekommen wäre. Ihre ersten vorsichtigen Annäherungen waren zwischen den Zeilen zu erkennen. Ich fühlte, als hätte ich neue Flügel für unsere Reise bekommen. Selbst mein Freund behauptete, etwas gesehen zu haben, was in mir passiert war.
    Unser nächstes Ziel war die Ortschaft Asyut. Die Kontrolle am Eingang und am Ausgang einer jeden Siedlung war ein Hinweis auf die straffe Führung des Landes, um nicht zu sagen, Polizeistaat unter Präsident Nasser. Um nicht unnötigen Zeitverlust mit der Kontrolle zu erfahren, legten wir eine kleine Note in unsere Pässe, welches half den Prozess zu beschleunigen.

Hier tief in Ägypten, sprach jeder nur noch arabisch. Das Problem einer Verständigung fand sich unausweichlich auf unserer Seite. Die Sprache von einem wenig Geld, stieß jedoch auf keiner Seite auf Verständigungs Schwierigkeiten. Noch immer behauptete sich die abwechslungsreiche bildhaft reizvolle Oasen Landschaft entlang dem Nil gegenüber der Wüste auf beiden Seiten des Flußlaufes. Nur daß der Nil begann weniger Wasser in seinem Oberlauf zu führen und deshalb der grüne Oasen-Streifen auf beiden Seiten der Wüste kleiner beigeben mußte.

In dem enger werdenden Nil Tal kam auch die Eisenbahnlinie dann näher an die Straße. Wenn ein Zug dampfend seinen Weg nahm, bot sich dem Auge ein ungewöhnliches Schaupiel an ; oben auf den Dächern der Zugwagen waren mindestens genau so viel Fahrgäste, wie im Zug. Auf dem Dach nahmen wahrscheinlich diejenigen Platz, die eine freie Fahrt mit reichlich frischer Luft bevorzugten. Mit seiner Geschwindigkeit nahm der Zug vielleicht Rücksicht auf seine „Dach-Passagiere",damit nicht all zu viele während der Fahrt hätten herunter fallen können. Alles wurde hier voll ausgenützt. In Kairo waren es die Busse, Straßenbahnen und Taxi. Außerhalb der Stadt war es die Bahn und auf dem Fluß die Transport-Boote.

Ein eigentümliches Aussehen kennzeichnete die Boote mit ihrem flachen weiten Rumpf, der nur am Bug zu einer Spitze sich erhöhte. In der Mitte des Bootes ragte ein Mast mit einem dreieckigen Segel heraus. Ein Quermast am Segel nur wenig über dem Bootsrand erlaubte das Segel rundherum in die Windrichtung zu richten. Je nachdem, wieviel für Boots-Passagiere oder für eine Fracht bezahlt wurde, kam das Segel auf einer Fahrt in Einsatz. Für eilige Transporte hatten manche Boote noch zusätzlich einen kleinen Dieselmotor im Heck, der mit einer Schraube die Eile half zu bedienen.

In Asyut entschieden wir, das Nil Tal auch einmal zu verlassen und einen Abstecher in die Wüste zu machen. An einem nur teilweise mit Bitumen befestigten Weg kamen wir an eine Straßensperre. Der Sperrbalken war nicht verschlossen. An der Seite stand ein großes Schild in Arabischer Schrift. Beim besten Willen konnten wir den Text nicht entziffern. Wir erkannten jedenfalls keinen besonderen Anlaß, den Sperrbalken nicht hoch zu heben und auf dem Weg weiter zu fahren. Sehr bald verengte sich die Straße und der Teerbelag wurde zusehends spärlicher.

Kaum hatte sich der Blick in die endlose Wüste vor uns geöffnet, erschien am Straßenrand eine europäisch gekleidete Frau. Sie winkte uns zu, damit wir anhielten. Die Frau mußte erkannt haben, daß wir keine Ägypter waren, obwohl unser Auto eine Ägyptische Nummer trug. Sie sprach uns in fließendem Englisch an :"Ich muß zurück in die Charga-Oase. Mein Mann und ich sind dort Ärzte. Könnt ihr mich mitnehmen?" –

„Wenn wir irgendwie behilflich sein können, warum nicht.Steigen sie vorne neben dem Fahrer ein, sie wissen ja den Weg. Wie weit ist es bis dorthin?" –

„Charga-Oasis ist weniger als 300 Kilometer von hier.? –

Während der Fahrt erzählte uns dann die Frau von ihrem Leben in der Wüste :"Nach unserer Ausbildung als Ärzte zum Teil auch in England, hatte uns die Regierung verpflichtet in einem Krankenhaus in der Charga-Oase zu arbeiten und zu leben. Wir dürfen die Charga-Oase nicht verlassen. Ein Problem in der Familie hat mich veranlasst, heimlich zu sehen, wie ich schnellstens nach Kairo kommen konnte. Jetzt befinde ich mich wieder auf dem Rückweg. Ihr müßt auch meinem Mann im Krankenhaus Guten Tag sagen."

Wüste Sahara

Diese Fahrt in die Sahara sollte für uns eine besondere Erfahrung werden, nicht nur, was die Landschaft betraf. Zunächst nahm uns das wechselnde Bild der Sahara gefangen. Keineswegs nur flaches Land trafen wir an. Schluchten öffneten sich vor uns, die Straße führte dann steil hinunter, nicht nur zu Sanddünen, sondern auch zu frei gelegten riesigen Felsformationen, welche sich vom gelben Sand in verschiedenen Farbtönen abhoben. Pyramiden-, förmige fast schwarze Erhebungen wechselten zwischendurch die Szene. Kein Zeichen von irgendeiner Wolke am Himmel. Die Sonne brannte hier überall auf der Oberfläche mit unbarmherziger Helle und Hitze. Unser Thermometer im Auto registrierte nicht mehr als 50 Grad. Es war dort angekommen und wer wußte, wieviel es noch weiter gezeigt hätte, wäre es dafür ausgelegt gewesen. Die Luft war so trocken, daß die Lippen Schutzcreme brauchten, um nicht auszutrocknen und aufzubrechen. Alle verfügbaren

Fenster vom Auto hielten wir offen, um mit dem Fahrwind wenigstens etwas das Gefühl einer frischen Luft zu bekommen. Alles, was es war, heiße Luft, wie aus einem Ofen.

Formationen in der Sahara

Sand-Dünen in der Sahara

Versuch, eine Fata-Morgana' in der Sahara im Bild festzuhalten : Wasser und Wald am Horizont.

Unser Mitfahrer, Frau Doktor, wies uns auf die Gefahr der Trockenheit hin. Unsere Maßnahmen mit drei Kisten voll Orangen und abgekochtem Wasser fand ihre Zustimmung.

Bei unserer Ankunft in der Charga-Oase wurden unsere Erwartungen von einem grünen Fleck in der Wüste enttäuscht. Was wir vorfanden, war eine Siedlung mit modernen Häusern und guten Straßen. Charga-Oase war ein gezieltes Program der Regierung, Menschen auch in der Wüste anzusiedeln und so Erfahrungen zu sammeln, was hier Zivilisation ermöglichte. Der Einladung in das moderne Krankenhaus folgten wir unserer Frau Doktor gerne. Ihr Mann begrüßte uns zurückhaltend, aber freundlich. Er zeigte uns die Einrichtungen des Krankenhauses. Viele deutsche medizinische Einrichtungen waren hier zu sehen. Bei einer gemeinsamen Tasse Tee in der Wohnung des Ärzte Paares kam im Gespräch heraus, daß der Mann ganz gut Deutsch sprach, da er in seiner Ausbildung auch in Deutschland eine Zeit lang verbracht hatte. Die Gastfreundschaft mußte jedoch kurz bleiben, weil sonst von anderer Seite unnötige Sicherheitsfragen an uns heran getragen worden wären, wie sich bald darauf herausstellen sollte. Das Ärzte Paar bedankte sich für die Transport Aushilfe und begleitete uns bis außerhalb dem Krankenhaus zu unserem Auto. Was sie nicht vermuteten, war, daß wir von hier vor hatten, weiter zu fahren. Sie waren fest überzeugt, wir fahren den Weg, den wir gekommen waren, wieder zurück. Auch kein Wort ging darüber verloren.

Nicht weit von dem Krankenhaus hörte diese moderne Siedlung wieder auf. Die Sahara übernahm ihre Rolle, unser Menschen-Werk zu isolieren. Allerdings in der Siedlung konnte man leicht vergessen, wir waren in einer der Menschen-feindlichsten Umgebung. Die weiterführende Straße wurde mit einem Male in ihrem Zustand sehr viel schlechter. Die nächste Oase auf unserer Karte, die Dakkla Oasen, waren noch einmal 200 Kilometer weiter in der Wüste.

Dakkla Oasen, Sahara

Zu der schlechten Straße kamen noch große Sand-Verwehungen über ihr hinzu. Den Sand wegschaufeln, um die Straße frei zu machen, war bei der Hitze außer Frage. Wohlweislich mitgeführte Bretter und Sisal-Säcke verhinderten auf dem Sandboden weg von der Straße, daß die Räder vom Auto im Sand einsanken. Das Vorankommen so an einer Sanddüne vorbei, wurde zeitlich sehr aufwendig. Schweiß bei solcher Arbeit erfuhr man hier anders als gewöhnlich ; er verdampfte, bevor er überhaupt sichtbar werden konnte. Nach jeder Dünen-Umgehung stärkte uns die Hoffnung, das dies die letzte war. Die Sahara erklärte sich damit jedoch nicht einverstanden. Um weiter zu kommen, hieß es, weitere Hindernisse in Kauf zu nehmen.

Bis zu diesem Zeitpunkt hatten wir von ‚Fata-Morgana' nur in Worten von ihr gehört. Nun war es so weit, die wirkliche ‚Fata-Morgana' spiegelte am Horizont ihre fantastischen Bilder einer glitzernden Wasserfläche und dunkeln Schatten, Wäldern gleich sehend.Wie sich sehr bald herausstellte, die Bilder hielten sich nur innerhalb einer bestimmten Entfernung. Sobald man einen gewissen Bereich verließ, verschwandt auch die ‚Fata-Morgana'. Solche Spiegelungen in der heißen Luft über dem Boden können Verwirrung auslösen, besonders für den, der in Schwierigkeiten in der Wüste steckt.

Nach den Dakkla-Oasen brauchten wir genau doppelt so lange, wie nach der voraus gegangenen Charga-Oase. Auf der ganzen Strecke in der Wüste begegneten wir weder einem Fahrzeug, noch einem Menschen. Unterwegs waren wir im wahrsten Sinne des Wortes alleine in der Wüste.

Als die grüne Dakkla-Oasen in einer Niederung sichtbar wurden, erschien dies wie ein Lebenszeichen aus einer anderen Welt. Dabei sollte es aber nicht bleiben ; aus der Böschung an der Straßenseite erschienen aus heiterem Himmel mehrere uniformiert bewaffnete Männer. Unmißverständlich gaben sie uns mit ihren aufgepflanzten Gewehren zu verstehen, anzuhalten. Einer der Männer kam auf unser Auto zu, öffnete die Türe und zeigte mit seinem Gewehr, wohin die Richtung zu Fuß für uns nun ging. Vor einer Hütte sagte das Gewehr am Boden vor uns, anzuhalten. Mit den Fingern beider Hände zeigte man uns, daß man Papiere sehen wollte, mit denen wir uns ausweisen konnten. Eine Verständigung in arabisch war ausgeschlossen. Der Mimik der Soldaten nach zu schließen, war unsere Angelegenheit ein sehr ernster Fall.

Eine Kiste mit Steck-Kabeln wurde herbei gebracht. An der Seite der Holzkiste drehte einer des Wachpersonales eine Kurbel mit einer seiner Hände, während die andere Hand dem Anschein nach wahllos die Kabel-Stecker in verschiedene Löcher steckte. Ein Art Telefonhörer hing auch noch an einem Kabel von der Kiste. Den Hörer bediente wieder ein anderer Mann mit lauter werdender Stimme, je mehr Kabelstecker in anderen Löchern auf dem Kistendeckel gewechselt wurden. Was in den Hörer hinein gebrüllt wurde, war wenigstens von der Lautstärke so deutlich, daß wir nichts anderes, als nur Respekt zeigten. Zwischendurch kam das Wort ‚Kairo' zu unseren Ohren. Mit Händen und Füßen gaben wir den Männern die Namen des Ärzte Paares in dem Charga Oasen Krankenhaus zu verstehen. Stunden mußten vergehen, bis der 'Groschen' auf der ägyptischen Seite gefallen war, daß wir einfache, ungefährliche Touristen nur waren.

Irgendwie mußte die Referenz des Ärzte Paares einen Wendepunkt in unserem strikten Verhör herbei geführt haben. Schließlich an einem Punkt kam es dann dazu, ein offizielles Papier zu unterschreiben. Da wir nicht wissen konnten, was wir unterschreiben sollten, stellten wir uns etwas ungeschickt an. Mit dem Finger hart auf dem Papier und das Gewehr angehoben war unser Zögern sehr schnell beendet. Daraufhin zeigte man uns mit der Hand in einem Kreisbogen, wie wir mit dem Auto hier auf der Stelle umkehren konnten. Freundlich, aber mit Nachdruck deuteten wir noch auf unsere Pässe hin und zeigten mit der Hand auf uns zu unseren Taschen. Immerhin wurde unsere Zeichensprache verstanden, die Pässe kamen zurück in unseren Besitz. Das nächste war, je einer der Männer fasste uns rechts und links am Oberarm, führten uns zu unserem Auto und öffneten die Türen. Mit ihren Gewehren deuteten sie in die Richtung, woher wir gekommen waren. Trotz der bedrohlichen Situation brachten wir eine Verbeugung mit dem Kopf noch zustande, um verstehen zu geben, wir fuhren jetzt bestimmt nur zurück.

Wie ernst diese Situation gewesen war, in die wir hinein geraten waren, erfuhren wir erst zurück im Krankenhaus der Charga-Oase. Dem Ärzte Paar noch einmal einen Besuch abstatten, erwies sich als nützlich. Denn nur von ihnen konnten wir erfahren, was wir verkehrt gemacht hatten. Eingangs wollten sie es nicht für möglich halten, daß wir anstatt zurück zu fahren, weiter gefahren waren. Sie gaben uns eindringlich zu verstehen :"Zum Glück hattet ihr unsere Referenz angegeben. Ihr wäret sonst als Spione aus dem Ausland festgenommen worden, weil ihr eine streng geheime militärische Sicherheits Zone betreten habt. Ägypten hat dort unterirdische Silos mit russischen Raketen. Behaltet unseren Hinweis dringend bitte für euch, sonst kommen auch wir noch in Schwierigkeiten. Ägypten ist nicht Deutschland. Hier ist alles unter strenger Staatskontrolle. Am Ende hat unsere Fürsprache für euch doch geholfen. Ihr habt ja auch meine Frau gut hierher gebracht. Gegenseitige Hilfe ist auch in Ägypten gerne gesehen. Stellt nun sicher, daß ihr unter allen Umständen nur nach Asyut zurück fahrt, eine Wiederholung könnt ihr euch nicht leisten.

Wir begleiten euch besser bis an die Abzweigung, um sicher zu stellen, ihr fahrt in die richtige Richtung." Nochmals eine Abschieds Tasse Tee und wir machten uns auf den Weg in die richtige Richtung. In Reserve-Tanks hatten wir ausreichend Benzin für diesen Ausflug in die Wüste sicher gestellt. Erst in der Nacht kamen wir im Nil-Tal wieder an. Der Sperrbalken an der Abbiegung auf der Strecke in die Wüste war zum Glück noch unverschlossen geblieben. Zurück im grünen Garten des Nil-Tales, hielten wir abseits von der Straße für die Nacht an. Das Leben kam hier auf der Straße auch über Nacht nie wirklich zur Ruhe. Menschen, Kamele, Esel waren oft in der kühleren Nacht unterwegs. Selbst am Tag mußte man besonders als Autofahrer sehr vorsichtig fahren, denn außerhalb einer Stadt hatten in Ägypten damals Menschen und Tiere Vorfahrtsrecht gegenüber Autos.

Auf der Straße entlang dem ganzen Nil-Tal trafen wir damals weder ein einziges fremdes Fahrzeug, noch irgendwelche Touristen. Ägypten wollte damals das Land kontrolliert nach außen vor unerwünschten Einflüssen abschirmen. Die wenigen Touristen von damals kamen zu den archäologischen Fundstätten am Oberen Nil entweder mit dem Zug, oder mit dem Flugzeug. Wir waren aber froh, auf unserem Weg einer Reise auch Ägypten kennen zu lernen, wie es im Jahr 1967 war ; ein historisches Museum mit seinen Menschen, wie sie schon immer gelebt hatten. Nicht um des künstlichen Bildes Willen, welches sich nach Touristen richtet, um ihren Vorstellungen zu entsprechen, damit sie ihr Geld zurück lassen. Was für ein ‚Kuhhandel'! Es muß allerdings zugegeben werden, daß das Reisen in Ägypten damals durch die ständigen Kontrolle erschwert war, am Anfang und am Ende von jeder Siedlung. Wer aber die Geduld aufbrachte, mit den bestehenden Verhältnissen umzugehen, der konnte nur so das unverfälschte Ägypten erleben. Und wenn man darüber dann auch noch schreibt, schafft man ein wirklichkeitsnahes Dokument aus der Zeit, vielleicht sogar für spätere Generationen.

Alle Menschen, denen wir begegneten, waren ohne Ausnahme freundlich zu uns. Schon alleine deshalb, weil unser Auftritt kein überlegener war, in dem die andere Seite zum Dienst am Kunden herab gewürdigt sich fühlen mußte. Eine Begegnung in einer Siedlung sollte wert sein geschildert zu werden : Bei unserer Ankunft liefen uns Kinder entgegen. Für sie war ein Auto eine Abwechslung in ihrem Tagesgeschehen. Je nachdem, wie man sie verstand anzusprechen, antworteten sie zurück. Bei Kindern auf der Straße war es ohnehin bereits ratsam, Eile zu vergessen und seine Fahrt zumindest zu verlangsamen.

Wir hielten an und reichten aus dem Auto einem Kind einen kleinen Ball aus unserer Geschenk-Kiste. Die Freude war in den Kindesaugen nicht zu übersehen. In den Lehmhütten unter dem Palmenhain, den umliegenden Zuckerrohr Feldern, nahm man unsere Ankunft mit Genugtuung auf. Ein älterer Herr im typischen langen Fellachen-Wollgewandt kam auf uns zu. Mit einer Hand wies er zu dem Platz vor seinem Haus, wo eine Bank aus Bambus im Boden fest war. Das Auto hielt er uns an, in einem kleinen Abstand von der Bank abzustellen.

Die Kunde fremder Ankunft mußte wie ein Lauffeuer durch die Siedlung gegangen sein. Plötzlich waren mehr Menschen um uns, als wir auf die Schnelle hätten zählen können. Ein paar junge Burschen wies der ältere Fellache an, auf unser Auto ihre Augen zu halten, während wir der Einladung uns mit ihm auf die Bank zu setzen folgten. Wie sich schnell herausstellte, war der ältere Herr auch die Person in der Siedlung, die aus der englischen Zeit Ägyptens die englische Sprache noch mitbekommen hatte.

Während wir ihm auf der Bank mitteilten, woher wir kamen, was uns bewegte die Reise zu machen, beobachteten uns alle Augen, welche die Siedlung aufbringen konnte. Aus einer Hütte neben uns brachten zwei Frauen Tee in einer Kanne mit drei Schalen. Der ältere Herr nahm die erste Tasse und wartete, daß sie mit Tee gefüllt wurde, zeigte uns daraufhin, wie er den Tee trank mit ein paar einladenden Worten ihm zu folgen. Die umstehenden Siedlungs Bewohner waren gekommen, so wie sie gerade von ihrem Platz sich aufmachen konnten, unterschiedlich bunt gekleidet von einfach bis etwas besser. Als Zuschauer waren sie offensichtlich zufrieden genug. Auch für sie alle führte der ältere Herr stellvertretend die Unterhaltung mit uns, vielleicht war er auch der Siedlungs-Älteste. Den ungeduldig wartenden Kindern in der Ansammlung der Siedlungs Bewohner schenkten wir zwischendurch noch eine Kleinigkeit, um sie beschäftigt zu halten. Als wir uns zur Weiterreise aufmachten, mußten wir hoch und heilig versprechen, eine Ansichtskarte aus Deutschland wenigstens an den älteren Herr zu schicken. Unser Auto war in der Tat inzwischen gut beaufsichtigt worden. Zum Abschied liefen uns die Kinder noch ein ganzes Stück Weges nach.

    Weiter dem Nil aufwärts, wartete Luxor auf uns. Hier stießen wir zum ersten Mal auf Reisende aus anderen Ländern. Deshalb durften auch die unvermeidlichen Andenkengeschäfte hier nicht fehlen. Ägypten zeigte sich hier von einer Seite, die den Besuchern gefallen soll, damit sie Geld leichter ausgeben können. Bei der Polizei-Stelle blieb es nicht aus, daß wir befragt wurden, wie wir durch Ägypten mit dem Auto gekommen waren. Am Ende ging es wieder nur darauf hinaus, eine Gebühr zu erfinden, die wir verpflichtet wurden zu bezahlen. Aus bestimmten, wahrscheinlich notorisch politischen Gründen, legte Ägypten offiziell Wert darauf, den Touristen nur Zugang zu den archäologischen Fundstätten zu gewähren. Der Touristen-Dollar sollte so seine Rolle besser spielen können, wohingegen der größte Teil des Landes so unangetastet bleiben sollte, wie er war. Änderungen nach dem Vorbild der sogenannten Westlichen Welt waren von der Regierung unerwünscht. Wie wir selbst erfahren hatten, waren selbst Ärzte in der Charga-Oase in ihrer Freizügigkeit stark eingeschränkt. Die gute Seite solcher Regelung war für uns, daß wir einen großen Teil Ägyptens erlebten, wie er seit den Pharaonen überlebt hat.

In Luxor erfuhren wir dann das andere Gesicht des Landes am Nil. Die Jugendherberge war auch hier die geeignete Unterkunft für uns. Besucher aus anderen Ländern kamen wie gesagt hierher entweder mit dem Zug, oder dem Flugzeug. Wenn mit dem Zug, dann bestimmt nicht auf einem der Dächer. Diese kostengünstige Reisemöglichkeit reservierten sich die Ägypter, während die zahlenden Fahrgäste eher einen ordnungsgemäßen Platz im Zug einnahmen.

Die alten Tempel von Theben lagen auf dem gegenüber liegenden westlichen Ufer des Nil. Dorthin zu kommen, mußte man eine Fähre über den Fluß benutzen. Bei unserem ersten Anlauf mit unserem Auto auf die Fähre, fiel unser Auto auf dem einseitig schwankenden Boot beinahe ins Wasser. Ein Versuch reichte, wir konnten uns nicht leisten das Auto auf den Grund vom Nil zu schicken. Also verblieb es auf dieser Seite des Flusses am Land in Luxor.

Während diesem Versuch der Verladung unseres Autos auf die Fähre, war unter den zusteigenden Passagieren zufällig auch ein deutsches Ehepaar aus Stuttgart anwesend. In dem Augenblick, als unser Auto an der Auffahrt zum Boot um ein Haar umgekippt war, entgingen mir wenigstens im Ansatz ein paar gute deutsche Schimpfworte. Sollte ich irgendwie gemeint haben, niemand anderer würde meine

Bemerkung verstanden haben, dann war ich verkehrt. Ich drehte mich verdutzt um und schon nach dem Aussehen nach zu schließen, waren es Deutsche, welche die Situation miterlebten und mit ihrem Lachen meiner ersten Verärgerung die Spitze nahmen. Das Lachen rührte von dem erwähnten Ehepaar aus Stuttgart her. Sie stiegen in das Boot.

Bevor wir jedoch unser Auto zunächst weg brachten, um dann später auch mit der Fähre überzusetzen, sprach das deutsche Ehepaar uns an, ihrer Einladung in das einzige Hotel in Luxor am Abend zuzusagen. Gerne sagten wir zu.

Wenig später konnte die Fähre auch uns über den Nil befördern. Am anderen Ufer sahen wir, daß man sogar Fahrräder ausleihen konnte, um die weitläufigen historischen Stätten leichter besuchen zu können. Der Preis alleine entsprach allerdings nicht mehr ägyptischen Maßstäben. Für uns war es sowieso angebracht, nach so viel autofahren, wieder einmal auf Schusters Rappen uns zu bewegen. Was war wohl besser bei dieser Hitze? Zu Fuß konnte wahrscheinlich auch nicht viel schlechter gewesen sein, als mit dem Fahrrad auf den sandigen Wegen.

Was wurde Besuchern hier nun an Sehenswürdigkeiten geboten? Vor dem namhaften ‚Tal der Könige' lag der ‚Amun Tempel' mit seinen großen Reliefen in Stein, welche die einstige Schlacht gegen den Feind, die Hethiter, darstellt. Interessant sind dabei die sehr viel mehr massiven Säulen um den Tempel, als später die Griechen und Römer sie bauten. In den Steinreliefen sind Krieger sowohl auf Pferden als auch auf Kamelen abgebildet. Wer hatte hier wohl die Oberhand gewonnen? Die Araber auf den Pferden, oder die Beduinen auf ihren Kamelen? Ich mußte in meiner Schulzeit an dem Tag nicht genug hingehört haben, als der Lehrer aus dem Geschichtsbuch vielleicht die Antwort darauf hatte.

Tal der Könige, Luxor, Ober-Ägypten, 1967

Ramses Statuen, Tal der Könige, Luxor

Ein Säulenhof verwies ebenfalls auf die solide Bauweise seiner Säulen. Außerdem blickten von ursprünglichen 6 übergroßen steinernen Statuen des Königs Ramses noch 3 verbliebene nach Osten zum ewigen Aufgang der Sonne und dem Wasser des Nil. Denkmal-Schänder hatten mit der Zeit genau wie bei den Pyramiden von Giza Steinmaterial für andere Zwecke entfernt.

Im Tal der Könige, Luxor, Ober-Ägypten, 1967

Nicht viel besser war es den zwei Obelisken ergangen, von denen noch Einer hier stolz dem Wüstensand trotzt, während sein Partner am Place De La Concorde in Paris die Verkehrs Auspuffgase versucht zu verdauen.

Eigene verschüttete Grabstätten Entdeckung im Tal der Könige, „Isis und Osiris" – 30.März 1967.

Weiter im Hintergrund stiegen wilde Felsenwände vor der Wüste hoch.Am Fuß von ihnen duckten sich in zwei Stufen die Tempel-Überreste der Ägyptischen Könige. Die zwei hintereinander liegenden schrägen Aufgänge führten zu den gestuften Tempel Plattformen, welche mit Säulen gestützt sind. Vor diesen Tempel-Ruinen befanden sich Berge von Stein-Schutthalden. Von einem der Hügel erhielt man einen guten Rundblick. Nur aus dieser Sicht konnte man an einem tiefer liegenden Hügel an der Oberfläche, nahe dem Boden, eine eingefallene Stelle erkennen. Die Stelle merkten wir uns von oben gut und machten uns auf zu ihr.

Aus der Nähe hatten wir zuerst Schwierigkeiten die Stelle wieder zu finden. Schließlich gelang es uns mit den Händen soviel Steingröll vorsichtig wegzuschaffen, daß wir hinter die eingefallene Stelle kamen. Es war der verschüttete Eingang zu einem unterirdischen Gang. Nachdem der Eingang so viel frei war, so daß ich in den Gang eintreten konnte, prüfte ich die Wände des Ganges, ob sie noch ausreichend sicher waren vor einem Einsturz. Etwas weiter innen entdeckte ich plötzlich wunderschöne Grabgemälde an der Wand. Wir öffneten dann den Eingang so weit wie möglich, um mehr Tageslicht in den Gang zu bekommen. Die Aufnahme mit meiner Kamera konnte nur so gut werden, wie die Möglichkeiten es mir erlaubten. Die Malerei befand sich wie in einem neuen Zustand, völlig unbeschädigt. Keine alte Ägyptische Grabmalerei hatte ich in so gutem Zustand gesehen, weder in Museen, noch in Büchern. Um die Stelle weiterhin zu schützen, schlossen wir den Eingang mit dem Steingeröll wieder, wie wir ihn angetroffen hatten. Ob die Stelle in der Zwischenzeit gebührlich entdeckt wurde, oder womöglich unachtsam zerstört wurde, kann ich nicht mehr beantworten. Es bleibt nur zu hoffen übrig, daß erkannt wurde, die Gemälde hatten Tausende von Jahren ohne jeden Schaden überlebt, nur auf Grund dieser zufällig verschütteten Verhältnisse.

Um am Abend der Einladung des deutschen Ehepaares zu folgen, machten wir uns rechtzeitig auf den Weg zurück nach Luxor, auch mit der Fähre wieder über den Nil. Im Reisegepäck hatten wir zumindest mit einer guten Ausstattung an Kleidern Vorsorge für solche besondere Gelegenheiten getroffen. Im Hotel Luxor erfuhren wir dann mit dem Ehepaar einen netten Abend, mehr von der Unterhaltung her, als was das Essen betraf. Unser Gastgeber wollte für uns alle das Beste auf dem Tisch haben, was die Küche bieten konnte. Damals war das Beste nicht einmal so viel, um den hohlen Zahn zu füllen, geschweige den Magen. Vielleicht war dies auch der Grund, warum keine anderen Gäste in den großen Hotelräumen zu sehen waren.

Ägyptischer Speisezettel mit ‚Pilaw' (Fleischklöße) war von den Fremden hier nicht gefragt. Und anderes Essen war entweder gerade ausgelaufen, oder hatte den Weg ins Obere Nil-Tal noch nicht geschafft. Alkohol konnte nicht als Ersatz eintreten, weil Ägypten als ein Muslim-Land den Alkohol-Konsum damals auch für Fremde untersagte.

In dem Gespräch erfuhren wir unter anderem, daß das Ehepaar eine gut gehende Firma in Stuttgart besaßen. Die Firma stellte Fischtank-Zubehör her und belieferte die ganze Welt mit ihren Produkten. Um unserer Begegnung noch etwas Gewicht zu verleihen, auch außerhalb dem Hotel, wurde unsere Einladung auf den nächsten Morgen mit einer Bootfahrt auf dem Nil erweitert. Damit wir rechtzeitig den Morgen begrüßen konnten, blieb unsere Unterhaltung im Hotel soweit begrenzt,daß es am Abend nicht zu spät wurde.

Bootfahrt auf dem Nil

Mit dem ersten Tageslicht am nächsten Morgen trafen wir das deutsche Ehepaar am Ufer des Flußes, wo ein Fellache mit seinem originalen Nil-Boot uns Vier an Bord nahm. Mit solchen einfachen flachen, weiten Holzbooten, dem Mast in der Mitte für ein großes dreieckiges Segel, wurde alles hier transportiert, nicht nur Personen. So früh am Morgen war die Tageshitze noch fern geblieben. Unser ägyptische Bootsmann richtete sein Segel in die aufkommende Brise über der leicht gekräuselten Wasseroberfläche des hier noch weiten Flußes. Unsere Gitarre war auch auf das Boot mitgekommen, so daß wir mit unserer musikalischen Einlage eine wunderbare Stimmung auf dem ruhig gleitenden Boot gemeinsam erlebten. Das Segel hielt in der Brise auch den meisten Klang der Gitarre gefangen. Noch bevor die Sonne mit ihrer Hitze wieder aufwartete, verbrachten wir einige erholsame Stunden zur Abwechslung auf dem Nil.

Zurück an Land in Luxor tauschten wir mit unseren deutschen Gastgebern die Adressen aus, damit wir in Deutschland uns vielleicht noch einmal treffen könnten. Das deutsche Ehepaar (Eheim) war ganz unabhängig und vornehm mit eigenem Flugzeug unterwegs. Sie waren gerade von Abu Simbel zurück gekehrt. Zu dem Teil von Ägypten führte keine Straße am Nil mehr entlang. Die einzige Möglichkeit dorthin zu kommen, war mit dem Flugzeug. Es war schade, daß wir dem Ehepaar nicht ein paar Tage früher begegnet waren, denn dann hätten sie uns nach Abu Simbel mit ihrem Flugzeug mitgenommen. Dort war man dabei mit internationaler Hilfe die gewaltigen Ramses II Steinfiguren höher hinauf am Ufer zu schaffen, um aus dem Bereich des Assuan Staudamm Wassers heraus zu kommen.

Dies war der Plan, bei dem die Größe der Felsen Statuen mit mehreren technischen Querschnitten in kleinere Stücke verringert werden mußten, um sie mit den bestehenden best möglichen Hebeeinrichtungen die 65 Meter am Ufer höher zu schaffen. Wie die Ägypter vor 5000 Jahren die ganzen Kolosse transportieren konnten, darauf haben wir bis heute noch keine Antwort. Aber den Mars wollen wir erobern.

Ramses Statuen in Abu Simbel, Ober-Ägypten

Die Granit Skulpturen stehen wieder gefügt stolz an ihrem erhöhten Platz, der König und die Königin. So werden sie noch lange den Nil und die Zeit vor ihren Augen vorbei fließen sehen.

Das deutsche Ehepaar kehrte dann mit ihrem Flugzeug zurück nach Deutschland. Wir setzten unsere Reise weiter Nil-aufwärts bis nach Assuan fort. Die befestigte Straße hörte gleich nach Luxor auf. Steiniger Sandweg führte von nun an weiter. Nur Kamele mit Zuckerrohr beladen und Ägypter hoch auf ihnen begegneten uns von nun an. Die geladenen Kamele füllten den schmalen Weg so aus, daß wir an der Seite anhielten, um den ‚Wüstenschiffen' die Vorfahrt zu geben. Die Kamele würden einemAuto nicht aus dem Weg gehen. Aufgeschreckt könnten sie eventuell sogar die Flucht ergreifen, was seine Herren sehr mißstimmen würde.

„Gegenverkehr" in Ober-Ägypten, 1967

Wegen unserer Rücksichtnahme gegenüber den Kamelen, begrüßten uns die Ägypter betont freundlich. – Die Oase entlang dem Fluß wurde hier immer kleiner. Steile Felsenböschungen und Wände kamen so nahe an den Fluß, daß kaum Raum für Ackerbau noch gegeben war. Nur kurz vor Assuan trafen wir ein Stück geteerte Straße an.

Was neu war, sind die Fliegen gewesen. In ihrer Aufsässigkeit waren sie unnachgiebig. Kein Insektenmittel hätte sie stoppen können, von anderem Leben zu schmarotzen. In Assuan zeigte sich dann wieder der Einfluß moderner Zivilisation mit dem Bau des neuen Staudammes und der Verlegung der Ramses-Skulpturen weiter flußaufwärts. Vielleicht auf Grund seiner riesigen Granit Fels-Betten ist Assuan der natürlich radioaktivste Ort der Welt, weil die Granit-Masse der starken Sonnenstrahlung ausgesetzt ist. Dies nur als eine Randnotiz, denn wir fühlten keinerlei Auswirkung davon auf uns. Dem Landschaftsbild und seiner trockenen Hitze nach zu schließen, ist Regen hier eine Seltenheit.

Hier in Assuan holten die Alten Ägypter ihre Granitblöcke für die Pyramiden, Tempelbauten und Statuen. In einem Felsenbett kann man noch heute sehen, wie ein Obelisk aus dem Granit Felsenbett heraus gewonnen wurde.

Angefangener Obelisk in einem Steinbruch von Assuan

Wie Menschen damals als Sklaven solche unglaublich langwierig schwierige Arbeit bewerkstelligten, kann man heute nur ahnen. Welche Werkzeuge hatten sie ? Es darf nicht vergessen werden, daß es sich in Asuan um einen besonders harten Granit handelt. Alles,was man noch sehen kann, sind die Gräben um einen halb fertigen Obelisk, wie aus dem Felsenbett seine Säule heraus kommen sollte. Die untere Seite einer solchen Säule aus dem Bett heraus zu bekommen, kann ich mir nur so vorstellen, daß der Graben tiefer geschlagen wurde, um dann von allen Seiten unter dem Block vielleicht mit Keilen ihn vom Bett frei zu bekommen. Dabei bleibt es dennoch ein Rätsel, wie die spiegelglatte Oberfläche erzielt wurde und die Genauigkeit der Schrägen eines Obelisken erzielt wurden. Mit Laser-Technik hat man den Obelisken in Paris ausgemessen und festgestellt, daß die leicht konischen vier Flächen auf ihre ganze Länge nur um 0.1Millimeter von einander abweichen. Das soll einmal heute jemand versuchen nachzumachen. Was allerdings auch nicht vergessen werden sollte, die Menschen, von denen man sagen könnte, sie waren in unsagbaren Zahlen „verheizt" worden, in unwürdigen Sklaven-Verhältnissen ; nur um das Gedenken an herrschende Schichten der Zukunft zu überliefern.

Was ist der wirkliche Inhalt von Kultur ? Sollte man sich hier die Frage stellen. War es nicht schon immer so, daß eine Seite der Gesellschaft sich das Sagen anmaßt und die anderen Seiten verpflichtet mit Anstrengungen für ihre „Ideen" aufzukommen ? Besonders in der Vergangenheit war der Preis für Kultur mit Entbehrungen bezahlt worden. Heute ersetzt Geld oft die fehlenden Anstrengungen, wie zum Beispiel aufgeblasene Preise bei künstlicher Nachfrage von Gemälden.

Unsere Anstrengungen auf unserer Reise ließen jedenfalls nicht nach. In Assuan hatten wir den südlichsten Punkt unserer Reise in Afrika erreicht. Jeder erfuhr damals in Zeitungen oder Fernsehen über das Staudamm.Projekt am Nil bei Assuan. . Russland baute den neuen Staudamm am Nil, oberhalb dem alten Staudamm.

Alter Nil-Staudamm bei Assuan, Ägypten, 1967

Als wir dann vom alten Staudamm weiter fuhren, dauerte es nicht lange und wir standen plötzlich auch vor der gigantischen Baustelle des neuen Staudammes. Zwischen gewaltigen Bergen von Steinmassen standen in zwei Reihen über das ganze Niltal hinweg himmelhoch ragende massive Betonsäulen, welche das Skelett für die eigentliche Staumauer werden sollte. Wenn der Staudamm fertig gestellt sein wird, soll der Nil mit seinem Wasser 600 Kilometer lang aufgestaut werden. Der so entstandene Stausee wird dann bis in das Territorium des Nachbar-Staates Sudan reichen. Wasser und elektrischen Strom soll das Projekt dem Land Ägypten bringen. – Sehr bald nach der Fertigstellung des Staudammes wurde man, wie sollte es anders sein, im

Nachherein aufmerksam auf den Einfluß einer solchen großen Wasserfläche in einem Wüstengebiet. Bevor ein Damm den Nil in seinem Lauf stoppte, lieferte der Fluß auf seinem langen Weg aus der Mitte Afrikas besonders bei regelmäßigen Überschwemmungen wertvolles Schwemmland auf beide Uferseiten. Jahrtausende nährte dies den Boden für die Agrarwirtschaft des Landes. Der Damm hält jetzt diesen Zyklus auf, kein neues Schwemmland wird den Ufern des Nils zugeführt. Bleibt dies nun aus, wird künstliche Zuführung von Nährstoffen für den Boden nur das Wasser des Nil mit unerwünschten Stoffen anreichern. Es wird dann nur eine Frage der Zeit sein, daß das Wasser im Nil gesundheitsgefährdent sein wird, wenn es das nicht schon längst geworden ist. Hier ist wieder die alte Geschichte, unsere Interessen machen uns blind gegenüber seinen Auswirkungen. Es ist an der Zeit, die Wirklichkeit richtig zu erkennen, so daß all unser Tun sowohl die guten, als auch die schlechten Seiten berücksichtigen lernt. Wir sind es, die uns anmaßen, die weniger guten Seiten leichter zu übersehen in der uralten Überheblichkeit : Nach mir die Sintflut.

Hier in Assuan wählten wir einen anderen Weg zurück nach Kairo, um weiterhin Ägypten kennen zu lernen. Ein Stück Weges mußten wir dennoch auf dem steinigen Weg zurück fahren, bevor eine Abzweigung nach Osten zum Roten Meer bei Idfu kam. Was für eine Überraschung ! Hier trafen wir eine Straße mit nagelneuem Teerbelag an. Die Straße führte in kahles, steiniges Bergland. Die Hitze stieg am Tag fast unerträglich an. Am Straßenrand wiesen vertrocknete Überreste von Kamelen auf die harrschen Bedingungen hin. Selbst eine Klima Anlage in unserem Auto hätte diese Hitze nicht in erträgliche Schranken verweisen können.

Unterwegs kamen wir auch an einer Wasserstelle vorbei. Sie war über dem Boden in eine runde Steinwand gefasst. Alleine ein Blick in den sehr tief liegenden Wasserspiegel reichte, Abstand zu nehmen, von der Wasserpfütze Gebrauch zu machen. Weiß der Teufel, was da so alles in dem wenigen Wasser noch so versteckt war.

Sobald wir ‚Marsa Alam' am Roten Meer erreichten, wurde die Temperatur durch das Meereswasser erträglicher. Kein Baum, kein Strauch, nicht einmal ein Grashalm waren zu sehen. Die Wüste kam hier bis an den Strand. Im Gegensatz zur Wüste, war im Wasser des Roten Meeres sichtbar viel Leben. Entlang dem Strand lagen große Muscheln, welche nur warteten aufgelesen zu werden. Wir waren gut beraten, eine Anzahl von ihnen mitzunehmen, da sie auf unserer weiteren Reise besonders in anderen Ländern ein gutes Tauschmittel gegen Dinge waren, die wir dringend nötig brauchten, sei es Benzin oder auch zusätzlicher Essenproviant.

Nur gezählte Menschen wohnten hier in Hütten, teilweise aus Strandgut zusammen gestellt von den Schiffen der stark befahrenen Seeroute durch das Rote Meer und dem Suez Kanal. Gut erhaltene Kisten aus dem umliegenden Strandgut dienten uns, die Muscheln und unsere Sachen im Auto besser zu versorgen. Unter ihnen war eine besonders gut erhaltene Kiste, auf der der Name „Glasgow" sogar noch deutlich lesbar erschien. Sie war uns besonders im Auto und sogar später noch zu Hause dienlich. Bretter von Kisten verwendeten wir für ein Strandfeuer zum Kochen. Unser Versuch auf den Strand auch mit dem Auto zu kommen, schlug ziemlich fehl. Fast ein halber Tag ging verloren, bis das Auto wieder festen Boden unter den Rädern hatte.

Fern im Osten stieg majestätisch die Berg-Silhuette der arabischen Halbinsel am Horizont empor. Das Wasser des Roten Meeres war richtig warm. Trotzdem hielten wir uns mit Baden oder Schwimmen zurück, alleine wegen den vielen Meerestieren wie zum Beispiel den schön aussehenden, aber gefährlich giftigen Quallen. Schönheit in der Natur steht all zu häufig auf gutem Fuß mit Gefahren für uns. Die eintönige Wüstenlandschaft entlang dem Roten Meer erfuhr erst eine Aufbesserung, als wir näher der Sinai Halbinsel und dann dem Suez Kanal kamen, der wichtigen Schiffsfahrt Verbindung durch das Mittelmeer. Ebenso verwies ein Schild hier auf ein Meeres-Aquarium in ägyptischem Stil. In Strandnähe über geringer Wassertiefe führten Bretterstege hinaus ins Meer. Gegen das offene Meer war dieser Teil mit Gitter eingeschlossen. Während der Besichtigung von Haien, Tintenfischen, Mantas, Stachelrochen und vielen wunderschönen farbigen Fischen, Quallen und Muscheln, war es empfehlenswert, nicht auf den Bretter-Planken auszurutschen. Die eingesperrten Meerestiere warteten nämlich nur auf eine nächste Mahlzeit.

Auf unserem Weg zurück zum Auto begegneten uns ein paar junge Burschen. Wir versuchten von ihnen zu erfahren, ob dies in der Tat das Aquarium war, welches das große, farbige, unübersehbare Schild versprach. Ihre Antwort war die : Bevor wir noch etwas sagen konnten, öffneten sie dreist die Seitentüre unseres VW-Busses und schon hatte die ganze ‚Meute' Platz genommen und dabei nicht einmal vergessen, auch die Türe wieder zu schließen. Eine Verständigung kam nicht zustande. Unsere neuen Fahrgäste zeigten uns nur mit ihren Händen die Richtung gerade nach vorne, wohin die Fahrt nach ihrer Vorstellung jetzt gehen sollte. Was sollten wir machen ? Ihr arabisches lautes Durcheinander konnte uns nichts sagen. Also versuchten wir zuerst einmal mit ihnen loszufahren. Allein das Auto wollte da nicht mitmachen, es kam mit der Zusatzlast nicht in Fahrt. Jetzt wurde es genug für uns. Beide stiegen wir aus, mit dem Zündschlüssel in unseren Händen, öffneten die Seitentüre und ließen entschlossen keinen Zweifel aufkommen,wohin die Burschen von hier zu gehen hatten. Die Party war zu

Ende! Von dem Augenblick hielten wir die Seitentüre verschlossen.

In der Gegend von Ras Gharib roch die ganze Gegend stark nach Erdöl. Kein Wunder war das, wenn man sah, wie Schlauchleitungen willkürlich kreuz und quer am Boden lagen und sichtbar dunkles, stinkendes Öl an vielen Stellen leckte. Hoffentlich kommt niemand aus Versehen mit einer Zigarette hier vorbei,dachten wir uns und schauten zu, daß wir schleunigst die Gegend verließen.

Dies war Ölförderung mit geringstem Aufwandt, geringstem Zeitverlust und vielleicht auch noch mit besonderer Einträglichkeit. Sobald wir den starken Ölgeruch hinter uns hatten, kamen wir an eine Abzweigung, wo eine Staubstraße nach Westen wieder in Wüstengebiete führte. Zwölf Kilometer auf diesem Weg lag in völliger Einsamkeit die Festung des Koptischen Klosters St. Paulus. Man stand dort vor hohen Stein-gesetzten Mauern inmitten wenig einladender lebloser Wüsten-Umgebung.

St. Paulus Kloster in Nieder-Ägypten

Neben einem fest geschlossenen Eingangstor hing von einem hoch gelegenen Ausblick ein Seil, welches eine Glocke schwingen ließ, um Besucher anzumelden. Nach einer Weile erschien in dem Ausblick ein Mann in einem braunen Kaputzen-Gewandt. Er blickte zu uns herunter und verschwandt wieder genau so schnell, wie er erschienen war. Zuerst dachten wir, wir wären übersehen worden. Doch nach einer Weile öffnete sich am Eingang an der Seite eine kleine Türe mit quietschendem Geräusch. Vor uns stand der Mann in dem braunen Kaputzen-Gewandt. Mit einer einladenden Handbewegung in das Kloster weisend, gab er uns zu verstehen, mit ihm zu kommen.

Was für eine andere Welt tat sich hinter den Mauern für uns auf ! Ein Palmen-Hain schmückte die Mitte des Innenhofes. Ringsherum waren Mais, Gemüse, alles was eine Selbstversorgung sichert, peinlich sauber und gut gepflegt.

Kloster St. Paulus , Innenhof

Aus einem Springbrunnen floß Wasser in kleinen Kanälen zu allen Stellen in dieser Pflanzung. Den Springbrunnen selbst schirmten feste Eisengitter ab. St. Paulus ist das älteste Christliche Kloster. Während der ganzen Zeit war die Wasserquelle hier die Lebensader des Klosters. In der Steinmauer um das Kloster waren zwei Gebetsräume mit eingebaut. Für jeden der 20 Mönche war eine Nische eingerichtet als persönliche Unterkunft und ein Raum mit einer schönen und reichhaltig ausgestatteten Bibliothek, wahrscheinlich auch mit wertvollen alten Schriften.

Keiner der Mönche sprach weder Englisch, noch Französisch, weshalb unsere Unterhaltung sich nur auf Gesten beschränken konnte. Auf anderen Seite sprachen sie aber Hebräisch, Alt-Griechisch und Latein. Obwohl mein Freund und ich Latein in der Schule lernten, stellten wir fest, wie schwierig es war, in Latein sich zu verständigen. Mit einem Lächeln im Gesicht anerkannten die Mönche unsere Bemühungen einer Verständigung bei einer gemeinsamen Tasse Tee. Wasser bedeutete hier Leben und eine Tasse Tee war deshalb auch etwas besonderes. Jeder Mönch war in einem langen Gewandt unterschiedlicher Farbe gekleidet. Eine eigene Persönlichkeit strahlte von jedem aus.

Unsere Besuchzeit war begrenzt, denn die Mönche hatten ein festes religiöses Tages Programm, bei dem sie nicht gestört werden wollten. Die Mönche kehrten zurück in ihre Geschiedenheit, während wir aus dem Kloster gingen und uns auf den weiteren Weg machten.

Mönche im St. Paulus Kloster, Ägypten, 1967

Mönche in St. Paulus Kloster, Ägypten, 1967

Die unwegsame Staubstraße zum Kloster brachte uns wieder auf die befestigte Teerstraße entlang der Küste am Roten Meer. Je näher wir dem Suez Kanal kamen, desto mehr Schiffe warteten auf ihre Passage durch den Kanal. Auf der anderen Seite des Golfes ragten die Berge der Sinai Halbinsel steil heraus. Das Wasser lag hier völlig ruhig. Kistenholz von Schiffen sammelten wir wieder am Strand ein, um uns mit Feuerholz einzudecken.

Der Suez Kanal wurde von den Franzosen unter der Aufsicht von F. Lesseps im Jahr 1859 fertig gestellt. Mehr als 10 Jahre dauerten die Arbeiten. Heute ist es der wichtigste Schiffsweg zwischen Ost und West geworden. Während seinem Bau kamen eine große Anzahl der Arbeitskräfte durch Malaria-Erkrankung um. In folgenden Jahrzehnten lösten verschieden gelagerte Interessen Konflikte hier aus. Nur ein paar Wochen nach unserer Anwesenheit am Suez Kanal brach ein Sechs-Tage Krieg zwischen Israel und Ägypten aus, in dem Israel die Sinai-Halbinsel für sich in Anspruch nahm. Darauf gewann im Jahr 1975 Ägypten International das Recht über den Suez Kanal, so daß der Schiffs Verkehr wieder in Schwung kam.

Die Ruhe, welcher wir hier begegneten, war in Wirklichkeit die Ruhe vor dem Sturm. Wir hatten das Glück auf unserer Seite, daß wir nicht von dem Sturm erfasst wurden. Die Landschaft entlang dem Suez Kanal ist topfeben. Die Schiffe im Suez Kanal erschienen aus der Ferne wie Geisterschiffe in der Wüste. Auf halbem Weg geht der Kanal durch einen Binnensee, den Bitter-See. Während der Bauzeit des Kanals war besonders in den Anfangs Jahren hier die Brutstätte von Moskitos, welchen so viele Menschen durch Malaria zum Opfer gefallen waren. Dies sollte ein Hinweis sein, was passiert, wenn Wasser in isolierte Wüstengegend kommt.

Um nicht weiter Aufenthalt zu erfahren, umgingen wir dieses Mal die Stadt Kairo und nahmen die Straße nach Alexandria. Hatten wir eine Vorahnung, daß es gut war, aus der Gegend so schnell wie möglich weg zu kommen ? Tatsache war vielleicht auch, wir hatten für den Augenblick genug ägyptische Erfahrungen gesammelt.

Der nächste Punkt auf der Karte noch in Ägypten war El Alamein. Drei Friedhöfe mit unzähligen Kreuzen waren hier auf flachem Wüstenland zu sehen. Hier fanden die Auseinandersetzungen im Zweiten Weltkrieg zwischen England auf der einen Seite und auf der anderen Seite gemeinsam Deutschland mit Italien statt. So waren auch die Friedhöfe getrennt von einander. Heute sollte man sich fragen, welchen Sinn hatten diese Menschen- und Material-Verluste ?

Dem Englischen Friedhof begegneten wir zuerst. Deutsches Kriegsmaterial war hier im Sand zurückgelassen worden. In einem Buch wiesen auch wir mit unseren Unterschriften darauf hin, wir sollten aus unseren Fehlern auch einmal Lehren ziehen. Sonst wären die Opfer sinnlos gewesen.

El Alamein, Ägypten, Soldaten Friedhof

El Alamein, Ägypten, Deutsche Flack

Weiter auf der Straße kam die Gedenkstätte der gefallenen deutschen Soldaten. Aus dem Sand, auf einer Anhöhe vor der Küste, stand ein vieleckiger hoher Steinring. In seinem Innenhof waren die Namen der Soldaten fest gehalten. In der Mitte mahnte eine Tafel, nicht mehr solch einen Konflikt zu wiederholen. – Nicht weit von der deutschen Gedenkstätte erinnerte auch Italien in einer mit der deutschen ähnlichen Gedenkstätte, an seine Gefallenen.

LIBYEN

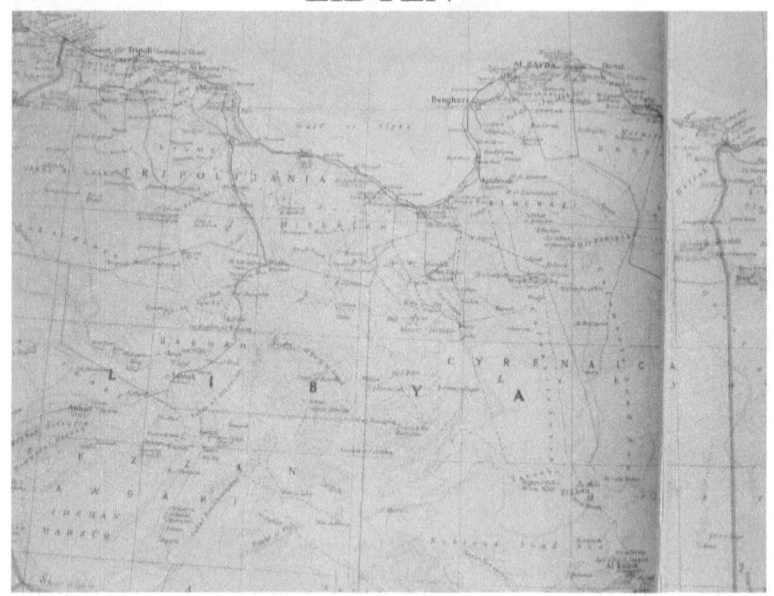

Karte von Libyen

Auspacken an der Libyschen Grenze

Eine Reparaturarbeit an unserem Auto verzögerte an dem Tag unser Fortkommen. Deshalb kamen wir an dem Grenzort nach Libyen, Soloum, erst in der Mitte der Nacht an. Die Ortschaft liegt am Fuß zu einem Hochplateau vor Libyen. Bevor wir weiter fuhren, besorgten wir uns in allen möglichen Geschäften Benzin in Blechkanistern, womit wir unsere Ägyptisches Geld im Land ließen. Erst auf der Weiterfahrt machte uns starker Benzingeruch im Auto aufmerksam, daß die Blechbehälter nicht dicht waren. Unsere Antwort war sehr schnell die, was nicht mehr in unseren Tank passte, floß in den Sand der Wüste zurück. Dabei sollte es aber alleine nicht bleiben. An der Grenze schickte man uns zurück nach Soloum, ein bestimmtes Papier von einer offiziellen Stelle zu besorgen.

Als wir in Soloum zurück waren, standen wir vor verschlossenen Türen der Behörde, obwohl es noch früh am Nachmittag des darauffolgenden Tages war. Wir nahmen die Gelegenheit wahr, einmal auch mit der täglichen Fahrt früher aufzuhören und etwas notwendigen Schlaf nachzuholen.

Am nächsten Tag mußten wir uns in Geduld mit warten üben, bis jemand in der offiziellen Stelle auftauchte. Eine Menge Papiere hielten uns schon deshalb reichlich auf, weil wir die arabische Schrift nicht lesen konnten. Die übliche Unterstützung für die andere Seite brachte dann endlich grünes Licht für die Weiterfahrt uns ein. Bevor wir uns dann wiederholt auf den Weg zur Grenze machten, ließen wir es uns nicht entgehen, ein paar arabische Andenken den zahreichen aufdringlichen Straßenverkäufern abzukaufen, im Vergleich zu unserer deutschen Mark, zu einem spottbilligen Preis. Ein besonderer Gegenstand war der goldene Seidenring, mit dem die Araber ihr Tuch auf dem Kopf fest halten.

Wir waren gerade dabei, uns auf den weiteren Weg zu machen, da hielt ein anderer VW-Bus neben uns. Zwei junge Männer, ungefähr gleichaltrig mit uns, ließen verlauten, daß sie aus der Schweiz unterwegs waren. Die Straßenverkäufer stürzten sich sofort auf diese Neuankömmlinge. Dem Verhalten der Schweizer nach zu schließen,wollten sie zum Abschied aus Ägypten hier so richtig noch einkaufen. Auf der anderen Seite zeigten sich die Verkäufer auch sehr daran interessiert, was die Schweizer so mit sich führten. Als wir zusehen mußten, wie Waffen in Schweizer Qualität den Augen der Ägyptern vorgeführt wurden, wußten wir, es war höchste Zeit, von hier weg zu kommen. Es war nur eine Frage der Zeit, daß Probleme entstanden.

Mit den entsprechenden Papieren gewappnet, erklärte sich der Grenzposten der ägyptischen Seite auf dem Hochplateau bereit, uns freie Fahrt zu geben. Nach dem libyschen Grenzposten mußten wir nicht lange Ausschau halten. Stacheldraht Rollen auf beiden Seiten einer Hütte sprachen deutlich genug, hier mußte man anhalten. Alleine der Stacheldraht gab zu verstehen, wie es mit den Beziehungen zwischen Ägypten und Libyen stand ; sehr gespannt !

Aus der Türe der Hütte, von der nur die obere Hälfte geöffnet war, deutete ein uniformierter Grenz Posten mit Händen an, alles müsse aus unserem Wagen zur Inspektion heraus kommen. Natürlich folgten wir der Anweisung. Vielleicht mit etwas scherzhafter Absicht legten wir unsere ‚Sieben Sachen' auf die Stufen vor der Türe des Grenzposten. Je mehr wir dort nieder legten, desto höher wurde der Stapel. Bevor die Sicht aus der Hütte schließlich versperrt war, machte sich der Unmut der Grenzposten Platz. Einer von ihnen räumte mit beiden Händen sich die Sicht frei. Meine Kamera war bereits in Stellung, die Szene im Bild festzuhalten. Dies allerdings, wollte den uniformierten

Männern gar nicht gefallen. Zwei von ihnen schafften sich durch unser Gepäck vor der Türe und kamen auf uns zu, jeder mit seinem Gewehr erhoben in seinen Händen. Ihrem unüberhörbaren ‚Murmeln' nach zu schließen, waren sie sehr verärgert. Prompt richteten sie ihre Gewehre auf uns. Mit dem Gewehrlauf an unserem Rücken stießen sie uns in ihre Hütte. In der Hitze hinterließ der Gewehrlauf außer einem deutlich spürbar punktartigem Druck, wenigstens auch noch ein wenig Kühle von dem eisernen Gewehrlauf. Nur nicht abdrücken, war die Botschaft der Stunde.

Ich wurde noch einmal zum Auto hin kommandiert, um die Kamera dem Posten auszuhändigen. Meine Kamera mit all den Bildern unserer Reise gab ich allerdings nicht weg, sondern unsere billige Zweit-Kamera. Zurück in der Hütte, mußten wir die Kamera vor den Augen der Posten öffnen. Sie übernahmen dann die Kamera mit dem freiliegenden Film, nahmen den Film in beide Hände und nachdem sie auf dem Film nichts sehen konnten, gaben sie uns die Kamera mit dem Film zufriedengestellt zurück.

Wohlweislich hüteten wir uns auch nur einen Anflug von einem Lachen in unseren Gesichtern zu zeigen. Wie sollte man auf dem Film im Tageslicht Bilder sehen können? Jetzt war eher die Zeit gekommen, die Gewehre wieder zu versorgen. Dies gelang uns dann schließlich doch noch. Die erhitzte Situation normalisierte sich, die Grenzposten fanden sogar ihr Lächeln zurück, als sie uns anhielten, alles wieder ins Auto zurück zu bringen. Vielleicht hatten wir alle unseren Spaß? Die Grenzposten waren jedenfalls wieder unangefochten wieder im Besitz ihrer Autorität und ihrem Stolz. Wir hingegen mußten mit viel Zeit ‚Federn' hier hinterlassen, kamen aber am Ende glimpflich aus der Situation heraus. Die eigentliche Kontrolle der Pässe ging dann überraschend schnell über die Bühne.

Mit betonter Höflichkeit schauten wir dann weiter zu kommen, denn die „gefährliche Aufnahme" hatten wir in der anderen Kamera. Somit war außer Zeit nichts anderes verloren gegangen, auch nicht unser geschätztes Leben.

Unterwegs in Libyen erfuhren wir vor Tubruk ziemliche Wartezeiten. Eine breite Straße war im Bau . Die riesigen Erdbewegungs Maschinen sandten soviel Wüstensand und Staub in die Luft, daß die Sonne fast verdunkelt wurde. Beistehende Arbeitskräfte trugen richtige Gasmasken über ihren Gesichtern. Die Szene mutete wie auf einem anderen Planeten an. Damit wir nicht zu leicht übersehen werden konnten, war es Vorschrift, volles Scheinwerfer Licht am Auto einzuschalten.

Gleichzeitig mit den Straßenarbeiten wurden parallel zu ihr Stahlrohre über dem Boden auf Betonsockeln verlegt, für den Transport von dem Libyschen Erdöl. Auf einem Schild erschien ein uns bekannter Name, nämlich, daß die deutsche Firma ‚Mannesmann' das Projekt ausführte.

In Tubruk angekommen, standen wir modernen Hausbauten gegenüber, wo auch wieder einmal Geschäfte waren, in denen es etwas Vernünftiges zu kaufen gab. Zu unserer Überraschung war hier niemand interessiert an ausländischem Geld ; der Ölreichtum des Landes brachte damals schon einen Überschuß an Devisen aus anderen Ländern. Hier konnte man Geld nur in einer offiziellen Bank umtauschen und nicht wie wir vorher erlebt hatten, auf der Straße.

Das Leben in Libyen erschien sehr unterschiedlich zu dem in Ägypten. Keine Verkäufer auf der Straße, keine bettelnden Kinder am Straßenrand. In Ägypten waren Straßenhändler in vereinzelten Fällen so weit gegangen, wenn sie nicht zufrieden waren mit einem Verkauf oder Tauschgeschäft, zögerten sie nicht, auch Steine nach einer anderen Person zu werfen. Zwei Hauptgründe magen in

Libyen vorliegen, daß dies hier nicht geschah ; Libyen hatte eine wesentlich geringere Bevölkerung, alleine schon aus der Vergangenheit durch die Sahara bestimmt. Dann kam noch der große Ölreichtum des Landes hinzu, welcher der Entwicklung eines Mindest-Lebenstandardes im Land sehr viel half.
 Tobruk ist eine weitere Gedenkstätte in Nordafrika, welche an den Zweiten Weltkrieg erinnert. Wie in El Alamein von Ägypten, sind im gleichen Stil auch in Tobruk Gedenkstätten für die Gefallenen errichtet worden.
 Nach Tobruk führte die Straße auf eine Hochebene. Im Frühjahr mußte damals ausreichend Regen gewesen sein, daß die Gegend grün erschien. Kamele grasten mit ihren Jungen in den weiten Wiesen, Ähren in niederen Weizenfeldern wogten mit dem Wind, kleine Waldflecken stellten sich der wandernden Sahara in den Weg. In dem felsigen Tal des ‚Wad El Kuf' fiel die Straße dann steil in Serpentinen wieder ab zur Küste. Riesige erdgeschichtliche Auswaschungen haben bizarre Felsen Formationen hinterlassen, senkrechte hohe Felsenwände, höhlenartige Auswaschungen und überhängende Felsendächer. Dies war auch eine überraschend unerwartete Begegnung mit der Sahara.
 Benghazi an der Küste war die zweit größte Stadt von Libyen. Der Verkehr in der Stadt fiel sofort auf. Im Gegensatz zu Ägypten hielt entgegen kommender Verkehr an, anstatt das Vorfahrtsrecht dem anderen streitig zu machen. Hat dies etwas zu tun mit einer Bevölkerungs Dichte ? Denn auch in China, einem sehr dicht besiedelten Land, ist es üblich, daß wer ‚besser lacht', kommt auch im Verkehr besser durch, während der andere mit Rücksicht zurück bleibt. Eine Erklärung könnte diese sein ; in einer dichteren Bevölkerung zählt mehr, wer zuerst kommt, mahlt zuerst.

Eine schlechte Straße mit teilweisen staubigen Bauabschnitten ließ uns viele Stunden am Tag verlieren, trotz sehr wenigem Verkehr. Bereits aus einiger Entfernung entging uns nicht ein VW-Bus, weg von der Straße, zum Teil mit Sand verweht. Natürlich hielten wir an, um herauszufinden, was hier passiert war. Aus der Nähe erkannten wir sofort den VW-Bus von den zwei Schweizern, denen wir an der Grenze begegnet waren. Im Auto war niemand mehr, verschiedene Scheiben waren eingeschlagen, von den Schweizern war weit und breit keine Spur zu sehen.

Wir erinnerten uns nur an die Gelegenheit, wo die Schweizer übermütig und unvorsichtig ihre Waffen zeigten. Schon damals dachten wir uns, ob das gut gehen wird. Wahrscheinlich sind sie bis hierher verfolgt und vielleicht sogar in der Nacht überfallen worden. Inzwischen hatte sich die Wüste dem Auto angenommen, es sollte nicht mehr lange dauern und es war im Sand verschwunden. Was mit den beiden Schweizern los war, blieb ein Rätsel wahrscheinlich nicht nur für uns.

Kaum waren wir in Sirte angekommen, sorgte ein Problem an unserem Auto dafür, daß es auch uns nicht zu gut ergehen konnte. Ein richtiger Sandsturm erschwerte nur noch unsere Situation mit dem Schaden an der Hinterachse des Autos. Ständig anhalten, im Sandsturm das Rad gut abdecken, damit beim Nachfüllen vom Öl kein Sand in das Untersetzungs-Getriebe am Hinterrad kommen konnte, half uns nicht lange weiter. Keine Bank, keine Läden, keine Werkstat hatte hier offen. Als Erstes entschieden wir, eine Pause einzuschalten, einschließlich der Nacht in unserem wohnlichen VW-Bus. Am nächsten Morgen sahen wir uns das Radlager näher an und mußten leider feststellen, unser Problem war nicht nur ein Öl-Problem, sondern ein Radlager war kaputt und hatte die Dichtung verletzt, weshalb wir das Öl verloren.

Wie so oft, hatte auch in dieser Situation der ‚Teufel' es gewollt, daß wir alles andere für eine Reparatur mit uns hatten, nur nicht dieses Radlager. Der nächste Platz, wo wir das gewünschte Ersatzteil bekommen konnten, war in der Hauptstadt Tripoli. Wer nun nach Tripoli ging und wer beim Auto blieb, entschied eine Münze mit ihrer Wahl, welche Seite sie am Boden zeigte nach ihrem freien Fall aus der Hand. Die Wahl nach Tripoli zu gehen, traf mich.

Nicht weit von unserem Platz traf ich zufällig auf einen Mercedes-Unimog, der aus der Wüste auf die Straße nach Tripoli gekommen war. Der Fahrer hielt auf mein Handzeichen an. Er sprach fließend Englisch und nachdem ich ihm meinen Auftrag mitgeteilt hatte, lud er mich ein, bei ihm einzusteigen. Einen mächtigen Sandsturm auf der Strecke mußten wir zuerst abwarten. Während der Wartezeit kam sehr bald heraus, der Fahrer mit dem Namen ‚Romano' kam aus der Schweiz. Er lieferte alles, was eine Ölbohrstation benötigte mit seinem eigenen Spezialfahrzeug in die Wüste. So nebenbei kam auch heraus, Romano sprach als Schweizer auch fließend deutsch. Also warum umständlich, wenn es auch einfacher mit deutsch ging.

Sein Allrad-Fahrzeug war innen bestens eingerichtet, mit Bett, Kochmöglichkeit, Eisschrank, Kompass, Funkeinrichtung, einschließlich Klimaanlage. Die Fahrkabine war so gut abgedichtet, daß weder Sand, noch Hitze eindringen konnten. Die Wartezeit bis der Sandsturm sich gelegt hatte, kochte Romano eine hervorragende Spagetti Mahlzeit. In der Nacht schlief ich bequem quer über den Vordersitzen. Bis zum nächsten Morgen war der Sandsturm gewichen, so daß wir die Fahrt nach Tripoli fortsetzen konnten.

Während der Fahrt erzählte Romano mir über sein Leben in der Wüste. Nach seinen Worten konnten nur sehr erfahrene Personen den Weg in die Sahara riskieren. Denn das Bild in der Landschaft änderte sich ständig besonders durch die Sandstürme, weshalb eine Orientierung so schwierig war. - Romano hatte schon vielen Menschen geholfen, auch seinen Eltern in der Schweiz. Durch seine isolierte Arbeit hatte er mit seinen 35 Jahren noch nicht die richtige Frau für sich gefunden. Er sagte, er hätte gerne auch eine Familie. Ich erinnerte Romano an die Hilfe, die er anderen zukommen läßt und versicherte ihn, seine Wünsche werden auch nicht ungehört bleiben. Wer anderen hilft, dem wird die Zeit auch helfen.

Nicht mehr all zu weit von Tripoli wechselte das Bild der Wüste in das einer grünen Oase. Ganze Palmenwälder standen gestreut zwischen Weizenfeldern. Dies war das Ergebnis von Wasser in die Wüste bringen. Der Wüstenboden ist reich an Mineralien, er braucht in den meisten Fällen nur das lebenspendende Wasser, um etwas landwirtschaftlich anzubauen. Auch in Libyen brachten die großen Schiffe auf ihrem Rückweg, um Öl wieder zu laden, Wasser von überall aus der Welt, mit dem unter anderem auch hier künstliche Bewässerung erfolgreich Anwendung fand.

Je näher wir nach Tripoli kamen, desto mehr Läden erschienen an der Seite der Straße. An einem Restaurant hielt Romano an und lud mich zu einem Abschieds-Essen ein. Romano war offensichtlich jedem in dem Restaurant bekannt und zu meiner Überraschung sprach er mit jedem arabisch. Obwohl die Küche auch hier nur ein Standard arabisches Essen auf der Liste hatte, bereitete sie für uns eine Mischung aus arabischem und italienischem Essen vor. Zu dem Zeitpunkt waren wir die einzigen Gäste, die etwas aßen.

Es war Freitag Nachmittag und höchste Zeit, um vor dem Wochenende noch in die Stadt nach Tripolis zu kommen. Romano wußte sogar, wo der Volkswagen Kundendienst war. Vor dem Eingang verabschiedeten wir uns voneinander.

Die Türe zu dem Geschäft war allerdings bereits geschlossen, ich kam eine halbe Stunde zu spät an. Wie sollte ich nun die Zeit über das Wochenende in der Stadt verbringen ? Hotels waren hier sündhaft teuer. Ich mußte mir etwas anderes einfallen lassen. In dieser modernen Stadt mit ihren breiten Straßen, Beton- und Glas-Palästen ergab sich für mich schwer eine andere Lösung für meinen Aufenthalt. Also machte ich mich an den Strand auf, wo bei einem Park vor dem königlichen Palast verschiedentlich Bänke geschützt aufgestellt waren. Die folgende Nacht auf der harten Bank war nicht gerade eine gute Empfehlung, zumal die Kälte aus der Wüste auch nicht ausblieb. Als Beruhigungs-Pille diente mir der Gedanke : Wer wird denn schon in dieser Welt einem unscheinbaren Penner zu nahe treten wollen ? Und so ergab es sich auch, ich blieb ungestört alleine.

Mit dem ersten Sonnenlicht am Morgen kam sehr schnell die Wärme auch zurück in meine kalten, steifen Knochen. Nicht lange dauerte es, daß zu viel Wärme die Luft am Tag wieder erfüllte. Der Brunnen vor dem königlichen Palast kam mir gelegen, für eine noch früh am Morgen unbeobachtete Gelegenheit, mich frisch zu machen. Diese Wartezeit bis am Montag, wenn der VW-Laden wieder öffnen sollte, verbrachte ich hauptsächlich, mich in der Stadt umzusehen, die Parks zu begutachten, den Strand zu besuchen. Am Strand selbst hielten sich auch andere Personen auf. Nur, daß niemand im Wasser zu sehen war. Unsere Vorstellung vom Baden in möglichst wenig Badekleidung entsprach nicht den Vorstellungen des Islam.

In Tripoli blieben am Wochenende die Läden gewöhnlich offen. Dieses Wochenende jedoch, wie sollte es anders sein, mußte ich mit der Ausnahme rechnen. Im Zusammenhang mit dem Mond, feierte die islamische Religion diese Erscheinung. Deshalb blieben alle Geschäfte über das Wochenende bis einschießlich Montag geschlossen.

Was für eine Hiobs-Botschaft war das für mich ! So hatte ich also genug Zeit, dem Museum neben dem königlichen Palast auch mit meinem Besuch die Ehre zu erweisen. Wegen den religiösen Feiertagen war der Eintritt frei. In dem Museum zeigte die Wüste ihr vielseitiges Gesicht in den Landschaften, sowie seiner Tierwelt. Die wenigen Tiere allerdings in ausgestopfter, präparierter Form. In dieser extrem trockenen Luft sahen Tiere wie der Wüstenfuchs, besondere Ratten oder Raubvögel wie lebendig aus, auf Grund der guten Erhaltungs Bedingungen.

Am Montag stand ich noch vor der Ladenöffnungszeit vor dem Volkswagen Geschäft. Die Zeit verging, kein Licht und kein Leben war in dem Laden durch die großen äußeren Glaswände zu sehen. Mit meiner Nase an der Scheibe endeckte ich dennoch eine Person in den Räumlichkeiten. Ich klopfte an die Glaswand, um vielleicht Aufmerksamkeit auf mich zu lenken. Darauf teilten mir zwei Männer durch den Türspalt mit, der Laden würde erst am Dienstag wieder öffnen, wegen dem religiösen Fest. Lange dauerte es allerdings nicht, daß beide Seiten, im Haus und ich draußen, feststellten, wir kamen alle aus Deutschland. Um das religiöse Gesetz nicht zu verletzen, verwiesen sie mich an die Seite des Gebäudes, um dort durch die Türe zu ihnen herein zu kommen. Die kleine Türe an der Seite des Gebäudes öffnete sich, ein abwechslungsreicher Tag sollte für mich nun beginnen. Die anderen zwei VW- Männer nahmen mich mit nach Hause zu ihrem Haus in der Stadt. Die beiden Deutschen arbeiteten hier für Volkwagen. Sie freuten sich richtig, jemanden aus der Heimat wieder sehen und sprechen zu können.

Freunde von ihnen aus der Bevölkerung kamen auch um den neuen Ankömmling zu sehen. In sehr unterschiedlichen Gesprächen erfuhr ich so aus erster Hand, was so in Libyen damals lief und nicht lief : Der König hielt sich in

Tobruk auf, im Schutz des englischen Militärs. Umwälzende Veränderungen hielten sich bereits in der Luft auf. Amerika hielt einseitige Kontrolle über den Ölreichtum. Selbst Ägypten hatte seine Augen auf diesen Nachbarn geworfen. Sie sandten ihre arabischen Lehrer für die Ausbildung der libyschen Bevölkerung in einer wohlweislichen Vorbereitung zu einer politischen, vielleicht sogar militärischen Übernahme. Libyen hätte Ägypten so richtig in sein Zukunfts Projekt hinein gepasst ; wenig Menschen in Libyen und ein unermeßlicher Ölreichtum, gegenüber den vielen Menschen in Ägypten und seiner Bodenschatz-Armut. Nasser war es ja bereits, der den ägyptischen König entmachtete. Der Nächste sollte der König von Libyen werden. Libyen befand sich also zwischen zwei Fronten hauptsächlich ausländischer Interessen.

Alleine während unserer Anwesenheit in Libyen veranstalteten die Amerikaner Bomben Übungen im Land für den Vietnam Krieg. Aus diesem Hintergrund wuchs der innere Widerstand in Libyen mit Ghadaffi an der Spitze. Zwei Jahre später war es Ghadaffi, der den König aus dem Land verwies und im selben Aufwasch auch die anderen ausländischen Interessen nach Hause schickte. Seinem Land räumte Ghadaffi weitgehend die Eigenständigkeit wieder ein. In diesen umwälzenden Veränderungen blieben Fehler nicht aus. Es blieb abzuwägen, welches die größeren Fehler waren, die korrupten, rücksichtslosen ausländischen Interessen im Land, oder das eigene Sagen im Land mit Startschwierigkeiten, welche das Land nicht unbedingt selbst verursacht hatte. Die Weichen in Libyen waren dabei, eine neue Stellung zu erfahren, politisch, wirtschaftlich, sowie militärisch, durch Ghadaffi.

Aus freien Stücken konnte man sagen, bei den zwei Deutschen lief eine Party über die Bühne. An Nichts sollte es fehlen. Deshalb ging es am Abend weiter im Nachtklub. Und das in einem Islamischen Land ! Verständlicherweise war der Ort etwas versteckt gelegen, nur einem bestimmten Personenkreis bekannt. So viele Araber schauten sich an den tanzenden spärlich gekleideten griechischen Mädchen satt, daß wir in der Menge gar nicht auffielen. Den freien Whisky legte ich gut die Bremsen an.Ich wollte noch meine Sinne zusammen halten,um dann so schnell wie möglich zu meinem Freund mit dem zusammen gebrochenen VW-Bus zurückzukehren. Wenn er nur wüßte, was ich hier so am Rande mehr unfreiwillig als freiwillig mitnehmen mußte.

Die Nacht wurde vor lauter anschließendem Feiern bei meinen Gastgebern zu Hause so kurz, daß von Schlaf keine Rede mehr sein konnte. Mit 'Streichhölzern' in den Augen, mußte auch der neue Tag, der Dienstag, seinen Lauf nehmen können. Starker Kaffee half uns allen wieder auf die Beine und auf den Weg in die Stadt zum VW-Geschäft.

Dieses Mal war das Geschäft nicht zu übersehen offen. In der Werkstatt arbeiteten auch eine Anzahl italienischer Auto-Mechaniker. Die Aufgabe der ausländischen Fachkräfte war die Ausbildung von willigen, fähigen einheimischen Arbeitskräften. Schließlich fand man auch die erforderlichen Ersatzteile für mich. Sobald ich nur konnte, machte ich mich auf den Weg zurück zu meinem Freund. Ich fürchtete bereits, daß er sich Gedanken machte über meine längere Abwesenheit. Man war mir sogar soweit entgegen gekommen, mit einem ersten Transport zumindest aus der Stadt heraus.

Kaum hatte ich mich für die erste Fahrt bedankt, nahm mich vom Straßenrand ein großer Mercedes-600 mit bis an die Stelle, wo mein Freund auf mich wartete. Der Fahrer war ein respektabler Scheich. Sobald er hörte, daß ich von Deutschland kam, war er mit seiner Freundlichkeit nicht mehr aufzuhalten. Im Auto befand sich auch ein eingebauter Kühlschrank. Aus ihm reichte der Scheich mir nach hinten zu der komfortablen Ledersitzbank unentwegt kalte deutsche Bierdosen. Lediglich an eins, zwei Bierdosen hielt ich mich auf, die anderen versteckte ich in meiner Jacke.

Ich dachte bereits im voraus daran, wie ich meinen Freund nach der Wartezeit in der Wüste wieder aufmuntern konnte. Der Mercedes fuhr unglaublich schnell, trotz der teilweisen Staubstraße. Viel luxuriöser hätte ich kaum die Strecke gefahren werden können.

Noch vor Einbruch der Dunkelheit kam ich am selben Tag noch bei der Stelle an, wo unser Auto und mein Freund auf die Ersatzteile warteten. Wo war das Auto ? Aus einem Sandhügel schaute gerade noch ein Stück vom Dach heraus. Die nächste Frage , wo war mein Freund ? Mit den bloßen Händen fing ich unverzüglich an zuerst ein Fenster am Auto vom Sand zu befreien. Im Auto war keine Spur von meinem Freund außer ein beschriftetes Papier auf dem Tisch zu sehen. Ich ahnte böses. Sobald ich die Türe auch frei hatte und in das Auto konnte, las ich, was auf dem Papier stand. Ich war ziemlich aufgebarcht, daß mir unterstellt wurde, ich sei unfähig, uns aus der Situation heraus zu helfen, weshalb mein Freund selbst auch nach Tripoli sich aufgemach hatte.

Zum Glück verging etwas Zeit, daß das Mißverständnis sich etwas abkühlen konnte. Nicht all zu lange nach meiner Ankunft kam der Freund mit dem Bus von Tripoli unverrichteter Dinge zurück. In Tripoli erfuhr er von den zwei Deutschen, daß ich mit den Ersatzteilen bereits auf dem Rückweg war. Was für ein kostspieliges Mißverständnis, da unsere Reisekasse bereits an ‚Schwindsucht' zu leiden begonnen hatte. Schwamm darüber ! Für unnötige Diskussionen war keine Zeit. Vor Einbruch der Dunkelheit wollten wir wieder flott sein. Ärmel hoch, an die Arbeit galt es ! Hier kam die alte Freundschaft wieder zur Geltung. Zusammen ging die Reparatur schnell und reibungslos über die Bühne. Ein besonderes Augenmerk mußten wir dem Sand geben, daß er auf jeden Fall von der Reparaturstelle weg blieb. Ohne uns eine Pause zu gönnen, befreiten wir mit gemeinsamen Kräften das Auto völlig vom Sand. Erst dann, als wir fertig zum weiter Fahren waren, kam ich mit meinen deutschen Bierdosen aus dem Versteck heraus. Ich bin sicher, das war das beste Bier unseres Lebens.

Solch eine Prüfung in einer schwierigen Lage war für uns beide gut. Erst in wirklichen Schwierigkeiten erkennen wir uns selbst und die anderen. Alleine das Erlebnis, wieder weiter fahren zu könnnen, beflügelte uns beide, so daß die Fahrt in der Nacht bis Misratah sehr gut verlief.

Bevor die Hitze eines neuen Tages sich wieder einstellte, hielten wir an, schalteten eine Pause ein und kauften in Läden noch etwas Reiseproviant ein. Als nächstes Ziel kamen wir in Tripoli an. Den Deutschen bei der VW-Niederlassunmg sagten wir kurz Guten Tag. Von ihnen erfuhren wir zum Glück, daß wir in Tripoli bei einer Behörde ein Visum beantragen mußten, damit wir das Land wieder verlassen konnten. Ohne diesen Hinweis hätten wir die ganze Strecke noch einmal zurückfahren dürfen. Die Einladung, noch eine Weile mit den Deutschen zu verbringen, mußten wir allerdings ablehnen, da die Zeit inzwischen drängte, wieder nach zu Hause zurück zu kehren. 14. April 1967 schrieb der Kalender. Spätestens Ende des Monats sollten wir zu Hause sein.

Das Wetter hatte kein Problem, auf der Weiterfahrt bis an die Grenze nach Tunesien uns sonnig zu begleiten. Auch das Auto machte problemlos mit. An der Grenze nach Tunesien, wiederum an einem steilen Abbruch vor einem Hochland in der Wüste, machte die Kontrolle auf der libyschen Seite reichlich Gebrauch von ihrer Autorität. Eine Weiterfahrt wurde uns nur gestattet, nachdem wir uns bereit erklärt hatten, zwei Libyer im Auto mit uns zu nehmen. Unser Einwandt mit unserem schwachen Motor im VW-Bus wollte bei ihnen nicht ankommen. Stattdessen bestanden sie darauf, unser Auto vor ihnen völlig auszuräumen. Dieses Mal hielten wir uns aber zurück, ein Bild mit unserem Fotoapparat zu machen. Die Grenzposten nahmen alle die ihnen verfügbare Zeit, um unseren Haushalt außerhalb dem Auto ihrer genauen Untersuchung zu unterziehen. Nichts erschien ihnen verdächtig mit unseren Sachen. Lediglich die großen Muscheln vom Roten Meer weckten ihre Neugierde. Ein paar Muscheln als Geschenk für die Grenzposten erleichterte dann unsere Weiterfahrt. Das Gute für uns war am Ende dann, daß die zwei Libyer mit dem Warten auf uns die Geduld verloren hatten und zum Glück nicht mehr zu sehen waren. Zum Abschied von dem Grenzposten ließen wir uns sogar noch einen arabischen Abschied einfallen : „Shalei Maleikum". Und wie strahlten ihre Gesichter ; ich bin verleitet zu sagen, „ wie frisch geputzte Eimer". Wie wir in den „Wald" riefen, so hallte es auch hier wieder zurück.

TUNESIEN

Karte von Tunesien

An der tunesischen Grenze ging zur Abwechslung auch einmal alles reibungslos über die Bühne. Die Landschaft begann sich schnell gegenüber der Wüste in Libyen zu verändern. Hügel standen aus zurück gebliebenen Sandinseln heraus, grünes Wachstum fasste langsam wieder Fuß. Als erstes begrüßten uns weitläufige Olivenhaine. Noch aus der französischen Zeit des Landes war hier auch positiver Aufbau sichtbar zurück geblieben. Der Wüste fruchtbares Land abzuringen, war schon immer harte, ausdauernde Arbeit. Die Bauern hatten hier gelernt, den Gewinn aufrecht zu erhalten.

Tunesien war im Übergang begriffen zu einer mehr unabhängigen Gesellschaft von religiösen Doktrinen. Islam blieb dennoch die herrschende Religion gegenüber der christlich katholischen, welche mit den französischen Siedlern ins Land kam. Die Frauen trugen keinen Schleier mehr, jeder war mehr europäisch gekleidet. Unterwegs kamen wir auch durch kleinere Orte, wo wir Kinder in ordentlicher Schuluniform sahen. Der Wunsch nach Sauberkeit und Ordnung war damals hier sichtbar zu Hause. Die Franzosen hatten während ihrer Kolonialzeit auch etwas Nützliches dem Land gebracht.

Tunesien verfügte nicht über einen Reichtum mit dem „Schwarzen Gold" wie Libyen. Seine Bevölkerung war mehr angewiesen, mit Arbeit das Leben zu bestreiten. In zunehmenden Anbaugebieten sah man überall fleißige Menschen bei der Arbeit, Männer wie Frauen, ohne Ausnahme. Je weiter wir nach Norden kamen, desto mehr erschien in der Landschaft Weinbau. Ein einziger gut gepflegter Garten war das Land. Nach soviel Wüste Sahara, war dies wie ein Blick ins Paradies. Die Menschen hatten hier der Trockenheit erfolgreich die Absage erteilt.

Die Nacht in einem gepflegten Orangen Hain zu verbringen, war für uns beinahe schon eine Selbstverständlichkeit geworden. Wir nutzten nur den Schutz und die Stille des Haines, ohne eine Spur zu hinterlassen, welche die Arbeit in so schönen Gärten mißachten würde. Zikaden stimmten ihr Nachtlied an, die Kühle der Nacht hielt den

Duft der Erde, der Orangen Bäume gemischt mit den Früchten näher am Boden, bevor am Tag mit der Hitze die Luft alles höher und weiter verbreitete.

Am folgenden Morgen waren wir nicht in Eile weiter zu fahren. Es war sowieso nicht mehr weit bis in die Hauptstadt Tunis. Eine hervorragende Straße brachte uns das letzte Stück an ein weiteres Ziel. In Tunis mußten wir bei der algerischen Botschaft das Visum beantragen,damit wir auch Algerien besuchen konnten. Die Verständigungs Sprache war damals offiziell noch französisch. In der Botschaft warf der Beamte einen Blick auf das Foto in unseren Pässen, dann auf uns :" Das seid nicht ihr, die Abbildung im Pass zeigt keine Männer mit Bart." Was bekam unsere Antwort ? Der Bart mußte weg für neue Visa Fotos, welche denen im Pass entsprachen. Der ‚Beamtenschimmel' durfte auch hier in seinem ‚Trott' auf keinen Fall gestört werden, um ans Ziel mit den Visas zu gelangen. Ein paar Tage sich da Zeit lassen, war einfach notwendig.

Im dichten Innenstadt Verkehr hielten wir an einer Verkehrsampel neben einem anderen VW-Bus an. Wie sich ziemlich schnell herausstellte, waren die zwei Insassen von dem anderen Auto auch Deutsche. Beide fuhren wir auf die Straßenseite, hielten an und begrüßten uns gegenseitig. Die beiden anderen arbeiteten für eine deutsche Firma im Land. Den VW-Bus mit dem deutschen Nummernschild hatten sie nur wenige Tage zuvor von deutschen Touristen erstanden, auf Grund eines Motorschadens. Die zwei Ingenieure hatten sich dem Auto angenommen, es selber repariert und waren gerade dabei, ihre erste Probefahrt zu machen.

„Kommt doch mit uns zu uns nach Hause", mußte nicht lange warten, daß wir zusagten. Gerade als wir in unser Auto zurück stiegen, sprach uns ein junger Mann mit einem blonden Mädchen an, sie mußten gehört haben, wie wir uns deutsch mit unserem neuesten Gastgeber unterhalten hatten. Die Anderen verständigten wir , einen Augenblick zu warten, damit wir uns anhören konnten, was die beiden vernachlässigt aussehenden jungen Leute zu sagen hatten : „Könnt ihr uns helfen, wir haben kein Geld mehr, um wieder nach Hause zurück zu kehren ?" Unsere Antwort mußte eindeutig sein :" Es tut uns leid, wir sind auf dem Heimweg und müssen selber zusehen, wie wir weiter kommen. Seht vielleicht zu, wie ihr vorübergehend mit Arbeit wieder auf die Beine kommen könnt."- Nach wie vor ist Hilfe nur sinnvoll, wenn die andere Seite daran anknüpfen kann und sich selber aus einer Lage mithelfen kann, heraus zu kommen. Sonst kann es besonders im Ausland dazu führen, daß mehr als ein Boot ins Schwanken kommen. Wir waren nicht bereit, uns auf solchen Prüfstein zu setzen. Wo wären wir hingekommen, wenn wir nicht mehr weiter wüßten ?

Ohne weiteren Aufenthalt folgten wir den zwei anderen Deutschen zu ihrem Haus am Stadtrand von Tunis. Wie die Fürsten lebten die Zwei in einem riesigen Haus. Einzelzimmer wurden sogar für jeden von uns angeboten. In einem richtigen Bett wieder nach Wochen zwar im Schlafsack, aber dennoch nicht auf den harten Holzsitzbänken in unserem Bus schlafen, kam einem Geschenk vom Himmel gleich.

Unsere Gastgeber waren obendrein auch noch Hobby-Köche. Sie ließen es sich nicht nehmen, ihre Kochkünste uns vorzuführen. Wir durften nur zuschauen, waren aber um so mehr des Lobes bereit, wenn an einem langen Abend gemeinsam so viel gegessen werden mußte, wie wir nur konnten. Der Spaß war der :" Keine Widerrede, und wenn der Gast sich noch so wehrt, der Gast , er wird geehrt!" Mit Freude fügten wir uns dieser Gastgeber-Forderung. Zu spät sollte es aber dann auch wieder nicht werden, denn wie uns mitgeteilt wurde, waren wir für das Ereignis morgen auch eingeladen. Eine offizielle Einladung des Staatspräsidenten Bourguiba lag vor. „Wir werfen euch für die Angelegenheit auch mit schwarzen Anzügen in Schale, dafür werden wir schon sorgen." Teilten uns die Gastgeber auch noch mit.

Nach einer Nacht wieder in einem Bett, war es eher schwer, wieder auf Touren zu kommen. Ein reichhaltiges Frühstück half auch uns schnell wieder auf die Beine. Daraufhin warfen wir uns mit den geliehenen schwarzen Anzügen unserer Gastgeber in Schale. Wir schauten uns gegenseitig an und glaubten, uns gegenseitig nicht mehr erkennen zu können.

In einer Empfangshalle von Tunis versammelten sich dann Regierungs Mitglieder mit dem Präsidenten. Über dem Eingang war in einem großen Bogen deutlich geschrieben : Gott beschütze Bourguiba, den Förderer der deutsch-tunesischen Freundschaft. – Eine Delegation deutscher Entwicklungshelfer wurde hier in der noch offiziellen französischen Sprache willkommen geheißen und für ihren Aufbaubeitrag gelobt.

Mein Freund und ich ließen uns nichts anmerken, das Lob kam auch bei uns ungehindert an, obwohl wir reichlich wenig damit zu tun hatten. Es hieß einfach, die Gelegenheit so zu nutzen, daß wir in dem Rahmen unauffällig hineinpassten. Unsere Gastgeber hatten ja mit den Anzügen die Situation bestens für uns vorbereitet. Mit selbstverständlicher Mimik und Beteiligung an Gesprächen, lieferten wir unseren Beitrag zu den Festlichkeiten.

Bei der Anerkennungs-Feier sah man sehr unterschiedliche Persönlichkeiten. Die Fachkräfte aus Deutschland arbeiteten damals in Tunesien unter interessanten Bedingungen. Ihr Einkommen im Land war weitgehend an die Landesverhältnisse angepasst. Erst nach

Ablauf der Vertragszeit erhielten sie in Deutschland eine Belohnung als Lohnausgleich für gute Arbeit. Die Idee war die, man wollte keine wohlhabenden Helfer gegenüber wenig wohlhabenden Auszubildenden. Offiziell sollte keiner der Helfer ein tunesisches Auto auch aus dem Grund besitzen. Unsere zwei Deutschen halfen sich über diese Hürde mit einem in Deutschland registrierten Auto.
   Nach den Eröffnungsreden wurde an festlich gedeckten Tischen alles was das Land zum Essen bieten konnte, aufgewartet.TunesischerWein, deutsches Bier wurde je nach Wahl auch zum Essen serviert. Nach dem Essen ging es dann mit zwei Bussen auf eine Besichtigungs Fahrt ins Land, wo die Ergebnisse systematischer Agrarwirtschaft offiziell begutachtet wurden. Ins Auge kamen Weinreben-Anbaugebiete, Zitrusbaum Plantagen, Olivenhaine. Alle waren gut bewirtschaftet und konnten nicht ein besseres Bild abgeben. Ein jeder durfte sich nach Belieben der Früchte bedienen, um so auch einen Geschmack von den Anstrengungen hier zu erhalten.
   Nach dem Ausflug ins Land, ging es zurück zu einem Sportplatz. Die Versammlung wurde hier mit tunesisch kuturellen Vorführungen im Freien unterhalten. Einheimische Akrobaten zeigten ihre Reitkünste mit einem großen Säbel in der Hand auf Pferderücken tanzend. Zwischendurch gab es aus einer Feldküche das traditionelle tunesische ‚Couscous-Essen', gefolgt von Tänzen tunesischer Frauen in prachtvollen Kostümen. Sie hielten mit einer Hand einen großen Tonkrug nur mit einem goldenen Seidenring auf dem Kopf, während die andere Hand den Tanzbewegungen folgte. Die Tänze der Frauen waren mehr graziös und langsam, während die der jungen Männer dem Klang tunesischer Flöten und Trommelschlägen gekonnt schnell folgten. Die Musik klang orientalisch mit ständig wechselndem Rhythmus.

Tunesisches Fest im Freien

Tunesischer Reiter-Säbel-Tanz gefolgt von Flöten und Trommeln.

Von hier ging dann die Busfahrt zur Küste. Hotel-Neubauten wiesen auf eine zukünftige Entwicklung des Landes auf Tourismus hin, um seiner Wirtschaft auch von der Seite hoffnungsvoll unter die Arme helfen zu können. Noch vor Eintritt der Abend Dämmerung kam der Festtag zu einem offiziellen Ende. Wir waren unseren Gastgebern sehr zu Dank für die Einladung zu diesem Ereignis verpflichtet. So erlebten wir Land und Leute Tunesiens aus erster Hand.

Am Abend kamen noch andere Gäste in das Haus unserer Gastgeber, nach ‚La Goulette', einem Vorort von Tunis. Unter ihnen befand sich auch ein Unikum von einem Mann. War dies der Fall, weil er wie der Autor auch aus Transylvanien stammte ? Er erzählte, wie erfolgreich er Kaffee Maschinen den Beduinen in der Wüste verkaufte, obwohl meistens die Voraussetzungen fehlten, um eine Kaffee Maschine nutzbringend zu verwenden : Wasser, Kaffee, Strom. Dies schien die Wüstenbewohner nicht davon abzuhalten, eine schön glänzende Maschine ihren eigenen Besitz zu nennen. So etwas ‚kompliziertes' und ‚schönes' hatte in ihren Augen eine magische Anziehungskraft. Der Besitzer-Stolz war für sie alles. Ansonsten sorgte der ‚gute' Verkäufer wenigstens dafür, daß er im Gespräch mit seinen Kunden blieb, so daß er wieder zurück kommen konnte und seine Empfehlungen weiter gegeben wurden. Es fehlte nur noch, den Sand der Wüste den Beduinen zu verkaufen. Das wichtigste Verkaufsergebnis erreichte der Kaffee Maschinen Verkäufer hinreichend, beide Parteien waren zufrieden gestellt.

Nach all dem Bier am Abend, machte sich die Ernüchterung eines neuenTages schnell wieder Platz. Unsere Gastgeber rief die Arbeit, wir schauten besser, daß wir weiter kamen. Unsere Muscheln aus dem Roten Meer sorgten von selbst, daß das Interesse an ihnen dringend notwendiges Geld in unsere Reiskasse brachte. Die Gastgeber kannten eine Menge Leute, die an unseren Muscheln interessiert waren. Es kam fast so weit, keine Muschel blieb mehr übrig für uns.Unsere Erwartungen mit den Muscheln wurden sogar übertroffen.

In der Stadt Tunis war es dann an der Zeit, unsere Visa für Algerien abzuholen. Kaum zu glauben, sie waren abholbereit. Der ‚Beamtenschimmel' mußte seinen guten Tag gehabt haben.

ALGERIEN

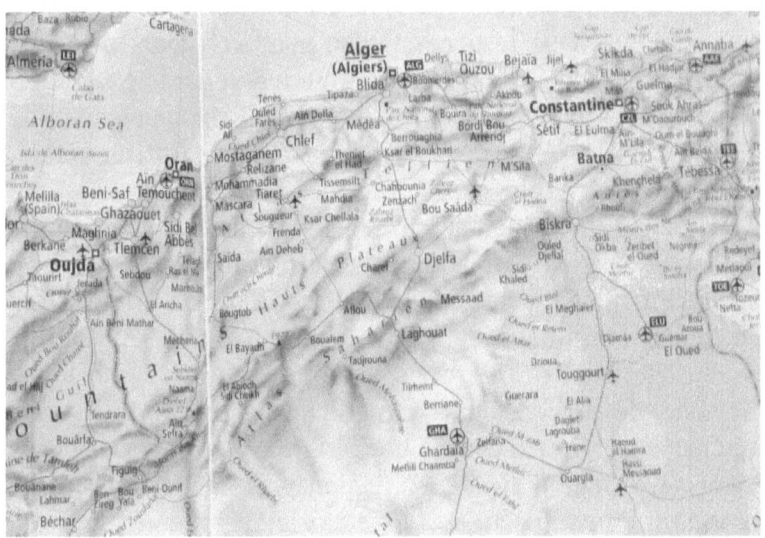

An die Grenze von Algerien war es nur eine kurze Strecke, da Tunesien ein kleines Land ist, verglichen mit seinen großen Nachbarn Libyen und Algerien. Die hügelige Landschaft wechselte zusehends in eine Berglandschaft, je näher wir der Grenze kamen. Die gute Straße hörte auf dem Weg dorthin bald auf, welches auch ein Hinweis darauf hatte sein können, wie gut die beiden Länder sich verstanden.

Eine Schranke über der Straße stoppte den Besucher. Eine ganze Zeit lang konnten wir keinen Menschen weit und breit sehen. Schließlich trat ein Mann aus einem Kornfeld heraus, welches noch vor dem Wald lag. Er ging in das kleine Gebäude neben der Schranke. In Uniform gekleidet kam er wieder heraus und kam so auf uns zu. Er sprach uns in französisch an. Anstelle von einem Kontroll-Ablauf, redeten wir über das Wetter, was der Weizen dieses Jahr machte und wie das Leben hier so war. Ein anderer Mann kam dann auch noch aus dem Häuschen dazu, aber nicht in Uniform. Niemand war sichtlich hier in Eile ; im Gegenteil, die Gelegenheit eines Besuches wollte man sich nicht entgehen lassen. Aus dem Mund beider Algerier verlautete übereinstimmend , das Leben hier war friedlich und gut. Als nächstes luden sie uns ein :"Kommt in unser Bureau herein, wir müssen nicht hier draußen bleiben."

Vor einer quer durch den Raum laufenden Tischabgrenzung setzten wir unsere Unterhaltung fort, während unsere Pässe und Visa geduldig auf dem Tisch warteten. Aus der gegenüber liegenden Türe drangen indes eigenartige Geräusche in die Stille des Raumes. Als wir uns nach der Ursache des Geräusches erkundigten, lachten die beiden algerischen Grenzposten über ihre ganzen Gesichter. Langsam öffneten sie die Türe und was kam hervor ? Ein Haufen kleiner Frischlinge in ihren leicht braunen Streifen über dem Rücken. Auf unsere Frage, wo die Mutter-Sau geblieben war, hatten die Grenzposten ihre Antwort schnell bereit :" Die Sau haben wir heute Morgen im Wald mit dem Gewehr erschossen, sie war trächtig mit diesem Haufen Frischlingen."

Wir waren eher sprachlos, als eine Antwort darauf zu finden. Einen Augenblick blieb uns förmlich die Luft weg. Und auf unsere Frage dann, wer nach den Frischlingen jetzt schaut, erhielten wir die unverblümte Antwort :"Die werden wir leicht und gut verkaufen. Jeder in der Gegend weiß bereits davon." – Auch wir waren damals über die Frischlinge in Kenntnis gesetzt worden, konnten aber unter keinen Umständen Frischlinge auf die Weiterreise mit uns nehmen. Wir bedankten uns für das Angebot und sahen besser zu, daß wir weiter kamen.

In der wenig besiedelten Gegend sahen wir keine Straßenschilder. Wenn dann später ein Schild auftauchte, konnten wir die arabische Schrift nicht entziffern. Auch erst ein gutes Stück Weges nach der Grenze erschien teilweise Teerbelag auf der steinigen Straße. Einer von uns verfolgte genau auf der Karte, wohin wir in der hereinbrechenden Nacht fuhren. Besonders an einer Kreuzung waren wir auf reines Glück angewiesen, die richtige Richtung einzuschlagen. Da wir unter Zeitdruck standen zurück nach Hause zu kommen, fuhren wir abwechselnd in der Nacht weiter. Nicht einem Auto begegneten wir . An einem Bahnübergang war die Schranke geschlossen. Wir warteten, warteten, nichts geschah, kein Zug, kein Schrankenwächter waren sichtbar. Schließlich klopften wir an die Türe des Häuschens nebenan. Licht ging im Raum an, wenig später trat ein Mann verschlafen im Schlafanzug, mit beiden Händen seine Haare zurecht richtend, aus der Türe und sprach uns an :"So früh am Morgen unterwegs ? Vernünftige Menschen schlafen in der Nacht.Wenn ihr aber schon da seid, lasse ich euch schon durch." –Hoch ging die Schranke aus der Stützgabel mit der Hand, gerade so viel, daß wir durchfahren konnten. Hinter uns schloß der Wärter die Schranke wieder.

  Dies war ein Hinweis auf den geringen Verkehr hier. Der Schrankenwärter zog vor, dem Zug die Vorfahrt zu gewähren, so konnte er ungestörter im Bett bleiben. Eine gute praktische Lösung !

  Im Norden von Algerien waren viel landwirtschaftlich bebaute Flächen, selbst über Hügel hinweg, auf höher gelegenen Ebenen, einschließlich an Berghängen. Wo es nur möglich war, wurde das Land mit Kornfeldern bestellt. Jahrhunderte wurden die Böden hier schon genutzt, weshalb heute gute Ernten erzielt werden konnten. Oft sah man in Stein gesetzte Häuser mitten in Feldern. Die Steine kamen ursprünglich wahrscheinlich aus der Feldbestellung. Das Saatgut kam hart bis an die Wände des Hauses ohne ungenutzten Raum frei zu lassen.

Frankreich hatte in den Jahren seiner Herrschaft im Lande auch hier der Landwirtschaft moderne Impulse gegeben. In der Zeit nach der französischen Kolonisation machte in Algerien der Isalm wieder stärker seinen Einfluß geltend, deutlich mehr, als im benachbarten Tunesien. Je näher wir nach Marokko kamen, desto stärker wurde der Islamische Einfluß.

Auf unsererReise umgingen wir die Großstadt Algier, um Zeitverlust zu vermeiden. Algerien ist wie Libyen ein großes Land. Besonders wenn man wenig Zeit hat und fast ununterbrochen fährt, spürt man die Entfernungen um so mehr. Wie bei allem, muß man auch beim Fahren wissen, wo die Grenzen sind, daß man rechtzeitig aufhört zu fahren. Wenn die Augenlider schwer werden und der Nacken nach hinten fallen will, dann ist es höchste Eisenbahn, vom Steuer weg zu gehen und eine gute Ruhepause einzuschalten. Die Zeit erlaubte uns dieses Mal nicht, uns länger in Algerien aufzuhalten. Auf einer vorausgegangenen Reise in Nordafrika erfuhr ich bereits ähnliche Verhältnisse wie hier in Algerien.Der Islam ist heute noch die treibende Kraft in den meisten Teilen auch von Nord-Afrika.

Grenzübergänge waren auch hier mit Vorliebe an steilen Abbrüchen zwischen einem Hochland und einer tiefer gelegenen Gegend. Dies trafen wir wieder auf dem Weg nach Marokko an.

MAROKKO

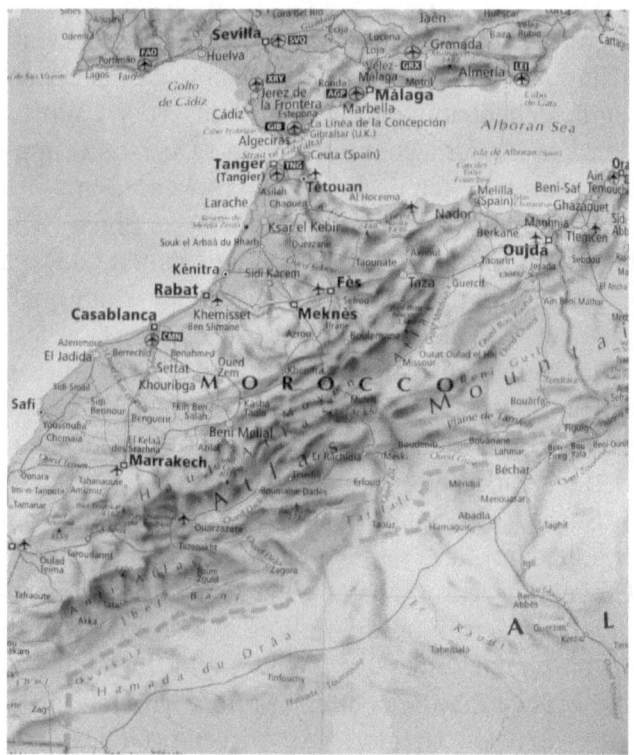

Eine sehr schlechte Steinstraße stieg nach dem Grenzort ‚Tlemcen' hoch. War dies ein Hinweis auf die Beziehungen zwischen den beiden Ländern ? Immerhin verlief die Grenzkontrolle hier ohne Auto-Auspacken oder Frischling-Besichtigung. Marokko war wieder ein Land unter der strikten Ordnung des Islam. Vielleicht war es nicht zu verwundern, daß das am weitesten entfernte Land vom Zentrum der Islam Religion in Mekka die Ordnung am meisten aufrecht erhalten hatte. Über die Entfernung fanden

Veränderungen besonders in der Vergangenheit langsamer statt, als in einer Nachbarschaft.

Die Stadt Fez ist geschichtlich eine sehr alte Stadt. Sein Zentrum, die Medina, war wie eh und jeh von einer Stein-Ringmauer umgeben. Dieser Schutz galt in erster Linie den unberechenbaren Einflüssen aus der Wüste mit Sandstürmen, oder überraschenden Überschwemmungen durch schweren Regen nach langen Trockenzeiten.

Solch eine Überschwemmung erlebten wir bei unserer Ankunft in Fez. Nur eine Stunde dauerte der schwere Niederschlag und die Sonne war wieder am Himmmel. Dies genügte aber, daß alles, was nicht fest in der Stadt verankert war, wurde in einem gefährlich reißenden Fluß mitgerissen. Überall türmten sich in den Straßen und an Häuserwänden Berge von Unrat, den die Flut irgendwo wegputze, um ihn nur wieder an anderer Stelle abzuladen.

Sobald die Sonne wieder schien, machten wir uns wieder mit dem Auto auf die Weiterfahrt. In weiten Teilen der Umgebung floss überall Wasser von dem schweren Hitze-Gewitter. Auf unserem Weg war auch eine Brücke völlig von einem reißenden „Wadi" überflutet. Sollten wir über die Brücke fahren, oder erst prüfen, wie tief das Wasser über der Brücke stand ? Aus irgendwelchen Gründen glaubten wir sicher zu sein und fuhren auf die überflutete Brücke. Die Brücke hielt für uns stand, das Auto bekam höchstens eine gute Wäsche von unten. Wäre unser Auto vom Wasser an seinem Boden erfasst worden, wäre unter anderem auch dieses Buch nicht zustande gekommen.

Auf der anderen Seite der Brücke fühlten wir uns wie der legendäre Reiter über dem Bodensee. Nur mit dem Unterschied, daß wir lebend weiter fahren konnten.

Lange dauerte es nicht mehr und wir kamen in die Nähe der Küste von Ceuta, dem Überfahrtspunkt von Afrika nach Algeciras in Europa, Süd-Spanien. Bei unserer Ankunft in Ceuta schalteten wir zuerst eine Pause mit ausgiebigem Nachtschlaf in unserem Auto ein. Wir waren noch auf marokkanischem Boden, aber in greifbarer Nähe von Ceuta, so daß wir die Abfahrt eines Schiffes nicht so leicht verpassen konnten.

SPANIEN

Am nächsten Morgen machten wir uns unverzüglich auf zu der Grenze der Stadt Ceuta. Ceuta war erklärtes spanisches Territorium als Gegenstück zu Gibraltar, welches die Engländer für sich in Anspruch nahmen.

Die Grenzkontrolle verlief reibungslos und ohne jeden Aufenthalt. Deshalb konnten wir unsere Schiffskarten noch vor dem allgemeinen Andrang sicher stellen. Im Hafengebiet waren nämlich so viele ‚sogenannte Agenten' unterwegs, denen man nicht ansehen konnte, ob sie offiziell oder nicht offiziell unterwegs waren. Dabei war Betrug sehr schwer auszuschließen.es sollen echt aussehende illegale Schiffskarten im Umlauf gewesen sein, welche jemandem am Ende keinen Zutritt auf das Schiff verbrieften. Wenigstens dieses Mal waren wir den Spekulanten nicht in die Finger geraten. Selbst wenn man im Besitz einer gültigen Schiffskarte war, mußte man auf der Hut sein, daß die Karte nicht in einen betrügerischen Tausch verwickelt war.

Neben dem voll besetzten, vielleicht über-besetzten Schiff schwammen die Delfine in der Gibraltar-Straße mit dem Schiff um die Wette nach Europa, vorbei an dem eindrucksvollen Felsen von Gibraltar.

In Algeciras hatten wir wieder europäischen Boden unter den Füßen. Die Strecke entlang der Küste von Spanien war für mich kein Neuland. Dennoch mußte die Verkehrsdichte jeden Reisenden überraschen. Zum Glück war die natürliche Schönheit der Küste mit ihren Steilküsten, Meeresbuchten, blauem Meereswasser, blauem Himmel und den Berg-Silhuetten nach dem Inland, noch zum größten Teil unverändert geblieben. Die letzten Fronten, besonders hier im Süden Spaniens, waren dabei für wohlhabende Sonnen-Anbeter in sichtbarer Bau-Pfusch-Eile aufgerissen zu werden. Malaga begrüßte uns noch mit seinen Zuckerrohrfeldern.

Nach der ‚Costa Del Sol' folgten nach Norden ‚Costa De La Luz', ‚Costa Blanca', und ‚Costa Brava'. Schöne Städte mit ihrem alten sowie neuen Antlitz rivalisierten in ihren eigentümlichen Umgebungen untereinander. Entlang der Küste waren dies vom Süden nach Norden ausgehend :

Almeria, Murcia, Alicante, Valencia, Barcelona. Auf den umliegenden Anhöhen von Barcelona überraschte uns bei Dunkelheit ein so starker Sturm, daß wir anhalten mußten, bis er sich wieder beruhigt hatte, damit unser windempfindlicher VW-Bus nicht von der Straße fortgeblasen wurde. Unter uns lag in einer weiten Bucht des Mittelmeeres das Lichter-Meer der Stadt Barcelona.

FRANKREICH

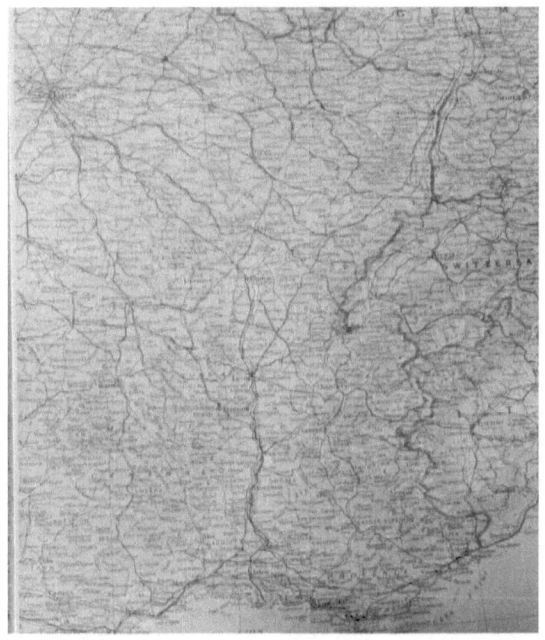

An der Grenze von Spanien nach Frankreich erfuhren wir schon damals keinen Aufenthalt durch Kontrolle. Dies konnte man eine gute Vorbereitung auf ein Vereintes Europa nennen, . In Südfrankreich begegneten wir wieder seinen großen Weinfeldern, den Sand Stränden in der Gegend um Sete, das Rhone Tal mit seinen Zeugnissen Römischer Kolonisation in den Orten auf unserem Weg durch Nimes, Arles, Avignon und Valence. Die überwiegend trockene Landschaft Südeuropas mit ihren reichen Obstgärten unter einem bevorzugten Sonnenhimmel ging langsam aber sicher verloren, je mehr wir Lyon hinter uns ließen.

DEUTSCHLAND

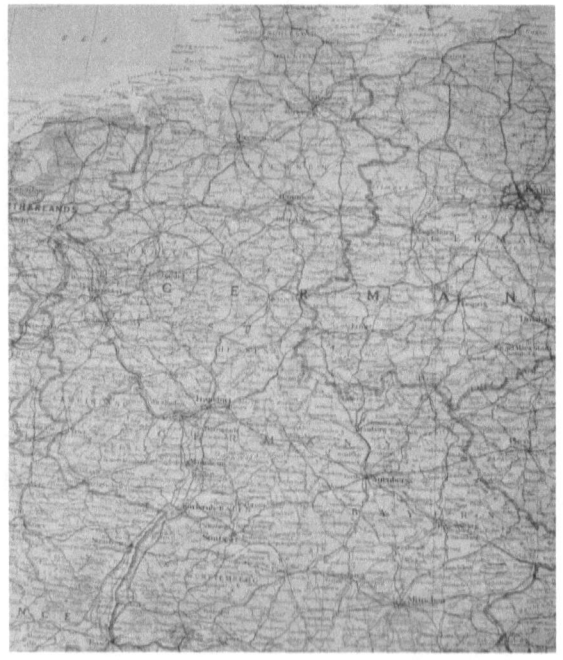

Das Willkommen an der deutschen Grenze war nicht anders als wir es uns hätten vorstellen können. Hier mußte es wenigstens zum ersten Mal sein, daß wir unsere kleinen Andenken auf einem Tisch zur Ansicht auslegen mußten. Alleine dabei blieb es allerdings nicht. Die wenigen Andenken mußten wir zollmäßig erklären, worauf uns dann eine Zollgebühr auferlegt werden sollte. Spätestens als wir erklärt hatten, die Herren Grenzbeamten können sich die Sachen unentgeltlich an den Hut stecken, stellten auch sie fest, daß es sich bei uns nicht um einen großen Fischfang handelte. Trotzdem wurde uns „Beamten Bestechung" vorgeworfen mit unserer Verweigerung, die Gebühren zu bezahlen. Die Gesetzes Bestimmungen, auf welche sich die Herrschaften berufen wollten, versäumten sie nicht, uns pflichtbewußt mitzuteilen. Hier arbeiteten noch die Bremsen an einem Vereinten Europa. Die Wartezeit brachte die Hitze des Augenblickes schließlich doch noch auf ein kühleres Niveau. Anstelle einer Verletzung der gesetzlichen Bestimmungen, kamen wir überein mit einer geringen Bußzahlung, weil die Beamten sowieso nicht wußten, was sie laut Gestz mit unseren Andenken machen sollten.

Trotz einer ‚kalten Dusche' am Eingang von zu Hause, war die Reise um das Mittelmeer ein Erlebnis, welches bleibende Erinnerungen und Erfahrungen mit sich gebracht hatten. Wir lernten andere Länder, anderes Brauchtum kennen, ihre Mesnchen, wie sie in natürlichen und neuzeitlich noch unveränderten Umgebungen leben, wie auch sie Respekt verdienten. Noch ist die Welt ein reicher Platz. Wir sind dem Reichtum verpflichtet und nicht freigesprochen, ihn auszubeuten. Für Fehlverhalten von uns, hat die Natur keine Reserve-Antworten.

Wieder in Heidelberg mußte ich feststellen, die Unruhen an der Universität waren noch nicht gewichen. Neben meinem schwierig gewordenen Studium arbeitete ich auch noch in meinem Beruf, um möglichst dennoch weiter zu kommen. Der Tag unserer Rückkehr war der 23.April 1967. Die Eindrücke der Reise traten sehr schnell wieder in den Hintergrund, angesichts der unveränderten Forderungen des täglichen Lebens auch in Deutschland.

Die Zukunft mit der Universität wollte mir nicht mehr so selbstverständlich einleuchten. Nach meinem Dafürhalten war die Welt der Universität zu weit von den Forderungen der Wirklichkeit abgerückt. Ich hatte ein Bedürfnis, dem Verständnis mit anderen Menschen wieder näher zu kommen.   ------------------

STOCKHOLM , SCHWEDEN

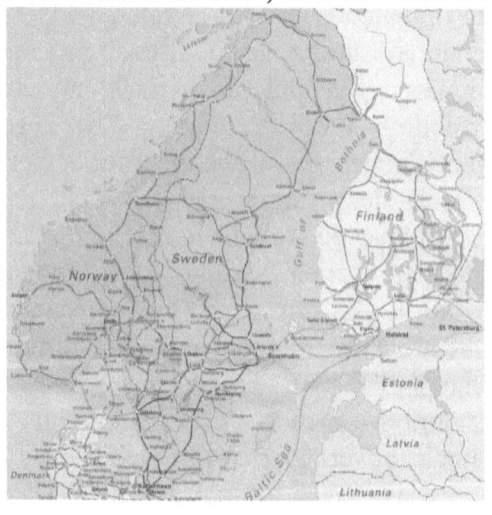

Eine Bemühung in diese Richtung ergab sich aus Stockholm, wo Arja von Finnland in ihren Semesterferien arbeitete, um Geld für ihr Studium zu verdienen. Zwei mehr oder weniger in ein und demselben Boot, dachte ich mir. In Zusammenarbeit mit ihrer Freundin Marja hatte Arja einen sehr offenen, lieben Brief an mich geschrieben. Sie saß auf heißen Kohlen, wie ich antworten werde, entsprechend ihren Worten in nachfolgenden Jahren.

Meine Antwort war die, anstatt lange Worte zu verlieren, setzte ich mich in den Zug nach Stockholm, um meine Antwort persönlich zu überbringen. Mit einem Telegram kündigte ich meine voraussichtliche Ankunft an, sowohl in Stockholm, als auch in Turku / Finnland, weil ich nicht sicher sein konnte, ob Arja bereits nach Turku zurück gekehrt war.

Mein Telegram wurde in Finnland von der Familie Arja's zuerst mit Vorbehalten zur Kenntnis genommen. Der Vater Petteri äußerte sich damals noch so dazu :"Lieber noch einen Russen, als einen Deutschen für meine Tochter." – Wobei der Russe bei den Finnen,welche im Krieg waren, nicht besonders gut abschnitt. Es war alleine schon interessant zu erleben, wie diese Meinung eine zeitgemäße Änderung erfuhr mit meinem späteren Besuch in Finnland und der Gegenüberstellung auch mit dem Vater Petteri von Arja.

In Stockholm traf ich dann Arja mit vereinter Unterstützung ihrer Freundin Marja an. Jahrzehnte später erinnerte sich Marja bei einem unserer Besuche in Finnland :"Was für eine herrliche Liebesgeschichte habt ihr erlebt !" –

Zu meinem Abschied von Stockholm gab mir Arja einen Blumenstrauß an die Adresse meiner Mutter als eine freundliche Geste in Vorbereitung für einen Gegenbesuch von Arja. Von dem Zeitpunkt an lief die Post zwischen Heidelberg und Stockholm auf heiße Touren bis Arja Anfang August mit dem Zug nach Deutschland gekommen war.

Mama und Papa waren über unsere Brieffreundschaft informiert. In einem Kommentar brachten sie immerhin soviel heraus :" Na ja, die Finnen sind ja auch anständige Menschen."

VERLOBUNG

Auf ihrem Weg mit dem Zug war Arja aus lauter Aufregung in Heidelberg zuerst ausgestiegen, um am Telefon zuerst noch einmal zu hören, wie ihr bevorstehender Besuch bei meinen Eltern in Ettlingen angekommen war. Wer saß hier mehr auf glühenden Kohlen ? Arja oder ich ? – Jedenfalls erfuhr ich gleich eine Abkühlung von meiner Elternseite, als es dazu kam, Arja vom Bahnhof in Karlsruhe abzuholen:"Nur nicht so eilig, was soll der Besuch ?" – Für Erklärungen nahm ich mir in dem Fall keine Zeit ; unser Afrika VW-Bus sprang bei meinem Freund für einen Transport von Arja nach Ettlingen ein. Zu dem ‚originellen' Aussehen des Autos äußerte sich Arja nur so :" Das Auto spielt keine Rolle, Hauptsache , du bist der Fahrer."

Der Empfang für Arja war den Umständen nicht angemessen, wenn sie von so weit herkam und sich ja sehr freundlich mit Blumen vorangemeldet hatte. Wer weiß mit welchen Ängsten sich die Eltern wieder plagten ; „ die werden doch nicht ....!" – Die Befragung und Inspektion ging dann auch vorbei. Arja hielt sich zum Glück an mir fest und ich stüzte sie uneingeschränkt. Hielt man sich die Zivilcourage von Arja vernünftig vor Augen, dann war es für sie alleine schon eine Herausforderung mit nur ein paar Jahren Deutsch in der Schule einer Unterhaltung mit meinen Eltern zu folgen. Aus vielleicht sogar Angst Fehler zu machen, hielt sie sich klug zurück und hörte mehr zu.

Die Eltern trugen auch Sorge dafür, daß Arja für die Nacht in einem extra Zimmer untergebracht war, um allzu frühe „Komplikationen" zu verhindern. Die „Vorstellung" fand am nächsten Morgen ein Ende. Ich zog mich mit Arja zurück nach Heidelberg, von wo wir unsere Weiterfahrt nach

Finnland antraten. Zum Abschied hinterließen wir in Ettlingen wenigstens die Kunde, daß wir vor hatten, uns in Finnland zu verloben. Zu den Förmlichkeiten meiner Eltern kam dann noch hinzu :" Es ist keine Ursache zur Eile, Martin sollte zuerst sein Studium fertig machen, eine unnötige Ablenkung ist für ihn nicht gut." –
Wofür Worte so alles eintreten können !? Meine Antwort sollte ‚den Deckel auf dem Topf' lassen :"Seit wann seid ihr um mich und mein Studium besorgt ? Macht euch keine Sorgen, wir kommen in unserem Leben weiter. Alles was wir euch bitten ist, um euer Verständnis. Ihr könnt euch uns anschließen, oder im Abseits bleiben. Die Wahl ist euere, wir halten unsere Türen offen." –

Zeit mußte wahrscheinlich zuerst vergehen, damit der ‚Groschen' auch bei meinen Eltern vielleicht besser fallen konnte.

Unsere Reise nach Finnland zusammen im Sommer war wohl ein wenig anders als meine Reise mitten im Winter im Januar 1966. Die Tage waren jetzt lang und hell. Die Sonne ging nicht mehr am Horizont unter, sie erreichte ihn ungefähr um 23 Uhr und stieg um zwei Uhr am Morgen wieder feurig auf. Während die Sonne am Horizont verweilte, sandte sie ihr dunkel-rotes Licht mit langen Schatten geheimnisvoll über Land und Wasser. Alles war ruhig wie in der dunkeln Nacht, nur daß alles Leben auf ‚Sparflamme' war und nicht erlosch.

In Stockholm verwendeten wir unseren kurzen Aufenthalt, auch der Freundin von Arja Guten Tag zu sagen. Die Freundin Marja arbeitete noch in einem Hotel, bis die Semesterferien in Finnland zu Ende gingen. Auf unserer anschließenden Schiffsfahrt von Stockholm nach Finnland erschien die Mitternachts-Sonne besonders eindrucksvoll mit ihrem langen Lichtschein auf der schimmernden Wasserfläche der Ostsee. Die bewaldeten Inseln brachen unterwegs in dunkeln Schatten das verbliebene Feuer des Sonnen-Tages.

Dieses Mal war zur Abwechslung ich auf heißen Kohlen gesessen, wie man mich in Finnland empfangen wird. Nicht als ein Besucher, sondern als ein Anwärter für einen künftigen Schwiegersohn der Familie von Arja. Am Hafen in Turku wartete der Vater Petteri von Arja auf uns.

Hafenkaj von Turku, Finnland, August 1967

Keine Befragung fand statt, ich wurde umarmt wie ein Mitglied der Familie. Im Wohnsitz außerhalb der Stadt wartete auch Thysse, die Mutter von Arja. Einstimmig setzten wir den 11. August 1967 zum Tag unserer Verlobung fest. Bis dorthin lernte ich andere Miitglieder und Freunde der Familie kennen.

Dieses Mal wurde ich mit der finnischen Sauna bekannt gemacht. Es ist nicht nur ein guter Weg Wärme aufzunehmen, im Zusammensein mit anderen gut zu schwitzen und richtig sauber zu werden, sondern in einem der vielen Seen zu schwimmen, welche das Landschaftsbild in Finnland mitbestimmen. In der Sauna kommen Menschen sich natürlich, unkompliziert näher, ohne den Hindernissen von Formalitäten. Freundschaft in Finnland ist nicht auf die Schnelle gewonnen. Deshalb hält die finnische „sisu" (Standfestigkeit) sie dann auch aufrecht. Kein besseres Beispiel von finnischer Standfestigkeit konnte ich in meinem Leben erfahren, als mit Arja.

Das Sommerhaus der Familie lag in Auvaisberg, außerhalb der Stadt Turku, inmitten finnischer Tannenwälder, direkt an der Baltischen See. Entlang der Küste teilte sich das Wasser zwischen unzähligen kleinen Felseninseln in viele Seitenarme. Von einer Felsen Anhöhe blickte man aus dem Haus auf das Wasser, den umliegenden Wald, der sich selbst auf kleinsten Felseninseln gestreut im Wasser fest hielt. Das Ufer fiel ohne Sand direkt ab in das Wasser. An solchen Stellen findet man überall in Finnland die aus Holz gebauten Sauna-Häuser. Nach der Sauna ist Schwimmen im anschließenden Wasser besonders gut und gesund.

Der Tag unserer Verlobung war näher gerückt. Gemeinsam mit den Eltern von Arja hielten wir ein Mittagessen an einem festlich gedeckten Tisch. Erst am darauf folgenden Tag waren die weitere Familie und Freunde geladen. - Noch einen Tag vor dem Festtag, ereilte mich ein Ungeschick. Im Dachstuhl des Sommerhauses spielten wir mit Bekannten unter anderem auch Tischtennis. Zwischendurch suchte der Eine oder Andere Abwechslung auf einer Schaukel, die an zwei Seilen im Dachstuhl befestigt war. Aus irgendwelchen Gründen kam mir die Schaukel in die Quere und traf mich unerwartet am Mund mit dem Ergebnis, ein Zahn vorne, oben verlieh mir mit einer Lücke ein unpassendes Aussehen. Wo auch damals ein Wille war, fand sich in der Familie hier auch ein Weg, dem Problem mit vereinten Kräften Abhilfe zu schaffen. Eine gute finnische Zahnärztin beseitigte das Problem im Handumdrehen mit einem vorübergehend gut aussehenden künstlichen Zahnersatz. Damit war zumindest mein Aussehen wieder repariert, allerdings auch in Finnland zu einem Zahnarzt-Preis. Dieses Kopfzerbrechen nahm mir allerdings die Familie in Finnland großzügig ab. Dennoch bestätigte sich auch hier wieder, daß Zahnarbeiten nur gut sind, wenn sie teuer sind. Dabei handelt es sich ja nur um ‚Kleinigkeiten' jedes Mal so wenig wie nur um einen Zahn ; man sagt ja nicht umsonst, Kleinvieh macht auch Mist, hier mit einem Zahn-Geld.

Ich komme zurück auf das Festessen am Verlobungstag mit den Eltern von Arja. Am späten Nachmittag, immer noch bei vollem Sonnenschein, saßen die Eltern und die Verlobten am festlich gedeckten Tisch bei Kerzenlicht sich gegenüber. Ich hatte mir wenigsten so viele Worte in der finnischen Sprache mit Hilfe von Arja und auch dem Wörterbuch angeeignet, um bei der Gelegenheit etwas sagen zu können, was ich sagen wollte. Die Champagner Gläser wurden vom Tisch erhoben, ein erster gemeinsamer Schluck fand statt. Dann waren alle Augen auf mich gerichtet, was ich zu sagen hatte : „Arja und ich haben uns gerne, wir wollen unser Leben zusammen sein. Darf ich euch um die Hand euerer Tochter bitten ?" –

Noch bevor ich die Worte ganz aussprechen konnte, verließ mich die Stimme. Arja sprang ein und brachte den Satz für mich zu Ende. Die Eltern freuten sich nur und lachten. Die Gläser gingen wieder hoch, alle stießen wir mit ihnen an, anstelle von Worten. Die Eltern hatten so ihre Zustimmung ausgedrückt.

Finnischer Birken Wald

Auf dem Land in Finnland, Öl von Kerttu Kujala

Das Essen dauerte lang bis in die späten Abendstunden. Am nächsten Tag machten Arja und ich mich auf in die Stadt zu einem Schmuck-Geschäft, um zwei goldene Ringe zu kaufen. Am Nachmittag dieses Tages, es war ein Samstag, kamen dann die Familie und Freunde, um die neuen Verlobten kennen zu lernen und zu beglückwünschen. Ich bemühte mich so gut ich nur konnte, mit meinen wenigen finnischen Sprachkenntnissen, abwechselnd deutsch oder englisch eingeflochten, im Gespräch mit den freundlichen Gästen mithalten zu können. Ein Cousin von Arja hatte schon vorher gehört, daß ich Gitarre spiele. Er brachte seine Gitarre mit, so daß die Verständigung sofort leichter wurde.

Noch vor zwei Jahren sprachen Arja und ich zueinander in englisch. Von dem Augenblick, wo wir uns entschlossen hatten, unser Leben gemeinsam zu führen, bemühte sich Arja um die deutsche Sprache. Im Anfang etwas zurückhaltend, dann aber um so mehr fortschrittlich.

Nach der Verlobung verbrachten wir noch eine Woche in Finnland bei der Familie. Vor unserer Abreise kam auf einen festlich gedeckten Tisch wiederholt all das, was ein Magen gut heißt ; unter anderem Frischwasser Krebse. Die Stimmung war froh und auch ein wenig ausgelassen. Der Vater Petteri wollte es sich bei der Gelegenheit nicht entgehen lassen, den zukünftigen Schwiegersohn auch eine Bewährungsprobe zu stellen. Ohne es richtig wahrzunehmen, hatte Petteri in mein Glas verschiedene Alkohol-Mischungen mir gegeben. Da ich mit Alkohol nicht gerade vetraut war umzugehen, überkam er mich mit Magen und Kopf-Schwierigkeiten. Zum Glück ereilte nicht nur mich dieses Schicksal. Schwiegermutter Tysse, auch sie fühlte sich im Laufe des Abends nicht viel anders als ich. Das Krebsessen wurde unterbrochen. Zu Bett gehen wollte insbesondere bei mir nicht so richtig hinhauen. In dem Augenblick, wo ich mich hinlegen wollte, meldete sich mein Mageninhalt so deutlich, daß ich gerade noch das Fenster nach außen in dem Giebelzimmer erreichen konnte. Aus dem Fenster gefallen war ich nicht, sonst könnte man hier nicht darüber lesen.

Anschließender Versuch, Schlaf zu finden, wollte so gar nicht gelingen, so daß der unvermeidliche ‚Kater' am nächsten Morgen nicht ausblieb. Da ich nicht alleine den ‚Kater hütete', war ein weiteres Essen zum Abschied in einem Restaurant abgeblasen worden. Schwiegervater Petteri hatte den Schwiegersohn zumindest auf Magen und Kopf geprüft. Immerhin war nichts ‚Schlechtes' an das Tageslicht gekommen. Trotzdem ließ Petteri es sich nicht nehmen, seine Frau Tysse und mich als die ‚Schwachköpfe' zu stempeln und Arja mit ihm die ‚Starken'. So lange wir darüber alle lachen konnten, war alles in bester Ordnung.

Das tägliche Leben mußte auch in Finnland zurückkehren. Unsere Richtung sollte wieder weiter südlich nach Deutschland gehen. Arja und ich waren entschlossen, nicht nur die bevorstehenden Aufgaben in unserem Leben gemeinsam anzugehen, sondern darüber hinaus auch Glück und Zufriedenheit anzustreben. Wir waren zusammen, keiner besaß mehr als der andere, weshalb kein Hindernis auf dem Weg zueinander bestand. Wir begannen unser gemeinsames Leben von der gleichen Startlinie.

Zu unserer Abfahrt mit dem Schiff, war ein ganzer ‚Bahnhof' gekommen. Ich schämte mich beinahe im Stillen für den Empfang, den Arja von meinen Eltern empfing. Es ist leider schon immer so gewesen, daß viele Menschen nicht lernen weiter in ihrem Leben zu blicken, als die Nasenlänge es ihnen erlaubt. Ein neues Kapitel im Leben von zwei Menschen hatte seinen Lauf genommen auch ohne die üblichen Voraussetzungen. Dafür blieben wir uns auch im Kampffeld des Lebens nahe.

Arja und Martin , Stockholm 1967

SCHLUSSWORT
(Durch Dick & Dünn, Teil 1 – Autor Martin Kari)

Mein Leben bis zu dem Zeitpunkt, wo ich mit Arja Finnland verlassen hatte, findet es eine geeignete Erklärung in der Suche nach einer Richtung in meinem Leben. Die Jahre in diesem ersten Teil waren abwechslungsreich, um bescheiden zu bleiben. Die folgenden Jahre in den weiteren Teilen 2 und 3, waren und sind noch auf einem langsamen Erfolgskurs geblieben, trotz reichlichen Anfechtungen. Was lange währt, wird bekanntlich auch einmal etwas werden. Das wichtigste Ergebnis war, daß wir mit der Gesundheit auch auf gutem Fuß geblieben sind.

Zu dem Zeitpunkt unserer Verlobung entschieden wir, nicht in Finnland zu bleiben, obwohl die Familie dort uns all zu gerne zu Hause gesehen hätte. Auch Arja wollte die Welt als junger Mensch kennen lernen. Mein Beispiel hatte sie davon überzeugt. Was mich betraf, lag ein tiefer liegender Grund vor, meine Rückenverletzung. Ein kaltes Klima war Gift für meinen Rücken. Irgendwo mußten wir allerdings beginnen, und wenn es Deutschland war. Die Verhältnisse waren wie ein Fluß, in dem jeder mitschwimmt, oder im Abseits bleibt. Wir hatten in Deutschland dieses ‚Schwimmen' nicht gelernt.

In Südafrika erlebten wir dann ein paar gute Jahre. Die Politik verdarb jedoch auch dort das ‚Spiel im Land', es wurde höchste Zeit, unsere Zelte abzubrechen.

Mit Familien Verbindung in Brasilien von meiner Stiefmutter-Seite, machten wir den Schritt dorthin. Die paar brasilianischen Jahre Erfahrung schadeten uns nicht. Trotz persönlichen Erfolgen, gaben die Verhältnisse Anlaß zur Vorsicht. Die Probleme im Militär-Diktatur geführten Brasilien gingen nicht spurlos an seinen Bürgern vorbei ;

Gesundheits Probleme und Kriminalität machten vor keiner Türe Halt, um nur zwei Probleme zu nennen. Auf einem damals einzig möglichen Fluchtweg durch ganz Südamerika kamen wir heil von Brasilien weg. Vorübergehend bauten wir unsere Zelte in Deutschland auf, bis wir im Jahr 1981 die Zusage für eine Auswanderung nach Australien erhielten. Meine Arbeit wollte Deutschland haben, nicht aber unsere größer als übliche Familie. Die Lehre daraus sollte Deutschland in der Zukunft ein Denkzettel werden. Wir kehrten den Verhältnissen in Deutschland jedenfalls damals den Rücken.

Kein Weg im Leben ist leicht. Die Erfahrungen lehren uns erst Schwierigkeiten zu überwinden. Um auf das Leitwort meiner Biographie in ihren drei Teilen zurück zu kommen, sind wir der Bestimmung unseres Bootes auf der Fahrt durch unser Leben nach bestem Vermögen gerecht geworden.

Die Erlebnis-Biographie, wenn ich sie so nennen darf, ist der Wahrheit verpflichtet geblieben.

Auf Wiedersehen in den nächsten zwei Teilen meiner so weit wie möglich lebensnahen, ungeschminkten Erzählungen, hauptsächlich auf der Schulbank des Lebens. Darüber hinaus warten noch meine anderen vielseitigen Buch-Veröffentlichungen auf den Leser mit einem offenen Blick für das Leben.

"In Australien verlegt von Sid Harta Verlag Pty Ltd,
ACN:007 030 051
23 Stirling Crescent, Glen Waverley, Victoria 3150, Australia
Telefon: 61 3 95609920, Telefax: 61 3 9545 1742
E-mail: author@sidharta.com.au
Erste Herausgabe in Australien 2017
Dieser Druck erschienen in 2017
Copyright© Martin Kari 2017
Umschlag Gestaltung: Working Type Studio
Das Urheberrecht des Autoren Martin Kari ist bestätigt in Übereinstimmung mit den Copyright, Designs and Patent Akten 1988.

Der Autor dieses Buches ist ausschließlich verantwortlich für den Inhalt und befreit jede weitere Person der Verantwortung oder Haftung für jede Inhalt Stelle.

Alle Rechte sind vorbehalten. Keine Stelle dieser Veröffentlichung darf weder schriftlich wiederholt, noch übertragen werden in irgendeiner Form oder mit Hilfe irgendwelcher Mittel ohne die schriftliche Genehmigung des Verlegers, auch nicht in einen Informations Umlauf gebracht werden, weder durch gebundene oder Umschlag-Form, in ausschließlicher vorhandener Form, welche jeden Käufer an die erwähnten Vorschriften bindet. "

Volume 01

Ein außergewöhnliches Leben

DURCH DICK & DÜNN, TEIL 1

(PER ASPERA AD ASTRA)

ERLEBNIS-BIOGRAPHIE : Erinnerungen, Erzählungen, Gedanken

© Copyright MARTIN KARI, 2015

DURCH DICK & DÜNN,Teil 1

Autobiographie

Dieses Werk und alle seine Teile sind urheberreichtlich geschützt

Autor - Martin Kari

ISBN : 978-1-925230-08-6

2. Auflage : 2015

Der englische Titel : Lifetime Journeys – Vol. 1

Auch vom Autor – ISBN 978-1-925230-06-2

www.ingramcontent.com/pod-product-compliance
Lightning Source LLC
Chambersburg PA
CBHW020345170426
43200CB00005B/48